과거의 미래

고대근동 종교 전문가들의 종교적 지식과 미래학

고대근동 종교 전문가들의 종교적 지식과 미래학

과거의 미래

윤동녕 지음

드림북

약어표

A	Tablet signature of texts from Mari
ABD	*The Anchor Bible Dictionary.* Edited by D. N. Freedman. 6 vols. New York: Doubleday, 1992
ABL	*Assyrian and Babylonian Letters Belonging to the Kouyunjik Collection of the British Museum.* Edited by R. F. Harper. London and Chicago, 1892-1914
AfO	*Archiv für Orientforshung*
ANET	*Ancient Near Eastern Texts Relating to the Old Testament.* Edited by James B. Pritchard. Princeton: Princeton University Press, 1969.
AOAT	Alter Orient und Altes Testament
ARM	Archives Royales de Mari
ARM 26	*Archives Epistolaires de Mari.* Edited by Jean-Marie Durand and Dominique Charpin. Paris: Recherches sur les civilisations, 1988
ARMT	*Archives Royales de Mari, Textes.* Edited by Georges Dossin. Paris: P. Geunthner, 1941ff.
BAM	*Die babylonisch-assyrische Medizin in Texten und Untersuchungen.* Edited by F. Köcher. Berlin: De Gruyter, 1963ff.
Bib	*Biblica*
BTB	*Biblical Theology Bulletin*
BZ	*Biblische Zeitschrift*
CAD	*The Assyrian Dictionary of the Oriental Institute of the University of Chicago.* Edited by A. L Oppenheim et al. Chicago: The Oriental Institute of Chicago, 1956ff.

CBQ	*Catholic Biblical Quarterly*
CH	Code of Hammurabi
COS	*The Context of Scripture.* Edited by W. W. Hallo. 3 vols. Leiden: Brill, 2003.
CRRAI	Comptes rendues de la rencontre assyriologique internationale
DDD	*Dictionary of Deities and Demons in the Bible.* Edited by Karel van der Toorn et al. Leiden: Brill, 1999
IDBSup	*Interpreter's Dictionary of the Bible: An Illustrated Encyclopedia Identifying and Explaining All Proper Names and Significant Terms and Subjects in the Holy Scriptures, including the Apocrypha, with Attention to Archaeological Discoveries and Researches into the Life and Faith of Ancient Times: Supplementary Volume.* Edited by Keith R. Crim. Nashville: Abingdon, 1982
JAOS	*Journal of the American Oriental Society*
JBL	*Journal of Biblical Literature*
JCS	*Journal of Cuneiform Studies*
JNES	*Journal of Near Eastern Studies*
JSOT	*Journal for the Study of the Old Testament*
K	Tablets in the Kouyunjik Collections of the British Museum
KAR	*Keilschrifttexte aus Assur religiösen Inhalts.* Edited Erich Ebeling. Leipzig: Hinrichs, 1919
Kolophone	*Babylonische und assyrische Kolophone.* Edited by Hermann Hunger. Neukirchen-Vluyn: Neukichener Verlag, 1968
KTU	*Keilalphabetische Texte aus Ugarit, Ras Ibn Hani und anderen Orten.* Edited by Manfried Dietrich, et al. Münster: Ugarit-Verlag, 2013
KUB	Keilschrifturkunden aus Boghazköi
LAS	*Letters from Assyrian Scholars to the Kings Esarhaddon and Assurbanipal.* Edited by Simo Parpola. 2 vols. Neukirchen-Vluyn: Neukichener Verlag, 1970, 1983
LKA	*Literarische Keilschrifttexte aus Assur.* Edited by Erich

	Ebeling et al. Berlin: Akademie-Verlag, 1953
LKU	*Literarische Keilschrifttexte aus Uruk*. Edited by Adam Falkenstein. Berlin: Georg Olms Verlag, 1931
LXX	Septuagint
Maqlu	*The Magical Ceremony Maqlû: A Critical Edition*. Edited by Tzvi Abush. Leiden: Brill, 2015
MARI	*Mari, Annales de recherches interdisciplinaires*
MT	Masoretic Text
RA	*Revue d'assyriologie et d'archéologie orientale*
RAI	Rencontre assyriologique internationale
RlA	*Reallexikon der Assyriologie und Vorderasiatischen Archäologie*. Edited by Erich Ebeling et al. Berlin: De Gryter, 1932ff.
RIMA	Royal Inscriptions of Mesopotamia, Assyrian Periods
RS	Tablet Signature of Texts from Ugarit
SAA	State Archives of Assyria
SAA 2	*Neo-Assyrian Treaties and Loyalty Oaths*. Edited Kazuko Watanabe and Simo Parpola. Helsinki: Helsinki University Press, 1988
SAA 3	*Court Poetry and Literary Miscellanea*. Edited by Alasdair Livingstone. Helsinki: Helsinki University Press, 1989
SAA 4	*Queries to the Sun God: Divination and Politics in Sargonid Assyria*. Helsinki: Helsinki University Press, 1990
SAA 7	*Imperial Administrative Records, Part I: Palace and Temple Administration*. Edited by Frederick Mario Fales and John Nicholas Postgate. Helsinki: Helsinki University Press, 1992
SAA 8	*Astrological Reports to Assyrian Kings*. Edited by Hermann Hunger et al. Helsinki: Helsinki University Press, 1992
SAA 9	*Assyrian Prophecies*. Edited by Simo Parpola. Helsinki: Helsinki University Press, 1997
SAA 10	*Letters from Assyrian and Babylonian Scholars*. Edited by Simo Parpola. Helsinki: Helsinki University Press, 1993
SAA 13	*Letters from Priests to the Kings Esarhaddon and*

	Assurbanipal. Edited by Steven William Cole et al. Helsinki: Helsinki University Press, 1998
SAA 16	*The Political Correspondence of Esarhaddon*. Edited by Mikko Luukko et al. Helsinki: Helsinki University Press, 2002
SAAS	State Archives of Assyria Studies
SAAS 7	*References to Prophecy in Neo-Assyrian Sources*. By Martti Nissinen. Helsinki: The Neo-Assyrian Text Corpus Project, 1998
SBLWAW	Society of Biblical Literature Writings from the Ancient World
Shurpu	*Šurpu: A Collection of Sumerian and Akkadian Incantation*. Edited by Erica Reiner. Graz: Weidner, 1958
TCL	Textes cunéiformes du Louvre
TDOT	*Theological Dictionary of the Old Testament*. Edited by G. J. Botterweck and H. Ringgren. Grand Rapids: Eerdmans, 1974ff.
UF	*Ugarit-Forschungen: Internationales Jahrbuch für die Altertumskunde Syrien-Palästinas*
VT	*Vetus Testamentum*
WiBiLex	*Das wissenschaftliche Bibellexikon im Internet* (http://www.bibelwissenschaft.de/start/)
WO	*Die Welt des Orients*
YOS	Yale Oriental Series, Babylonian Texts
ZA	*Zeitschrift für Assyriologie*
ZAW	*Zeitschrift für die alttestamentliche Wissenschaft*

일러두기

고대문서의 역본표기

(..)   원본의 내용을 요약해 인용

[...]   자료가 파손되어 내용을 알아볼 수 없는 경우

( )   원문의 번역상 이해를 돕기 위해 첨가한 내용

이 저서는 2016년 정부(교육부)의 재원으로 한국연구재단의 지원을 받아
수행된 연구임(NRF-2016S1A6A4A01019087)

This work was supported by the National Research Foundation
of Korea Grant funded by the Korean Government(NRF-
2016S1A6A4A01019087)

머리말

"과거의 미래"는 과거의 관점에서 바라 본 미래상이다. 하지만 공상과학이나 미래를 예견하는 책처럼 과거에 상상했던 미래가 어떻게 실현되고 변화되었는지를 기술하지는 않는다. 어느 시대이든 미래는 알 수가 없다. 때문에 각 시대마다 미래를 대비하기 위해 다양한 방법을 동원하였다. 인류 역사의 여명기에도 미래에 대해 관심을 두고 있었다. 하지만 당시에는 오늘날처럼 미래를 예측할 과학적 도구가 존재하지 않았다. 고대인들은 신들이 미래를 주관하고 있다고 생각했다. 그들은 신의 뜻이 자연 현상에 표출되어 있다고 생각했다. 그래서 고대의 미래학은 자연관찰로부터 시작되었으며, 점술, 신탁, 예언 등은 신과 소통하는 도구로 사용되었다. 그리고 점술 신탁가들과 예언자들은 신과 소통하기 위해 사회로부터 임무를 부여 받은 소셜 미디어(social media)의 역할을 하였다.

본서는 과거의 미래 가운데 고대근동의 미래에 연구의 초점을 맞추고자 한다. 고대근동은 통상적으로 주전 4000년 경의 수메르 문명으로부터 주전 4세기의 알렉산더 대왕의 사망까지의 시대를 말하며, 지역적으로는 지중해를 연하고 있는 이집트, 팔레스타인, 메소포타미아, 아나톨리아 지역을 아우른다. 하지만 본서는 주전 18세기의 마리(Mari)와 주전 7세기의 신 아시리아(Neo-Assyria)의 미래를 연구의 대상으로 삼고자 한다. 왜냐하면 이 두 왕국은 본 연구가 추구하는 방향과 일치하는 자료들을 많이 보존하고 있으며, 본 연구를 뒷받침할 선행연구도 충분하기 때문이다. 이와 아울러 고대근동의 일부로서 고대 이스라엘의 신탁과 예언도 연구의 주요 대상으로 삼고 있다. 고대 이스라엘은 고대근동의 다른 나라와 비슷한 점도 많지만 이들과 비교되는 독특한 면모들도 다수 보여주고 있다.

고대근동에서 점술, 신탁, 그리고 예언은 개인과 공동체의 운명을 알고자 하는 도구로 사용되었다. 사적(私的) 점술은 출생, 결혼, 건강, 출세와 같은 개인의 이익과 관련하여 시행되었다. 그래서 사적 점술은 신전이나 신탁 성소와 같은 공적 공간 보다는 개인 주택이나 거리, 그리고 시장 같은 사적인 공간에서 행해졌다. 이에 비해, 공적(公的) 점술은 주로 공동체의 이익과 관련되어 있었으며, 자연재해나 전쟁 등으로 공동체의 위기가 초래될 위험이 있을 때, 이를 사전에 인지하고 그 대안을 찾는 기능을 하였다.

신전과 왕궁에서 활동했던 점술 신탁가와 예언자는 각기 전문 기술과 자료를 사용해 왕이 안정적으로 통치하고 국가정책을 올바르게 시행하도록 조언을 하였다. 이들은 국가의 안정뿐 아니라 왕 개인의 안전을 도모하기 위해서도 신탁을 시행하였다. 점술 신탁가들은 불운한 미래를 회피하고 성공적으로 대안 미래를 창출했을 때, 관련 자료를 수집하고 보관하여, 같은 일이 반복될 때 참고하도록 하였다. 이들은 당시의 지식인이자 종교 전문가(아카드어로 '움마누')였으며, 이들이 사용한 점술, 신탁, 예언의 자료는 종교적 지식(아카드어로 '바루투')이었다.

고고학자들은 마리 왕국의 기록보관소에서 약 2만여개의 토판들을 발견하였으며, 신 아시리아 제국의 아슈르바니팔(Ashurbanipal)의 도서관에서는 약 2만 5천여개의 토판들을 발견하였다. 이들 토판에는 당시의 정치,

경제, 문화, 종교를 이해할 수 있는 수많은 기록들이 담겨 있다. 이들 가운데 특별히 종교 관련 문서들이 주목을 끈다. 왜냐하면 이들 자료들은 당시 미래를 예측하고 정책을 결정하는 빅 데이터(big data)의 기능을 하였기 때문이다. 빅 데이터의 '빅'(big)은 데이터의 양을 의미한다. IBM의 통계에 따르면 현재 전 세계에서 매일 250경 바이트의 데이터가 생성되고 있으며, 현재 존재하는 데이터의 90%가 지난 2년 내에 생성되었다고 한다. 오늘날 빅 데이터 기술은 대규모 데이터를 생성하고 수집하고 분석하는 데 사용되고 있으며, 정치, 경제, 군사, 외교 등 다양한 방면에 적용되고 있다.

빅 데이터는 미래학의 중요도구이기도 하다. 빅 데이터는 현상을 이해하고 미래를 예측하는데 활용된다. 하지만 어떤 데이터를 쓰는지, 또 어떤 방법을 선택하느냐에 따라 예측의 결과가 달라진다. 따라서 빅 데이터를 분석해 의미 있는 정보를 찾아내어 경쟁력의 우위를 점하기 위해 다양한 방법이 동원되고 있다. 한 가지 재미있는 점은 빅 데이터와 같은 과학적 사고를 기반으로 하는 오늘날의 미래학자들이 과거의 신화적 용어를 사용한다는 점이다. 예를 들면 미래학 방법론 중 하나인 '델파이 법'은 고대 그리스의 델포이 신탁에서 명칭을 빌리고 있다. 또한 경제학자인 도널드 톰슨(Donald N. Thompson)은 예측시장에 관한 그의 책 제목을 "신탁들"이라 칭하고, "예측시장들이 직원들을 어떻게 예언자로 변화시키는가?"라는 부제목을 달았다. [1] 이러한 점들은 빅 데이터와 예측 시장의 기원이 어디에 있는지를 알려주는 단초가 된다.

고대근동의 종교적 지식은 오늘날의 빅 데이터처럼 빠르게 순환되어 사용되었으며, 당대나 후대에 사용될 수 있도록 문서 보관소에 저장되었다. 종교 전문가들은 이들 자료들을 처리할 수 있는 데이터 전문가였으며, 그들이 활동했던 신전과 궁궐은 예측시장이었다. 따라서 종교 전문가들이 종교적 지식을 처리하던 방식과, 종교 전문가들이 제공한 다양한 자료를 취사선택해 정책에 사용했던 왕의 결정 능력은, 오늘날 순식간에 생산되는 방대한 자료 한 가운데 종사하는 지식 기술자들의 선택과 결정 과정의 모델이 될 수 있다.

본 연구를 수행하는 데 있어 한국연구재단의 재정적 지원이 큰 역할을 하였다(과제번호: NRF-2016S1A6A4A01019087). 지난 3년의 연구기간 동안 재정적으로 지원해 주고, 중간 결과물을 제출하라는 규정을 통해 지속적으로 연구과정과 결과들을 검토하도록 재촉하였기 때문에 본 연구를 끝까지 마무리 할 수 있었다. 또한 본 연구를 한 권의 책으로 마무리 지을 수 있도록 물심양면으로 도와주신 드림북 출판사의 민상기 사장님께도 감사 드린다. 수업 중에 출판 제의를 해 주시고, 또 꼼꼼히 교정을 해주셔서 훌륭한 저서로 탄생될 수 있었다. 아울러 연구기간 내내 격려해주시고 성원해 주신 부모님과 장모님께도 감사 드린다. 특별히 구약 연구와 큰 관련이 없음에도 고대근동의 관점에서 바라본 미래학이라는 주제를 연구하는 아들을 대견하게 여기시고 격려해 주신 아버님께 감사 드린다. 마지막으로 비좁은 방에서 컴퓨터를 껴안고 집필하는 남편을 위해 거실에서 잠자리에 들던 아내와, 연구와 집필 때문에 바쁘고 예민해진 아빠를 용납해 준 딸들에게 감사하며, 이 책을 헌정한다.

목 차

제1장

서 론

제1장

서론

미래는 과거와 현재의 관심사이다. 하지만 미래는 알 수 없다. 왜냐하면 글자 그대로 未來(미래)는 아직 오지 않았기 때문이다. 그래서인지 최근 미래의 불확실성 때문에 각광을 받고 있는 산업이 있다. '운세산업(運世產業)'이다. 운세산업은 사주, 관상, 점술 등으로 개인의 운과 명을 파악하는 역술 시장을 기반으로 하는데, '운명산업(運命產業)'이라고도 한다.[2] 한 설문조사에 따르면 1030세대 90퍼센트가 운세를 본적이 있다고 응답했다. 그리고 미혼 여성의 82퍼센트, 미혼 남성의 57퍼센트가 연애 · 결혼 운을 알아보기 위해 사주 · 타로 전문가를 찾았다는 통계도 있다.[3] 최근에는 유튜브에서 제공하는 비대면 점집이 인기가 있다고 한다. 유튜브 통계분석 사이트인 '플레이보드'(https://playboard.co/)에서 검색한 결과 2021년 2월 현재, 타로 관련 국내 채널은 659개, 점집 관련 국내 채널은 468개에 달한다는 조사도 있다.[4] 이처럼 운세 산업이 급속도로 발전하자 이용자가 궁금해 하는 질문을 입력하면 인공지능(AI)이 사주나 타로를 풀어 답변해 주는 AI 챗봇(chatbot)도 등장해 인기를 끌고 있다고 한다.

그런데 이처럼 점술과 운세에 의지하는 것은 단순히 미래에 대한 불안감 때문만은 아니다. 미래든 현재이든 어떤 문제나 계획에 대해서 쉽게 결정을 내리거나 선택을 하지 못하는 경향 때문이기도 하다. 이를 증명하듯 최근에는 선택과 결정을 내리는 산업이 번성 중이다. '큐레이션 커머스'(curation commerce, 혹은 curated commerce)가 바로 그것이다. '큐레이션'은 미술관의 큐레이터가 작품을 엄선해 선보이는 것으로, 선택을 하지 못하고 결정을 망설이는 사람들을 위해 취향, 성격, 연령을 분석한 뒤 최적의 상품을 추천해주는 서비스이다. 최근 한국소비자원에서 실시한 '큐레이션 커머스' 이용실태 조사에 따르면 응답자 중 65.7%가 만족한다는 결과를 내놓았다.[5]

이처럼 결정을 잘 내리지 못하는 이유는 우리 사회에 '결정 장애'를 가진 사람이 많아졌기 때문이다.[6] 결정 장애란 선택의 갈림길에서 어느 한쪽을 고르지 못해 괴로워하는 심리를 뜻한다. 결정 장애는 또한 '햄릿증후군'(Hamlet Syndrome)으로 불리는데 "죽느냐 사느냐 이것이 문제로다."라는 햄릿의 말 때문이라고 한다. 전문가들은 이런 결정 장애는 풍요로운 사회가 낳은 부작용이라고 한다. 다른 사람들은 풍요롭게 사는데 자신은 빈곤하다고 생각하는 심리적 결핍이 결정 장애를 낳는다고 한다. 또 어떤 전문가는 현대인이 결정에 어려움을 겪고 있는 것은 스스로 결정하는 습관을 갖지 못했기 때문이라고도 한다. 또한 정보와 상품의 홍수 시대에 선택의 폭이 넓어져서 결정을 잘 내리지 못한다는 의견도 있다. 오늘날 시장이나 온라인에 수많은 상품들이 쏟아져 나와 제품을 선택하는 일 조차 어려운 일이 되어 가고 있다. 때문에 매일 홍수처럼 쏟아져 나오는 다양한 선택지 중에 하나를 선택하는 일은 특별한 기술을 요구할 수도 있다. 하지만 이처럼 결정을 잘 못 내리거나 이 때문에 점술에 의지하는 것은 어제 오늘의 일만은 아니다. 이러한 일들은 고대로부터 주기적으로 반복되어 왔다. 왜냐하면 결정 장애나 점술에 의지하는 일은 미래에 대한 불안감 때문에 생기는 것이며, 미래를 대비하기 위한 방책 중의 하나였기 때문이다.

미래 예측은 인류학적이며 종교적인 범주인 것 같지만 역사적으로 늘 과학이나 기술의 중요 논제 중의 하나였다. 천문학자였던 케플러(Johannes Kepler, 1571-1630)는 1595년에 혹한기와 투르크족의 침략, 그리고 농민봉기의 발발을 예고하였다. 당시 신성 로마 제국의 황제였던 루돌프 2세(Rudolf II, 1552-1612)는 케플러의 예측을 정책에 반영하였으며 그의 점성술적인 예측능력을 높이 평가하였다. 예측은 늘 과학의 역사 속에서 존재해왔으며, 예측을 시험하고 증명하기 위한 노력이 다시 과학의 역사가 되었다. [7]

예측을 과학적으로 적용시킨 대표적인 예가 기상예보이다. 찰스 다윈의 항해(1831-1836)에 동참했던 로버트 핏츠로이(Robert FitzRoy, 1805-1865) 함장은 과학적인 일기예보의 개척자라 할 수 있다. 핏츠로이는 자신의 기상예보가 기존의 비과학적인 예언이나 점술과 어떻게 다른 지를 알려주기 위해 '예언'(prophecy)이나 '예고'(prediction)라는 단어 대신 '예측' 혹은 '예보'(forecast)라는 단어를 사용하기 시작하였다. [8] 1875년 4월 1일 런던의 타임스(Times) 지에 처음으로 일기난이 선보이게 되었는데, 이는 기상예보에 과학적 종합분석과 계산이 적용된 결과였다. [9]

오늘날 기상예보는 미래예측 산업 중에서 가장 과학화된 분야 중의 하나일 것이다. 우리나라의 기상청은 인공위성, 레이더, 전국의 기상 관측망 등을 통해 수집한 자료를 근거로 기온, 풍향, 풍속, 강수량, 강수유무, 기압, 습도와 같은 일기예보 정보를 제공한다. 이 방대한 자료를 수집하고 분석하는데 슈퍼컴퓨터와 같은 현대과학을 이용하고 있다. 하지만 때로 예보가 정확하지 않아 항의를 받곤 한다. 한 방송 뉴스는 이처럼 예보가 부정확하게 된 것은 기상 자료나 기술력이 부족해서가 아니라 슈퍼컴퓨터가 분석한 자료를 정확히 해석할 예보관이 부족하기 때문이라고 지적한 바 있다. 자료를 분석할 예보관은 오랜 경험과 지식, 노하우가 있어야한다. 하지만 오랜 시간의 실무경험이 있는 예보관이라고 하더라도 개인간의 격차가 크기 때문에 예보가 부정확할 수밖에 없다. 때문에 기상 상황 별 의사결정을 할 수 있는 교육과 제도가 필수적이다.[10]

일기예보의 경우에서 알 수 있듯이 자료의 양이 다양하고 정확하다고 해서 항상 미래를 바르게 예측할 수 있는 것이 아니다. 정보량으로 말하자면 역사적으로 오늘날만큼 방대한 적은 없었을 것이다. 오히려 정보과다가 삶을 방해할 정도이다. 하지만 정보 자료를 분석하고, 이를 바탕으로 타당한 결정을 내릴 수 있는 능력을 갖춘 사람은 많지 않다. 아니, 오히려 정보홍수 속에서 선택과 결정을 내릴 수 있는 전문가의 인물난이 극심하다. 미래학의 핵심은 선택과 결정을 내릴 수 있는 능력이다. 미래를 예측할 자료와 대안은 많다. 하지만 어떤 미래를 선택해야 할지를 결정하기는 쉽지 않다.

본 연구는 미래학에 있어 자료와 결정의 상호관계가 어떠한 지를 탐색하고자 한다. 하지만 본 연구에서 다루는 자료는 현대의 과학적 자료가 아니다. 오히려 현대에서 과학적으로 인정받지 못하는 고대근동의 점술자료이다. 점술자료는 현대의 기술 자료처럼 컴퓨터와 같은 정밀한 기계에 의해 수집 보관되고 유통된 것은 아니다. 하지만 고대근동의 점술자료에도 현대의 빅 데이터가 요구하는 데이터의 양(volume), 다양성(variety), 속도(velocity)와 같은 요소와 특질을 발견할 수 있다.[11)

점술(divination)은 과거나 현재 혹은 미래에 숨겨져 있는 현상이나 대상 혹은 사건들의 의미를 찾는 행위를 말한다.[12) 이때 점술의 대상인 징조들은 신적 세계와의 직접 혹은 간접적 소통의 수단으로 이해된다. 이러한 점에서 점술은 미래의 사건이나 길조와 흉조를 예견하는 예측행위(prognostication)라 할 수 있다. 플라톤(Plato)은 점술행위를 '직관적'(inspired/intuitive) 점술과 '기술적'(technical/deductive) 점술로 구분하였으며,[13) 키케로(Cicero)는 '자연적 점술'(divinandi naturalia)과 '인위적 점술'(divinandi artificiosa)로 구분하였다.[14) 전자는 아무런 도구의 도움 없이 신들이 인간과 직접적으로 의사소통하는 방식이다. 이에 비해 인위적 점술은 간접적 소통방법으로 점술도구를 매개로 해서 인간과 소통한다.

점술신탁은 "인간의 궁금증→질문→신의 답변→도구로 전달(조짐)→인문적 해석(점괘)→궁금증해결"의 순서로 진행된다.[15) 자연의 관찰을 통해 점괘를 얻는 점술신탁을 제외한 모든 기계적인 신탁(technical oracle)은 도구를 필요로 한다. 그러나 도구를 사용하든 안 하든 점술 신탁은 반드시 해석의 과정이 필요하다. 내담자가 이해할 수 있도록 징조가 해석되어야 신탁으로 완성될 수 있다. 고대근동의 점술신탁의 경우 징조의 관찰과 해석의 과정은 모두 기록되어 보관되었다. 그래서 비슷한 상황이 발생할 경우, 과거의 기록과 현재의 상황을 조합하여 좀 더 올바른 해석을 할 수 있도록 하였다. 이처럼 점술 신탁은 신으로부터 인간에게 주어지는 일방적 소통방식(one-way communication)이 아니었다. 인간은 질문하고 이에 대해 신이 응답하고, 그 대답이 불완전하면 재차 질문하고 응답하는 과정을 되풀이 하였다. 그래서 점술신탁은 양방향 소통방식(two-way communication)이라 할 수 있다.

점술은 점괘를 얻고 해석하기 까지 논리적 구조와 체계를 갖고 있다. 따라서 점술행위를 단순히 미신으로만 간주하기 보다는 논리적 학문과 과학의 체계로 연구할 필요가 있다. [16] 베르낭(Jean-Pierre Vernant)은 점술행위가 지닌 합리적 체계가 사회의 지적 체계나 구조를 정당화하고 합법화하는 데 사용되었다고 주장한다. 그에 따르면 점술행위는 법, 의술 혹은 행정과 같이 사회의 일반적 행위와 구분되는 것이 아니라 일관되게 사회적 사고체계의 일부로서 작동하였다. [17] 그래서 오펜하임(A. L. Oppenheim)은 메소포타미아의 점술사들을 연구한 뒤, 이들이 단순한 주술사가 아니라 학문성을 갖춘 학자들이라고 주장하였다. [18] 왜냐하면 그들은 자연의 관찰을 통해 얻은 징조들을 기록하고 보관하였을 뿐 아니라, 선대로부터 전승되어 온 점술 자료들을 참조하여 해석할 능력을 갖추었기 때문이다. 따라서 이들이 해석할 때 참조하였던 자료들은 비과학적인 우연의 산물이 아니라 학문적인 자료로 할 수 있다. 이러한 점에서 이들은 종교 분야의 전문가라 할 수 있다. 이들은 종교적 자료를 활용하여 미래를 예측하고 혹시 있을지 모를 미래의 불행을 대비하기 위해 여러 가지 조치를 취하였다.

점술이 합리성과 일관성을 지니고 있다면 이와 관련하여 여러 가지 질문을 할 수 있겠다. 무엇보다 점술이나 신탁을 시행하거나 이를 해석하는 과정이 누구나 납득할 만큼 합리적이며 일관적인지를 질문할 수 있다. 또한 이러한 점술이나 신탁의 체계와 이를 수행하거나 이를 통해 얻은 지식이 사회에서 어떤 기능을 하고, 사회에서 어떤 위치를 차지하고 있는

지를 질문할 수 있다. 만일 점술이 일정한 사회적 기능을 수행하고 있다면 사회의 어떤 영역에서 점술의 권위가 인정될 수 있는지 질문할 수 있으며, 점술사들이 사회의 권위 체계에서 어떤 역할을 감당할 수 있는지도 질문해야 한다. 왜냐하면 오늘날의 사회와는 달리 고대사회에서는 중요한 결정을 내릴 때 왕과 같은 정치지도자나 제사장과 같은 종교지도자들의 의견을 우선적으로 고려하였기 때문이다. 그리고 점술사들이 사회의 중요 구성원으로 인정되었을 경우 그들의 전문기술은 어떤 훈련과정을 통해 습득되었는지, 그리고 그들의 전문지식은 어떻게 전달되었는지를 알아볼 필요가 있다. 또한 점술사들에게 점괘나 신탁을 구한 사람들은 누구인지, 그리고 어떤 목적으로 점을 치게 되었는지를 질문해야 한다. 아울러 이들이 점술이나 신탁을 통해 전한 신의 뜻이 정치적 사회적 상황에 어떤 영향을 미쳤는지를 살펴보아야 한다.

점술이 사회의 핵심부에 위치할 경우 사회의 일부분으로 간주되지만 오늘날처럼 근대성이 강조되는 사회에서는 외곽으로 밀려나게 된다. 왜냐하면 운명, 행운, 신의 개입과 같은 고대의 개념은 근대적 사상의 측면에서는 비합리적으로 보이기 때문이다.[19] 하지만 근대적 세계에서도 점술은 여전히 위력을 발휘하고 있다. 신문이나 잡지에는 오늘의 운세나 별점을 알려주는 난을 정규적으로 편성하고 있으며, 많은 사람들이 이사를 가기 위해 길일을 택하고 있으며, 몸이 아프거나 불운이 연속되면 수맥이나 풍수와 관련이 있다고 생각한다. 특별히 경제적 환경적 위기 때문에 미래가 불확실한 오늘의 사회에서는 점술이 각광받는 사업이 되고 있다. 고대 사회와 현대 사회에서 점술의 방법과 그 위상은 차이가 있을 수 있지만 점술은 여전히 활발하게 기능하고 있다. 따라서 점술을 단순히 비

종교적인 미신으로 단정하여 외면할 것이 아니라 점술의 사회학적, 인식론적 영역을 집중해서 연구할 필요가 있다. 그래서 미래를 예견하는 기법이라는 측면에서 점술행위가 일관성을 지니고 있는지, 또, 점술행위가 단순히 미래를 이야기 하는 것이 아니라 사회에 어떤 영향을 미치는 지를 밝힐 필요가 있다.

이성과 과학이 주도하는 오늘의 세계와는 달리 고대근동에서는 제의와 주술과 같은 종교적 요소가 일상생활에 영향을 미쳤다. 이러한 종교적 요소는 다양한 방식으로 표현되었으며, 각기 고유한 영역에서 기능을 행사했다. 고대인들은 주변에서 발생하는 모든 일에는 그 원인이 있다고 생각했다. 특별히 불운이 겹치게 되는 경우 그 원인을 밝혀 문제를 해결하고자 했다. 그리고 이러한 일을 전담하는 전문가들과 그들의 전문지식을 존중하였다. 고대근동, 특히 메소포타미아에는 간 점술이나 천문 점술을 직업으로 하는 전문가들이 있었다. 이들은 제의와 주술과 같은 종교적 요소를 전문적으로 취급하기 때문에 종교인이라 부를 수 있다. 하지만 이들을 꼭 종교인으로만 취급할 수 없다. 왜냐하면 이들은 오늘날의 기독교나 불교와 같은 제도적인 종교에서 활동하는 종교인들과는 달리 신전과 같은 종교적 영역에서 뿐 아니라 궁전이나 공회당 같은 정치적 사회적 영역에서도 활동했기 때문이다. 이들은 자신이 지니고 있는 전문적 지식을 사용해 불운을 예측하거나 이에 대한 해결방안을 제시했을 뿐 아니라 사회적 위기를 극복할 수 있는 방안도 제시하였다.

그래서 사회학에서는 이들을 '종교 전문가'(religious specialist)로 부르고 있다. 터너(V. W. Turner)의 정의에 따르면 "전문 종교인은 어떤 유형의 제의, 혹은 제도적 관점에서 볼 때, 어떤 종교적 체제의 일파에서 전문적으로 일하는 사람이다"(A religious specialist is one who devotes himself to a particular branch of religion or, viewed organizationally, of a religious system.).[20] 따라서 이들이 사용했던 점술 방법이나 그 결과인 점괘를 단순히 마술(magic)이나 주문(spell)으로 볼 수 없다. 왜냐하면 이들은 우연이나 일회적 사건이 아니라 반복적이며 결과를 예측할 수 있는 사건들을 다루었으며, 결과를 자료화하여 자신들이 발견한 자연의 이상 현상을 해석할 수 있는 지침서나 참고서로 만들어 사용했기 때문이다. 따라서 이들이 각자 소유한 전문 지식과 기술들의 총체를 '종교적 지식'(religious knowledge)이라 부를 수 있다. 종교 전문가들은 종교적 지식을 사용하여 사회의 문제를 예측하거나 해결하였던 '종교적 지식인'(religious intellectual)이었다.

고대근동에서 종교적 전문지식은 '바루투'(barutu)라고 불렸다. 이 종교적 지식에는 오늘날에 비과학적으로 여기는 간 점술(extispicy), 천문 점술(astrology), 혹은 주술(incantation) 등이 포함되어 있다. 그럼에도 불구하고 이들을 전문지식이라고 부른 이유는 이들이 오랜 세월 동안 축적된 경험의 축적물이기 때문이다. 종교 전문가들은 어떤 개인이나 사회에 불운이 닥쳤을 때 이를 파악하기 위해 점술이나 신탁의 수단을 통해 신에게 문의하였다. 그리고 신의 뜻은 위기를 극복하거나, 어떤 결정을 내리는 중요한 자료로 사용되었다. 이러한 자료는 일회적으로 사용되지 않았다. 이들 자료는 한 세대에서 다음 세대에 전달되어 같은 사건이 발생할 때 참조할 수 있도록 자료화 되었다. 이러한 자료는 방대하고 또 그 내용이 복잡했기 때문에 이들 자료를 분석하고, 이를 여러 상황에 적용할 전문가들이 필요로 했다. 종교 전문가들은 바로 이들 자료를 기초로 하여 자연 현상을 분석하였으며, 이를 문제 해결의 열쇠로 사용하였다. 이들 종교적 지식으로부터 오늘날의 천문학과 수학과 같은 고도의 과학이 발전하였기 때문에,[21] 종교적 지식과 이를 전문으로 하는 종교 전문가의 역할과 기능을 연구하는 데 있어 신중할 필요가 있다.

본 연구를 시행하는데 다음의 두 가지 방법론을 사용하고자 한다. 첫째는 비교연구방법론이다. 비교연구방법론은 서로 다른 사회나 민족의 제도와 문화 등을 비교하여 그 유사점이나 차이점을 찾아보는 것이다.[22] 비교 방법론은 단순히 비교가 목적이 아니다. 비교는 종교현상이나 문화현상을 해석하고 설명하기 위한 것이다. 롱맨(T. Longman)은 비교방법론의 맹점이 비교 대상 문화 사이의 유사점에만 초점을 맞추는 데 있다고 지적한 바 있다.[23] 그래서 탈몬(S. Talmon)은 서로 다른 문화권을 비교할 때 공통점 뿐 아니라 차이점에도 주목해야 한다고 강조했다.[24]

한편, 할로(W. W. Hallo)는 유사점보다는 대조를 강조하는 데, 그에 따르면 비슷한 문화를 비교할 때 "긍정적 비교"와 "부정적 비교"가 병행되어야 한다.[25] 이에 대해 시걸(R. Segal)은 비교방법론 자체는 중립적이어야 한다고 주장한다. 과거의 비교방법론(old comparativism)이 오직 유사점만을 찾는데 주안점을 두었다고 생각하는 것은 신 비교방법론(new comparativism)의 오해라고 주장한다. 방법론 자체가 아니라 다양성이든 독특성이든 비교를 통해 찾아낸 사실(fact)을 쉽사리 규칙화하려는 논리적 비약과 오류가 문제라고 주장한다.[26]

조나단 스미스(Jonathan Z. Smith)는 비교를 위한 비교나 우연한 유사점의 비교를 지양하고, 과학적이고 정밀한 과정을 통해 비교 작업을 해야 한다고 주장하였다. 그는 유사성에만 초점을 둔 비교방법론을 비판하며, 차이를 드러내는 비교연구에 더욱 더 주목해야 한다고 주장하였다. 예를 들면 유대교와 기독교는 비슷해 보이지만 종교적 교리나 종교 현상에 큰 차이가 있다. 따라서 두 종교의 유사성에만 주목할 경우 양 쪽이 발전시켜온 문화의 독특성과 종교적 특질을 간과하기 쉽다.[27] 물론 스미스는 비교대상을 서로 같은 것으로 보는 일반화도 경계했지만 어느 한쪽의 독특성을 지나치게 강조하여 "유일한 것"으로 간주하는 경향도 주의해야 한다고 하였다. 특정 종교 현상을 유일하거나 독특하다고 규정하는 것은 종교 현상의 일반성을 무시하고 어느 한 쪽의 우월성을 강조하는 교조주의적 사고로 경도될 위험이 크기 때문에 비학문적이라 할 수 있다.[28] 예를 들면 구약에 등장하는 유일신 신앙은 유대교에게 독특한 것이기는 하지만 유대교를 다른 종교와 구분할 수 있는 유일한 것은 아니다. 유일신 신앙은 원시종교에서 고등종교로 발전하는 과정에서 등장하는 종교 현상도 아니고, 유대교에서만 유일회적으로 발생한 것도 아니다. 지역과 문화적 상황에 따라 어느 곳, 어느 때나 발현될 수 있는 종교적 현상 중 하나이다.

둘째, 본 연구에서는 사회학적 방법론을 사용한다. 사회학은 종교적 지식과 권력의 관계를 규명하는데 도움을 준다. 우선 뒤르껭(Emile Durkheim)의『종교생활의 원초적 형태』가 종교적 지식을 이해하는 데 도움을 준다.[29] 그는 종교가 사회적 산물이며 종교적 표상들은 집합적 실체를 나타내는 집합적 표상들이라고 주장하였다. 종교는 사회를 구성하는 다른 부분들인 정치구조와 경제체제, 친족과 문화 등과 유기적으로 연결되어 있다.[30] 도덕과 법률처럼 종교는 사회적 체계의 한 부분이며, 인간은 이 체계가 규정한 사회관계 안에서 살고 있는 것이다.[31] 때문에 종교는 사회적이라 할 수 있다. 뒤르껭에 따르면 어떤 종교도 다른 종교보다

우월할 수 없고 모든 종교는 같은 가치를 지니고 있다. 비록 어떠한 구체적인 결과물을 도출하지 못해 잘못된 종교로 치부된다 해도 종교로서의 사회적 가치는 부정될 수 없다. 이에 대해 뒤르껭은 다음과 같이 주장하고 있다.

> 우리는 어떤 종류의 종교는 남겨두고, 다른 종류의 종교는 제외시켜야 할 권리도 없고 또 그럴만한 논리적 근거도 없다. 종교를 인간행위의 자연스러운 표현으로 여기는 사람에게는 모든 종교는 예외 없이 어떤 가르침을 주는 것으로 여겨질 수밖에 없다. [32] 사람들은 때로 열등한 종교에 대해서 그것이 물질적이라고 말한다. 그러한 표현은 부정확한 것이다. 모든 종교들은 비록 가장 조잡한 것일지라도 어떤 의미에서도 정신적이다. 왜냐하면 종교가 작동시키는 능력은 무엇보다도 정신적이고, 또한 종교의 주요한 기능은 도덕적 삶에 영향을 미치는 것이기 때문이다. 따라서 사람들은 종교라는 이름으로 행해진 것은 그 무엇이라도 공허하게 행해지는 것이 아니라는 것을 알게 된다. 왜냐하면 그러한 일을 하는 것은 필연적으로 사회이고 그 열매를 따는 것은 인류이기 때문이다. [33]

뒤르껭의 이러한 종교에 대한 규정은 고대근동의 다양한 종교적 지식을 객관적으로 이해하는 데 도움을 준다. 그의 판단에 따르면 고대근동의 종교나 제의는 결코 그릇되고 원시적이지 않으며 사회를 구성하는 믿음의 체계이다. 뒤르껭은 모든 종교현상을 사회적 사실(social fact)로 간주하였다. 그에 따르면 "종교는 하나의 실체이다."[34] "왜냐하면 종교적 믿음은 사회에 기원을 두고 있기 때문이다."[35] 이러한 그의 사상은 제의와 점술의 긍정적 측면을 조명하는 데 큰 도움이 된다. 기능주의적 관점에서 볼 때 점술은 미신이나 사술이 아니라 사회질서를 유지하기 위한 사회적 기제(social mechanism)이며, 다양한 의사결정의 과정에 참여하는 한 부분으로 인식되었다.

점술이나 이와 관련된 다양한 종교적 지식들을 단순히 원시적인 현상이나 미신으로만 간주해서는 안 된다.[36] 왜냐하면 종교적 지식도 종교와 마찬가지로 교리적 원리들을 지니고 있으며, 종교가 호소하는 존재들이나 힘들을 지니고 있기 때문이다.[37] 따라서 점술과 신탁행위의 연구는 이들이 한 사회 내에서 어떤 기능을 수행하고 있는가라는 관점으로 접근해야 한다. 이처럼 기능주의적 관점으로 관찰해야 점술이나 이와 관련된 제의가 어느 한 시대에 국한해서 벌어지는 현상이 아니라, 다른 시대와 장소에도 기능을 발휘하고 있음을 알게 되고, 각 시대에 어떤 기능을 발휘했는지도 파악할 수 있다. 기능주의의 관점에서 시대와 상황에 따라 점술의 외형적 차이가 존재할지라도 사회구조 유지와 의사결정체제의 기능은 유사하다. 점술은 무너진 사회질서와 전통, 그리고 관습 등을 복원하거나 굳건하게 하는 기능이 있다. 따라서 점술이 어떤 개인의 운명에 관심을 가지고 있는 심리적인 주술이라고 해서 사회와 관련이 없다고 생각해서는 안 된다. 점술의 효과에 대한 믿음은 개인적인 것이 아니라 점술이 기능하고 있는 사회의 집단적 믿음이다. 따라서 점술이 지니고 있는 주술적 기능은 사회적 기능이라 할 수 있다. 점술은 사회질서와 구조를 유지하기 위한 제도적 장치이다. 때문에 점술을 사회로부터 분리하여 연구할 수 없다. 사회의 모든 맥락(context) 안에서 다각도로 분석할 필요가 있다. 즉 한 점술과 다른 점술과의 관계, 점술과 다른 기법과의 관계를 통해 사회적 기능을 파악할 수 있고, 점술사와 다른 종교 전문가, 그리고 종교 전문가와 정치 지도자 등과의 관계를 살펴볼 때 점술이 지닌 종교적, 주술적, 법적, 경제적 기능 등 다양한 기능들을 이해할 수 있다. 따라서 점술과 점술사를 이해하기 위해서는 사회 전체의 다른 요소들과 어떤 관계를 맺고 있는지를 살펴보아야 한다.

사회학의 창시자인 오귀스트 콩트(Auguste Comte)는 실증적인 지식이 가장 과학적이고 발전된 지식이라고 주장한 바 있다. 즉 증명 가능한 지식이 참 지식이라는 의미이다. 이러한 점에서 종교적 지식인이 추구하는 미래 예측은 과학적으로 증명할 수 있는 것은 아니다. 그래서 때로 비과학적이며 더 나아가 미신으로 규정되기도 한다. 하지만 이들이 미래를 예측하는 데 사용한 방법론과 자료는 비과학적인 것이 아니다. 오늘날의 과학과는 비교할 수 없지만 종교적 지식인들은 과거로부터 전승된 방대한 자료를 분석하여 나름대로 합리적인 결과를 얻어내려고 하였다. 예를 들면 오늘날 미래예측 방법론 중 가장 널리 사용되는 델파이 기법(delphi method)은 종교적 지식인들이 사용한 신탁의 절차와 비슷하다. 델파이 기법은 응답자들의 의견이 수렴될 때까지 세 번 정도 설문조사를 반복해 시행하는 데,[38] 이는 여러 번의 신탁의 절차를 걸쳐 최종 응답을 구했던 종교 전문가들의 방법과 유사하다. 또한 미래에 발생할 일들과 발생 경로에 대한 시나리오를 작성해 대비하는 시나리오 기법은[39] 종교 전문가들이 주로 사용하는 조건문과 결과문의 형식과 유사하다. 즉 종교 전문가들은 과거의 경험을 바탕으로 "어떤 일이 발생하면, 어떤 일이 벌어진다."라는 형식으로 신탁 보고문을 작성하였다. 그리고 동일한 유형의 사건에 대해 다양한 결과문들을 제시하였다. 이는 시나리오 기법에서 가능한 복수(複數)의 미래를 가정해 대비함으로써 미래에 닥칠 위험을 줄여나가는 방식과 유사하다. 심지어 다수의 독립된 전문가 패널이 자신들에게 주어진 토픽이 미래에 어떤 변화를 겪게 될 것인지 집중적으로 토론한 후 그 결과를 이끌어 내는 패널 기법은[40] 신탁의 결과를 해석하고 이를 통해 얻은 미래의 불운을 제거하기 위해 협업했던 종교 전문가들의 활동과 유사하다. 종교 전문가들은 때로 자신들의 견해를 관철하기 위해 상호 견제하였다. 하지만 대부분의 경우 협업이나 전문분야의 융합을 통해 최상의 결과를 도출하려고 노력하였다.

고대근동의 종교적 지식과 종교 전문가 그리고 이들의 미래학에 대한 본 연구는 서론과 결론을 포함해 총 6장으로 구성되어 있다. 서론에서는 연구의 개요와 연구사 그리고 연구방법론이 개진되고 있다. 제 2 장 "종교적 지식과 종교 전문가들"에서는 종교적 지식의 각 분야와 전문가들에 대해 논한다. 종교적 지식으로는 신 아시리아의 5대 전문 종교 지식이었던, 천문 점술학, 간 점술학, 진단 치료학, 주술 치유학, 그리고 애가학을 다루었으며, 비전문 지식으로 간주되었던 예언, 꿈, 그리고 기타 비정통 신탁의 형식과 내용을 고찰하였다. 그리고 전문 종교 지식을 다루었던, 종교 전문가들의 활동에 대해 기술하였다. 제 3장 "고대근동의 미래학자들과 정책결정"에서는 2장에서 소개한 학자들이 전문지식을 사용해 어떻게 왕과 상호작용했는지를 살피고, 왕과 왕국의 안정을 도모하기 위해 어떻게 지식을 활용했는지를 검토한다. 그리고 불운한 미래가 예고되었을 때 어떻게 악운을 회피하고 대안 미래를 창출했는지도 살펴본다. 제 4 장 "고대 이스라엘의 종교지식"에서는 고대근동의 일부이지만 비교적 독자적인 종교 형태를 지니고 있었던 이스라엘의 종교적 지식과 종교 전문가에 대해서 알아본다. 이를 위해, 제사장 신탁과 예언과 같은 정통적 종교 지식과 점술과 같은 비정통적 신탁방법과 내용을 알아보고 지혜전통에 입각한 책사의 종교적 배경과 불운한 미래의 회피를 위한 고대근동의 모티브에 대해서 알아본다. 제 5장 "종교적 지식의 확산과 발전"에서는 고대근동과 고대 그리스 그리고 동아시아의 점술들을 비교해 그 특색을 알아보고 현대의 과학적 미래학에 어떤 영향을 미치고 있는지 알아본다. 마지막으로 결론에서는 소통의 통로로서의 종교적 지식의 역할을 생각해 보고 고대근동의 종교적 지식과 종교 전문가들의 선택 및 결정 과정이 미래학에 어떤 기여를 할 수 있는 지를 논한다.

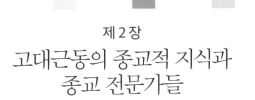

제 2 장
고대근동의 종교적 지식과
종교 전문가들

제 2 장

고대근동의 종교적 지식과 종교 전문가들

최근 웹과 모바일 같은 디지털 통신의 확산으로 우리 주변에는 많은 정보와 데이터가 생산되는 빅 데이터 환경이 조성되어 있다. [41] 빅 데이터 활용의 최종 목표는 '예측'이다. [42] 이러한 예측은 어떤 데이터를 쓰는지, 또 어떤 방법을 선택하느냐에 따라 결과가 달라질 수 있다. 따라서 빅 데이터의 분석과 이에 따른 정확한 미래 예측은 경쟁력의 우위를 점할 수 있는 근거가 될 수 있다. '빅 데이터'는 현대적 용어이다. 하지만 빅 데이터가 지니고 있는 주요 기능 중 하나인 '예측'이라는 측면에서 볼 때 훨씬 이전부터 활용되고 있었다고 할 수 있다. 왜냐하면 '예측'은 산업사회나 정보사회 같은 현대적 산물만은 아니기 때문이다. 이미 고대로부터 미래를 예측하기 위해 방대한 자료들이 사용 되었다. 따라서 빅 데이터와 예측의 관계를 알기 위해서는 고대근동으로 거슬러 가 그 당시 사용하였던 자료들과 그 기능을 연구해 볼 필요가 있다.

고대 근동의 종교적 지식은 다양한 방식으로 수집되고 전승되었는데, 크게 다섯 가지 전문분야로 나눌 수 있다. 천상에서 징조를 발견하여 해석하는 '천문 점술학'(톱샤르투), 동물의 간이나 내장을 관찰하여 징조를 발견하고 해석하는 '간 점술학'(바루투), 질병을 진단하고 약재를 처방하는 '진단 치료학'(아수투), 질병의 물리적, 정신적 배경을 파악하고 종교적 요소를 치료에 적용하는 '주술 치유학'(아쉬푸투), 그리고 제의에서 사용된 애가나 비가를 창작하거나 낭송하는 '애가학'(칼루투)이다. 이들은 궁궐이나 신전에서 사용되었던 전문적 지식으로 왕의 정책 결정을 위한 자문 자료나 신전의 제의에 활용되었다.[43]

이들 외에도 다양한 점술 기술이 존재했다. 하지만 전문 신탁처럼 체계적으로 자료가 수집되거나 전승된 것으로 보이지는 않는다. 또한 이들 전문 신탁 이외의 신탁들은 전문 점술 신탁과 같이 반복적인 결과를 얻는 점괘보다는 우연(chance)에 의한 점괘에 의지하였기 때문에 전문 신탁보다는 권위가 없었던 것 같다. 그래서 본 장에서는 우선 전문 점술 신탁에 대해 알아보고자 한다. 전문 점술 신탁의 공통점은 기술과 도구를 사용하고, 점괘의 해석을 위해 전문 서적을 이용하고, 이를 위해 오랫동안 교육을 받아야 한다는 것이다. 하지만 때로 기술과 도구를 동원하지만, 전문 교육이나 서적이 필요 없는 점술 신탁도 있다.

1. 천문점술 신탁

천문점술은 천상의 현상을 관찰하고 이를 해석하는 점술 신탁의 한 형태이다.[44] 천문점술은 천체의 움직임을 단순히 우리가 알지 못하는 어떤 것을 나타내는 징조로만 여기지 않았다. 고대인들은 천문의 징조가 지상의 변화에 영향을 주는 원인으로 생각하였다. 이러한 천문점술은 수메르

(Sumer) 시대부터 존재했다.[45) 그 때문에 고대 메소포타미아 문화를 반영하고 있던 주전 18세기의 고대 마리(Mari) 왕국에서도 천문점술이 중요 신탁의 수단이었을 것으로 생각된다.[46) 하지만 오늘날 우리에게 전해지는 마리 천문점술 자료는 많이 남아 있지 않다. 다음의 편지(ARM 26 81)는 마리 왕국에서 천문점술이 어떤 기능을 하였는지를 그 일부분을 보여주고 있다. 이 편지에서 왕궁 관리이자 점술사였던 아스쿠둠은 야스마-아두(Yasmah-Addu) 왕에게 월식에 대해서 보고하며 그 의미를 설명하고 있다.[47)

내 주께 말씀드립니다. 당신의 종 아스쿠둠이 말씀드립니다. 열네 번째 날에 월식이 발생했습니다. 이 월식은 불운이 있을 것을 예고합니다. 그래서 저는 나의 주님과 (왕이 다스리시는) 상부 지역의 안전을 도모키 위해 간 점술을 시행하였으며, 그 결과는 좋았습니다. 이제, 나의 주께서 계신 곳에서 주와 마리 왕국의 안전을 도모키 위해 간 점술을 시행할 필요가 있습니다. 나의 주여! 월식에 대해서 심려하지 마십시오. 그리고 나의 편지에 답장을 보내주시면 내 마음이 진정되겠습니다.

고대인들은 월식을 불운의 전조로 여겼다. 때문에 아스쿠둠은 간 점술을 시행해 어떤 일이 벌어질 것인지를 확인하고자 했다. 아스쿠둠은 간 점술과 같은 전문적인 점술에는 능통했지만, 천문점술에 대해서는 잘 알지 못했던 것 같다. 그러나 분명한 것은 이 편지에서 알 수 있듯이 마리 왕국에서는 천문점술을 통해서 얻은 결과를 간 점술을 통해서 재확인했다는 것이다. 천문점술과 관련한 자료가 많이 남아 있지 않아 쉽게 결론

내릴 수는 없지만, 적어도 마리 왕국에서는 천문점술보다는 간 점술이 더 많이 시행된 것으로 보인다. 그러나 이처럼 천문점술이 간 점술보다 왕성하지 못한 것은 아마도 마리 왕국에서만 볼 수 있는 특수 현상으로 보인다. 왜냐하면 고대 바빌로니아 제국 전체로 볼 때 비록 간 점술보다는 덜 하지만 천문점술이 자주 행해졌기 때문이다. [48]

천문점술에 대해서는 주전 7세기의 신아시리아의 문서에 더 자세히 기록되어 있다. 신아시리아에서 천문점술 전문가는 '툽샤르 에누마 아누 엔릴'(tupshar Enuma Anu Enlil)로 불렸다. 이 명칭에 사용된 '툽샤르'는 서기관 혹은 토판 기록자를 뜻하는 '툽샤루'(tupsharru)를 지칭한다. 또한 '에누마 아누 엔릴'(Enuma Anu Enlil, "아누와 엔릴의 때에")은 천체를 관찰한 기록들의 모음집을 가리킨다. '에누마 아누 엔릴'은 70여 개의 점토판으로 구성되어 있는데, 대략 6500-7000건의 징조들을 포함하고 있다. [49] 고대인들에게 일월성신은 단순한 자연물이 아니라 신들의 표상(representation)이었다. 에누마 아누 엔릴은 태양신인 샤마쉬(Shamash), 달의 신(月神)이었던 신(Sin), 그리고 폭풍의 신인 아다드(Adad)와 다른 행성이나 별들의 운행을 관찰한 기록물이다. 따라서 '툽샤루'는 단순히 천문 점술가로 뿐 아니라 서기관으로도 해석될 수 있으며, [50] '툽샤르 에누마 아누 엔릴'이라는 직책은 '에누마 아누 엔릴의 서기관'으로 번역될 수 있다. [51]

'에누마 아누 엔릴'은 '징조', '징조에 대한 해설', '천문관찰 보고', '보고자', '날짜' 등의 형식으로 구성되어 있는데, 왕이 위기에 처했거나 중요한 정책 결정을 내릴 때 참조하는 자료로 사용되었다. [52] 파폴라(Simo Parpola)에 따르면 천문점술사는 천문현상을 해석하기 위해 '에누마 아누 엔릴'을 비롯해 사람이나 동물의 태아의 모습을 통하여 점을 치는 '슘마 이즈부'("만일 태아가 기형이면"), '슘마 시니슈투 아라트마'("여인이 임신하게 되면"), 건축 같은 작업이나 제의 활동을 위해 길흉월일을 파악하는데 사용한 '이쿠르 이푸슈'("[만일 건물을] 부시고 다시 건축하면"), 지상에서 벌어지는 징조들을 통해 점을 치는 '슘마 알루'("만일 도시가 [높은 곳에 위치하면")와 같은 전문 자료를 사용하였다.[53] 이러한 전문자료를 해석하기 위해서는 오랜 훈련과 교육이 요구되었는데, 아슈르바니팔 왕에게 보낸 한 서신에서 천문점술사 마르둑-샤픽-제리는 그동안 어떤 공부를 했는지를 분명하게 언급하고 있다(SAA 10 160:36-42).

> 저는 부친의 업무인 애가(lamentation)의 기술을 완전히 습득하고 있습니다. 저는 학업에 몰두하면서 (애가) 모음집에 따라 낭송하는 연습을 했습니다. 저는 [...] 우수합니다. 저는 건강한 사람과 병든 사람들을 검사했습니다. 저는 에누마 아누 엔릴을 완독했습니다. [...] 그리고 천문현상을 관찰했습니다. 저는 슘마 이즈부와 [...]무와 니그딤디무와 슘마 알루도 완독했습니다.

이 편지는 천문점술사가 천문 관찰만 아니라 다른 분야에도 전문가였음을 알려준다. 애가 낭송 기법은 '칼루투'라고 하는데 애가와 비가를 제의에서 낭송하는 전문기술이다. 마르둑-샤픽-제리는 환자도 검사했는데, 이는 진단과 주술 활동이 포함된 의료행위를 뜻하는 '아수투'와 '아쉬푸투'에 대한 지식도 있음을 보여주는 것이다. 그는 이들뿐 아니라 간 점술에도 능통했던 것으로 보인다. 하지만 천문점술이 그의 핵심 전문분야였다. 이처럼 천문점술사라 하더라도 다른 분야의 전문지식을 습득하였다. 하지만 한 분야에 집중해야 했던 것은 개별 전문분야의 범위가 넓고 그 기술이 다양하여 짧은 시간에 숙달하기가 힘들었기 때문이다.[54] 그럼에도 천문점술사가 다른 전문분야를 부전공처럼 습득한 것은 천문점술을 바로 해석하기 위해 다른 점술 자료로 보완할 필요가 있었기 때문이다.

천문점술에 대한 자료는 앞에 언급한 편지들과 '천문보고서'(Astronomical Reports)로 불리는 관측 자료가 있었다. 편지와 보고서는 형식적인 면과 내용 면에서 차이가 있다. 편지들은 세로로 길게 기록할 수 있는 '에기르투'(egirtu)라는 점토판이 사용되었고, 보고서들은 가로로 길게 되어 있어 천문 관찰을 짧게 기록할 수 있게 만든 '우일투'(u'iltu)가 사용되었다.[55] 보고서는 통상적으로 인사를 포함한 서문과 끝 부분에 '저자명'('sha+이름' 형식)이 포함된 간기(刊記, colophon)의 형식으로 구성되어 있다. 이 보고서에는 일상적으로 벌어지는 천체 현상의 관찰 자료뿐 아니라 정치, 경제 상황과 같은 세속적 문제의 관찰 기록도 들어 있다. 이 자료는 천문학자들이 어떻게 천문 현상을 관찰하고 기록하였으며, 그들이 습득한 지식과 축적된 자료로 천문 현상을 어떻게 사회적 현실에 맞게 해석하려 했는지를 잘 보여주고 있다.

이 보고서에 기록된 천문현상은 '조건절(protasis)'과 '귀결절(apodosis)'로 구성되어 있다. 대부분의 조건절은 천체 현상의 관찰의 결과로부터 파생된다. 조건절은 "만약"이라는 문구로 시작하는데 천체 관찰의 결과에 따른 것이다(예. "만일 달의 외관이 어두우면," 혹은 "만일 달의 외관이 어둡고 그 오른쪽 끝이 무디고 왼쪽 끝이 뾰족하면"). 조건절은 천체의 관찰이기 때문에 정확히 기술해야 했다. 왜냐하면 같은 현상임에도 서로 다르게 기술하면 귀결절이 달라질 수 있고, 이 때문에 전혀 다른 결과를 낳을 수 있었기 때문이다. 귀결절은 천체 관찰에 상응하는 결과가 어떻게 진행될 지를 진술한다.[56] 조건절이 천체에서 벌어지는 일정한 규칙을 설명한다면, 귀결절은 인간사회에 미칠 영향에 대해서 기술한다. 다음의 발라시(Balasi)의 천문 보고서의 발췌부분 (LAS 2 326=SAA 8 95)은 조건절과 귀결절의 역할을 잘 보여준다.

> 만일 태양이 달의 자리에 위치한다면, 그 땅의 왕은 그의 보좌에 굳건히 앉아 있으리라. 태양의 원반이 달의 위 혹은 아래에 위치하면, 보좌의 토대는 안전할 것이요, 그 땅의 왕은 정의 가운데 설 것이다. 태양과 달의 원반이 서로 마주한다면, 그 땅의 왕은 더욱 지혜로운 것이다. 오늘 토성이 달에 다가갔다. 토성은 태양의 별이다. 그 해석은 다음과 같다. 나의 주 왕에게는 좋은 일이다. 태양은 왕의 별이다.

현재까지 발견된 천문점술 자료의 주요 관심사는 공적 인물로서의 왕의 안전과 복지이다. 물론 왕 개인의 문제를 다룬 자료들도 있다. 하지만 왕의 안전과 국가의 안전이 밀접히 연결되어 있기 때문에 개인의 문제라 하더라도 결국은 공적 문제라 할 수 있다. 이 때문에 천문점술 자료는 왕 이외의 일반인에게 사적(私的)으로 사용된 경우는 없다. 그래서 브라운 (David Brown)은 '에누마 아누 엔릴'의 천문점술 기록은 오직 왕을 위한 것이라고 주장한 바 있다. [57)

'툽샤르 에누마 아누 엔릴'은 천상의 징조를 관찰하고 해석한 천문 전문가였다. 하지만 툽샤루는 천체의 운동 뿐 아니라 지상의 자연 현상에서 발견되는 징조를 관찰하고 해석하는 데도 전문가였다. 천문점술사들이 신아시리아의 왕 에살핫돈과 아슈르바니팔에게 보낸 편지에는 천문현상 뿐 아니라 불운한 징조를 피하기 위한 의식과 주술의 기록들이 담겨져 있다. 이를 통해 볼 때 툽샤루는 천문점술 뿐 아니라 간 점술과 같은

다른 전문적 점술신탁에도 능숙한 전문가였던 것을 알 수 있다.[58]

천문점술과 간 점술은 상호 보완적이었다. 천문점술로 얻을 수 없는 정보를 간 점술을 통해서 얻을 수 있었기 때문이다. 간 점술은 천문점술을 통해 얻은 징조가 불명확할 경우 이를 분명히 밝히고, 이에 따른 문제점을 해결할 수 있는 단서를 제공하기도 했다. 때때로 첨문 점술을 통해 얻은 결과는 간 점술을 통해 검증되어야 했다. 간 점술은 천문점술이 내놓은 불명확한 결과들 가운데 하나를 선택하기 위해 시행되기도 하였다. 하지만 간 점술사가 천문의 징조를 왕에게 보고할 권한을 가진 것은 아니었다. 왜냐하면 천문점술사는 간 점술사보다 높은 위치에 있었기 때문이다. 주전 650년경의 아슈르바니팔 궁중에 속해 있던 학자들의 명단에 천문점술사 7명의 명단이 기재 되어 있는데 이들은 다른 주술사나 간 점술사들보다 앞쪽에 위치해 있다.[59] 그러나 이처럼 이들 간에 어느 정도 직급의 구분이 있었다 하더라도 그 차이는 심각하지 않았다.

다른 점술 전문가들과 마찬가지로, 천문 점술과 정치의 영역은 엄격하게 구분되어 있지 않고 밀접하게 연관되어 있었다. 별자리와 행성자리는 신들의 계시를 전달하는 표지로 인식되었으며, 지상에서 벌어지는 사건들을 해석하기 위한 지침을 제공하였다. 천체 관측을 통해 사회가 요구하는 지식을 구축하였으며, 이러한 지식은 인간 세계 밖으로부터 주어지는 것이라고 생각했다.[60]

2. 간 점술신탁

고대 메소포타미아에서는 여러 형태의 점술이 알려졌지만, 가장 정교하고 가장 널리 알려지고, 가장 오래된 방법은 간 점술(extispicy)이다. 간 점술은 어떤 결정을 내릴 때 동물의 간 혹은 내장을 관찰하여 신으로부터 승인이나 거부의 응답을 받고자 하는 점술 방법이다. 점술 신탁은 보통 내담자의 질문에 '긍정' 혹은 '부정'의 두 가지 방식으로 답변이 주어졌다. 따라서 신탁행위는 기본적으로 '길조' 아니면 '흉조' 사이에서 택일한다.[61] 이러한 동물 내장의 관찰을 통해 미래에 벌어질 사건에 대한 통찰력을 갖게 된다. 간점을 치기 위해서 절차에 따라 의식을 진행하고 "신들이 기록한 징조를 확인하기 위해" 내장을 관찰하였다.[62] 점을 칠 때는 내장의 허파, 간, 혹은 쓸개의 모양이나 색깔의 특이사항을 관찰하여 길흉을 예고하였다.[63]

마리와 신아시리아에서 간 점술은 바루(baru)라는 점술사가 시행하였다. 바루는 아카드어로 '관찰자' 혹은 '점술가'를 뜻한다.[64] 바루라는 직책은 수메르어 '루.마쉬.슈.기드'(lu.mash.shu.gid)에서 유래하였는데 '희생제물 위로 손을 뻗는 사람'을 의미한다. '새끼 염소'를 뜻하는 '마쉬'와 '손을 뻗다'를 뜻하는 '슈.기드'의 합성어인 이 단어는 바루가 내장을 살펴보기 위해 희생 동물의 배에 손을 뻗는 행동을 잘 표현하고 있다. 바루는 희생양의 전체 내장의 상태를 관찰하고 검토하지만 그 출발점은 간이다. 간 점술의 결과는 신의 계시로 간주되었고 간 모양의 토판에 그 결과가 기록되었다. 그리고 이처럼 보관된 간 모형들은 간을 검사할 때 도움이 되었다.

1) 마리

마리 왕국에서 간 점술의 주요 관심사는 왕국의 안정과 번영, 군인과 외교관들의 안전, 전쟁의 승패 예측이었다. 왕과 그의 가족의 행복 또한 간 점술사들의 주요 관심사였다. 마리 본문에 등장하는 대부분의 간 점술사들은 어느 정도 차이가 있기는 하지만 거의 왕실과 관련되어 있었다. 마리 왕국의 간 점술사들의 지위와 역할에 대해서는 소위 '바루의 의정서'(the protocol of baru, ARM 26 1)라는 문서에 잘 설명되어 있다.

> 간 점술에서 나쁜 징조이던 좋은 징조이던 내가 발견하면 나는 나의 주, 지므리림께 보고할 것이다. 나는 그것을 숨기지 않기로 서약한다. 나는 그 이름이 무엇이던 간에, 좋은 징조이던 나쁜 징조이던 나의 주, 지므리림의 간 점술에서 일어난 일들, 정상적인 출산이 아니어도, 혹은 … 내가 본 것을 다른 사람에게 발설하지 않기로 서약한다. 그리고 간 점술을 시행하는 동안 나의 주, 지므리림께서 하신 비밀스런 말씀과, 나의 동료 간 점술사에 의해 점술이 시행되는 동안에 발견된 징조에 대해서 보고 들은 것에 대해 비밀을 지킬 것이다. 그 이름이 무엇이든 간에 악의적인 말을 한 사람, 나의 주께 악한 반역을 꾀하는 자, 내가 점술을 시행하는 동안이나 내 동료 점술사가 점술을 시행하는 동안 내가 듣거나 본 것을 내가 숨기지 않기로 다짐한다. 그 날에 나는 나의 주 지므리림께 말하리라. 나는 그것을 숨기지 않기로 다짐한다.

이 규약은 간 점술사인 바루가 지니고 있던 직업상의 의무에 대해 분명하게 설명하고 있다. 바루는 간 점술을 시행하는 동안 발생한 모든 사항을 왕에게 보고할 책임이 있었다. 또한 정치적, 군사적인 결정을 내리기 위해 왕이 시행하기로 요청한 신탁에 대해서 비밀을 유지할 의무가 있었다.[65] 신탁의 질문과 응답은 기밀사항이었기 때문에 누설되면 왕과 왕국의 안전에 위협이 될 수 있었다. 만일 왕이 신으로부터 보다 명확한 응답을 받기를 원한다면, 질문이 보다 명확해야 했다. 하지만 로버츠(J. J. M. Roberts)가 지적한 대로 질문이 명확할수록 왕의 실행 계획이 점술사에게 더 명확하게 노출될 위험이 있었으며, 이는 고의적이던 비고의적이든 점괘가 적에게 노출 위험이 더 높아짐을 의미했다.[66] 한편 충성의 의무는 왕의 정치적 안정을 위해 바루가 즉각적으로 결단하도록 요구한다. 만일 간 점술을 시행하는 동안 왕의 안전을 위협할 어떤 음모와 징조가 발견되면 왕에게 즉각적으로 보고해야 했다. 만일 그러한 일이 있었다면 그것을 인지한 당일에 왕에게 보고하겠다고 서약했다.

간 점술사들은 신전이 아닌 궁전에 고용된 관료였다. 왕은 바루를 임명하였으며 여러 장소에 파견하여 점술을 시행토록 하였다. 하지만 모든 바루가 왕을 직접 대할 수 있었던 것은 아니었다. 수석(首席) 바루(랍 바레)에게만 허용되었다. 마리 왕국의 경우 아스쿠둠에게서 그 예를 발견할 수 있다. 그는 왕의 최측근이었다. 그는 야스마-아다드(Yasmah-Adad)왕 때부터 활동을 시작하였으며 왕가와 관련된 집안 배경을 등에 업고 최고 행정직까지 승진하였다.[67] 그는 궁중의 외교관으로 활약하였으며, 왕이 여러 도시를 순회할 때 간 점술을 시행하기 위해 수행하였다. 그가 지닌 행정적, 종교적 지위는 다른 점술의 검토과정을 통해 알 수 있다. 그는 예언이나 꿈의 진정성을 검토하였으며 천문점술사가 예견한 월식의 징조를 검토하기도 하였다. 그는 심지어 왕이 전쟁에 나갈 때 수행하였으며 점술사로서 뿐 아니라 장군으로서도 활약을 하였다.

간 점술은 항상 '검증'(피카툼)의 절차가 요구되었다. 적어도 두 번의 검증 점술을 실시하여 진정성을 확인했다.[68] 에립신(Erib-Sin)이 왕에게 보낸 한 편지(ARM 26 100-bis [= A.4222])를 통해 검증 점술의 예를 볼 수 있다. 이 서신의 첫 부분에서 바루는 군대의 안전을 위해 간 점술을 시행하였으며, 점술의 결과가 참인지를 알아보기 위하여 검증 점술을 실시하고, 왕에게 "나는 두 번 검증(double check)했습니다."라고 보고하였다. 다른 한 편지 (ARM 26 102)는 검증 점술을 감독하기 위해 두 명의 바루가 입회하였음을 기록하고 있다. 폰그라츠 라이스텐(Beate Pongratz-Leisten)에 따르면 이러한 검증 시스템은 왕이 간 점술 신탁의 모든 과정과 절차를 통제하고 있었음을 보여준다고 한다.[69] 간 점술의 진정성을 확인하는 절차는 검증만 있었던 것이 아니다. 다음의 편지(ARM 26 182)에서 알 수 있듯이, 점술사들은 자신이 시행한 간 점술의 진정성을 검증하기 위해 머리카락과 옷단 (hem)을 보내기도 하였다.

> [나의 주께 말씀드립니다.] 당신의 [종] 수무하두가 말씀드립니다. "점술사들이 출발할 시간을 정하기 위해 간 점술을 시행하였습니다. 하지만 그 결과가 일정하지 않았습니다. 여기에 제 머리카락과 옷단을 동봉합니다. 나의 주께서는 점술사들에게 지시를 내려 … ."

마리 왕국의 간 점술은 종교 뿐 아니라, 정치 군사적 관심사와 같은 전(全) 공적 영역에 영향을 미쳤다. 점술사들은 왕궁에서 종교 전문가로서 뿐 아니라 행정 관료로서 그 역할을 수행하였다. 점술사들은 점술의 결과를 보고하는데 그치지 않고 이를 근거로 왕의 정책 결정에 도움이 되는 조언도 하였다. 이들이 왕궁과 밀접하게 관련되어 있다는 것은 그들의 보고의무, 비밀 준수 의미, 충성의 의무가 기록된 '바루의 의정서'에 잘 반영되어 있다. 이 의정서는 왕이 바루를 통제하고 왕국과 관련한 모든 정보를 독점하였음을 잘 보여 주고 있다.

2) 신아시리아

신아시리아의 간 점술도 마리 왕국의 간 점술과 비슷하다. 하지만 신아시리아 왕국 도서관에 보존되어 있는 간 점술 보고서는 신탁의 절차와 방식에 대한 훨씬 많은 정보를 제공하고 있다. 이들 점술 자료는 '질문들'(queries)과 '보고서들'(reports)이라는 부분들로 구성되어 있다. 흥미로운 점은 질문들은 주로 에살핫돈 시대의 점술자료이고, 점술보고서들은 주로 그의 아들 아슈르바니팔 시대의 것이라는 것이다.[70] 점술 신탁의 질문은 대개 샤마쉬 신에게 행해지며, 서문과 결어 공식을 포함하고 있다. 서문은 "위대하신 주 샤마쉬에게 묻사오니 믿을만한 '예'로 응답하여 주십시오."라는 공식으로 시작하며[71], 조짐이 발생한 시간대에 대한 설명이 곧바로 이어진다.[72]

이 서문 뒤에 질문들이 등장하는데 간 점술사인 바루가 제기하였다. 질문의 양식은 없다. 하지만 질문의 주제는 거의 군사적 문제나 국가 안보와 관련되어 있다.[73] 바루는 늘 왕의 적들이 공격을 계획하고 있는 지를 묻는다. 이 질문들 다음에는 '~을 고려하지 말고'라는 뜻을 가진 '에지브 샤'(ezib sha) 구문이 이어진다. 그리고 에지브 구문 다음에는 질문이 반복된다. 결론부에는 기도문 같은 몇 줄의 문장이 삽입된다. "이 양(羊) 가운데 거하셔서 거기에 믿을만한 '예'의 응답을 주십시오. (우리가 제기한) 질문에 대한 위대한 신의 응답으로서 좋고 호의적인 징조이며, 긍정적인 답변입니다."[74] 이러한 점술 신탁의 질문에 대한 답변은 보고서들에 기록되어 있는데, 답변은 크게 네 가지로 주어진다. 즉, '호의적인', '덜 호의적인', '불길한', '아주 불길한'이다. 하지만 이들을 요약하면 '긍정' 혹은 '부정'의 이진법적(binary) 답변임을 알 수 있다.

점술사들이 점술의 결과를 모아놓은 문서 가운데 널리 알려진 것으로 '슘마 알루'(Shumma Alu) 와 '슘마 이즈부(Shumma Izbu)가 있다. '슘마 알루'는 "만일 한 도시가 …"를 의미하는데, 이 문서의 시작이 "만일 한 도시가 언덕에 위치하여 …"로 시작하기 때문에 붙여진 것이다.[75] 슘마 알루에는 도시, 집, 곤충, 뱀, 가축, 당나귀, 개, 불, 야생동물, 그리고 인간관계를 포함하는 사건과 관련된 징조들이 들어 있다.[76] 이 문서에는 일상생활에서 발견되는 다양한 징조들이 수록되어 있다. 슘마 알루는 당면한 문제가 성공적일까 혹은 부정적일까를 알기 위해 질문하기 때문에 '긍정적' 혹은 '부정적'이라는 답변을 얻게 된다. 또 다른 점술모음집인 '슘마 이즈부'는 "만일 새로 태어난 동물이 …"를 의미하는데, 슘마 알루와 마찬가지로 문서의 첫 번째 어구가 이 같은 말로 시작하기 때문이다.[77] 슘마 이즈부는 인간이나 동물의 태아의 모습을 통해 징조를 해석하는데, 많은 경우 그 지역의 통치자와 관련이 있었다.

아슈르바니팔 왕은 그의 도서관에 신탁과 관련한 모든 자료들을 수집 보관케 하였다. 하지만 바루의 활동에 대한 정보는 아주 제한적이어서, 보고서나, 주술서, 혹은 간 모형 같은 자료를 통해 간접적인 정보만 얻을 수 있다. 아마도 간 점술사들의 신탁의 경우 '예' 혹은 '아니오'처럼 비교적 분명한 응답이 주어지기 때문에 그들의 활동에 대한 자세한 설명이 필요 없었던 것으로 보인다.[78] 그렇다고 해서 바루가 궁정에서 했던 일들을 과소평가해서는 안 된다. 왜냐하면 왕들은 점술사들의 도움을 받아 불안과 공포에서 벗어날 수 있었기 때문이다. '질문들'에는 점술을 시행한 바루나 이를 기록한 바루들의 이름이 기록되어 있다. '보고서들'에는 바루의 이름 뿐 아니라 이를 보고하는 바루들의 이름과 그의 직책과 업무가

기록되어 있다(SAA 4 319 r.5; 326 r.3-4; 334 r.3).[79]

'질문들'과 '보고서들' 문서의 문맥으로 볼 때 바루는 왕이 정책 결정을 내리는 데 중요한 역할을 한 것으로 보인다. 바루는 왕이 적의 동향을 알고 싶을 때, 현직 관료나 임용예정 관료들의 충성도를 알고 싶을 때, 혹은 왕이나 그 가족이 질병에 걸렸을 때 점술 신탁을 시행하였다. 이 문서들은 왕과 바루 사이에 정규적인 대화가 있었음을 보여주고 있다. 따라서 바루가 왕의 요구에 즉각적으로 응답하기 위해서는 왕의 측근에 위치해 언제든지 점술 신탁을 시행할 준비를 하고 있어야 했다. 신아시리아 궁정에서의 바루의 지위와 그의 기술에 대한 존중심은 왕에게 관료를 추천하는 편지가 잘 보여주고 있다. "궁중 업무에 적합한 20명의 학자들"(SAA 10 160)을 추천하는 이 편지에서 바루는 관료 뿐 아니라 다른 종교 전문가들도 추천하고 있다.

신아시리아 왕들은 왕과 왕국의 안전에 영향을 미치는 문제를 해결하기 위해 점술 전문가인 바루에게만 조언을 구한 것이 아니다. 다른 종교 전문가들에게도 조언을 구하였다. 당시 궁중에는 '학자'(움마누)로 불리는 일군의 종교 전문가들이 활동하고 있었다. 이들은 왕에게 자문을 하기 위해 긴밀히 협력하였다.[80] 오늘날의 싱크 탱크처럼 자신의 전문문야의 정보를 다른 전문가들과 공유하며 당면한 문제에 대한 합리적인 해결책을 제안하기 위해 노력하였다. 이들 학자집단에는 천문 점술사 툽샤루, 간 점술사 바루, 진단 치료사 아수, 주술 치유사 아쉬푸, 애가 전문가 칼루가 소속되어 있었다.

바루는 다른 점술의 진정성을 검증하기 위해서 간 점술을 시행하였다. 심지어 다른 바루들이 얻은 점괘를 검증하기 위해 간 점술을 시행하기도

하였다. 하지만 당시 점술의 결과를 다른 점술 수단이나 다른 점술사들을 통해 검증받는 일은 당연한 절차였다. 바루는 자신의 신분을 증명하기 위해 토판에 도장처럼 손톱자국을 남겼다(SAA 4 142, 172). 이 손톱자국은 토판의 주인이 누구임을 밝히는 증거로 사용되었다.[81] 왕은 간 점술을 통해 얻은 신탁과 다른 방법으로 얻은 신탁이 상호 충돌하지 않도록 전문가 집단을 넷으로 구분하였다. 그래서 한 사안에 대해 각기 다른 네 가지의 대답을 얻을 수 있었다.

신아시리아의 간 점술사들은 군대, 궁전, 그리고 신전에서 주로 활동하였다. 그들은 점술자료에서 다른 종교 전문가들처럼 자신들을 '군대 앞에서 걷는 자'로 소개하였다. 비록 지휘관은 아니었으나, 군인들은 전쟁터에 앞장 선 점술사들을 군대를 인도하는 수호신의 표지로 인식하였다.[82] 군인들은 점술사들과 그들의 신탁 활동을 통해 신적 보호를 받고 있음을 확신하였다. 점술사들은 또한 자신들을 왕궁에서 '왕 앞에 앉아 있는 자', 혹은 '왕 앞에 서 있는 자'로 소개하였다.[83] 이 직책명은 왕과 점술사의 긴밀한 관계를 보여 주는 증거라 할 수 있다. 점술사들은 신과 인간 사이의 중재자로서 뿐 아니라 왕의 최측근으로서, 왕의 요구가 있을 시 점술을 통해 정치적, 군사적 질문을 신에게 제기하고 그 답변을 얻었다. 그래서 점술사들은 자신을 왕의 자문관(말리쿰)으로 소개하기도 하였다. 점술사들은 또한 신전과 밀접히 관련되어 있기도 하였다. 크라이어(F. H. Cryer)는 점술사가 정결 제의와 같은 제의를 행하고 신전으로부터 대가를 받았기 때문에 신전 종사자였다고 주장한다.[84] 하지만 비록 제의와 관련되어 있다 하더라도 점술사들은 제사장이나 다른 신전 종사자들처럼 신전에 고용된 전문가는 아니었다.[85]

3. 진단 치료학과 주술 치유학

고대 메소포타미아에서 약(藥)과 의학(醫學)은 아주 중요한 분야였다. 신아시리아의 도서관에서 의료 관련자들을 위한 의료편람(medical handbook)이 발견된 바 있다. 이 지침서에는 질병의 명칭과, 그 원인, 그리고 이에 대한 치료 방법 뿐 아니라 이 질병들의 예후와 질병의 진행상태 등에 관한 기록들이 담겨 있다. 신아시리아 시대에는 많은 의학 자료가 남아 있지만, 환자의 상태나 치료 정보는 주로 왕실의 구성원과 같은 고위층과 관련이 있다. 그리고 이들의 건강을 담당했던 의료진들은 왕실에서 중요한 위치를 차지하고 있었다. 이처럼 왕실의 의료를 담당했던 의료진은 "약사", 혹은 "의사"를 의미하는[86] '아수'와 "주술사"를 뜻하는[87] '아쉬푸'였다. 하지만 이 둘의 기능을 엄격하게 구분하기는 힘들다. 단지 '아수'는 병이 자연적인 기원을 갖고 있다고 여기기 때문에 합리적인 처치 방법을 사용하는 치료 전통을 대표하는 의료인이라 할 수 있고, '아쉬푸'는 병이 초자연적 원인에 기인하기 때문에 제의와 기도로 치유해야 한다는 주술적 치유전통과 관련되어 있다고 할 수 있다.[88]

아수와 아쉬푸는 병의 원인과 치료를 단순히 자연이 아닌 초자연적인 힘과 능력에서 찾은 '종교의학'의 선구자였으며, 의학편람을 참고하여 환자의 치유를 도왔던 '신앙의술'의 선구자라 할 수 있다.[89] 때문에 아수와 아쉬푸, 두 의료인들의 역할은 중복되는 경우가 많고, 둘 다 기도와 축귀와 같은 종교적인 치유방법을 사용했다. 아브라하미(P. Abrahami)는 아쉬푸가 엔키(Enki) 혹은 에아(Ea) 신이 니닌시나(Nininsina) 여신에게 부여한 핵심 의료 지식을 소유했다고 주장한다.[90] 그에 따르면 아쉬푸는 치유를 위한 제의를 진행할 때 주문을 외우며 악령들을 제거했다고 한다. 이에 비해 아수는 니닌시나 여신과 그의 아들 다무(Damu)로부터 의료기술을 습득했다고 한다. 보다 후대의 전통에 따르면 아쉬푸는 신전에 종사하는 제사장으로 묘사된다.

고대 바빌로니아의 '의학편람'(medical handbook)은 '진단편람'(diagnostic handbook)과 '치료편람'(therapeutic handbook)으로 구성되어 있다.[91] '진단편람'은 질병을 그 증세에 따라 상세히 분류하고 있다. 머리 쪽 관자놀이 증세에 대한 다음의 기술은 이 증세를 얼마나 과학적으로 잘 분류하고 있는지를 보여 준다.

관자놀이가 짓눌리고 열이 오르락 내리락 한다면 쿠부(Kubu) 신의 손이 친 것이다. 관자놀이가 짓눌리고 내장이 움직인다면 쿠부 손이 친 것이다. 관자놀이가 짓눌리고 내장이 부어있으면 쿠부의 손이 친 것이다. 관자놀이가 짓눌리고 귀가 들리지 않는다면, 그의 수호신이 그를 친 것이며, 그가 죽게 될 것이다. 관자놀이가 모양을 잘 유지하면, 그는 회복될 것이다. 하지만 관자놀이가 망가지면 죽게 될 것이다.[92]

이 진단편람은 환자의 개인적 특질에 대해서는 언급하지 않고 증상에 대해서만 언급하고 있다. 증상의 다양한 사례를 수집해 각 증상에 대한 상황을 기록하고 있다. 이러한 사례들은 몇 대에 걸쳐 수집되었으며, 증세별로 세밀하게 구분하여 기록해 의학 수업을 받는 학생이나 환자를 진단하는 의사들이 참조하도록 하였다.

'치료편람'은 치료를 위한 처방을 담고 있다. 표준적인 치료편람에는 보통 질환에 대한 설명이 기록되어 있으며, 이를 대비하기 위한 처방과 처치 목록이 함께 기술되어 있으며, 처방전도 포함되어 있다. 때로 예후 (prognosis)가 기술되어 있기도 하다. 증세에 따른 처방은 다양하였다. 예를 들면 직장(直腸) 질병의 경우 다른 질병에 비해 오일(oil)을 더 많이 처방 하였으며, 신장질병의 경우 광물질(minerals)을, 안질환에는 연고를 처방하 였다.[93) 약초편람도 그 재료와 제약방법에 따라 목록을 만들고 분류하 였다. 약초편람의 목록은 "성질" 혹은 "특성"을 뜻하는 "쉬크누"(shiknu)라 는 아카드어 단어로 시작하였다.[94) 그래서 목록 앞머리에 "어떤 식물 혹 은 광물의 쉬크누는 … ."이라고 시작하였다. 예를 들면 "그 돌의 쉬크누 는 화로의 쉬크누와 비슷하다"라든가 "그 돌의 쉬크누는 야생고양이의 피부 같으며 …, 그 돌의 쉬크누는 사자의 가죽과 비슷하다"라고 하였 다.[95)

함무라비 법전(Code of Hammurabi, 이하 CH)은 사회적 신분을 귀족(아빌룸), 평민(무쉬케눔), 그리고 노예(와르둠)로 구분하며(CH 215, 216, 217), 신분에 따 라 의료비를 책정해야 한다고 규정하고 있다. 또한 의료사고에 대한 규 정도 제정되어 있다. 벌칙은 벌금형과 신체형으로 구성되어 있다. 예를 들 면 218조에 따르면, 귀족에게 의료 사고를 낸 아수는 손을 베어야 했지 만, 평민이나 노예에게 의료 사고를 내면 벌금형을 받았다(CH 219, 220). 한 가지 흥미로운 점은 함무라비 법전에는 아쉬푸가 의료진으로 언급된 예 가 없다는 것이다. 아마도 아수가 일반인을 대상으로 한 의료진이라 한 다면, 아쉬푸는 주로 궁전과 신전 같은 공공 기관에 근무하였기 때문일 것이다.[96)

궁중 학자들 가운데 간 점술사와 천문점술사는 중요 위치를 차지하 고 있었다. 이들의 중요 관심사 중 하나는 왕과 왕정의 안정을 유지하는 것이었다. 때문에 왕의 건강에 상당한 관심을 가지고 있었다. 때문에 왕이 병 들었을 때 점술을 통해 병의 증세를 살피고 이에 대한 대책을 왕에게 보고하였다. 이 때문에 때로 아수와 아쉬푸는 궁중의 다른 종교 전문가들(혹은 학자들)의 견제를 받기도 하였다. 예를 들면 신아시리아의 에살핫돈의 주치의였던 우라드-나나야는 왕에게 보낸 편지(SAS 10 314와 328)에서 다른 분야의 학자들의 방해로 자신의 처방이 받아들여지지 않고, 심지어 왕자들과의 접견도 금지되었다고 보고하였다. 때로 아수와 아쉬푸의 처방은 다른 점술 전문가들을 통해 검토되기도 하였다. 이는 궁전에서의 그의 지위가 다른 전문 학자들에 비해 상대적으로 낮았기 때문일 것이다. 하지만 처방에 대한 다양한 견해가 존재했기 때문일 수도 있다. 왜냐하면 한 증상에 다양한 처방이 주어질 수 있었으며, 한 약이 여러 증상에 사용될 수도 있었기 때문이다. 예를 들면 에살핫돈의 귓병에 처방된 약은 마비(쉬마투)나 발작(사하르슈부)에도 사용될 수 있었다(SAA 10 327).

고대근동의 방대한 의료문서들은 당시의 의료진들이 인체에 대한 지식이 풍부했을 뿐 아니라 의학적 정보들을 기록하고 보존할 능력이 있는 지식인이었음을 보여준다. 오늘날의 의료진과 마찬가지로 이들도 각종 의료 지식과 기술을 습득하기 위해 장기간의 교육과 고된 훈련을 받아야 했다. 비록 그들이 주술적 의료방식에 의존했다 해도, 진단편람과 같은 의료문서를 읽고, 장문(長文)의 주문(incantation)을 낭독해야 했기 때문에 단순한 암기나 구전전승에만 의존할 수 없었다. 따라서 의사가 되기 위해서는 서기관처럼 글을 읽고 쓰는 교육을 반드시 받아야 했다.[97] 하지만 글을 읽고 쓸 줄 안다고 모두가 의사가 될 수 있었던 것은 아니었다. 왜냐하면 의료교육을 받지 않은 사람들에게는 진단편람과 같은 의학문서를 읽는 것이 금지되었기 때문이다. 특히 처방전에 대한 비밀유지가 엄격하여서 의료 수업을 받는 학생 이외에는 공개하지 못하도록 하였다.[98] 이처럼 의료교육은 엄격하고 장기적으로 수행되어야 했기 때문에 의술은 가족단위로 전승되는 전문직이었다.

아수와 아쉬푸는 신전이나 궁궐에 고용되어 공중 위생이나 궁중의사와 같은 관료로 활동하였다. 물론 모든 아수나 아쉬푸가 궁궐에 들어갈 수 있었던 것은 아니다. 아주 탁월한 의료진만이 왕족의 주치의가 될 수 있었다. 이처럼 궁궐에서 활동했던 의료진들은 궁정 학자(움마누)가 되기도 하였다. 오늘의 시각으로 볼 때 이들은 마술사처럼 보이지만 고대근동 사람들에게는 과학자였다.

4. 애가학

칼루(수메르어 '갈라')는 구바빌로니아 시대부터 신전에서 활동했던 중요한 종교 전문가 중의 하나였다. 칼루는 성전 음악가인 '나루'와 함께 에메샬 (Emeshal)을 낭송하며 제의에 참여하였다(SAA 7 142, 6-7; SAA 11 151, 11:8'-10'; SAA 12 95 rev. 11-12). 주전 1000년경에도 여전히 '나루' 악사들과 협력했지만, 신아시리아 시대에 이르러서는 주로 아쉬푸와 활동했다(SAA 8 163, 7; SAA 13 189, 9'; SAA 10 212 rev. 9-11). 칼루는 정규적인 제의활동에 참여했을 뿐 아니라 제의 신상의 입을 닦는 '미스 피' 의식이나,[99] 건축 제의, 수로 건설 제의, 전쟁 제의, 악령 축출 제의와 같은 특별한 제의에도 동참하였다. 칼루는 아쉬푸와 마찬가지로 제의 업무만 아니라 다른 학문적인 전문 종교지식의 영역에도 관심을 가졌다. 칼루는 자료를 복사하는 일에

참여했으며 왕에게 보고하거나 자료를 발송하는 일도 하였다.[100]

칼루는 제의에서 에메살(Emesal) 기도문을 낭송하였다. 칼루는 보통 제물을 바칠 때 신상 앞에서 악기 연주에 맞추어 에메살을 낭독하였다. 에메살 기도문은 도시들과 신전들의 파괴와 멸망을 애도하는 애가(哀歌)이다. 때문에 칼루를 '애가 제사장'(lamentation priest)으로 번역하곤 한다. 하지만 칼루는 엄격한 의미로 제사장이라 할 수 없다. 왜냐하면 제사장처럼 신전을 관리하거나 제사를 드리지 않고 제의의 일부분만을 담당했기 때문이다. 따라서 '칼루'를 '애가 전문가' 혹은 '애가 담당자' 정도로 번역할 수 있겠다.[101] 에메살은 대부분 '발락'(하프/드럼 [노래]), '에르셰마'(케틀드럼 [kettledrum]의 눈물/애가), '에르샤후가'(마음을 진정시키는 애가), '슈일라'(손을 들기 [기도하는 자세]), 그리고 '쉬르남슙'(주문 낭송)이라는 장르로 구성되어 있다.[102] '발락'은 탄원을 기술한다. 신들의 이름을 부르며 파괴의 상황을 기술한다. '에르셰마'는 최대 100줄의 짧은 노래로서 신전이 파괴될 것을 예고하는 묵시를 기술한다. 에르셰마는 발락의 결론부로도 사용될 수 있다. '에르샤후가'는 탄식이 포함된 개인 기도문으로서 신의 긍휼과 지지를 호소한다. '슈일라'는 신을 향한 탄원과 신의 분노를 진정시키는 기도를 포함하고 있다.[103]

발락과 에르슈마는 국가와 같은 공동체의 위기를, 에르샤후가는 개인의 위기를 기술하는 데 적합하다. 일반적으로 어떤 신이 여러 가지 이유로 신전을 떠나거나 포기할 것으로 예상될 때 에메샬을 낭송했다. 고대인들은 적의 침입이나 자연재해 때문에 타의적으로 신상이 바깥으로 이동될 때나, 순례행진을 위해 신상을 신전 바깥으로 옮겨갈 때, 이를 신의 부재로 생각했다. 심지어 신전 공사로 소음이 커져도 신의 노여움을 살

것으로 생각되었다. 이러한 신의 부재나 신의 노여움은 안정적인 정치 질서를 깨뜨려 왕국을 위험에 빠뜨릴 수 있다고 생각했다. 그래서 에메살은 왕국의 공식 제의의 중요한 일부분이 될 수밖에 없었다. [104]

왕과 왕국 등 공동체와 관련된 에메살 가운데 '도시 애가'가 있다. 적의 공격으로 도시가 파괴될 때 신들은 도시를 포기하고 떠날 수 있다. 이러한 위기에 닥쳤을 때, 왕은 비극적 운명을 전환시키기 위해, 도시를 회복하고 신들을 다시 신전으로 돌아오게 해야 한다. 에메살 기도문은 다음과 같이 장문의 탄원문으로 시작한다.

> 내가 그에게 말하리라. "멸망한다!" 내가 그에게 말하리라. "너의 도시는 파괴된다!" 내가 그에게 말하리라. "멸망한다! 니브루(Nibru), 에쿠르(Ekur)는 파괴된다!" 내가 그에게 말하리라. "멸망한다! 키우르(Kiur), 에남틸라(Enamtila)는 파괴된다!" 내가 그에게 말하리라. "멸망한다! 시파르(Sippar), 에바바르(Ebabbar)는 파괴된다!" 내가 그에게 말하리라. "멸망한다! 틴티르(Tintir)의 벽돌 벽은 파괴된다!" 내가 그에게 말하리라. "멸망한다! 에사길(Esagil), 보르시파(Borsippa)는 파괴된다!" 내가 그에게 말하리라. "멸망한다! 에지다(Ezida), 에마틸라(Emahtila)는 파괴된다!" 내가 그에게 말하리라. "멸망한다! 에테멘난키(Etemenanki)는 파괴된다!" 내가 그에게 말하리라. "멸망한다! 에다라아나(Edara'ana)는 파괴된다!"[105]

이 탄원에는 멸망한 도시들과 신전들, 그리고 그 도시들을 버린 신들의 이름이 나열된다. 하지만 제의에서는 에메살 기도문이 작성된 당시의 도시들이 언급되지 않는다. 니푸르(Nippur), 시파르(Sippar), 그리고 바빌론(Babylon)과 같은 중요 도시 이름들만이 열거될 뿐이다. 이렇게 이들 도시들의 이름을 열거함으로써 자기들의 도시도 신의 노여움 때문에 언제든지 파괴될 수 있다는 믿음을 갖게 된다. 따라서 에메살이 언급하고 있는 도시의 파괴는 신학적으로 해석되어야 한다. [106] 탄원의 기도가 끝나면 신들의 분노를 누그러뜨리는 기도와 축복을 비는 절차가 이어졌다. 칼루는 쉬르남슙을 에메살에 삽입해 이 부분에서 신들의 분노를 진정시키고 그들을 기쁘게 하는 기능을 하게 하였다. 때문에 이 부분에서는 탄원을 하거나 슬퍼할 필요가 없었다. [107]

크레머(S. M. Kramer)에 따르면 에메살은 본래 학자들의 교육 목적으로 작성되었으나 후대에 칼루와 같은 종교 전문가들에 의해 제의에서 재사용되었다고 한다. [108] 수메르에서 기인한 에메살은 문학적 특성이 강했으나, 후대, 특히 신아시리아 시대에 들어서서는 주로 제의의 기도문으로 사용된 것으로 보인다. 이처럼 후대의 에메살은 제의에 실재 사용되기 위한 실용적 목적으로 작성되었으며, 일부만이 교육용이나 문헌용처럼 보관 목적으로 기록되었다. [109]

그럼에도 에메살은 본질적으로 문학성과 학문성이 뛰어나 다른 신탁 자료보다 문헌적 가치가 높다. 에메살이라는 단어 자체가 "정제된 언어"(refined language)라는 뜻이다. 에메살은 상당히 전문적인 지식을 요구하였기 때문에 칼루 자신이 교사가 되어 학생들을 가르쳤을 것이다. 학생들은 어릴 때부터 교사가 입으로 불러주는 문구를 반복해서 쓰는 연습을 하였다. 에메셀은 단지 몇 줄만 적혀있는 토판부터 여러 단에 걸쳐 장문으로 기록된 토판에 이르기까지 다양한 길이로 제작되었다. 따라서 제의에서 사용하기 위해서는 에메살을 암송할 필요가 있었다. 학생들은 에메살을 암송하고, 제의적 상황을 염두에 두고 반복해서 연습하고, 교사의 인도 하에 실제 에메살을 낭독하는 제의에 참여했을 것이다. [110]

신 아시리아에서 칼루는 다른 학자들처럼 정규적으로 왕에게 점술 결과를 보고했던 왕의 측근 중 하나였으며,[111] 그의 보고서는 다른 점술 자료와 마찬가지로 왕의 정책 결정에 영향을 줄 수 있는 종교적 전문 지식이었다. 칼루는 다른 종교 전문가들과 제의적 전문지식을 공유하였는데, 특히 아쉬푸의 전문 지식과 일치하는 점이 많았다. 하지만 종교 전문가로서 칼루는 아쉬푸나 다른 전문가들보다 하위에 위치하였다.[112] 다른 전문가들처럼 왕에게 점술 자료를 보고하기는 하지만 신아시리아의 칼루였던 우라드-에아의 예에서 알 수 있듯이 아쉬푸나 다른 종교 전문인들에 비해 활동양이 적었다. 칼루의 제의 활동을 기록한 문서들은 많지 않았고(SAA 8 181-183), 심지어 다른 전문가들의 활동 자료에 부수적으로 포함된 경우도 많다.[113] 그래서 라드너(K. Radner)는 칼루가 에살하돈과 아슈르바니팔의 시대의 종교 전문가들 중 가장 작은 집단을 이루고 있었을 것이라고 주장한다.[114]

칼루는 신과 왕 사이에서 중재의 기도를 하였다. 그리고 이러한 제의가 진행되는 과정에서 탄원시를 읊으며 분노한 신들의 마음을 달랬다. 신아시리아에서 왕들은 자신의 범죄를 용서받기 위해 손을 들고 하는 슈일라 기도를 낭독하였다.[115] 아슈르바니팔 왕은 칼루의 전문분야인 '칼루투'를 지식으로 간주하였다. 아슈르바니팔 도서관에서 발견된 한 간기(刊記, colophon)에 "나는 아시리아와 바빌로니아시대의 복사판으로부터 에아(Ea) 신의 지혜(네메쿠), 즉 칼루투의 총서이자 현인들의 비밀스러운 지식을 판에 기록하였다. 이것은 위대한 신들의 마음을 평화롭게 하기에 적당하다." 라고 기록되어 있다.[116] 칼루투는 바루투와 마찬가지로 샤마쉬와 아다드 신의 지혜로 분류되었다. 또한 '문서들과 작가들의 목록'(Catalogue of

Texts and Authors)은 아쉬푸트와 칼루투의 저작권을 지혜의 신 에아에게 돌리고 있다.[117]

5. 예언

1) 마리

마리예언 문서는 주로 지므리림(Zimri-Lim)왕 시대(주 전 1775-1761년 경 통치)를 배경으로 하고 있다. 이처럼 왕에게 초점이 맞춰진 것은 왕이 왕국을 대표하고 있는 최고 지도자이기 때문이다.[118] 예언의 대부분은 지므리림 왕이 정치적 위기를 겪고 있었던 재위 말년에 선포되었다. 마리의 예언문서에는 다양한 형태의 예언자 칭호가 등장한다. 그 중에서도 '아필루'(대답하는 자)/(여성형)'아필투'와 '무후'(황홀경에 빠진 자)/(여성형)'무후투'가 가장 자주 등장한다. 아필루는 "(어떤 질문에) 대답하다," "응답하다"를 의미하는 동사 "아팔루"에서 파생되었다. 한편 무후는 "황홀경에 빠지다," "도취하다"를 의미하는 동사 '마후'에서 파생하였는데, 신 아시리아의 예언문서에는 '마후'라는 칭호로 사용된다.[119] 아필루와 무후사이의 역할과 기능의 차이는 뚜렷하게 구분되지 않는다. 왜냐하면 둘 다 성전이나 그곳에서 이루어지는 제의와 관련한 문서에 등장하기 때문이다. 하지만 예언을 선포할 때 양식의 차이를 보인다. 아필루는 무후에 비해 내용적으로 길이가 보다 길고 세련된 문체를 사용한다.[120]

아필루와 무후 외에 제의 인도자인 '아신누'와 그 의미를 정확하게 알 수 없는 '카마툼'이라는 예언자도 등장한다. 아신누는 여장을 한 채 제의 중에 음악과 춤 그리고 제의적 연극을 하며 황홀경에 빠진다. 때문에 때로 아신누는 영매 혹은 무당과 혼동되는데, 마리와 같은 작은 사회에서는 한 종교전문가가 다양한 역할을 동시에 수행했기 때문이다. 하지만 마리 예언문서에서 아신누는 항상 신의 메시지를 전하는 예언자의 역할을 한다. 예를 들면 ARM 26 212에서 일리-하즈나야라는 아신누는 여신 아누니툼(Annunitum)의 예언을 전하고 있다. "아누니툼의 아신누 일리-하즈나야는 … 아누니툼 신전에서 … 바빌로니아에 대한 메시지를 (받았습니다)"(5-10째 줄). 이들 외에 '나부' 예언자가 있는데, 마리문서에 오직 한 번만 등장하는 칭호로서(ARM 26 216), 어원학적으로 히브리어의 '나비'나 에마르 문서에 등장하는 '(루)나-비-이(메쉬)'와 유사점이 있다. [121] 이들은 열왕기상 22장에 등장하는 400명의 예언자들처럼 왕의 평안을 비는 예언을 했다. 그들은 "나의 주가 정결례를 치르고 성곽 밖에서 7일을 머무시면 안전하게 귀가하실 수 있을 것인가?"(10-13째 줄)라는 질문에 대해, 신의 동행과 보호의 예언을 선포했다.

마리문서에는 예언자 칭호가 없는 비전문(non-professional) 예언자들도 다수 등장하는데, 이들은 단지 "젊은이," "남자," 혹은 "어떤 남자의 부인"으로 기술되어 있다. 이들 비전문 평신도 예언자들은 주로 '꿈'을 통하여 예언을 받았는데, 꿈은 연령이나 성별, 혹은 지위에 상관없이 누구나 계시를 받을 수 있는 수단이기 때문이다. 예를 들면 한 편지는 "샤카 출신의 남성 말릭다간이 나에게 와서 다음과 같이 말했습니다. '나의 꿈 속에서 …'"(ARM 26 233: 7-9)라고 보고하고 있다. 또 다른 편지는 "자유인의 부인인 한 여자가 나에게 와 바빌로니아에 관해 다음과 같이 말했습니다."(ARM 26 210: 8-9)라고 보고하였다. 이들 비전문 예언자들의 활동은 마리에서 예언자적 카리스마가 계급, 성별, 나이에 관계없이 누구에게나 부

어되었음을 보여주고 있다. [122]

예언은 보통 성전이나 기타 공공장소에서 선포되었는데, 이를 청취한 관리들이 수집하여 공문서의 형태로 왕에게 보고하였다. 파커(Simon B. Parker)에 따르면 관리들이 예언에 주목한 이유는 첫째 예언자들이 관리들 앞에서 적극적으로 예언을 선포했기 때문이고, 둘째는 관리들이 함께 참석한 행사에서 예언을 하였기 때문이다. [123] 예언의 주제는 대부분 왕과 같은 중앙정부에 관한 것이었다. 하지만 예언은 다른 전문 신탁들에 비해 낮게 평가되었다. 점 신탁이나 천문 신탁과 같은 신탁 형식들은 고도의 전문성을 요구하는 종교 전문가들이 주도했다. 이들은 각자의 전문분야를 익히기 위해 장기간 동안 고도의 훈련을 받았으며, 또 징조를 관찰하고 해석하기 위해 신탁 지침서를 참조해야 했다. 하지만 예언자의 경우신으로부터 예언을 받고 이를 다른 사람들에게 전달하기 위해 특별히 훈련을 받을 필요가 없었다. 왜냐하면 예언은 신으로부터 일방적으로 주어지기 때문이다. 따라서 누구라도 예언을 선포할 수 있다.

이처럼 예언자들 가운데 상당수는 훈련이나 교육을 받지 않고, 예언자의 칭호조차 없었기 때문에 관리들의 입장에서는 예언이 신의 뜻이라는 확신이 서지 않을 수 있었다. 그래서 왕에게 예언을 보고할 때 다른 전문 신탁을 통해 예언의 진정성을 검토할 필요가 있었다. 예를 들면, ARM 26 217:30-31에 따르면 나후르(Nahur) 지역의 주지사였던 이투르-아스두는 지므리림 왕에게 자신이 보고한 예언을 간 신탁으로 검증하여 그 진정성을 확인해 보라고 건의하였다. "왕이시여 신탁을 행하소서. 신탁의 응답에 따르소서."(9째 줄).

이처럼 예언을 보고하는 편지에는 때로 예언의 진정성을 검토하기 위해 예언자의 옷단(hem)과 머리카락을 첨부하기도 했다. 예를 들면, 지므리림 왕의 딸 이늡쉬나는 인니바나라는 여예언자(아필투)의 예언을 보고하면서, 그의 머리카락과 옷단을 첨부하였다고 첨언한다(ARM 26 204).

> 별(지므리림)이시여, 이늡쉬나가 전합니다. 여예언자 이닌바나가 일어나 다음과 같이 말했습니다. "지므리림이 도적들과 대적들에 둘러싸여 있는 한 […] [중단] 어떤 곳도 [가서는 안 됩니다. | (물건을) 사[면 안 됩니다. …] 보관하면 안 됩니다." 이제 나의 머리카락과 옷단을 당신에게 보냅니다. 정결례를 치루셔야 합니다. 나는 여기에 (또 다른) 머리카락과 (또 다른) 옷단을 나의 별에게 보냅니다. 나의 별은 신탁을 행[하도록 해야 합니다.] 그리고 나의 별은 신탁에 따라 행하소서. [나의] 별은 자신을 보호하소서.

이 편지에서 공주는 왕에게 전문 신탁을 통해 예언의 진정성을 확인할 필요가 있다고 보고한다. 무엇보다 예언이 실재 신으로부터 온 것인지를 확인해야 하고, 두 번째는 머리카락이나 옷단을 통해 여 예언자가 신뢰가 가는 인물인지, 즉 신으로부터 부름을 받은 자인지를 검토해야 한다.

코흐(Klaus Koch)는 양식비평학적 관점에서 마리예언을 "간접 보고문"으로 분류하였다. 왜냐하면 예언이 왕에게 직접 선포되지 않고, 서신의 형태로 간접적으로 보고되었기 때문이다.[124] 샤르펭(D. Charpin)도 비슷하게 왕과 예언자의 소통방식을 '간접소통방식'으로 규정하였다.[125] 왕이 예언을 직접 듣지 못하였기 때문이다. 공공장소에서 선포된 예언이 대부분 편지의 형식으로 보고되었다는 것은 예언자가 왕과 소통할 가능성이 거의 없었음을 반증한다.

하지만 예언자들이 왕에게 예언을 직접 전달하고자 시도한 경우도 있다. 샤르펭은 이를 '직접소통방식'으로 규정하였다. ARM 26 414에 등장하는 한 아필루 예언자는 관리에게 유능한 서기관 하나를 보내달라고 요구하였다.

> 또 다른 문제는 다음과 같습니다. 샤마쉬 신을 섬기는 아필루 예언자 아탐룸이 저에게 와서 다음과 같이 말했습니다. "제게 신중한(나츠룸) 서기관 하나를 보내 주십시오! 그로 하여금 샤마쉬 신께서 저에게 왕을 위해 선포한 메시지를 받아 적도록 하겠습니다." 이것이 그가 나에게 말한 내용입니다. 그래서 나는 우투캄을 보내 이 토판을 적게 하였습니다. 이 사람(아탐룸)은 증인을 데려와 나에게 다음과 같이 말했습니다. "이 토판을 빨리 보내서 왕께서 이 말씀대로 행하게 하소서." 이것이 그가 말한 내용입니다. 이 토판을 나의 주께 보내나이다.

이 편지에 등장하는 아필루 예언자는 일반적인 성전 서기나 관청서기로 하여금 편지를 쓰게 하고 싶지 않았다. 왜냐하면 예언이 특별한 내용을 다루고 있었기 때문이었다. 그래서 그는 왕에게만 비밀스럽게 전달하고 싶었을지 모른다. 그는 일반 보고서 형식이 아닌, 특별한 형식의 서신을 쓰고자 했다. 그래서 예언의 내용을 잘 이해하고, 정확한 문체로 받아 적을 수 있는 자질이 뛰어난 서기관을 요구하였다.[126] 이 편지에 언급된 아필루 예언자는 다른 예언자들보다는 높은 지위를 지녔을 것으로 추정된다.[127] 그 때문에 왕에게 특별한 서기를 요청할 수 있었다. 하지만 이 예언자 말고도 다른 예언자들도 왕과 직접 소통하기를 원하였다.

ARM 26 194는 예언을 통해 왕과 직접 소통하려했던 예언자의 예를 보여주고 있다. 이 편지는 예언자가 왕에게 직접 쓴 것으로서 예언을 직접 전달한 유일한 예이다. 이 편지에서 샤마쉬를 섬기는 어떤 아필루 예언자는 다른 예언자들과 다름없이 예언을 시작 한다. "지므리림 왕께 고합니다. 샤마쉬의 아필루 예언자가 말했습니다."(1-2째 줄). 그러나 다른 편지와는 달리 이 편지에서는 마치 샤마쉬 신이 왕에게 직접 예언을 선포한 것처럼 "샤마쉬 신께서 말씀하신다."라는 예언자의 보도형식(messenger formula)을 두 번 사용하고 있다(3째 줄과 32째 줄). 여기에서 샤마쉬 신이 전하는 메시지의 대상은 왕이다. 아마도 이 편지는 앞의 ARM 26 414에서 언급한 대로, 어떤 아필루 예언자가 요구한 자질이 뛰어난 서기관이 써서 왕에게 직접 전달한 것으로 추정된다. 이처럼 아필루 예언자가 왕에게 직접 예언을 전하고자 했던 목적은 예언이 지닌 정치적 함의 때문이다. 전쟁이나 자연재해, 혹은 왕의 신변과 관련된 예언은 왕에게 직접 전해야 했다. '바루의 의정서'(ARM 26 1)를 통해 알 수 있듯이, 예언자는 다른 종교 전문가들처럼 왕의 신변의 문제와 국정과 관련된 심각한 예언에 대해서는 비밀을 유지해야 했다.

이처럼 왕과 직접 소통하고자 했던 예언자들은 때로 왕 대신에 왕족을 소통의 통로로 삼았다. 예를 들면 ARM 26 208에 등장하는 한 예언자는 왕궁 정문에서 예언을 선포하며 왕과 직접 소통하려고 있다. 그는 디리룸(Dirirum) 신을 섬기는 아필루 예언자 키쉬타-디리팀이였는데, 왕궁의 정문에서 지므리림 왕을 향한 호의적인 예언을 선포하였다. 아마도 그는 왕을 만나 그 앞에서 직접 예언을 선포하려 했던 것 같다. 그러나 마침 왕이 출타중이어서 왕비가 대신 예언을 전달하였다.

ARM 26 197에서는 지므리림의 누이인 이닙쉬나가 테르카의 다간(Dagan of Terqa) 신을 섬기는 카마툼 예언자가 선포한 예언을 전하고 있다.

그는 셸레붐이라고 하는 아신누 예언자도 자신에게 왕에게 선포된 예언을 전하였다고 보고하고 있다. "얼마 전, 아신누 예언자인 셸레붐이 나에게 예언을 전하여서 당신께 전달한 바 있습니다. 이제는 테르카의 다간을 섬기는 어떤 카마툼 예언자가 방문해 나에게 말하였습니다."(4-10째 줄). 이들은 왕을 향한 경고의 예언을 선포하였다. 아마도 이 경고는 정치적으로 민감한 문제였기 때문에 왕에게 직접 전하고자 하였던 것 같다. 또한 ARM 26 212에서 왕비 쉬브투도 아신누 예언자인 일리-하즈나야가 아누니툼 신전에서 자기에게 다가와서 여신의 메시지를 전하였다고 말하고 있다. 만일 왕이 아누니툼 신전에서 시행되고 있던 제의에 참가하고 있었다면, 예언자가 선포한 예언을 직접 들을 수 있었을 것이다. [128]

예언자는 통상적으로 사회 외곽에 위치해 있었다. 하지만 앞의 몇 가지 예에서 알 수 있듯이 어떤 예언자들은 왕과 가까이에 위치해 직접 예언을 전하기도 했다. 특별히 아필루 예언자들이 그러하였다. 아필루는 왕실의 공식 예언자로 활동했을 가능성이 크다. 왜냐하면 '아필루'라는 칭호는 '어떤 질문에 대해 대답하다'라는 뜻이 있기 때문이다. 아필루는 다른 전문 신탁가들처럼 질문을 통해 신에게 묻고 대답을 얻는 형식의 예언을 했을 가능성이 높다. 물론 이 경우에 아필루는 예언을 위해서 어떤 기계적 수단을 동원하지 않고, 또 예언을 해석할 참고서나 지침서도 참고하지 않았다.

하지만 아필루 뿐 아니라 다른 칭호를 가진 예언자들도 왕과 관련된 경우들도 있다. 이러한 왕과 예언자의 밀접한 관계는 하사품 목록에서 찾아 볼 수 있다(ARM 26 199, 51-52; 203, 14-15; 206, 24, 27). ARM 25 142에는 왕에게 새로운 소식을 전달하였던 전령들에게 하사품을 시상하기 위한 하사품 목록이 기록되어 있는데, 여기에 예언자들에게 하사된 물품들도 기록되어 있다. "아다드 신을 섬기는 무후 예언자가 왕에게 예언을 선포할 때 은으로 된 반지 하나를 하사받았다."(12-15째 줄). 아마도 예언자들은 왕 앞에서 예언을 직접 선포하고 이 물품들을 선물로 하사받았을 것이다.

　이 하사품 목록(ARM 25 142)에서 예언자는 '전령들'로 기록되어 있다. 마리 왕국의 전령들은 외국에 사절로 파송되기도 하는 궁정의 관리였다. 왕은 전령에게 외교관이나 협상가와 같은 정치적 임무 뿐 아니라 신의 메시지를 전하는 메신저의 임무도 부여 하였다. 마리 왕국의 궁정 대신이자 나후르(Nahur)의 주지사(governor)였던 이투르-아스두는 한 편지(ARM 26 233)에서 말릭다간이라는 예언자의 꿈 예언을 전하였다. 예언은 왕이 신을 제대로 섬기지 못하고 있고, 또 신과 제대로 소통하고 있지 못하다고 질책하고 있다. 그래서 다간 신은 지므리림 왕에게 전령을 파송하라고 명령하였다.

　　너의 전령들(마레 쉬프리카)을 나에게 파송하라. 그래서 네가 한 모든 일들을
　　보고하게 하라. 내가 야민족(Yaminite)의 왕을 어부의 그물에 잡힌 송어처
　　럼 만들어서 네 앞에 두리라.

　또한 이투르-아스두는 왕에게 꿈 예언을 보고하면서 그 자신이 다간 신에게 규칙적으로 전령들을 파송해 왔음을 보고하였다. 이 편지에서 전령들은 외교적 혹은 정치적 메시지를 전하는 궁정 사절이 아니다. 이들은 신과 인간사이의 의사소통을 중개한다. 따라서 이 전령의 본래 직책

은 예언자 혹은 다른 종교 전문가 중의 하나일 것이다. 이러한 관점에서 볼 때, 예언자들은 궁정에서 성전으로 파송된 일종의 전령(messenger)으로 간주될 수 있으며, 그들의 임무는 왕에게 선포된 신적 메시지를 수발하는 것이라고 할 수 있다. 이 예언자들은 왕의 편지에 자주 발견되는 '당신들의 전령들'(마레 쉬프리카) 중의 하나일 것이다. 만일 예언자들이 왕의 전령에 포함되어 있었다면, 그들은 예언을 왕에게 직접 전달할 수 있었을 것이며, 그 대가로 사례를 받기도 했을 것이다.

크레건(J. Craghan)은 마리의 예언을 '공적예언'(public prophecy)과 '사적예언'(private prophecy)으로 구분하였다. [129] 그가 이렇게 구분한 기준은 청중이다. 앞에서 언급한대로 예언자는 왕에게 직접 예언을 선포했을 가능성이 있다. 왕도 또한 자신과 관련된 예언을 신중하게 받아들이기도 했다. 하지만 다른 종교 전문가들에 비해 상대적으로 낮은 예언자의 지위는 왕과의 직접 대면을 쉽게 허락하지 않았다. 비록 예언의 최종 목표가 왕이나 왕실 가족이었지만 실제 청취자는 왕이 아니라 예언이 선포된 지역주민이거나 그것을 나중에 왕에게 전달한 관료들이었다. 몇몇 예언은 여왕, 공주, 심지어 왕에게 개인적으로 전달된 것처럼 보인다. 하지만 이런 경우에도 예언은 그들 개인에게만 선포된 것이 아니라 성전이나 왕궁 정문과 같은 공공장소에서 선포되었다. 왕은 개인이 아니기 때문에 설사 예언의 메시지가 왕이나 왕의 가족에게 향하였다 하더라도 그 예언은 대중의 관심사가 되었다. 비록 예언의 대상이 개인이라 하더라도 공공장소에서 선포된다면 공적 예언이라 할 수 있다.

예언은 전문 신탁에 비해 가치가 낮게 평가되었음에도 신과 왕 사이의 의사소통을 위한 중요한 계시수단으로 인식되었다. 왜냐하면 예언은 신의 목소리였으며, 신의 뜻은 무엇이든지 가볍게 대할 수 없었다. 이에 비해 예언자의 사회적 지위는 상당히 낮게 평가되었다. 예언자들 중 상당수는 여성이었으며, 예언자 칭호를 갖지 못한 비전문 평신도 예언자들도 다수 있었기 때문이다. 이들이 신으로부터 계시를 받았던 수단도 신뢰도가 떨어졌다. 이들은 주로 꿈이나 환상에 의지하였는데, 꼭 예언자가 아니더라도 이를 통해 신의 계시를 받을 수 있기 때문이다.

비록 예언자들이 사회적으로 인정을 받지 못하였다 하더라도, 예언과 예언자의 사회적 위치를 평가 절하할 수 없다. 왜냐하면 예언자들은 예언을 통해 정치적 의사결정에 참여할 수 있는 기회가 있었기 때문이다. 브레머(J. Bremmer)가 지적한대로, 사회의 주변부에 위치한 예언자들은 중심부에 위치한 전문 신탁가들에 비해 비교적 일상적인 사회관계와 거리를 두고 있었기 때문에 오히려 문제의 핵심에 접근하기 쉬울 때가 있었다. 이때문에 어떤 경우에서는 전문 신탁가들보다 더 큰 영향력을 미칠 때가 있었다. [130]

2) 신아시리아

신아시리아 예언문서들은 대부분 에살핫돈(681-669년) 왕과 아슈르바니팔(669-631년) 왕 시대를 배경으로 한다. 마리 왕국에서와 마찬가지로 신아시리아 예언문서에도 여러 형태의 예언자들이 등장한다. 신아시리아의 예언문서들에는 '마후'(황홀경에 빠진 자)/(여성형)'마후투', '라기무'(외치는 자)/(여성형)'라긴투', '셸루투'(신전 봉사자)와 같은 예언자 칭호가 등장한다. '라기무'라는 칭호는 '외치다' 혹은 '선포하다'를 의미하는 동사 '라가무'의 분사형인데, 흔히 '예언하다' 혹은 '신탁을 선포하다'라는 의미로 사용되었다.

마후 예언자는 마리 문서에 등장하는 무후 예언자처럼 열광적 행동이 특징이었을 것으로 추정된다. 하지만 신아시리아의 예언문서들에는 마후 예언자의 행동양식에 대한 직접적인 언급이 없다. 대신 마후 예언자는 신의 메시지를 전하는 자로 자주 등장한다. [131]

마후 예언자는 그 본래의 의미상 황홀경에 빠져 예언하는 예언자일 확률이 높다. 황홀경에 빠지게 되면 자의식을 상실하게 되고 자신도 알아듣지 못하는 말을 하게 되어 제 3자에게 전해야 하는 예언으로는 그 가치를 상실할 수밖에 없다. 하지만 신아시리아의 예언문서는 마후 예언자의 행동 보다는 그가 선포한 메시지에 더 초점을 맞추고 있다. 에살핫돈과 아슈르바니팔의 비문에 마후 예언자는 "마후 예언자의 메시지들"(쉬피르 마헤)이라는 문구 속에 자주 등장한다. 에살핫돈의 왕위 등극에 관한 비문에 따르면 '마후의 메시지들'이라는 문구는 다른 신탁 용어들과 병행해 등장한다.

> 나의 제사장직 권좌의 기초를 먼 미래까지 굳건히 하겠다는 마후 예언자
> 들의 메시지들(쉬피르 마헤)이 계속해서 정기적으로 나에게 전달되었다. 나
> 의 왕권의 확립과 장기 집권에 대한 좋은 징조들(이닷 담키)이 꿈 신탁들과
> 구술(口述) 신탁들을 통해 계속해서 나타났다. 내가 이러한 좋은 징조들을
> 보았을 때, 내 마음이 확고해졌으며 나의 기분은 좋아졌다. [132]

이 비문에 따르면 마후 예언자들은 에살핫돈에게 지속적으로 구원신탁을 선포하였다. 만일 마후 예언자들이 황홀경에 빠져 횡설수설했다면 결코 비문에 기록되지 않았을 것이다. 비문은 문서와 달리 왕정 이념을

선전하는 도구로 사용되기 때문에 다른 신탁들과 나란히 기록된 것은 마후 예언이 왕정 이념 형성에 중요한 요소였음을 반증한다. 이 비문에서는 또한 마후 예언자들의 메시지(쉬피르 마헤)가 마치 간 점술이나 천문 점술과 같은 전문 점술 신탁의 일부처럼 묘사되어 있다. 하지만 마후 예언자들의 메시지는 점술 신탁과는 다르다. 우선 마후 예언자가 선포한 예언은 다른 점술 신탁과는 달리 징조가 아닌 구술 메시지로 표현되어 있기 때문이다.

앞의 비문과 같은 상황을 언급한 후대의 비문에서도 마후 예언자들의 메시지들이 언급되고 있다.

하늘과 땅에서 좋은 징조들이 나에게 나타났다. 마후 예언자들의 메시지들(쉬피르 마헤), 이슈타르 여신과 다른 신들로부터 온 메시지가 계속 나에게 주어졌으며 나의 마음을 격려하였다. [133]

이 비문에서는 마후 예언자들의 예언이 다른 유형의 예언들과 마찬가지로 왕에게 구원신탁을 선포하고 있음을 밝히고 있다. 마후 예언자의 예언은 '신들과 이슈타르 여신의 메시지들'이라는 문구에서처럼 신들로부터 직접 전달 받은 말씀이기 때문이다.

다음의 아슈르바니팔의 비문에서는 마후 예언자들의 메시지가 엘람 왕 테우만(Te-Umman)과의 전투를 앞두고 선포된다.

나는 마르둑 신과 아슈르 신의 명령을 따라 텔 투바에서 그들을 격퇴했노라. 나의 주님이신 위대한 신들은 좋은 징조들, 꿈들, 구술 신탁들, 그리고 마후 예언자들의 메시지들로 나를 격려했노라. [134]

에살핫돈 시대와 마찬가지로 아슈르바니팔 시대에서도 마후 예언자들은 왕에게 구원신탁을 선포하고 있다. 그들의 예언은 다른 전문 신탁에 근접한 권위를 지니고 있으며, 전쟁과 같은 정치 군사적으로 중요한 사건에 인용되고 있음을 알 수 있다. 앞에서 언급한 비문들에서는 에살핫돈과 아슈르바니팔에게 나타난 여러 가지 좋은 징조들이 열거되어 있는데 그 가운데는 마후 예언자들의 메시지도 포함되어 있다. 비문을 기록한 서기관들은 예언을 점술 신탁의 일부로 이해했을지 모르지만, 신탁들의 유형을 세분하여 기록하고, 예언의 유형을 구술신탁으로 구분하고 있는 것으로 보아, 예언이 당시에도 다른 전문 신탁과는 다른 독특한 영역을 확보하고 있음을 알 수 있다.

예언자들은 보통 자신이 섬기는 신들을 모신 신전에서 활동하였다. 그리고 신전에서 제의가 진행되는 중에 예언을 선포하기도 했다. 하지만 예언자들은 제사장이 아니었다. 왜냐하면 그들은 제사를 주재하지 않았고 신전에 상주하지도 않았기 때문이다. 그들은 간점 신탁이나 천문 신탁과 같은 전문 신탁에서 사용되는 전문적 기술을 사용해 신의 뜻을 구하지 않았고, 신의 뜻을 알기 위해 고도의 교육을 받은 엘리트도 아니었다. 그들은 신과의 구어적 의사소통(verbal communication)에 특화된 자들이었다.[135]

신아시리아 예언들은 마리의 경우에서와 같이 중요 정치적 사건들을 중요 주제로 삼았다. 예언은 왕권의 적법성과 왕국의 안전에 대해 관심이 많았다. 하지만 마리 예언자들과는 달리 신아시리아의 예언자들은 왕과 직접 교류했다는 증거가 없다. 신아시리아 제국은 마리 왕국과는 달리 영토가 넓고 또 행정 제도도 체계화되어 있어 비전문적인 예언자들이 왕과 직접 교류하기가 쉽지 않았다. 심지어 상대적으로 사회적 지위가 높았던 다른 신탁 전문가들조차도 사전에 허가를 받지 않고는 왕에게 나아갈 수 없었다. 그래서 왕에게 선포된 예언들은 궁궐에서 활동하고 있던 다양한 부류의 여인들이나 관리들에 의해 전해졌다. 이러한 예언들은 신탁 전문가들이나 관리들에 의해 수집, 검토되어 왕에게 편지형태의 보고문으로 전달되었다.

이렇듯 예언자들은 왕궁에서 왕에게 직접 예언을 선포하지 못했다. 하지만 예언자가 왕궁에서 활동했음을 암시하는 간접적인 자료들은 남아있다. 예를 들어 마르-이사르가 쓴 편지(SAA 10 352)에 따르면, 한 라긴투 예언자가 '대리 왕 제의'에서 중요한 역할을 한 것으로 기술되어 있다. 대리 왕 제의에 예언자가 등장한다는 사실은 예언이 권력자들에게 유용한 도구가 되었음을 확인해 준다. 또한 다음의 숙박 명단 목록에도 예언자가 왕궁에서 활동했다는 증거가 될 수 있다.

> 네르갈-무킨-아히, 전차 소유자. 나부-샤루-우츠루, 왕자의 근위부대장. 와자루, 왕비의 호위병. 쿠키(Quqi), 라기무 예언자. 총 4명. 샤디칸족의 주택들.[136]

이 목록에서 라기무 예언자 쿠키(Quqi)는 궁궐에서 활동하고 있는 다른 고위 관료들과 함께 기재되어 있다. 아마도 쿠키는 궁정과 연관된 예언자이거나 적어도 왕을 위해 예언을 선포하던 예언자로서 궁궐에서 중요한 지위를 차지하고 있었을 것이다. 비록 궁궐에 예언자들이 상주하며 왕 앞에서 예언을 선포했다는 직접적 증거는 없지만, 이 목록에서 알 수 있듯이 예언자가 궁궐의 관리로서 활동했을 가능성도 배제할 수 없다.

그럼에도 예언자들의 사회적 지위는 천문 점술 전문가나 간 점술 전문가에 비해 상대적으로 낮았다. 왜냐하면 간 점술이나 천문 점술은 전문적이고 학문적인 신탁 수단들을 통해 신의 뜻을 밝혔지만, 예언은 특별한 교육이 필요 없었기 때문이다. 예언은 직관적(intuitive)이었으며, 따라서 특별한 교육을 받지 않아도 선포가 가능하였다. 또한 예언 문서에는 라기무나 마후와 같은 공식 예언자의 칭호 없이 예언을 선포한 비전문 평신도 예언자도 다수 등장하는데, 이들은 꿈과 환상을 계시의 수단으로 사용하였다. 꿈과 환상은 특별한 교육이 필요 없었으며, 예언자가 아니더라도 누구나 이용할 수 있는 계시의 수단이었다. 아울러 예언자의 상당수가 여성이었기 때문에 사회적으로 높은 지위를 보장받기가 어려웠다.

하지만 몇몇 서신들은 예언자들의 활동을 비중 있게 다루고 있다. SAA 10 109에서 궁중 천문 점술 전문가이자 정치가였던 벨우셰집은 에살핫돈 왕이 예언자들을 소환해서 바빌론과 에사길(Esagil) 신전의 회복에 관한 신탁을 요구했다고 불만을 제기하고 있다.

> 당신의 종 벨우셰집은 당신의 개이며 당신을 경외하는 자니이다. 제가 니느웨에서 들은 많은 말씀들을 전달할 때, 왜 나의 주, 왕께서는 예언자들을 부르시고, 지금까지 저를 부르시지 않는 것입니까? 제가 바로 (. .) 왕권에 대한 징조를 나의 주, 에살핫돈 왕자님과 어머님 그리고 다다(Dada)에게 전한 자입니다: "에살핫돈은 바빌론을 회복할 것이며, 에사길을 재건할 것이며 나에게 [. . .]!"(7-11', 13'-15'줄)

이 편지에서 벨우셰집은 이전에 바빌론과 에사길 신전의 회복에 관한 신탁을 왕에게 전한 바 있음을 되새기고 있다. 그는 심지어 왕뿐 아니라 왕의 어머니 그리고 다른 전문 신탁가인 다다(Dada)에게도 같은 신탁을 전한 바 있다고 주장하고 있다. 그럼에도 편지를 또 다시 보낸 것은 왕이 예언을 참고함으로써 전문 신탁의 권위와 전문 신탁가로서의 자신의 지위를 무시했다고 생각했기 때문이다. 그는 자신이 이미 전했던 "왕권에 대한 징조"를 되풀이하며, 왕이 전통적인 신탁방식과 전문적인 신탁 전문가들의 의견을 존중할 것을 요구하고 있다. 하지만 벨우셰집조차도 자신이 얻은 신탁의 권위를 뒷받침하기 위해 예언을 인용한 바 있다.

> 신들의 왕이신 마르둑 신께서는 나의 주, 왕과 화해하셨습니다. 나의 주, 왕께서 말씀하시는 것은 다 이루실 수 있습니다. 왕께서 보좌 위에 앉아계실 때, 적들을 섬멸하실 것이고 대적을 정복할 것이며 적국을 뒤엎을 것입니다. 벨(Bel) 신은 말씀하셨습니다. "아시리아의 왕 에살핫돈은 마르둑-샤픽-제리처럼 보좌에 앉을 것이다. 그가 보좌에 앉아 있는 한 나는 모든 나라를 그의 수중에 들게 하리라." 왕은 주이십니다. [137]

이 편지에서 벨우셰집은 에살핫돈과 전쟁하고 있는 마네아인들(Manneans)에 대한 문제를 왕에게 조언하고 있다. 그는 벨(Bel) 신이 선포한 예언을 인용하면서, 왕이 마네아인과의 전쟁에서 신의 뜻의 따라 승리할 것이라고 확언한다. 벨우셰집은 벨 신의 예언이 국가의 이익과 부합되고, 이 예언이 자신의 신탁의 진정성을 보장하는 기능을 하고 있다고 생각해서 인용하고 있다.

신아시리아의 왕들은 신들의 뜻을 구할 때 주로 전문 점술 신탁가들에게 의뢰했다. 하지만 예언이나 꿈과 같은 비전문 신탁을 통해 전해지는 신의 뜻도 외면하지 않았다. 비록 전문 신탁가들은 비전문 신탁의 권위를 높게 평가하지는 않았지만 국가의 안전, 왕권의 안정, 왕의 복지와 같은 제국의 이데올로기에 동조하는 예언들의 경우, 검토한 후 왕에게 보고하였다.

때때로 왕에게 예언을 선포했던 마리와 신아시리아 예언자들은 지나치게 호의적이라며 비판을 받기도 한다. 예언자는 왕이나 기존체제에 대해서 비판적이어야 한다고 생각하기 때문이다. 그래서 외부의 압력에도 불구하고 자유롭게 신의 뜻을 전해야 해 참예언자가 될 수 있다고 생각한다. 하지만 마리나 신아시리아에서 예언은 "자유스러운 연설"(free speech)[138]이 아니었다. 예언은 "신의 지식을 인간 사회에 전하기 위한 목적을 가진 종교적 중재 형식의 하나 혹은 점술신탁"이다.[139] 예언자는 단지 신의 대변자로서 신적 지식을 동료들에게 전하는 자이다. 예언자가 부정한 사회에 비판적인 목소리를 내어야 한다는 사고는 헤겔의 이상주의에 영향 받은 벨하우젠(J. Wellhausen)과 같은 성서학자들이 고대 이스라엘의 종교 발전을 탐구하면서 만들어낸 낭만주의적 사고일 뿐이다. 예언자를 어떠한 정치체제와 압박에 굴하지 않는 "자유 연설가"(free speaker)로 규정하는 것은 벨하우젠이 만들어낸 신학적 사고일 뿐이다.[140] 이러한 점에서 고대근동의 예언자들과 이스라엘의 예언자들은 비슷한 점이 있지만 동일시 할 수는 없다.

6. 꿈 신탁

고대인들은 꿈을 미래에 닥칠 사건을 미리 알려주는 징조라고 생각하였다. 때문에 다가올 미래의 사건을 알려주는 꿈의 의미가 무엇인지를 해석하려고 하였다. 특별히 왕과 같은 통치자들은 중요한 결정을 내릴 때 꿈을 의지하였는데, 꿈을 신의 메시지를 전하기 위한 매체로 여겼기 때문이다. 때문에 꿈은 정교하게 구성된 과정을 통해 해석되었다. 오펜하임(A. Leo Oppenheim)은 고대근동의 문서에서 발견되는 꿈을 세 가지 유형으로 구분하였는데, 계시로서의 꿈, 꿈꾸는 사람의 심리상태를 반영하는 꿈, 그리고 전조(prognosis)로서의 꿈이 그것이다.[141] 오펜하임은 이들 꿈 중에서 왕이나 제사장들에게 신의 뜻을 계시하는 꿈이 가장 연구할 가치가 있다고 하였다. 특별히 통치자와 관련한 계시적 꿈은 '메시지 꿈'(message dream)이라는 특별한 역할을 한다. 이 꿈에 등장하는 신은 왕과 관련한 정치적, 군사적, 국가적 관심사에 대해 청각적 메시지를 선포한다.[142] 그래서 여기에서는 신화나 이야기에 등장하는 꿈이나 꿈과 관련된 제의가 아닌 신의 뜻을 왕에게 전달하는 매체로서의 꿈의 기능에 초점을 둔다.

가장 오래된 꿈 이야기는 라가시(Lagash, 주전 2100년 경)의 통치자였던 구데아(Gudea)의 실린더(원통)에 기록되어 있다. 이 실린더의 서언에는 왕국의 수도 기르수(Girsu)의 수호신 닌기르수(Ningirsu)가 경건한 왕이 신전을 건축해야한다는 선언이 기록되어 있다. 닌기르수는 자신의 계획을 이루기 위해 꿈을 통해 구데아에게 신전을 지으라고 명령한다. 하지만 구데아는 꿈의 의미 뿐 아니라 신의 정체조차도 파악하지 못했다. 그래서 꿈 해석 여신 난셰(Nanshe)에게 자문을 구하였다. 난셰는 구데아가 꿈에서 본 신의 정체는 닌기르수이며, 왕이 에닌누(Eninnu) 신전을 건축하기를 원한다고 해석하였다. 구데아는 보다 확실한 답을 얻기를 원하였다. 그러자 닌기르수는 꿈에 재차 나타나 자신이 누구인지를 알려주고 신전건축에 대한 의도를 설명하였다. 구데아는 잠에서 깨어나자 간 신탁을 통해 꿈 징조의 진위를 알아보고자 했다. 신탁의 결과는 긍정적이었다.[143] 그래서 구데아는 신전 건축을 준비하였다.[144]

구데아의 꿈 이야기는 꿈의 해석이 쉽지 않음을 알려준다. 닌기르수 신은 꿈을 통해 신전을 건축할 의도를 분명히 전했지만, 구데아는 꿈의 의미가 무엇인지 정확하게 파악하지 못하였다. 그는 꿈 해석 여신 난세의 도움을 받고나서야 신의 의도를 정확히 이해할 수 있었다. 하지만 구데아는 난세 신으로부터 직접 꿈의 해석을 들은 것이 아닐 것이다. 메트카프(Christopher Metcalf)가 주장한대로, 난세 신전에 거주하던 꿈 해석 전문가의 도움을 받았을 것이다.[145] 그래서 구데아는 두 번째 꿈에서는 신의 정체와 신의 의도를 분명히 파악할 수 있었다. 구데아가 꾼 두 번째 꿈은 메시지 꿈(message dream)이라 할 수 있다. 이러한 유형의 꿈에서는 왕이나 제사장이 잠든 사이 신이 방문하여 자신의 계획을 전한다. 하지만 구데아는 이 꿈이 신뢰할만한 것인지는 알 수 없었다. 그래서 간 점술 신탁을 통해 그 진위를 파악하고자 했다. 하지만 이처럼 다른 점술 신탁 방법에 의뢰해 진위를 파악케 한 것은 꼭 꿈과 꿈의 해석이 의심되기 때문만은 아니다. 고대근동에서 징조와 이에 대한 해석의 진위를 파악하기 위해서는 통상적으로 다양한 부류의 점술 전문가들이 상호 확인하는 과정을 거쳤다.[146]

아카드어로 꿈을 '슈투'라고 한다. 하지만 "꿈을 꾸다"를 뜻하는 동사는 없다. 대신에 "꿈에서 보다" 혹은 "꿈을 보다"라는 표현이 동사를 대치한다.[147] 이때 특별히 "보다"를 뜻하는 두 동사 '아마루'와 '나탈루'가 자주 사용되며, 가끔은 '나플루스'(naplusu)가 사용되었다.[148] 마리에서 동사 '아마루'는 평상시에 꾸는 일반적인 꿈에 사용되었고, '나탈루'

는 미래를 암시하는 전조를 나타내는 꿈에 사용되었다.[149] 하지만 신의 계시의 수단으로서 꿈을 꾸게 된다면 동사 '슈브루'("보여주다")가 사용되었다. 버틀러(S. A. L. Butler)는 '슈투'를 꿈으로만 번역할 것이 아니라 환상(vision)으로도 번역할 수 있다고 주장한다. 왜냐하면 꿈 꾼 자가 보았다고 하는 영상이 황홀경에서 기원한 것인지, 혹은 꿈 혹은 심지어 깨어서 본 것인지 확실하지 않기 때문이다.[150]

꿈 해석에는 '파샤루'라는 독특한 동사가 사용된다. 따라서 꿈을 '파샤루'한다는 것은 꿈 해석 뿐 아니라 이와 관련된 절차까지를 포함해서 일컫는 것이다. 즉 어떤 사람의 꿈을 말하고, 그 꿈을 해석하고, 혹시 불행을 가져올 꿈이라면, 꿈의 진행 방향을 바꾸어 불운을 회피하게 하거나, 여러 가지 주술 수단이나 해석을 동원하여 불운을 제거한다.[151] 미래의 징조를 나타내는 꿈은 해석이 필요했으며, 과거로부터 전승된 꿈 자료집을 근거로 해석하였다. 꿈 자료집에 탑재된 징조들은 '조건절'(protasis)과 '결과절'(apodosis)로 구성되어 있다. '조건절'은 "만일"을 뜻하는 "슈마" 혹은 "~때"를 뜻하는 UD. (DA)로 시작하였다.[152]

고대 메소포타미아인들은 천문 점술과 마찬가지로 꿈은 외부 세계, 특별히 저승에서 생성되어 지상에 전달 된 것으로 생각했다. 꿈과 직접적으로 관련된 신은 태양신 샤마쉬이다. 태양신은 지하의 세계에서 지상의 세계로 꿈을 운반한다.

> 그(샤마쉬)가 나를 위해 어두움으로부터 유령을 불러오게 하소서. 그가 나를 위해 죽은 자의 힘줄을 되살리게 하소서. 해골들 중의 해골, 내가 당신에게 요청하나이다. 해골 가운데에 있는 그가 나에게 대답하게 하소서! 오 샤마쉬여! 어두움을 여시는 자여!![153]

꿈에 등장하는 다른 신들은 태양신의 후손일 뿐이다. 태양신은 현몽을 하게 하는 주체로서, 꿈꾸는 자에게 미래를 계시한다. 스타인켈러(Piotr Steinkeller)는 꿈은 단지 여러 유령의 모습이 현신한 것이라고 주장한다. 꿈의 신 자키쿠(Zaqiqu)는 "유령, 환영"을 의미한다. 유령들은 태양신의 권위와 통제 하에 있다가, 초혼제 때 불려 올라온다. [154]

마리 왕궁에서 꿈에 대한 기록은 야둔림(Jahdun-Lim) 왕 시대부터 존재하지만, [155] 지므리림 왕 시대에 가장 활발히 보고되고 있다. 마리의 꿈 자료집에서 주인공은 꿈꾸는 사람이 아니라 왕이다. [156] 꿈속에서 전해지는 메시지는 꿈을 꾸는 사람의 것이 아니라 왕에게 향한 것이다. 이러한 꿈을 예언적(prophetic) 꿈이라고 부를 수 있다. [157] 꿈을 보고한 사람은 대개 왕의 가족이나 궁중 관료나 지방 행정관 같은 고위 관료들이었다. 이들이 꿈을 보고한 이유는 꿈의 내용이 사적인 것이 아니라 정치적, 군사적, 문화적 관심사와 같은 공적인 것이었기 때문이다.

ARM 26 228에 등장하는 나나루틸은 지므리림 왕이 엘람인들과의 전쟁에서 승리할 것을 예고하는 꿈을 꾸었다. ARM 26 233에 등장하는 말릭다간은 지므리림과 벤야민 유목민 간의 전쟁과 관련하여 꿈속에서 신적 메시지를 받는다. "너의 사자를 나에게 보내 어부의 온전한 바구니를 두라. [내가] 그들을 너의 앞에 두리라." 한편 ARM 26 236에 기록된 꿈은 지므리림 왕과 왕조를 향한 신적 보호의 메시지를 담고 있다.

[나의 주께 말씀드리나이다]. 당신의 종 쉬브투가 말했습니다. 신전들, 왕궁들, 그리고 일터들은 정상적입니다. 다른 건에 대해서도 말했습니다. 카카리디(Kakkalidi)가 이투르-메르(Itur-Mer) 신전에서 다음과 같은 환상을 보았

습니다. "커다란 두 화물선이 강에서 가로질러 가고 있습니다. 왕께서는 신하들과 함께 배 위에 계십니다. 오른쪽 편의 사람들이 왼편 쪽 사람들에게 다음과 같이 소리쳤습니다. '온 땅의 왕위, 홀, 왕관, 왕조가 지므리림에게 주어졌다!' 그러자 모든 신하들은 대답했습니다. '지므리림에게 주어졌도다!' 그리고 그 화물선들은 궁궐 문에 정박했습니다 [...]"

이 문서에서 카카리디의 꿈속에 등장한 이투르-메르 신은 왕국, 땅, 왕위, 왕권이 지므리림에게 속한다고 선언하였다. 이처럼 꿈을 통해 예언이 선포된다. 이 경우에는 꿈에 등장한 사람들에 의해 예언이 선포되었지만, 어떤 경우에는 꿈속에 등장한 신들의 입을 통해 예언이 직접 선포되기도 한다.[158] 이 경우 꿈은 예언을 전달하기 위한 틀로 사용된다. 다음의 도표는 꿈과 예언 간의 긴밀한 관계를 잘 보여준다.[159]

예언본문	꿈 전달 매체	예언의 형식	수신자
ARM 26 227	청각/시각	신의 명령	일반인
ARM 26 232	청각/시각	신의 명령	일반인
ARM 26 233	청각/시각	신의 명령	일반인
ARM 26 234	청각	신의 명령	일반인
ARM 26 238	청각/시각	신의 명령	제사장
ARM 26 229	시각	보고	일반인
ARM 26 230	시각	보고	일반인
ARM 26 235	시각	보고	일반인
ARM 26 236	시각	보고	일반인
ARM 26 237	시각	보고	무후 예언자
ARM 26 239	시각	보고	공주

꿈과 환상을 단지 청각적이냐 시각적이냐에 따라서 구분할 수는 없다.

이러한 구별은 학문적인 구분법일 뿐이다.[160] 꿈을 구성하는 틀을 제거하면 남는 메시지는 예언처럼 보일 때가 많다. 예를 들면 ARM 26 227에서 한 여인의 꿈속에 이미 사망한 예언자들이 나타나 지므리림 왕이 풍요로운 수확을 거두게 될 것이라는 예언을 한다. 또 ARM 26 233에서 이투르-아스두는 말릭다간이라는 사람의 꿈에 다간(Dagan) 신이 나타나 지므리림이 전쟁에서 승리할 것이라는 예언을 했다고 보고한다. 이처럼 꿈을 매개로 한 예언은 ARM 26 234와 238에서도 발견된다.

꿈의 메시지는 아주 명확하거나 반대로 아주 모호할 때가 있다. 꿈은 특별한 언어로 표현되거나 무언가를 강조하기 때문에, 다의적이고 때로 해석이 필요하다. 따라서 꿈의 뜻이 모호한 경우 이를 해석하고 설명할 전문가가 필요했다. 마리에서 꿈을 해석하는 전문가는 '샤일루'(여성형 '샤일투')였다. 이 명칭은 "질문하다"라는 동사 '샤알루'의 분사형이다. 하지만 이 직책은 '꿈을 설명하는 사람,'[161] '심사관,' '질문자,' 혹은 '조사관'으로도 번역될 수 있다.[162]

샤일루는 샤마쉬 신에게 헌정하는 어떤 찬미시에서 꿈을 해석하는(파샤루) 사람으로 기술되어 있다. 샤마쉬 신은 인간들에게 꿈을 전달하는 신으로 알려져 있기 때문에, 꿈의 해석자(파쉬루)로 불렸다.[163] 샤일루(혹은 샤일투)의 꿈 해석 기법이나 그들의 사회적 지위에 대해서는 잘 알려져 있지 않다. 위세르(J. -M. Husser)는 고도로 발달한 기술을 소유한 간 점술사 같은 전문가와는 달리 꿈 해석가는 직관적인 방법으로 꿈을 해석했을 것이라고 주장한다. 왜냐하면 간 점술사는 고도의 훈련을 받았고 학문적인 자료에도 익숙했지만, 샤일루는 타고난 개인적인 재능이나 영감에 의존한 것으로 보이기 때문이다.[164]

때로 모호한 징조를 암시하는 꿈은 간 점술 신탁에 의해 해석되어야 했다. 그래서 간 점술을 통해 꿈 메시지의 진정성을 검증 받아야 했다. 마리의 간 점술사인 샤마쉬-인-마팀은 왕에게 "내가 사메타르(Sammetar)의 꿈에 대하여 신탁을 행하였습니다. 그 꿈은 그 밤의 제 1 경(the first watch)의 것이지만 보이지 않았습니다."[165]라고 보고하였다. 이 경우 이 꿈은 고려할만한 가치가 없었다. 꿈이 신탁으로서 가치를 인정받으려면 점술사에게 검증을 받아야 했다. 이러한 목적으로 꿈꾼 사람의 머리카락과 옷단(hem)을 동봉하여 전문 점술사에게 보내어 검사하게 하였다.

플레너리-데일리(Flannery-Dailey)는 꿈 신탁의 기능을 세 가지로 요약하는데, 하나는 정보 전달, 둘째는 치유 혹은 질병, 셋째는 신의 은총 혹은 신의 심판의 선언이다.[166] 꿈은 위기에 처한 왕에게 구원의 약속을 전달하는 도구로 사용되기도 하였다. 긴급 상황일 경우, 왕은 신적 도움이나 조언을 얻기 위해 '인큐베이션'(incubation)을 통해 꿈 메시지를 얻기도 하였다. 인큐베이션은 신적 메시지를 얻기 위해 신전이나 성스러운 장소에서 잠을 자는 행위를 말한다. 하지만 거룩한 장소에서 잔다고 다 인큐베이션은 아니다. 인큐베이션을 통해 메시지를 받기 위해서는 제의적 절차가 필요하다. 이들 절차에는 금식, 정결례, 희생제와 같은 제의가 요구되고 꿈 가운데서 신의 메시지를 받거나, 신을 직접 만나기도 한다.[167]

신아시리아의 문서에는 마리에서와는 달리 '샤일루'라는 직책명이 자주 등장하지 않는다. 그리고 등장하는 경우에도 꿈을 해석하는 직무만을 담당하지 않는다. 신아시리아 문서에서 샤일루는 꿈에서 죽은 자와 대화하는 초혼 주술사(necromancer)나 꿈의 진정성을 증명하기 위해 동물의 내장을 검사하는 바루의 역할을 한다.[168] 니시넨(M. Nissinen)의 연구에 따르면 신아시리아 문서에 샤일루라는 단어는 오직 2회 등장한다. [169] 신아시리아에서 샤일루는 중요한 역할을 하지 않는다. 신아시리아에서는 샤일루 대신에 '계시자'를 의미하는 '샤브루'가 꿈의 해석을 담당한다. '샤브루'란 단어는 '보다'를 뜻하는 동사 '바루'에서 파생되었는데, [170] "신이 꿈을 보여준 사람"이라는 뜻이다. [171] 꿈의 해석은 본래 간 점술사인 바루의 역할이었을 수 있다. 마리의 샤일루는 단순히 꿈을 보는 자였지만, 신아시리아의 샤브루는 꿈을 보게 하는 자이다. [172] 즈골(A. Zgoll)에 따르면 마리의 경우 꿈에서 어떤 사건이 아직 진행될 때 기록되었고, 신아시리아에서는 과거에 벌어진 사건을 기록하였다고 한다. 이 두 집단의 차이를 요약하면 다음의 표와 같다.

	마리	신아시리아
꿈 전문가	샤일루/샤일투	샤브루
방법	꿈을 보기	꿈을 보게 하기
내용	왕에 대한 경고	신의 메시지에 대한 신실한 대응
꿈꾸는 시간	시간 언급 없음	시간이 언급되어 있음
보고 형식	직접적인 꿈 보고	간접적인 꿈 인용
관점	현재	과거

샤일루와 샤브루는 꿈을 해석하고 환상을 보는 기능을 하지만 예언자처럼 신의 입이 되어 메시지를 선포하는 역할은 하지 않는다. 이들은 예언자와는 다른 직함을 지니고 있었다. [173] 하지만, 이들의 사회적 역할과 기능은 예언자와 비슷하다. 샤일루와 샤브루 뿐 아니라 '하르티비'도 신아시리아 궁정에서 활동을 했는데, 우두머리를 뜻하는 이집트어 hry.tp에서 파생한 것으로 보인다. [174] 이들은 꿈 해석을 담당했는데, 신아시리아

왕들은 자국의 전문가들보다는 이집트의 꿈 전문가들을 선호했던 것으로 보인다. [175]

신아시리아의 꿈 자료에 따르면, 샤브루는 자신이 아닌 타인의 꿈의 세계로 들어가는 경향을 보인다. 그래서 즈골(Zgoll)은 샤브루를 "다른 사람들을 대신해 꿈꾸는 사람"(Träumer für Andere)이라고 부른다. [176] 타인을 위해 꿈을 꾸는 샤브루의 역할은 아슈르바니팔의 비문들에 잘 기술되어 있다. [177] 아슈르바니팔의 비문의 기록에 따르면 왕이 이슈타르 신전에서 제의를 행할 때 한숨을 쉬는 그의 소리를 듣자 이슈타르 여신은 "네가 두 눈에 눈물이 가득한데 두 손을 들고 기도하였기에 내가 불쌍히 여기노라."고 하며 격려하였다. 왕이 격려의 메시지를 들은 그날 밤 어떤 샤브루가 누워 꿈을 꾸었다. 잠에서 깨어난 샤브루는 이슈타르가 왕에게 전한 밤의 환상을 보고하였다.

아벨라에 거주하는 이슈타르 여신이 들어왔습니다. 그가 들어오자 좌우의 진동이 멈추었습니다. 그는 손에 활을 들고 있었으며 진짜 어머니처럼 말씀하셨습니다. 신들 중에 가장 고귀한 이슈타르께서 당신을 불러 다음과 같은 지시를 내리셨습니다. "공격을 멈추고 기다리라. 네가 어디로 가든 내가 너와 함께 하리라." 오 위대한 여신이여! 그는 당신에게 두 번째 명령을 내리셨습니다. "포도주를 마시고 (음식을) 먹으라. 기뻐하라. 나의 거룩함을 찬양하라. 그 사이에 내가 가서 네 마음이 원하는 것을 네가 얻을 수 있도록 도우리라. 너는 창백한 얼굴을 하지 말고 너의 다리를 떨지 말라. 너는 전쟁터에서 식은땀을 닦아 낼 필요가 없다." 그는 사랑하는 아이처럼 당신의 온 몸을 감싸 안았습니다. 그의 얼굴은 불처럼 빛났습니다. 그리고 당신의 적인 엘람의 왕 테우만(Te-Uman)을 무찌르기 위해 재빨리 나갔습니다. 그는 이슈타르의 분노를 샀습니다. [178]

이 비문에서, 왕은 신전에서 이슈타르 여신이 선포한 위로의 말을 경청하고 있다. 하지만 샤브루가 실재 이 신탁을 받은 것은 집에서 꿈을 꿀 때이다. 이슈타르는 왕에게 전쟁터에 나가지 말라고 명령한다. 왕은 이슈타르 여신과 함께 신전에 머물러야 한다. 그럼에도 모든 일이 잘 해결될 것이다. 즈골은 이 텍스트에서 샤브루가 오늘날의 심리 치료사가 환자에게 하듯이 왕에게 심리치료를 시행하고 있다고 주장한다. 베네데티 (G. Benedetti)는 "치료적 꿈(therapeutic dream)에서 치료사는 그 자신을 환자와 동일시하여 환자를 대신해 문제를 해결하고, 과제를 수행하고, 환자가 직면하고 있을 위험에 대처한다."라고 주장한다. [179] 샤브루는 이미 왕이 처한 역사적, 정치적 상황을 파악하고 있었고 그의 문제가 무엇인지도 알고 있었다. 샤브루는 어떤 특별한 상황에도 왕의 요청에 따라 꿈을 꾸는 기술을 습득하도록 훈련을 받고 그러한 능력을 발전시켰던 것으로 보인다. [180]

앞의 꿈 보고에서 알 수 있듯이 마리의 예언문서에서와 비슷하게, 신아시리아의 꿈들도 예언의 틀을 사용하였다. 샤브루의 꿈에 아벨라의 이슈타르(Ishtar of Arbela) 여신이 등장해 왕 대신에 전쟁을 수행하겠다고 약속한다. 이러한 예언적 메시지는 왕에게 직접 전달되지 않고 꿈속에서 샤브루가 경험한 신 현현 사건을 통하여 간접적으로 전달되고 있다. 이 경우 꿈은 예언을 설명하는 기능을 하고 있고 예언의 내용을 강조하는 역할을 하고 있다. 다음의 예에서 알 수 있듯이 왕을 보호하겠다는 메시지는 예언에서 자주 등장하는 주제이다.

당신은 그에게 말했습니다. "당신이 어디에 가시든, 나는 당신과 함께 하겠습니다!" 그러나 존귀한 귀부인은 당신께 대답하였습니다. "너는 여기 너의 자리에 있으라. 음식을 들고, 맥주를 마시고, 기뻐하며, 나의 신성을 찬양하라. 내가 그 일을 이루기 위해 나가서 네 마음에 원하는 대로 하리라." 여신은 당신을 따뜻하게 감싸 안고, 당신의 몸 전체를 보호했습니다.[181]

예언적 메시지가 담긴 꿈은 샤마쉬-슈무-우킨의 반역과 관련한 다음의 아슈르바니팔의 비문에도 기록되어 있다.

그 당시 한 밤중에 어떤 샤브루가 누워 꿈을 꾸었다. "그것은 신(Sin)의 발판에 기록되어 있었습니다. '누구든지 아슈르바니팔에 대해 역모를 꾸미거나 전쟁을 벌이려고 하면, 내가 끔찍하게 죽이겠다. 칼과 비처럼 내리는 불, 흉년과 질병으로 그들의 생명을 끊을 것이다.' 나는 이 말을 들을 때 신(Sin)으로부터 전해진 말씀이라 확신했습니다.[182]

앞의 경우에서와 마찬가지로 이 꿈에서도 시청각적인 경험이 보고되고 있다. 시각과 청각을 완전히 구분하기 힘든 이유는 이 현상이 동시에 발생하였기 때문이다. 이 메시지는 아마도 영상과 음성이 동시에 발생한 것으로 보인다.[183]

이처럼 꿈은 예언과 밀접하게 관계가 있지만 신아시리아의 문서들은 이 둘 사이를 구분해 분류하고 있다. 샤브루의 활동영역은 예언자들의 영역과 달랐다. 왜냐하면 샤브루가 시각적인 꿈과 그 해석에 종사했다면, 예언자들은 신으로부터 직접 전달되는 메시지에 의존했기 때문이다.[184] 예언자들은 때때로 꿈꾸는 자나 환상을 보는 자처럼 보일 수 있다. 왜냐하면 이들은 환상(디글루)과 꿈을 볼 수 있었기 때문이다. 하지만 꿈꾸는 자들은 직접적인 신의 메시지를 전달하지 않는다. 따라서 모든 꿈꾸는 자가 예언자가 되는 것은 아니다. [185]

마리에서와는 달리 신아시리아에서는 꿈으로 치는 점술의 형식은 선호되지 않았다. 왜냐하면 꿈은 천문 점술이나 간 점술처럼 학문적이고 기술적인 방법이 아닌 직관적인 방법에 의존했기 때문이다. 하지만 최소한 에살핫돈과 아슈르바니팔 시대에는 꿈이 중요한 계시 방법의 하나로 선호되었다. 왜냐하면 두 왕 모두 왕위 계승 과정에서 왕으로서의 적법성을 의심받았기 때문이다. 꿈이 전달한 다양한 지식들은 왕권을 합법화하는 데 중요한 역할을 하였다. 꿈은 청각적 수단이나 시각적 이미지로 전달되었으며, 늘 정치적, 군사적 상황과 긴밀히 연결되어 있었다. 샤브루는 꿈을 통해 정치적, 군사적 위기에 처한 왕들에게 보호와 구원을 약속하는 시각적 메시지를 전하였다. 폰그라츠 라이스텐이 언급한 대로, 꿈이 다른 전문적 신탁 기술과 함께 언급된 것은, 에살핫돈과 아슈르바니팔 시대의 신탁 체계에서 꿈이 중요한 역할을 담당한 증거라 할 수 있다. [186]

7. 제사장

제사장은 인간 사회와 신의 세계를 중재하는 종교 전문가이다. 제사장은 신들을 섬기고 이를 위해 제의를 주관한다. 제사장은 신의 뜻이 무엇인지를 해석하며, 예배자들이 그 뜻대로 살도록 지도한다. [187] 바빌로니아 문헌에는 '샹구'가 신전의 제반 업무를 담당한 제사장으로 소개되어 있다. 이 단어는 수메르어 '샹가'에서 파생되었다. 할로(W. W. Hallo)와 심슨(W. W. Simpson)은 '샹구/샹기투'(여성형)와 이와 유사한 '에누/엔투'(여성형)라는 단어들만이 제사장 혹은 여제사장을 가리킬 수 있다고 하였다. 그리고 다른 직책들도 신전에서 수행될 수 있는 업무이기는 하지만 제사장처럼 특별한 지위를 지닌 직책은 아니라고 주장하였다. [188] 살라베르거(W. Sallaberger)와 뷔이에(F. Vulliet) 또한 샹구가 신전에서 제의를 주재하는 최고 책임자이며, 이와 달리 다른 제의 전문가들은 자신의 담당 분야에만 종사했다고 주장한다. [189] 맥이원(G. McEwan)은 점술 신탁가와 같은 다른 종교 전문가들도 신전에서 거룩한 업무를 수행하지만 샹구만이 제사장이라는 칭호를 받을만한 종교전문가라고 주장한다. [190]

샹구 제사장을 포함하여 신전에서 활동하던 다른 모든 종교 전문가들은 통상적으로 '에립 비티'(erib biti)라고 불렀다. '에립 비티'는 "신전 출입자들"정도로 번역할 수 있는데, [191] 이 용어 자체가 제사장을 지칭한다던가, 특별한 종교적 의미를 포함하고 있는 것은 아니다. 에립 비티는 신전 경내에 출입할 수 있는 모든 사람들을 포괄하는 광범위한 의미이다. 신전에는 제사장 혹은 에립 비티로 번역할 수 있는 종사자들이 30가지 이상이나 되었다.

렝거(J. Renger)는 '에립 비티'를 크게 세 유형으로 구분하였는데, 첫째는 신전에서 제의를 주관하는 제사장들(cult priests), 둘째, 제의 중에 주문을 낭독하는 주술사들(incantation priests), 셋째, 점술 신탁가들(diviners)이다. 제의를 주관하는 제사장들과 점술 신탁가들은 하나의 집단을 이루어 활동하였다. 이들 중에는 신들을 섬기는 제사장 샹구, 애가를 낭송하는 칼루, 신전 음악가 나루, 주술 치유사 아쉬푸, 천문 점술사 툽샤루, 간 점술사 바루, 기름 붓는 담당자 파쉬슈, 주술사 마쉬마쉬, 세정 의식 담당자 람쿠, 헌주(獻酒) 담당자 니샤쿠, 꿈 해석가 샤일루와 그 밖의 종교 전문가들이 포함되어 있었다. 이들 외에, 직접 제의와 관련은 없지만 신전이 운영되도록 돕는 직책도 많았다. 요리 담당자, 제빵 담당자, 술 담당자, 기름 담당자, 고기 담당자, 방앗간 담당자, 어부, 목축업자, 문지기, 그리고 제물용 유제품을 공급하는 자들이 활동하였다. 또한 신전에는 공예 기술자(움마누)들도 다수 활동하였는데, 이들 가운데는 목수, 보석 세공사, 금속장인, 인장공, 석공, 금세공사, 빨래꾼, 가죽 공예가들이 포함되어 있었다. [192]

이처럼 신전에서 활동하던 '에립 비티'가 다양하였지만, 이들이 신전에서 하는 일은 모두 신들을 섬기는 활동이었기 때문에 어떤 일이 더 거룩하고, 어떤 일이 보다 제사장의 업무에 합목적적이라고 말할 수가 없었다. 단지 신전 경내에서의 업무를 담당한다는 점에서 일반인들과 구분될 뿐이다. 이처럼 특정 집단을 제사장으로 지칭하기가 어렵다보니 쿠루트 (A. Kuhrt)는 신전 내의 위계질서를 통해 그 업무의 중요도를 구분할 수 있다고 주장했다. 그는 첫째, 신전 행정 담당자들, 둘째, 신전의 제의 종사자들, 셋째, 신전 운영을 위해 일하는 농부와 목동 같은 노동자들과 직원들로 구분하였다. 그는 신전 행정을 담당하는 자들이 신전의 가장 높은 지위에 위치하였으며, 이들을 제사장으로 부를 수 있다고 생각했다. [193]

메소포타미아의 다른 신전에서와 마찬가지로 마리의 신전에서는 다양한 종교 전문가들이 활동했지만 샹구가 가장 높은 지위를 누렸던 것으로 보인다. [194] 하지만 구체적으로 어떤 일들을 했는지는 잘 알 수 없다. 왜냐하면 신아시리아와 마찬가지로 마리의 문서들도 궁중 도서관에 보관된 것이라 종교적인 면보다는 사법 행정적인 면이나 정치적인 사건에 관심이 많았기 때문이다. 하지만 신전의 책임자로서 왕에게 보낸 행정 업무나 종교 행사에 대한 보고서를 통해 상구의 활동내용을 부분적으로 재구성할 수 있다. 또한 왕에게 보낸 서신들을 통해 당시 왕국의 통치자였던 왕이 신전과 제의에 대해 어떤 관심을 지니고 있었는지도 알 수 있다. 마리의 왕들은 신전에 나가 정규적으로 제의에 참여하여야 했다. 신전을 건축하고 개보수 하는 일은 신의 명령을 수행하는 일이자 신들을 향한 왕의 신앙심을 보여주는 증거였다. 신전의 개보수는 정치적이며 사회적인 관심사이기도 하였다. 왜냐하면 신전은 한 도시나 나라의 백성들을 지켜주는 기관일 뿐 아니라 그들의 정체성을 드러내는 곳이기도 하였기 때문이다.[195)]

다음의 편지는 아두두리가 지므리림 왕에게 보낸 편지(ARM 10 52)로서 신전에서의 왕과 상구의 관심을 잘 보여주고 있다.

> 당신의 종 아두두리가 나의 주님께 아룁니다. 신전의 제사장 아후툼이 제게 와서 아누니툼(Annunitum)의 황금 툴루(tulu)에 대해 다음과 같이 말하였습니다. "그것을 주는 것은 합당치 않다." 여신의 보좌를 만드시려면 먼저 점을 쳐 점괘(테르투)를 얻으십시오. 그런 다음 그 금을 취하여 여신의 보좌를 만드십시오.

이 편지에서 제사장 아후툼은 툴루(뜻이 분명치 않음)의 금을 사용해 아누니툼 신상을 장식하려 했던 왕의 의도를 거부하였다. 하지만 이 부정적인 응답은 예언이나 신탁의 응답이지 아후툼 개인의 답변이 아니다. 그래서 아두두리는 지므리림 왕에게 신탁을 통해 긍정적인 점괘를 받으라고 조언하였다. 아후툼은 제사장이지 예언자가 아니었다. 하지만 신전의 책임자로서 왕에게 선포된 예언을 아두두리를 통해 보고하고 있다. 이 과정에서 신의 목소리를 의지해 제사장의 의견을 피력하고 있다.

신아시리아의 신전에도 다양한 종교 전문가들이 활동을 하였다. 하지만 이들 모두에게 제사장이라는 칭호가 주어지지는 않았다. 신아시리아의 제사장들도 신전에서 벌어지는 중요 사건들을 왕에게 보고 하였다. 한 편지(SAA 13 144)에서 신아시리아의 제사장 나부-레쉬-이쉬쉬가 신전에서 선포된 예언을 왕에게 보고하고 있다.

> 왕의 희생제의는 … 제 16일, … 제 20일에 행해졌습니다. … 그녀는 예언을 선포했습니다. "왜 그대는 … 목재, 숲, 그리고 …를 이집트인에게 주었는가? 그들을 나에게 돌려주어야 한다고 왕 앞에서 말하라. 내가 그의 …를 아주 풍요롭게 하리라.

이 본문은 아마도 아벨라(Arbela)의 이슈타르(Ishtar) 신전에서 일어나 사건을 보고한 것으로 보인다. 신전에서 선포된 예언을 제사장이 듣고 왕에게 보고하였다. 여기에서 제사장은 단순히 사건을 보고하는 전달자의 역할만 한 것이 아니다. 그는 예언의 목소리를 빌려 모든 목재들은 신의 소유이며 왕이 이집트에 목재나 건축자재를 보낸 것은 잘못 된 것임을 간접적으로 비판하고 있다. 하지만 제사장들은 왕이나 왕의 정책을 견제하기보다는 이를 후원하는 역할을 주로 하였다. 그들은 다른 종교전문가들과 마찬가지로 왕의 평안과 왕국의 안정에 관심이 많았다. 다음의 편지는 이를 잘 보여주고 있다.

> 상구 제사장은 그를 축복하며 말하였다. 하늘에 계신 이슈타르께서 당신에게 개입하셔서, 불타오르는 횃불 같은 건강과 행복의 운명을 선사하실

것입니다. 이슈타르께서 가르치시는 비밀에 귀 기울이십시오. 만일 당신께서 이슈타르의 비밀스러운 가르침을 누설하신다면, 당신께서는 강건하지 못하실 것입니다. 당신께서 이슈타르의 비밀에 귀 기울이지 않으신다면 건강을 유지하지 못하실 것입니다. 이슈타르께서는 당신의 입과 혀를 지키실 것입니다. [196]

이 본문에서 샹구는 왕에게 평안을 약속하는 이슈타르 여신의 예언을 선포하고 있다. 샹구는 한편으로는 왕을 축복하고, 다른 한편으로는 신아시리아의 제왕신탁과 유사한 방식으로 왕의 평안과 왕권의 안정을 예언하였다.

신아시리아 시대는 아니지만 헬레니즘 시대의 우룩(Uruk)의 한 문서에서도 샹구 제사장의 축복과 예언의 기능을 엿볼 수 있다. 이 문서에서, 신년축제(New Year Festival)를 맞아 '셰슈갈루'라는 직책을 지닌 제사장이 왕에게 구원신탁을 선포하고 있다.

"두려워하지 마십시오! … 벨(Bel) 신은 말씀하셨습니다. 벨은 당신의 기도를 들으셨습니다. … 벨께서는 당신의 통치권을 넓히시고 … 당신의 왕권을 기뻐하십니다! … 에슈세슈(eshsheshu) 축제의 날에 … 하십시오! 문을 열고 당신의 손을 정결케 하십시오! … 밤낮으로! … 당신의 도시 바빌론, 당신의 신전 에사길, 당신의 존귀한 시민들인 바빌로니아 백성들. 벨 신은 당신을 영원히 축복하실 것입니다. 그는 당신의 적을 무찌를 것이며, 당신의 적을 제거할 것입니다." 제사장이 이 말을 마치자, 왕은 평상시처럼 존귀한 방식으로 예물을 드렸다. 제사장은 홀, 반지, 신의 무기, 그리고 왕관을 왕에게 주었다. 그는 왕의 뺨을 쳤다. 그가 왕의 얼굴을 칠 때, 눈물을 흘린다면, 벨 신은 좋아하실 것이다. 만일 눈물이 나지 않는다면, 벨 신은 분노할 것이다. 그리고 적들이 일어나 그를 멸망시킬 것이다. [197]

왕은 신년 축제 때 신으로부터 왕위를 수여받고 왕좌에 오르는 행사를 하게 된다. 제사장은 신을 대신하여 왕에게 축복의 신탁을 선언하며, 홀과 왕관을 수여함으로써 왕위가 신으로부터 부여된 것임을 모든 백성에게 보인다. 제사장은 또한 벨 신을 대신하여 왕의 뺨을 때리며 눈물을 흘리는 왕에게 구원을 선포한다. 여기에서 뺨을 때리고 눈물을 흘리는 것은 죄를 용서받는 일종의 정결례이다. 이 제의행위는 과거의 잘못을 용서하고 새해에 왕권을 새롭게 하는 기능을 한다. 제사장은 예언자가 아니지만 때로 신탁을 통해 받은 예언을 선포하기도 하며, 과거에 예언자가 선포한 구원신탁을 전달하거나, 반복하여 낭송하며, 왕위와 왕권이 신으로부터 약속된 것임을 널리 선포한다. 이러한 점에서 고대 메소포타미아의 제사장과 예언자는 경쟁관계가 아니라 협력관계임을 알 수 있다. 제사장은 때로 예언자의 기능을 담당하며 예언자와 한 팀을 이루며 왕권을 강화하고 왕국의 안정을 도모하는 역할을 하였다.

8. 비전통적 점술신탁

앞에 언급한 전문 점술신탁은 궁궐과 신전 같은 정치, 행정, 종교의 중심지에서 정규 교육을 받은 전문 종교 전문가들에 의해 행해졌다. 다음에 소개될 기타 점술신탁들은 중앙이외의 민간에서 주로 실시되었으며, 학문적이며 정교한 점술 기술들보다는 우연에 의지해 점괘를 얻는 비전통적(non-canonical) 점술 기술들을 사용하였다.[198] 예를 들면, 화살 신탁(belomancy)의 경우 방문자는 화살통을 흔들어 '긍정' 혹은 '부정'과 같은 답변이 쓰여 있는 화살을 뽑아 점괘를 얻는다. 또 막대기 신탁

(rhabdomancy)은 나무로 만든 막대기의 움직임을 보고 판단하는 점술이다. [199] 이러한 점술 방법은 궁중에서 많이 활용된 것 같지는 않다. 일반 백성의 일반적 문제 해결을 위해 주로 민간에서 사용되었다. 이들이 민간에서 사용된 것은 우선 접근성이 좋았고 무엇보다도 점술 기술을 익히는 데 특별한 훈련이 필요치 않아 가격이 저렴해서이다. 때로 왕들도 이런 비전통적 점술 기술에 의지해 신탁을 시행하였다. 개인적 문제, 혹은 전통적 방법으로 해결이 안 된 문제, 혹은 보완적 점술로서 이들을 사용하였다.

1) 수유 신탁

물에 기름을 띄어 점을 치는 수유 신탁(lecanomancy)는 개인의 일상사 뿐 아니라 국가의 중대사를 예견할 때 사용되었다. 이 경우 물에 떨어진 기름의 모양, 색깔, 방향 등을 보고 점을 쳤다. 또한 그릇에 물을 담아 그 위에 돌과 같은 고체를 떨어뜨려 물결의 방향과 모양을 보거나 물방울이 튀는 소리를 듣고 점을 치기도 하였다. [200] 다음의 수유신탁을 통해 그 방법과 기능을 알 수 있다.

> 만일 물 표면에 떨어진 기름이 양쪽으로 나뉘면, 아픈 사람은 죽을 것이다. 전쟁에 나간 군대는 돌아오지 못할 것이다. [201] 기름 중간에 크고 작은 두 개의 방울이 출현하면, 내담자의 아내가 아들을 임신할 것이며, 내담자가 아플 경우 그도 곧 나을 것이다. 동쪽에 있는 밀가루(혹은 기름)가 사자의 얼굴을 띄면, 그 남자는 들판을 떠도는 유령의 덫에 걸릴 것이다. 태양이 그 유령을 바람에게 넘기면 그 남자는 회복될 것이다. [202]

수유신탁의 경우 기름이나 밀가루를 떨어뜨려 물의 파장 등을 관찰하여 인위적으로 점괘를 얻기도 하지만, 의도치 않게 떨어진 물방울의 모양을 보고 점괘를 얻는 경우도 있다. 고대 이집트에 "컵 혹은 물 잔을 통해 신탁을 행하는 사람"이라는 뜻의 '레프쉔힌'이 존재했던 기록이 남아 있는 것으로 보아 수유점이 고대근동의 전 지역에 널리 성행했음을 알 수 있다.[203] 하지만 수유 신탁은 반복적으로 같은 결과를 얻기 보다는 우연적 결과에 의지하기 때문에 공식적인 점술 신탁으로 받아들여지지 않았다. 아마도 비공식적인 신탁이나 개인사의 문제를 해결하기 위해 주로 사용되었을 것이다.

2) 제비뽑기 신탁

제비뽑기(cleromancy)는 고대근동을 넘어 모든 문화권에서 널리 행해졌던 보편적인 점술 신탁 행위이다. 제비뽑기 신탁은 제비로 사용되었던 주사위나 돌 혹은 나무막대기에 글자를 새기고 그 가운데 하나를 던지거나 뽑아서 점괘를 얻는 점술행위이다. 한 신아시리아의 문헌은 제비뽑기로 관리를 선출하는 방식을 소개하고 있다.

> 오, 위대하신 주님, 아수르여! 오 위대하신 주님, 아닷이여! 이것은, 아슈르의 왕 샬만에셀의 감독관인 야할리의 몫(제비)! 킵수니 시의 관리자요, 항구의 지배인이여, 앗시리아의 추수를 풍성하게 하며, 자기 몫으로 정해진 관리의 역할로 추수할 곡식을 풍성하게 할지라! 그의 제비여 올라오라.[204]

이 제비신탁의 경우 정육면체의 제비 네 면에 이름을 새겨 넣어 선택된 자를 관리로 임명하였을 것이다.[205] 하지만 돌이나 뼈로 만들어진 두 개의 제비 중 하나를 선택하는 양자택일의 신탁행위를 통해 점괘를 얻었을 가능성도 있다. 한편 히타이트에서도 제비신탁과 비슷한 킨 신탁(KIN oracle)이 시행되었다. 킨 신탁의 경우 제비를 사용하지 않았지만 양자택일의 점괘라는 점에서 유사성이 있다.

하나하나(Hannahanna) 여신이 일어나 평화를 택하고, 자바바(Zababa) 신이 나라의 번영을 택하여, 그들이 하티 사람의 권리에 들어가게 되었다. 하티 사람이 길조를 의미하는 힘줄과 뼈를 택하여, 왕의 진격과 평화가 신들에게 허락되었다. 적들이 전투를 전개하여, 그들 모두의 영혼이 다른 적에게 들어갔다.[206]

위에 사용된 킨 신탁에서는 긍정과 부정을 상징하는 이름 중 하나를 택하여 점괘를 얻었다. 점괘의 결과는 긍정적이었다. 적과 전쟁을 벌이려는 왕의 계획이 허가 되었고, 또한 전쟁에서의 승리도 약속되었다. 그리고 신탁의 결과대로 전쟁에서 승리를 거두었다. 점괘와 그 결과가 일치할 경우 신의 뜻을 정확히 파악한 경우로 인식되어, 점괘를 보관하여 후대에 같은 상황이 오면 다시 사용하였다. 따라서 제비 신탁의 결과도 종교적 지식의 일부로 간주될 수 있다. 하지만 제비뽑기 신탁은 다른 전문 신탁과는 달리 특별한 기술이 필요하지 않았고, 비공식적으로 시행되는 경우가 많았기 때문에, 전문신탁에 비해 신용도가 낮았다.[207]

3) 초혼신탁

초혼신탁(necromancy)은 죽은 자의 영혼을 불러들여 점괘를 얻는 점술행위로서 강령점이라고도 한다. 신아시리아 문헌에 "귀신을 불러일으키는 자"라는 의미의 초혼자인 '무셀루 에테미'가 죽은 여왕의 영을 불러들여 왕위 계승을 축복하는 신탁을 듣게 한다.

> 왕자님께서 다음과 같이 설명하셨습니다. "돌아가신 왕비님의 신실함 때문에 아슈르와 샤마쉬가 나로 하여금 아시리아의 왕자가 되도록 명하셨다." 그리고 그가 그녀의 귀신을 경외한 것만큼 그녀의 귀신이 그를 이렇게 축복하십니다. "그의 자손들이 아시리아를 다스리기를!"[208]

위 점괘는 왕위계승을 앞 둔 에살핫돈에게 전해진 것이다. 그는 부왕이었던 산헤립의 암살이후 형제간의 암투로 왕위 계승에 확신을 갖지 못하였다. 초혼 신탁가는 죽은 왕비의 영을 불러내어 왕위 계승의 적법성을 공포하는 점괘를 알려주었다. 이 점괘는 왕위계승이 불확실한 에살핫돈에 큰 격려가 되었을 것이며, 암투를 벌이고 있던 상대편의 사기를 꺾을 수도 있었을 것이다. 이처럼 초혼점이 왕위 계승문제와 같은 중대한 정치적 문제를 결정하는 점괘를 주기도 했지만, 공식적인 점술 신탁으로 인정받지 못한 경우가 많았다. 왜냐하면 초혼 신탁이 비밀스럽게 시행되었기 때문이다.[209]

4) 새 점

새 점(ornithomancy)은 새들이 하늘을 날아가는 모습을 보고 점을 치는 방식이다. 새 점은 새들의 비행과 착지 등을 관찰하여 점괘를 얻었다. 때문에 첫째, 새가 어디에서 목격되었는지, 둘째, 새가 어느 방향에서 날아왔는지, 셋째, 새가 어느 방향으로 날아갔는지를 알아내는 것이 중요하고, 때때로 새가 앉아 있는 자리를 파악하는 것도 중요하였다.[210] 다음의 히타이트 문헌을 통해 새 점이 어떤 방식으로 시행되었는지를 알 수 있다.

(질문) 철새들이 그를 위하여 그곳에 모이고, 사프란의 때가 되면, 새들은 신들에게 사프란을 정렬해 보일 것이다. 오 신들이여, 만일 당신들이 알레포의 폭풍의 신의 도시인 하투샤를 왕과 왕비와 그들의 것들이 겨울을 보낼 장소로 허가한다면, 그리고 왕과 왕비의 신상에 있어서 전염병이나 질병을 우려하지 않아도 된다면, 악이 그들을 몰아내지 않는다면, 오, 신들이여, 당신들이 알레포의 폭풍의 신의 도시인 하투샤를 왕과 왕비가 겨울을 보낼 장소로 허가한다면, 주술의 새들이 삼 일간 신탁을 통하여 이를 확정하게 해 주소서.

(관찰) 독수리가 … 에 앉아 있다. 그의 부리는 앞을 향하고 있다. 하라니 (harrani) 새는 … 에 앉아 있다. 그러나 그의 부리는 옆으로 반쯤 돌았다 … .
(결과) 그러므로 점술가들이 피카다타(Pikha-Datta)와 아르마나니(Arma-nani)는 이렇게 선언한다. 대답은 승낙이다.[211]

새 점술사는 왕과 왕비가 겨울을 보낼 장소가 안전한지, 그리고 그곳에서 건강하게 지낼 수 있는지를 알아보고자 새 점을 쳤다. 이 점술은 아마도 궁궐의 요청에 의해서 시행되었을 것이다. 새 점술사는 새의 앉은 방향과 부리의 방향을 관찰한 후 왕과 왕비에게 긍정적 점괘를 선포했다.

메소포타미아의 한 점술 문서(LKA 138)는 새 점을 치면서 샤마쉬 신과

아다드 신에게 좋은 점괘를 달라고 기도하고 있는데, 그 기도의 내용과
응답은 다음과 같다.

> … 의 아들 … 를 위해, 그의 성공적인 사업을 위해, 쿠두라누(kudurranu) 새
> 혹은 카푸-라프슈(kappu-rapshu) 새, 혹은 아라바누(arabanu) 새가 나의 오
> 른쪽에서 왼쪽으로 날라 가게 하소서. 네가 세 번 주문을 낭독하였으니
> 새가 오면 [그 징조]를 보게 될 것이다.

한 징조 모음집은 '푸루수: 에슈.바르 무셴.메쉬 칼라슈누'라는 제목을
지니고 있는데 "어떤 새로부터 관찰된 징조들"이라는 뜻이다. 어떤 상황
에서 새 점을 치게 되었는지는 알 수 없지만, 첫 줄에 "만일 … , 그리고 새
들이 어떤 사람의 왼쪽에서 오른쪽 방향으로 날아가면, 실패이다."라는
문구가 기록되어 있다.[212] 새 점은 히타이트와 후대의 그리스 로마에서
널리 사용되었으나 메소포타미아 지역에서는 거의 사용되지 않은 것으로
보인다. 이를 통해 적어도 메소포타미아에서는 새 점이 공식적으로보다
는 비공식적으로 시행된 점술 기술이었음을 알 수 있다.

제 3 장
신적 비밀과 정책결정

제 3 장

신적 비밀과 정책결정

고대근동에서 미래 예측은 왕국 혹은 제국을 발전시키고 평화를 유지하는 전략적 자료로 사용되었다.[213] 특별히 고대근동 제국의 왕들은 미래를 예측하고 이를 정책 결정에 적용하기 위해 많은 미래학자들을 고용하여 궁중에 상주시켰다. 이처럼 궁중이 고용한 미래학자들은 각기 다른 전문 기술을 소유한 점술사들이었다. 오늘날 비과학적이고 미신으로 여겨지는 점술은 고대근동의 과학적 경험과 사고(思考)의 총아(寵兒)였다. 특별히 천문점술(astrology)은 달력을 제작하는 데 가장 중요한 자료였으며, 농업 및 상업 활동에 있어 필수 자료였다. 간 점술(extispicy)은 미래에 닥칠 수 있는 자연재앙이나 불운을 예측하였으며 이에 대응할 대책도 제안하였다.

본 장에서는 신적 비밀이라는 관점에서 점술 자료를 살펴보고자 한다. 앞장에서 언급했듯이 점술 자료는 종교적 지식으로 왕의 정책 결정의 자료가 되었다. 왕이 이들 자료를 중요시 여긴 이유는 이들의 출처가 인간세계가 아니라 신의 세계라 생각했기 때문이다. 종교 전문가들이 징조를 통해 얻는 점술 자료는 신과의 소통의 결과이다. 점술사들은 자신들만이 신과 관계할 수 있다고 생각했다. 신들은 천상의 비밀스러운 지혜를 점술사에게 전해 주고, 점술사들은 이를 통해 미래를 예측하거나 대안적 미래를 제시할 수 있었다.

1. 신적 비밀과 통치자들

고대 근동에서는 지혜가 신으로부터 온다는 사상이 존재했다. 왜냐하면 신의 지혜는 "비밀스러운 지혜"(secret wisdom)로 간주되었기 때문이다. 아슈르바니팔(Ashurbanipal)의 토판 K. 2235+의 34-36행에 샤마쉬 신과 아다드 신의 지혜가 "하늘과 땅의 비밀스러운 지혜"로 묘사되어 있다. 이 비밀스러운 신의 지혜는 다양한 형태로 소개되고 있는데, "지혜자의 비밀스러운 지혜", "점술가의 비밀스러운 지혜", "학자의 비밀스러운 지혜", "왕의 비밀스러운 지혜", "하늘과 땅의 비밀스러운 지혜"로 나눌 수 있다.[214] 비밀스러운 지혜는 천문 점술사, 간 점술사, 혹은 다른 제의 종사자들이 자신들의 종교적 전문 분야의 기술을 발휘하기 위해 참고해야 하는 전문지식이었다. 따라서 왕에게 바른 조언을 하기 위해 종교 전문가들이 하늘의 비밀스러운 지혜를 참조하는 일은 결코 낯선 일이 아니었다.

점술사들은 자연 만물을 신의 뜻을 알려 주는 교과서 혹은 토판으로 생각했으며, 이를 해석할 수 있는 능력을 갖춘 자만이 읽을 수 있다고 자부했다. 간 점술가들은 간을 '신들의 토판'(투푸 샤 일레)이라고 불렀으며 거기에서 발견할 수 있는 징조들을 태양신 샤마쉬가 기록한 것으로 생각했다.[215] 또한 천문 점술가들은 하늘에서 관찰한 것을 언급할 때 '하늘의 기록' 혹은 '궁창의 기록'이라고 하였다.[216] 하늘과 동물의 내장은 신들의 메시지가 기록된 토판이었으며 이 비밀을 해석할 수 있는 특권이 부여된 소수에게만 열렸다. 반 데어 툰(Karel van der Toorn)은 지혜의 밀의적(密意的) 요소는 글을 쓰는 능력과 긴밀하게 관련되어 있다고 주장한다. 고대 근동에서는 높은 문맹률 때문에 일반인들이 종교문서를 해독할 수 없었다. 온갖 종류의 지식과 지혜는 오직 소수의 지식인만이 해독할 수 있었다. 지혜나 독서 능력은 신의 비밀(divine secret)을 풀기위한 필수조건이었다.[217]

하늘로 부터 받은 신적 비밀은 소수의 전문가들만 해석할 수 있었기 때문에 관찰 자료와 해석 자료는 권위 있는 지식으로 간주 되었다. 이 지식이 권위가 있었다는 것은 우선 편지나 보고서의 형태로 왕에게 전달되었다는 사실에서 알 수 있다. 그리고 이 자료들은 도서관에 보관되어 후대의 전문가들과 학자들이 발견한 자연현상을 해석하기 위한 참고서가 되었으며 이를 통해 고대근동의 학문이 성장할 수 있게 되었다. 하지만 이들 자료는 단순히 자연현상을 해석하는 데만 사용된 것이 아니다. 이들 자료들은 고대근동의 역사적 이야기를 구성하는 핵심 요소가 되기도 하였다.

점술사들은 대홍수 이전 지혜의 신 에아로부터 비밀의 지식을 전수받았던 고대의 현자인 '아프칼루'(apkallu)와 자신들을 동일시하였다.[218] 그래서 아프칼루로부터 신적 비밀을 기록하고 관리하고 사용하는 권한을 전수받았다고 생각했다.[219] 그리고 이들은 고대의 현자들로부터 받은 지식을 '네메쿠'(nemequ, 지혜)라고 불렀다. 신아시리아에서 네메쿠는 몇 가지 분야로 나누어져 있었는데, 하늘을 관찰하는 천문점술 튭샤루투, 내장을 관찰하는 간 점술 바루투, 악한 기운들을 물리치는 주술적 치유 아쉬푸투, 진단과 치료를 전담하는 진단 치료학 아수투, 그리고 탄원과 기도로 이루어진 애가학 칼루투이다. [220] 수메르 시대에는 이러한 교육이 서기관 학교인 '에둡바'(edubba)에서 이루어졌다. 서기관들은 잠언, 우화, 논증, 수사학 등의 인문학적인 교육을 받았으며, 이를 일상의 정치 경제에 활용할 수 있도록 실제적인 교육을 받았다. 하지만, 바빌로니아와 아시리아에서는 신전이 그 역할을 대신하게 되었다. 그래서 에둡바의 인문주의적인 서기관 교육은 신전의 실존적이면 종교적인 밀의적 교육으로 변화되었다. [221]

점술 전문 서적들은 점술 현상을 이해하고 이를 해석하기 위해 학자들이 참고하는 주요 자료였다. 때문에 학자들의 연구는 비밀로 간주되었고 간기(刊記, colophon)처럼 비밀을 유지하는 형식을 갖게 되었다. 다음에서 이러한 간기의 예를 볼 수 있다.

> 위대한 신들(과 관계된 것)을 읽는 하늘과 땅의 비밀스러운 지식이다. 해석을 읽는 것은 학자들의 비밀스러운 지식이다. 옛 원본에 의해 작성되고 편집. 서기관 나부-무셰찌의 아들, 젊은 학생 마르둑-샬림-아헤의 토판[222]

위의 간기에서 알 수 있듯이 학생은 점술자료를 읽고 또 복사할 수 있었다. 하지만 학습 과정에서부터 위대한 신들의 비밀을 지키기 위해 토판(tablet)과 철필(stylus)을 두고 맹세를 해야 했다.

점술사들은 고대의 현자들로부터 신적 비밀과 지식을 맡는 권위를 부여받았기 때문에 일반 서기관과 자신들은 다르다고 생각했다. 신과 왕 사이에서 신적 비밀을 전달할 수 있는 권위와 능력은 오직 자신들에게만 있다고 자부하였다. 그래서 '에누마 아누 엔릴'과 같은 천문 점술 자료의 간기에는 '비밀' 혹은 '비밀 지식'이라는 단어가 자주 등장한다. 이 간기에는 앞에서 언급한 '지혜자의 비밀스러운 지혜', '점술가의 비밀스러운 지혜', '학자의 비밀스러운 지혜', '왕의 비밀스러운 지혜', '하늘과 땅의 비밀스러운 지혜'와 같은 문구뿐 아니라 "위대한 왕들의 비밀", "하늘과 지상세계의 비밀"과 같은 문구들이 기록되어 있었다. [223]

간기에는 4가지 규정이 담겨있었는데, 첫째, '비밀' 규정, 둘째, '열람 제한' 규정, 셋째, '열람 금지' 규정, 넷째, '소유권' 규정이다. 하늘의 비밀을 알게 된 자는 타인에게 비밀을 지켜야 하며, 이를 남에게 보여주어서는 안 된다. 왜냐하면 이는 신적 비밀을 누설하는 행위이며 자료집을 망가뜨리는 행위이기 때문이다. 다음의 간기에서 이들 4가지 규정을 발견할 수 있다.

> 수학 토판, 신의 지혜, [위대한 신들의 비밀, 학자들의 비밀. 오직 한 전문가가 [다른 전문가]에게 보일 수 있음. 비전문가는 [보는 것이 허락되지 않음. [위대한 신들이신] 아누(Anu), 엔릴(Enlil), 에아(Ea)의 [거룩한 소유] [224]

위와 같은 간기는 모든 토판에 추가 되었다. 이들 간기는 토판의 내용이 전문가에만 열람이 허락되어 있고 일반인에게는 금지임을 명시하고 있다. 때문에 이 간기에는 전문가가 아닌 일반인들에게 보여주는 것을 경고하는 문구가 들어 있다. 아슈르바니팔 도서관에서 발견된 한 간기는 "위대한 신의 비밀. 전문가만이 다른 전문가에게 보일 수 있다. 비전문가는 볼 수 없다."라고 기록하고 있다. 왜냐하면 천문자료는 위대한 신들의 비밀을 담고 있기 때문이다. 이 비밀에는 천문 점술학 뿐 아니라 천문 점술사의 문서 독해 및 기록 능력도 포함된다.[225] 한 천문 점술사는 신전의 노예에게 글을 가르치다 견책을 당하였는데, 만일 중지하지 않으면 왕으로부터 처벌을 받을 것이라는 경고를 받았다. 왜냐하면 글을 읽고 쓰는 기술은 타인과 공유할 수 없는 점술사 가문만의 고유 지식이었기 때문이다.

> 에안나(Eanna)의 샤타무이며 제리야의 아들이자 신다마쿠(Sin-damaqu)의 후손인 쿠르바니-마르둑은 쩔라의 아들이자 벨-에티루의 후손인 벨카찌르에게 다음과 같이 선언했다. "너는 신전 노예로 하여금 전문가들의 토판을 읽게 해서는 안 된다." 만일 신전 노예가 그의 침실에 가고, 그(벨카찌르)가 그에게 전문가의 토판을 읽게 한다면, 그는 왕으로부터 징벌을 받을 것이다.[226]

비록 후대의 것이지만 위의 간기는 경고의 목적과 그 범위를 알려주는 중요한 단서를 제공하고 있다. 이러한 간기들은 비밀을 유지하기 위해 봉함이 되어 있었는데, 오용하면 신과 인간간의 질서를 망가뜨릴 위험이 있다고 생각했기 때문이다.

점술사들에게는 비밀 지식을 정확하게 전달하는 일이 중요 관심사였다. 그래서 과거의 관찰 기록을 인용할 때 가능한 문자적으로 정확하게 읽으려고 노력하였다. 마르-이사르라는 점술사는 왕에게 보낸 한 편지에서 목성의 출현이 늦어지는 현상을 보고하며 다음과 같이 기록하고 있다.

게다가, 이 상태로 5일이 지속되었습니다. 원래의 기간을 넘어 40일에 이르 렀습니다. 이와 관련된 해석은 다음과 같습니다. "네베루(Neberu)가 지연 되면 신들은 화가 날 것이며, 공의가 수치로 변할 것이며 밝은 것들이 침침 해지며, 분명한 것들이 불명확해질 것이다. 비와 홍수가 멈추고, 초원에 햇 볕이 쨍쨍 내리 쬘 것이며, 온 나라는 혼란에 빠질 것이다. 신들은 기도를 듣지 않고 간구도 받아들이지 않을 것이며, 간 점술사의 신탁에도 응답하 지 않을 것이다." 판에 기록된 대로 정확하게 인용한 해석을 나의 주, 왕께 보냈습니다.[227]

마르-이사르는 왕에게 보낸 이 편지에서 목성이 평소보다 5일 늦게 출 현했다고 보고했다. 목성은 보통 20일에서 30일 간 보이지 않는 데, 이번 에는 35일 동안 보이지 않았다고 보고했다. 그는 이 상황에 대처하기 위 해 같은 현상을 기록한 과거 자료를 인용하고 있다. 이 보고서에서 그는 "판에 기록된 대로" 인용하였고, 요약하거나 풀어 설명하지 않았다. 왜 냐하면 과거에 기록된 신적 비밀을 정확하게 전달해야 했기 때문이다. 이 들 인용문은 학자들의 관찰 보고서보다 훨씬 권위 있는 자료로 여겨졌 다.[228]

이처럼 고대인들이 점술 자료를 소중히 여겼던 것은 하늘과 땅의 비밀 을 통해 왕권을 강화하고 왕국을 안정적으로 통치할 수 있다고 생각했기 때문이다. 대부분의 왕들은 이 비밀을 신탁 전문가들을 통해서 전해 들었 다. 때문에 어떤 왕들은 전문가들을 통하지 않고 비밀에 직접 접근할 수 있는 능력을 갖추고자 했다. 우르(Ur)의 슐기(Shulgi, 2094-2047년경)가 바로 그런 경우였다.

나는 어릴 때 학교에서 수메르와 아카드의 토판을 가지고 글쓰기를 배웠 다. 나처럼 토판에 글을 쓸 줄 아는 귀족은 없다. 사람들이 글쓰기를 배

우러 가는 곳에서, 나는 덧셈, 뺄셈, 계산, 그리고 회계를 완전히 습득했다.[229]

궁궐에서 회계와 글쓰기는 서기가 담당하였다. 하지만 슐기 왕은 글쓰기 뿐 아니라 계산도 할 수 있었다. 그는 다른 문서에서 수메르와 아카드어 뿐 아니라 아모리어와 아람어도 할 수 있다고 밝히고 있다. 그는 음악에도 조예가 깊고 희생 제물의 내장을 해석할 수 있는 능력도 갖추고 있다고 주장하였다(Shulgi B, II. 131-149). 그가 실재로 다국어를 읽고 쓸 줄 알았다면, 점술자료를 직접 읽고 이를 통해 하늘의 비밀을 파악해 국정 운영에 적용할 수 있었을 것이다. 슐기 왕은 문서 해독 능력 덕분에 수메르 시대의 가장 강력한 왕 중의 하나가 될 수 있었다.

마리의 한 문서에 따르면 이름을 알 수 없는 한 젊은 왕자가 글쓰기(툽 샤루투) 뿐 아니라 간 점술(바루투) 교육도 받았다고 한다.[230] 그가 배운 '툽 샤루투'는 글쓰기 뿐 아니라 천문 점술이라는 의미도 있다. 그는 천문 점술이나 간 점술과 같은 전문 신탁 기술을 배우기 위해 글을 읽고 쓰는 연습을 하였다. 모든 왕자들이 이러한 교육을 받았는지는 알 수 없다. 무명의 왕자가 차기 왕이 되었는지 알 수 없지만, 하늘의 징조와 이를 해석하는 기술, 그리고 글쓰기도 왕세자 교육의 교과과정에 포함되어 있음을 알 수 있다. 한편 상부 메소포타미아의 도시인 카타라에 거주하던 공주 일타니(Iltani)와 결혼한 카라나(Karana)는 원래 간 점술사였는데, 나중에 왕이 되었다. 두 사람의 결합은 권력과 지식이 얼마나 밀접하게 연계되어 있는 지를 잘 보여주는 사건이라 할 수 있다.[231]

고대근동에서 왕은 한 나라의 중심이었다. 그래서 그의 운명(쉼투)은 곧

바로 나라의 운명으로 여겨지기도 했다. [232] 때문에 모든 종교 활동의 중심에는 왕이 있었다. [233] 구데아(Gudea) 왕의 실린더는 이를 잘 보여 주고 있다. 구데아 왕은 라가스(Lagash)에 새로운 신전을 건설하기 위해 닌기르수(Ningirsu) 신의 허락을 필요로 했다. 그래서 하늘에서 보여 지는 징조를 통해 신의 뜻을 밝히려 했다. 왕은 신전을 건설해 자신의 통치적 기반을 굳건하게 하려 하였다. 그리고 하늘의 징조를 통해 신전의 건축이 신의 재가에 의한 것임을 보여주고자 하였다. 정치적 의도를 신학적으로 뒷받침한 경우이다. 고대근동에서는 이처럼 왕이 중대한 정치적 활동을 하기 위해 사전에 신의 뜻을 구하는 일은 아주 일반적이었다.

학자 및 왕의 책사로 활동했던 종교전문가들과 왕의 관계는 몇몇 왕의 연대기에서 찾아 볼 수 있다. 예를 들면 연대기 14, 15, 17번은 '왕의 이름+사람 이름+움마누슈'의 형식을 갖추고 있는데 '~왕에 관해서, ~는 그의 학자였다'로 해석할 수 있다. [234] 여기에 사용된 직책 명 '움마누'는 궁중에서 활동했던 여러 유형의 학자들을 가리킨다. 하지만 연대기에 사용된 용어인 '그의 학자'는 왕의 왕정 이념을 체계화하고 이를 가장 잘 이해하는 최측근 학자를 말한다. 이들 학자들은 단순히 들은 대로 받아쓰는 궁중 서기관(마르 비트 투피)이 아니었다. 마리와 아시리아 문서에서 알 수 있듯이 이들의 상당수는 종교 전문가였다.

이처럼 고도의 교육과 훈련을 받은 간 점술사나 천문 점술사는 궁정이나 궁정 인근에 상주하면서 왕과 제국을 위해 신탁을 시행하였다. 이들은 왕과 가까운 거리에 있었기 때문에 정치 관료처럼 취급되기도 하였다. 마리의 아스쿠둠은 유명한 전문 점술 신탁가였다. 그러나 지므리림 왕의 명령을 받아 정치, 외교, 군사적 업무 뿐 아니라 행정적 업무도 수행하였다. 그래서 왕의 고문이 되어서 궁정의 정책 결정을 위해 종교적 지식을 사용하였다. 심지어 지방에 있던 점술사들도 점술의 결과를 왕에게 보내었다. 이들은 신적 권위를 증명하기 위해 편지와 함께 점괘를 얻은 내장 모델을 첨부하기도 하였다.

신의 뜻을 해석하는 데 필요한 지식과 기술은 소수의 지식인들만 소유하였고 오직 왕만이 이들의 지식을 공유할 수 있었다. 따라서 그들이 지닌 학식과 기술, 그리고 신들의 징조를 해석하는 능력은 전문 신탁가들이 지닌 이념적 무기였다. 해석을 좌우하는 능력으로 그들은 개인의 운명을 결정하였다. 그래서 징조의 해석은 사회를 제어하는 도구로 작동하기도 하였다.[235] 때문에 왕과 학자들은 징조의 해석을 독점하려고 하였다. 에살핫돈에게 보낸 한 무명인의 편지는 바빌로니아인을 고용해 그의 아들에게 간 점술과 천문 점술을 가르쳤던 한 금속 세공인을 고발하고 있다.[236] 왜냐하면 외부인이 신적 비밀을 알아서는 안 되었기 때문이다. 에살핫돈 왕도 충성 서약을 통해 예언자들과 꿈 해석가들이 자기 멋대로 행동하지 못하도록 규제하였다.[237] 만일 이들이 자기 멋대로 행동한다면 왕의 권위만 손상되는 것이 아니다. 하늘과 왕, 그리고 종교 전문가들만 알아야 할 비밀이 누설되어 왕의 안전을 위태롭게 할 수 있고 왕국을 불안정하게 만들 수 있다.

2. 제왕학으로서의 종교적 지식

고대 메소포타미아의 종교적 자료는 오늘날의 빅 데이터 못지않게 양이 방대하고 내용이 다양하다. 기원전 3000년경의 수메르인들은 신전 도서관에 상업 기록, 문법, 수학, 의학, 점성학 등의 책들을 소장했다. 수메르의 서기관들은 다양한 전문가로 분화되어 있었다. '둡사르 키엔기라'는 수메르어를 가르쳤으며, '둡사르 니그쉬드'는 수학, '둡사르 아샤가'는 땅 넓이 등을 측정하는 기하학 전문가였다.[238] 이처럼 수메르의 신전은 단순히 종교적 기능만 담당한 것이 아니다. 도서관 기능도 하였고, 개인과 소상인들에게 돈을 빌려주는 은행 역할을 하기도 하였다. 거래 내용은 점토판에 기록되었으며, 주간, 월간, 연간 단위로 발간되는 보고서에 기록했다. 우리는 정보 기술을 최근에 등장한 분야로 생각하지만, 정보기술자는 가장 오래된 직업으로 볼 수 있을 것이다.[239]

고고학자들은 오늘날의 시리아의 텔 하리리(Tell Hariri)에 위치한 주전 2000년경의 마리(Mari) 왕국의 기록 보관소에서 약 2만 여개의 토판을 발견하였으며, 주전 7세기의 신아시리아의 아슈르바니팔의 도서관에서 약 2만 5천여 개의 토판을 발견하였다. 고대 메소포타미아의 종교적 자료는 오늘날의 빅 데이터 못지않게 그 양이 방대하고 내용도 다양하다. 이들 자료들은 모두 왕궁의 문서보관소에서 발견되었기 때문에 당시 최고 권력자인 왕의 정책을 결정하는 중요 문서들임을 쉽게 추측할 수 있다.

주전 8세기부터 바빌로니아 북쪽에서 영토를 확장하던 신아시리아는 바빌로니아 문화의 영향을 많이 받았다. 에살핫돈은 바빌로니아의 문화를 수입하였을 뿐 아니라 바빌로니아의 학자들과 고관들을 데려와 바빌로니아의 지식을 아시리아에 이식하였다. 이들은 아시리아의 수도 니느웨에 불려와 다양한 점술 자료집들을 복사하였다. 이들 바빌로니아 학자들의 영향으로 아시리아의 왕자들과 고위 관료들의 지적수준이 향상되었다.

아슈르바니팔은 어릴 때부터 쓰기 교육을 받은 것으로 유명하다. 한 부조에 허리에 필기도구인 철필과 왁스를 덧칠한 서판을 허리에 차고 있는 아슈르바니팔의 모습이 새겨져 있다. [240] 아슈르바니팔은 자신이 현자 아다파(Adapa)에게서 지혜를 얻어 토판을 공부했다고 주장하였다. 심지어 전설의 시대인 홍수 시대 이전에 쓰인 돌 판의 설형 문자들까지 공부하였다고 주장하였다. [241]

나는 스승 아다파의 기술을 습득했다. 그것은 서기관의 모든 지식으로도 발견할 수 없는 숨겨진 보화, 하늘과 땅의 징조들 ... 이었다. 나는 기름으로 점을 치는 데 능숙한 학자들과 함께 하늘을 연구했다. 난해하고 어려운 나눗셈과 곱셈 문제를 풀었고, 수메르인들의 예술적인 문자와 숙달하기 어려운 난해한 아카드어를 읽으면서 대홍수 이전의 기도문을 읽는 기쁨을 누렸다. [242]

학자들도 아슈르바니팔 왕이 지니고 있는 글쓰기 능력을 칭송하였다. 그들은 왕의 지혜를 칭송하며 아프칼루(apkallu)와 그를 비교하기도 하였다. 한 편지(SAA 10 174)에서 왕의 수석 점술사(랍 바레)였던 마르둑-슘-우추르는 왕에 대해서 다음과 같이 언급하고 있다.

꿈속에서 아슈르 신께서 나의 주, 왕의 조상이신 아프칼루를 부르셨습니다. 왕들 중의 주이신 왕께서는 아다파와 아프칼루의 후손이십니다. 당신은 압수(Absu)의 지혜와 모든 학자들보다 뛰어나십니다.

아슈르바니팔은 아슈르 신이 "동쪽과 서쪽의 모든 언어들"을 자기 손에 쥐어 주었다고 말하였다. [243] 실재 니느웨에서 발견된 편지와 기도문가운데는 아슈르바니팔이 직접 썼을 가능성이 있는 것들도 있다. 다음의 간기는 그의 지적 능력의 면모를 엿보게 한다.

> 위대한 왕, 능력의 왕, 우주의 왕, 아슈르 땅의 왕, 아슈르바니팔 ... 나는 학자들의 모임에서 수메르와 아카드와 아슈르 땅에서 온 판본에 따라 이 토판을 복사하고, 검토하고, 수집했다. 나는 궁궐에서 보기 위해 궁궐 한 가운데 놓았다. 누구든지, 새겨진 내 이름을 지우고, 자기 이름을 쓰는 사람은 모든 것의 서기인 나부께서 그의 이름을 지워 버리시기를![244]

아슈르바니팔의 지적 열망과 호기심은 니느웨에 도서관을 세울 때 내린 명령을 통해서도 증명된다. 그는 도서관을 세우기 위해 신하들에게 다음과 같이 명령하였다.

> 그는 자신의 관리에게 다음과 같은 편지를 쓴다. "네가 이 편지를 받거든 세 사람과 보르시파(Borsippa)의 학식 있는 사람들을 데리고 가서 모든 토판을 찾아라. 그들의 집 안에 있는 모든 토판과 에지다(Ezida) 신전에 있는 모든 토판을 찾아내라. ... 너희 공문서 보관소에는 있지만 아시리아에는 없는 가치 있는 토판들을 찾아서 나한테 보내라. 내가 관료들과 감독관들에게 편지를 보냈으니 ... 아무도 너에게 토판 넘겨주기를 거절할 수 없다. 내가 네게 언급하지 않았더라도 네가 보기에 내 궁전에서 유용할 것 같은 문서나 의식이 있으면 찾아서 입수한 다음 나한테 보내라."[245]

신하들은 왕의 명령대로 시, 잠언, 찬양, 우화, 징조, 간 점, 주문, 기도문, 처방전 등의 방대한 자료들을 수집하였다. 그는 이들 자료 중에서 특별히 신탁 문서를 중요시 여겼으며 650개 정도의 주석서를 작성케 해 왕이 쉽게 이해할 수 있도록 하였다.[246] 그리고 아슈르바니팔 왕은 점술과 신탁 자료들을 왕정 이데올로기를 체계화하는 데 사용하였으며, 왕권을 강화하고 제국을 통치하는데 이용하였다.

니느웨의 궁중 도서관은 공공 도서관이었다. 궁중 도서관은 개인과 공동체의 관심사가 반영된 자료들이 축적되었으며, 왕과 학자들이 자유롭게 열람할 수 있었다. 하지만 신전에 소속된 도서관은 공공적 목적 보다는 사적이며 종교적인 목적으로 자료를 수집하였다. 신전 도서관에 보관된 토판들은 연구의 목적보다는 신전에서 섬기는 주요 신들에게 헌정된 것이다. 보통 토판은 2단 이상이었으며 내용도 길었다. 이 토판들은 개인이 아니라 신전의 소유였으며, 이론적으로 신의 소유였다. 신전 도서관에 헌정된 토판의 주요 내용은 신을 향한 기도문이었다. 아슈르바니팔도 나부 신전에 생명과 왕권의 무사를 기원하는 기도문을 헌정하였다.

> 나부 신을 위하여, 완벽한 아들 … 아슈르, 벨, 그리고 나부의 사랑받은 통치자, 목자, 위대한 신들의 거처의 공급자, 제물을 정규적으로 드리는 자 … 그의 생명을 보존하시고, 그의 날들을 길게 하시며, 그의 자손을 평안하게 하시며, 왕위를 수여하시며, 기도에 응답하시며, 간구를 받아주시며, 불순종한 사람을 넘겨주시기 위해, 아슈르 땅과 아카드 땅으로부터 온 복사본 토판에 따라, 나는 위대한 신들의 마음을 달래기 위해, 아프칼루의 지혜의 비밀이자 에아의 지혜인 칼루투를 쓰고, 확인하고 수집하였습니다. 나는 니느웨의 한 가운데 있는 나부 신전인 에지다(Ezida)의 도서관에 그것을 두었습니다. 그러므로 모든 하늘과 땅의 왕 나부께서는 이 도서관에서 그것을 기쁜 마음으로 보십니다! 당신의 신성을 경외하는 종, 매일 기도를 올리는, 아슈르바니팔에 대해서는 그의 생명을 알리십시오! 당신의 위대한 신성이 찬양받으소서![247]

신전 도서관에 보관된 토판들은 여러 단으로 나뉘어 있어 장문의 글을 기록해 보관하기에 적합하였지만, 낭독이나 제의에 실제적으로 사용하기에는 불편하였다. 또한 교육적, 학문적, 실제적 목적의 궁중 도서관의 토판과는 달리 신전 도서관의 토판은 신전과 그 신들에게 헌정된 것으로 신에게 축복을 비는 헌정자의 간구가 기록되어 있다. 이들 토판은 경전 문헌이었으며 열람보다는 보관이 목적이었다. 물론 실제적인 측면을 무시할 수 없다. 왜냐하면 다른 본문들을 복사할 때 서문으로 사용되기도 하였기 때문이다.[248]

신전 도서관과는 달리 궁중 도서관은 공공적 성격이 강했다. 이러한 공공적 특징은 신전 도서관이나 개인 도서관에서 찾아볼 수 없는 독특한 것이었다. 아슈르바니팔 왕은 이 도서관에서 학자들과 함께 학문적 활동에 동참하였으며 공부나 참조를 하기 위해 자료들을 전시하기도 하였다. 보통 신전 도서관에 신에게 헌정된 토판이 보관된다면, 궁중 도서관에는 공적 업무와 학자들의 연구를 위한 토판들이 보관되었다. 신전에 보관된 토판은 보통 여러 단으로 이루어진 큰 크기의 토판이었지만, 궁중 도서관의 것은 일 단짜리의 작은 '축쇄본'이었다.[249] 이들 토판들은 보관의 목적보다는 다른 토판들로부터 복사한 것으로서 연구나 제의에 사용할 수 있게 휴대하기에 편리하게 제작되었다.[250]

아슈르바니팔 왕은 토판을 단순히 정보를 알려주는 자료로만 여기지 않았다. 그는 간(肝)을 하늘의 거울이라고 여겼는데, 이 때문에 신탁이 담긴 토판도 소중하게 다루었다. 그는 나부 신에게 드리는 기도를 통해 한편으로는 신앙심을 표현하고, 다른 한편으로는 신의 목소리가 담겨 있는 토판에 대한 신뢰감을 표현하였다. 아슈르바니팔 왕은 이처럼 자료의 중요성을 인식하고 있었기 때문에, 그 보관에도 노력을 기울였다. 그는 자료들을 도서관에 보관할 때 다음과 같은 간기를 삽입하라고 명령했다.

> 원본에서 복사하고 확인함. 세계의 왕, 아슈르의 왕 아슈르바니팔 궁정. 나부와 타수메투는 밝은 눈으로 최고 수준의 쓰기 기술을 습득하였다. 선대의 어떤 왕도 이 기술을 알지 못하였다. [251]

위의 간기는 토판이 아슈르바니팔 궁정 도서관의 소유임을 분명히 밝히고 있다. 아슈르바니팔 왕은 또한 필사본을 훔치거나 파괴하는 사람은 '살아 있는 동안 끔찍하고 무자비한' 저주를 받을 것이라는 경고 문구도 삽입케 했다.

도서관에 보관된 토판들은 작품별, 주제별로 분류되었다. 총서의 경우 각 토판에는 번호가 매겨졌으며, 토판의 마지막 절을 다음에 이어지는 토판의 서두에 반복함으로서 각 토판의 순서를 명확히 하고 내용이 통일성을 유지하게 하였다. [252] 아슈르바니팔 왕은 모든 토판을 일관된 형식으로 복제한 뒤 필경사와 왕의 이름을 넣도록 했다. [253] 책 끝에는 저자와 주제에 대한 정보와 함께 숫자도 있었다. 이들 서판들은 일정한 순서로 되어 있었으며 간단한 주제어 모음이 있어 본격적으로 읽기 전에 서판의 내용을 짐작할 수 있었다. [254] 심지어 서기관들은 토판을 복사할 때 여백에 "오래된 균열" 혹은 "불분명"(ul idi, "나는 모르겠다.")과 같은 난외주를 기입해 정밀성을 유지하도록 하였다.

도서관에 보관된 자료는 단순히 종교 전문가만을 위한 것이 아니다. 도서관은 문서수발을 전담하던 서기관의 교육을 위한 장소이기도 했다.

고대 근동에서는 글을 읽고 쓸 줄 아는 사람이 많지 않았다. 종교 전문가와 왕의 서기관(툽사르 샤리) 혹은 궁중 서기관(툽샤르 에칼리) 등 일부 계층만 도서관의 자료를 열람할 지적 능력을 갖추었다. 서기관들은 글을 통해 왕정 이념을 전파하는 데 앞장섰고, 때로 반대 세력의 글이나 주장들을 검열하여 사전에 분쟁요소를 제거하는 역할도 하였다. 행정기관은 많은 양의 문서를 유통시키고 있었으며, 왕은 서기관들의 능력에 많이 의존했다. 왕은 서기관들을 교육시켜 본인의 통치력이 직접 미치지 못하는 제국의 변두리까지 왕의 명령을 전할 수 있었으며, 이를 통해 제국의 이데올로기를 굳건히 할 수 있었다.

도서관에 보관된 점술과 신탁 모음집은 통상적으로 '바루투'라고 불리지만 '종교적 지식'(religious knowledge)이라고 바꿔 말할 수 있다. 바루투에는 오늘날 비과학적으로 여겨지는 간점, 천문점, 혹은 주술, 혹은 예언 및 신탁 등이 포함되어 있다. 이들은 이미 주전 3000년경부터 과학과 학문적 지식의 지위를 인정받았다. 하지만 그리스-로마인들은 '칼데아인'(Chaldean)이라는 명칭을 사용하여 이들을 미신이나 저급한 마술로 격하시켜, 그 명성을 훼손시키고 학문적, 과학적 지위를 상실케 했다.[255] 그럼에도 이들을 종교적 지식이라고 하는 이유는 이들 자료가 오랜 세월 동안 축적된 관찰과 경험의 산물이고 이들로부터 오늘날의 과학과 수학 그리고 의학과 같은 학문이 발전하였기 때문이다.[256] 종교적 지식인들은 신의 뜻을 해석하기 위해 점술 자료를 사용하였으며, 왕이나 지도자들은 중요한 정책 결정을 내릴 때 종교적 지식을 참조하였다.[257]

이처럼 고대 근동에 등장한 도서관들은 정치권력을 행사하는 중요한 도구였다. 제국 곳곳에서 축적된 지적 자산을 통합하는 한편, 종교적 권위를 촉발하고 신과의 관계를 주장함으로써 현재의 권력이 과거의 전통과 직접적으로 연결되어 있음을 증명코자 하였다. 고대인들은 신들이 하늘과 땅의 비밀이 보관되어 있는 도서관을 보호한다고 믿었다. 그래서 신들의 계보와 같은 종교적 자료를 이용해 국가 기구의 계층 구조를 확립하고, 왕정 이념을 체계화 하여 왕과 제국의 안정을 도모하였다.

　도서관에 보관된 토판에는 당시의 정치, 경제, 문화, 종교를 이해할 수 있는 수많은 기록들이 담겨져 있다. 신아시리아의 점술사들은 징조를 관찰하고 이에 대해 기록한 편지들과 보고서들을 에살핫돈과 아슈르바니팔 왕에게 보냈다. 학자들이 보고한 이러한 징조들은 신적 지혜를 대변한다. 이 지혜는 대홍수 이전의 태고적 시대에 기인한 것으로 여겨졌으며 당시의 과학적 방법에 의해 계속 갱신되고 서술되었다. 징조 편람(omen compendia)과 이에 대한 주석들은 미래에 발생할지도 모를 일들을 예고하는데 사용되는 가장 가치 있는 실재적 수단이었을 뿐 아니라 사변적(철학적) 과학을 대변하였다.

　폰그라츠 라이스텐(B. Pongratz-Leisten)은 징조 목록에서 관찰된 신들과 왕 사이의 의사소통을 '제왕학'(Herrschaftswissen)이라는 관점으로 연구하였다. 그에 따르면 제왕학은 왕이 권력을 획득하고 유지하기 위해 필요한 실재적 지식(operational knowledge)으로서 국가를 바르게 통치하기에 왕에게 요구되는 인격적, 지적 자질을 포함한다.[258] 따라서 제왕학은 행정적 자원으로서 뿐 아니라 한 나라의 최고 지도자로서의 왕의 정체성(identity)을 정립하고 왕국을 통치하는 기술을 습득하는 지식으로의 기능을 담당한다.[259] 폰그라츠 라이스텐에 따르면, 신아시리아의 전문 점술가들은 통치학을 체계화하고 유지하는 기능을 담당했다고 한다. 신의 뜻을 따르는 일은 공동체의 뜻을 따르는 일이기도 했다. 점술은 신들과 왕 사이의 의사소통의 통로 역할을 하였는데 왕권, 즉 통치학을 유지하는 정치적 도구로 사용되었다. 점술가들은 신들과 왕사이의 의사소통의 중재자로서 점술을 통해 신으로부터 받은 비밀스러운 지혜(secret wisdom)를 전달했을 뿐 아니라 신으로부터 받은 지혜를 정치 영역에 통치학으로 적용할 수 있게 했다. 신들과 왕사이의 의사소통 과정에서 점술가들의 역할은 아주 중요했다. 왜냐하면 숨겨진 지혜를 왕에게 전달하기 전에 자세히 조사하고 분석해야만 했기 때문이다. 점술가들은-당시의 학자들로서-숨겨진 신의 메시지를 해석할 책임이 있었다.[260]

모든 점술 기술들은 신의 비밀스러운 지혜의 한 부분 혹은 여러 부분을 해석하는 일을 담당했다. 따라서 천문 점술이나 간점 점술과 같은 전문 기술뿐 아니라 꿈과 예언과 같은 비전문 기술도 제왕학의 중요구성 요소가 될 수 있었다.[261] 호프너(H. A. Hoffner)는 "예언은 최상의 신적 지식을 인간에게 전달하는 통로이다."라고 규정한다.[262] 예언은 신의 지혜를 구하기 위한 통로 중의 하나이다. 점술처럼 예언은 영적인 문제 뿐 아니라 세속적인 문제도 다루고 있다. 예언자는 사회의 일부분이었다. 예언자는 신들과 왕이 평화로운 관계를 유지하는데 한 역할을 담당했다.[263]

제왕학의 근간을 이루는 구성요소로서 예언자들은 신들과 왕 사이의 의사소통을 원활하게 함으로서 국가의 안정을 유지시키는 역할을 하였다. 예언자들은 제왕학을 구성하는 다른 전문 점술가들과 마찬가지로 통치체제를 위해 봉사하였다. 앞에서 언급한 대로, 신아시리아의 예언의 내용들은 대부분 왕에게 호의적이었다. 폰그라츠 라이스텐은 예언이 전달되는 과정에서 언로(言路)가 통제되어 호의적인 예언만 왕에게 전달되었으리라 추정한다.[264] 왕과 관계된 예언들을 직접 듣거나 보고받은 관료들은 예언 속에 드러난 신의 뜻의 중요성을 인식하고 있었지만 예언에 언급된 문제들에 대해서 왕이 어떻게 대처할지를 심각하게 고려할 수밖에 없었다. 마리 예언자들처럼, 신아시리아의 예언자들도 예언이 왕에게 호의적이거나 국가 전체 이익에 이바지할 경우 참 예언이라고 생각했고 이러한 예언들만 보고했을 가능성이 있다.

신아시리아의 예언은 그 주목표가 왕이기는 했지만 다른 전문 신탁에 비해 그 신뢰성이 늘 의심받았다. 왜냐하면 예언자들은 간점 점술사나 천문 점술사와 같은 전문 점술사들처럼 고도의 교육이나 훈련을 받은 전문 종교인들이 아니었기 때문이다. 하지만 내용면에 있어 예언은 정치적으로 민감한 사항들을 많이 다루고 있어 예언들을 수집했던 고위 관료나, 이 예언들을 보고받았던 왕의 주목을 받았다. 그래서 다른 전문 신탁 결과물과 마찬가지로 예언들도 재사용하기 위해 왕실 도서관에 보관되었고, 비문 등의 제작을 위해서 인용되거나, 후대의 왕들의 교육이나 통치를 위해 사용되었다. 또한 예언이 가지고 있는 독특한 특성인 왕을 향한 권고나 경고 그리고 비판은 전문 점술 신탁의 부족한 점을 보완하였다.

제왕학의 일부로서 예언은 비판이라는 중요한 기능을 하였다.[265] 예언처럼 직접적이지는 않지만 점술 신탁에도 비평적 기능이 있었다. 모건(C. Morgan)은 점술에도 잠재적이지만 비평기능이 있다고 주장한다.

점술은 (적어도 이론상으로는) 권위에 대항하는 능력이 있기 때문에 유용하다. 점술은 지도자들로 하여금 논란이 되고 있거나 논란의 여지가 있는 문제들은 적어도 완전히 자신의 뜻대로만 관철시킬 수 없게끔 하는 저항 메카니즘의 역할을 하였다. 점술은 무질서를 제거하고 어떤 난제에 합리적인 해결책을 제시할 수 있는 일치된 의견을 이끌어 내게 한다.[266]

이처럼 종교적 지식은 왕이 정체성(identity)을 확립할 수 있도록 교육하고 능숙하게 통치할 수 있는 정보를 제공했을 뿐 아니라 비판적 기능을 통해 정의를 실천할 수 있는 훌륭한 왕이 될 수 있도록 안내하였다. 왕의 통치기간 중 도서관에 수집된 정보들은 행정기관이나 관료체제와는 독립된 기구로서 이용하였으며 관료나 전문 신탁인과 같은 지식인들을 통제하는데 사용하였다. 때문에 새로운 왕들은 도서관에 보관된 자료들을 통해 제왕학을 습득하였으며 다음 세대를 위해 새로운 자료를 수집하고 또 보존하려고 노력했다. 여러 전문 신탁가나 비전문 신탁가들이 전달한 보고서와 서간들은 왕이 정치적 결정을 내리는 자료로 사용되었다. 신아시리아 예언문서에서, 예언자들은 왕과 그의 왕권에 대한 지속적인 지지자들로 묘사되고 있다. 예언자들은 왕이나 왕의 가족들에게 신적 메시지를 선포하는 자로 기술되어 있다. 다른 전문 신탁문서와 마찬가지로 예언의 메시지는 나중에 사용될 목적으로 궁중 서고에 수집되어 보관되었다.[267] 이들은 정기적으로 독서하기 위해 보관되었다.[268] 예언은 일회적으로 선포된 것이 아니라 왕에게 지속적으로 신의 약속을 보증하기 위해 거듭 반포되었다.

3. 정책결정에 있어서 고대근동학자들의 역할

학자를 뜻하는 아카드어 '움마누'는 어떤 기술에 대한 지식을 습득한 자로서 그 기술을 잘 활용할 수 있는 전문가를 의미한다. 움마누는 기술자(craftsman), 전문가(specialist), 혹은 예술가(artist)를 의미한다. 고대 바빌로니아에서는 측량사 혹은 서기관학교의 교사를 뜻하기도 하였기 때문에 초기부터 학자를 의미한 것으로 보인다.[269] 따라서 움마누는 기술자나 예술가처럼 어떤 기술을 습득했거나 기술에 대한 지식을 습득한 사람이다. 하지만 단순히 어떤 기술에 대한 지식을 가졌다는 것이 아니라 고대 바빌로니아의 서기관이나 교사처럼 글을 쓰고 읽을 수 있는 고도로 교육받은 서기관이었다. 그러나 고대 바빌로니아의 서기관과는 달리 신아시리아의 학자들은 전통적인 종교적 문서의 한 분야나 여러 분야를 습득했거나 습득하기 위한 특별한 훈련을 받아야 했다.

학자들은 광범위한 지식을 습득해야 하기 때문에 입문자들은 전문가 가문 출신이어야 했다. 입문자들은 점술사의 아들이라는 의미의 '마르 바리'의 일원이 되어 훈련을 받았다. 이들이 교육받아야 하는 학문(움마누투)은 천문 점술학(툽사루투), 간 점술학(바루투), 주술 치유학(아쉬푸투), 진단 치료학(아수투), 그리고 애가(哀歌)학(칼루투)과 같은 다섯 가지로 구성되어 있었다. 그리고 이 분야에는 각기 천문점술사(툽사루), 간점점술사(바루), 주술 치유사(아쉬푸), 진단 치료사(아수), 그리고 애가 전문가(칼루)라는 학자들이 활동하였다.[270] 이들 가운데 궁궐과 밀접하게 관련된 전문가들은 '왕의 간점 점술사'(바리 사리) 혹은 '왕의 천문 점술사'(툽사르 사리)라는 칭호로 불렸다.[271]

신아시리아의 궁궐에는 다양한 분야를 공부한 많은 전문가(움마누)들이 채용되어 있었다. 이들은 왕정의 후원을 받았다. 왜냐하면 정치 사회적으로 중요한 결정을 내리기 위해서는 이들의 도움이 필요했기 때문이다. 이들 학자들은 아시리아와 바빌로니아 주요 도시에 거주하면서 왕에게 서신을 통해 보고하거나 조언을 하였다. 핵심적인 전문가들은 궁궐 근처에서 근무하였지만, 왕은 그들을 수도에만 두지 않고 제국의 다른 지역에 파송하여 임무를 수행하도록 하였다. 왕실에서 활동하던 학자들의 이름과 직업은 두 개의 목록에 기록되어 보존되어 있는데, 아마도 기원전 672년 칼라(Calah)에서 새로 등극한 아슈르바니팔 왕세자에 대한 충성 맹세와 관련되어 있을 것으로 보인다. 이 충성 맹세는 학자들 뿐 아니라 아시리아 백성과 아시리아에 복속했던 지역의 거주자들도 행했다. 이 충성맹세는 왕의 움마누 중 하나였던 이사르-슈무-에레쉬의 편지에도 발견된다.

> 궁궐과 수도에서 머물고 있는 천문점술사들, 간점술사들, 의료인과 주술사들, 그리고 비가 전문가들은 니산누(Nisannu)달 제 16일에 서약을 하게될 것이다. 이제 그들이 내일 서약을 완료할 수 있도록 하자(SAA 10 7, ll.6-rev.3)

시모 파폴라(Simo Parpola)는 이들 전문가들 중 왕의 가장 가까운 곳에서 일하며, 가장 존중받는 일군의 전문가들을 '최측근'(inner circle)이라고 칭한다. 파폴라에 따르면 에살핫돈 시대에 최측근은 15-16명으로 이루어졌을 것으로 추정하는데, 이들만이 왕실 학자로서 정기적으로 왕에게 서신을 쓸 자격이 주어졌다. 이들 학자들은 앞에서 언급한 대로 천문점술사, 간점술사, 의료인들, 애가 전문가였으며, 이들 중 가장 높은 지위에 있는 사람에게는 수석 서기관(랍 툽샤레)이라는 칭호가 붙여졌다. 그는 왕의 개인 학자 겸 고문으로 활동하였다.

바루는 희생용 동물의 내장을 조사하는 방법(extispicy)과 동물의 간을 관찰하는 방법(hepatoscopy)을 사용하였는데, 주로 양의 간을 관찰하였다. 간점을 쳐서 얻은 결과는 신의 계시로 여겨졌기 때문에 소중한 자료로 간주되어 왕궁의 문서보관소에 보관되어 나중에 비슷한 상황이 전개될 때 참고용으로 사용되었다. 이들이 수집한 점술목록으로는 '슘마 알루'와 '슘마 이즈부'가 대표적이다. 272) 이들은 점을 치기 위해 관찰한 간의 모양과 이에 따른 징조를 '조건절'(protasis)과 '귀결절'(apodosis)로 표현하였다. 273) 예를 들면 한 모음집에는 "오른편 간엽이 정상이고(면) ... 적군이 왕의 손이 가까이 하지 못할 것이다. 만일에 오른편 간엽이 왼편부터 위에까지 나와 있으면, 왕이 자기 소유가 아닌 어느 땅에 점령하게 될 것이다."라는 신탁의 결과가 기록되었다. 274) 만일 왕이 징조를 물어 그 답을 얻고자 하면 점술가는 신탁을 통해 결과를 알려주고 왕은 자신의 정책을 결정하는 자료로 사용하였다.

마리와 신아시리아의 왕궁 문서보관소에서 발견된 점술문헌에 따르면 점술의 주요 관심은 제국의 안정과 번영, 전쟁과 외교, 왕의 안전이었다. 마리의 점술가 아스쿠둠은 한 편지에서 "나는 이 달 말에 그와 함께 사가라툼으로 복귀하였습니다. 그리고 앞으로 6개월 동안 사가라툼이 안전할지 점을 쳤는데, 그 결과는 긍정적이었습니다."라는 보고를 하였다. 275) 다른 편지에서는 에립신이라는 점술가가 전쟁을 준비하는 지므리림 왕을 위하여 점을 치면서, "나의 주의 군대는 무사할 것입니다. 히브르툼 달의 두 번째 날이 지나서 점을 쳤는데, 앞으로 한 달간 왕의 군대가 무사할 것이라는 결과가 나왔습니다."라는 긍정적인 결과를 보고하였다. 276) 또 다른 편지에서는 이쉬아두라는 점술사가 전쟁의 승리를 예견하며, "나는 (왕께서) 삼 일 안에 도시를 점령할 수 있을는지 점을 쳤는데 결과가 좋습니다. … 점괘에 따르면 나의 주는 격렬한 전투를 벌인 후 점령할 것입니다."라는 결과를 내놓았다.[277]

마리왕국에서 점술은 종교적인 영역 뿐 아니라 정치, 외교, 군사적 영역에 큰 영향을 미치었다. 왕은 중요한 통치적 결정을 내리기 위해 점술의 도움을 받았다. 하지만 늘 왕이 의도한 대로 점괘가 나온 것은 아니다. 때로 왕의 의도와는 반대의 결과가 나올 수도 있었다. 반대의 결과가 나올 때는 결정을 내리는데 보다 신중하였다. 이러한 경우 왕은 해당 문제에 대해 여러 번 점을 치도록 하였다. 보다 확실한 결과를 얻기 위해 반복해서 하는 점술을 확인점술(피키툼)이라고 한다. 이 확인점술은 부정적 점괘가 있을 때만 한 것이 아니다. 점괘가 긍정적이라 하더라도 보다 확실한 결과를 얻기 위해 시행하였다. ARM 26 100-bis에서 점술사 에립신은 왕에게 자신이 좋은 점괘를 얻었다고 보고하고 있다. 하지만 자신의 점괘가 확실한 것을 증명하기 위해 확인점술을 행하였으며 그 결과는 이전의 것과 같았다고 부언하였다.

마리에서와 마찬가지로 신아시리아의 점술사들은 주로 군사적이며 국가적인 문제에 관심을 두고 있다. 때문에 점술 자료들은 왕의 통치 자료로 사용되었음을 알 수 있다. 점술자료는 왕권의 합법성을 지지하는 중요자료였다. 왜냐하면 백성들의 지지를 얻으려면 긍정적인 점괘(아누 케투)가 필요했기 때문이다. 신아시리아의 간 점술사들은 다른 주술사들과 함께 궁중에서 팀을 이루어 왕에게 조언을 하던 궁중 학자들이었다.[278] 간 점술사와 천문 점술사 뿐 아니라 퇴마사, 주술사, 치유사 등도 같은 역할을 했다. 이들은 정규적으로 점술을 실시해 신의 뜻을 물어 왕이 바른 결정을 내리도록 보조하였다.

점술사는 단순히 자신의 점괘만을 보고한 것이 아니다. 그들은 점괘를 분석하여 이를 기초로 하여 구체적인 조언을 작성하여 왕에게 보고하였으며 왕이 정책 결정을 하는데 도움을 주었다. 때문에 점술사들은 왕궁과 밀접하게 연관되어 있었다. 왕과 관련된 점술은 왕국의 정책이나 왕의 안전과 밀접하게 관련되어 있었기 때문에 그들은 점술을 보고하는데 있어 철저하게 비밀을 유지하여야 했다.[279)]

간점 점술사와 마찬가지로 천문 점술사도 왕정 체제의 일원으로 활동하였다. 천문 점술 전문가인 '툽샤루 에누마 아누 엔릴'은 '에누마 아누 엔릴 서기관' 혹은 '천상의 징조 관찰 및 해석가,' '천상의 징조 전문가' 등으로 번역할 수 있다. 천문 점술은 천체의 현상을 관찰하여 점괘를 얻는 기술로서 하늘의 현상을 이 땅에서 벌어질 사건을 예고하는 징조로 해석한다.[280)]

천문점술사는 주로 왕과 왕국의 평안과 관련된 점술을 행하였다. 때문에 부정적인 영향을 미칠 수 있는 천문관찰 보고(報告)는 꺼려하였다. SAA 8 316에서 무나비투는 "나의 주, 왕께 제 입으로 직접 월식에 대해 말씀드리지 못하였습니다."라고 하며 월식 현상을 제대로 보고하지 못한 것에 대해 왕에게 용서를 빌고 있다. 그는 그 대신에 월식 현상을 자세히 설명하고 이 현상에 대처하기 위한 여러 가지 제안을 하고 있다. SAA 10 56에서 발라시는 최근에 벌어진 지진에 대해 왕에게 너무 걱정하지 말 것을 권고한다. 그는 "(에아)신은 지진을 일으키기도 하지만 그것에서 빠져 나갈 방법도 만드셨습니다. … (에아)신은 왕께서 귀를 열고 듣기를 원하십니다."라며 그 이유를 설명하고 있다. 천문점술사는 천상의 징조만 관찰한 것이 아니라 지상의 이상 현상들도 관찰하였다. 다른 점술사들과 마찬가지로 천문점술사도 다양한 분야의 점술에 관련되어 있었지만, 천문점술이 주요 관심사였던 것으로 보인다.

이처럼 간 점술이나 천문 점술은 고도의 전문성을 요구하는 직업 종교인들의 책임이었다. 이들은 점술 기법을 습득하기 위해 교육과 훈련을 받았으며, 점괘를 구하고 이를 해석하기 위해 전문서적을 연구해야 했다. 하지만 이들과 달리 예언자들은 전문적인 교육과 훈련을 받지 않았다. 대부분의 예언자들은 비전문가였으며 또 점술사들처럼 왕궁과 밀접한 관계가 있는 고위직의 인물들도 아니었다. 하지만 그들이 선포한 예언은 소중한 종교적 지식으로 간주되었다. 예언은 보통 거리나 신전과 같은 공공장소에서 선포되었는데 관리들이 이를 청취하여 왕에게 보고하였다. 예언의 주요 주제는 대개 정치적으로 예민한 사항들이었다. 이 때문에 중앙의 관리들이나 왕이 예언에 주목하였다.

때로 관리들은 자신들의 정책을 추진하기 위하여 예언을 선별적으로 수용하여 이를 왕에게 보고하였다. 그리고 예언을 글자 그대로 전달하지 않고 자신들이 중요하다고 생각하는 부분을 나름대로 해석해 전달했다.[281] 예를 들면, 테르카(Terqa)의 주지사였던 키브리-다간(Kibri-Dagan)은 자주 왕에게 서신으로 예언을 보고하였다. 그는 자신의 관할지역에 소재한 성전이나 기타 공공장소에서 선포된 예언들을 수집해 왕에게 보고했다(ARM 26 202 210 220 221 221bis 234 235). 그는 특별히 무명의 비전문 예언자들의 예언을 주로 수집해 보고했는데, 익명성을 이용해 자신의 의견을 피력하려 했던 것으로 보인다. 그는 일개 지역의 관리였으나 서신교환을 통해 간접적으로 왕의 보좌관 기능을 담당했다고 할 수 있다. 따라서 그가 예언을 수집하고 보고한 것은 부분적으로 여론형성과정의 일부로 간

주될 수 있다

마리 왕국의 총리였던 사메타르(Sammetar)도 자신의 정치적 이익에 부합
하도록 예언을 수정하였다. 당시 짐므리림 왕은 그 동안 갈등을 벌여 온
에슈누나(Eshnuna)의 왕 이발피엘(Ibal-pi-El)과 평화 협정을 맺으려 하였다.
하지만 사메타르의 정치적 견해는 왕과 달랐다. 그는 에슈누나와의 동맹
을 찬성하지 않았다. 그러나 총리로서 왕에게 직접 반대를 표명하기는 어
려웠다. 그래서 자신의 정치적 이념을 표출하기 위해 예언을 이용하였다.
사메타르는 다간을 섬기는 어떤 아필루 예언자가 선포한 에슈뉴나에 관
한 예언을 수집해 왕에게 보고하였다(ARM 26 199:41-50).

> 그리고 다음날, 테르카의 다간 신을 섬기는 한 카마툼 예언자가 와서 나
> 에게 말하였습니다: "밀짚 아래에 물이 흐릅니다." 그들은 화친의 메시지
> 를 보내오고 있으며 심지어 그들의 신들을 당신에게 파견하고 있습니다.
> 하지만 그들의 마음속에 다른 것을 계획하고 있습니다. 왕은 신탁을 묻지
> 않고는 협정을 맺지 마십시오.

사메타르가 보고한 편지에 따르면 테르카의 예언자들은 평화 협정에
부정적이었다. 조약 보다는 전쟁을 원했다. 그리고 전쟁에서의 승리할 때
참다운 평화를 얻을 수 있다고 생각했다.

지므리림의 딸 이닙쉬나 또한 벨렛-에칼림 신전에서 받은 비슷한 예언
을 왕에게 보고하였다.

> 이제 테르카의 다간을 섬기는 어떤 카마툼이 나에게 와서 다음과 같이 말
> 했습니다. "에슈누나 사람과의 화친은 거짓입니다. 밀집 아래에 물이 흐릅

니다. 그가 엮고 있는 그물에 내가 그를 잡으리라. 그가 오래전부터 소유한 것은 내가 부시리라." 이것이 바로 그가 나에게 한 말입니다. 왕 자신을 돌보소서. 신탁을 행하지 않고서는 협정을 맺지 마십시오.[282]

에슈누나에 대한 앞의 두 예언에서 카마툼 예언자가 주도적으로 반대예언을 펼치고 있다. 예언은 아무도 관심을 갖지 않으면 사라질 수 있다. 하지만 샤메타르는 이 예언에 주목하였다. 왜냐하면 이 예언들이 자신의 정치적 이념에 부합하기 때문이다. 한 가지 재미있는 사실은 앞의 두 예언과 비슷한 예언을 카니산(Kanisan)이라는 사람이 반복하고 있다는 점이다. 카니산은 테르카의 주지사인 키브리-다간의 아들이다.

나의 아버지 키브리-다간께서 마리에 있는 나에게 말씀하셨습니다. "나는 다간 신전에서 예언을 들었다. 이렇게 말하였다. '밀짚 아래에 물이 흐른다.' 나의 주이신 신께서 오셔서 그의 손으로부터 거의 적들을 구원하실 것이다. 이제 무후 예언자가 이전처럼 크게 외치기 시작했다." 이것이 키브리-다간께서 나에게 쓰신 것입니다. 왕의 행운이 지속되기 위해서 신탁을 행하시는 일에 게으르지 마십시오.[283]

마리의 총리 사메타르와 테르카 지역의 주시사 키브리-다간은 같은 예언을 인용하며 각기 다른 방식으로 에슈누나와의 평화협정을 반대하는 목소리를 높였다. 이들은 "밀짚 아래에 물이 흐른다."(샤팔 티브님 무 일라쿠)라는 문구를 공유하고 있다. 마치 오늘날의 정치 집회의 구호처럼 이 문구는 당시에 널리 유포된 것 같다. 이들 세 보고서는 예언이 어떤 방식으로 유통되었는지 잘 보여 주고 있다. 약간의 차이는 있지만 신의 목소리라는 권위를 앞세워 왕의 정책에 대해 반대의 목소리를 높이고 있으며, 조금

씩 유포자의 목소리를 덧씌우고 있다. 로레츠(Oswald Loretz)는 마리 예언이 짧은 문장으로 이루어져 있음에 주목하고 있다. 그에 따르면 위기상황에서 예언을 전하기 위해서는 긴 문장 보다는 몇 줄로 구성된 짧은 문장이 효과적이었을 것이라고 주장한다.[284]

이처럼 관리들은 자신이 필요하다고 생각되는 부분을 취사선택하고, 자신의 정치적 입장에 맞추어 예언을 재배치하거나 문구를 수정하였다. 이러한 관점에서 공적 예언은 부분적으로 여론을 형성하는 수단으로 사용되었다고 할 수 있다. 왕은 "예언에 함의되어 있는 강력한 사회적 압력"[285]을 느끼며 예언을 받아들여야 했을 것이다. 그리고 당면한 정치사회적 문제에 대해 심각하게 고려해야만 했다. 앞의 예언들(ARM 26 197, 199, 202)에서 언급된 대로 지므리림 왕은 에슈누나와의 조약 체결 시 강한 저항에 직면했다. 왕은 이러한 반대에도 불구하고 결국 화친 조약을 맺었다. 하지만 이 과정에서 공공장소에서 선포된 예언들에 반영된 강한 반대 여론을 무마해야 했으며, 이를 극복하려는 노력을 해야 했을 것이다.

정치적 영역에서와 마찬가지로 종교적 영역에서도 예언은 왕을 비판하는데 사용되었다. 특히 왕이 제사를 게을리 했거나 성전 봉사를 등한 시 했을 경우, 예언자들을 통해 비판적 예언이 선포되었다.

> 닌후르삭 신전에서 희생제사를 드리던 날 닌후르삭을 섬기는 한 아필루 예언자가 일어나 다음과 같이 말했습니다. "한 번, 두 번, 심지어 세 번까지 내가 지므리림 앞에서 요구했노라. 그러나 그는 나에게 아무 것도 가져오지 않았다."[286]

제가 이 토판을 주께 보내려 할 때, 다간 신을 섬기는 한 무후 예언자가 내게 와서 말했습니다. "신께서 나를 보내서 말씀하시기를, '서둘러 이 메시지를 왕에게 전하라. 야흐둔림의 영혼을 위해 키스품(kispum) 제사를 드려라.'"287)

예언자들은 비록 제의를 등한시 하는 왕의 문제점을 지적하고 있기는 하지만 결코 왕의 권위에 손상이 갈 정도로 비난하지는 않았다. 그들이 이렇게 왕의 문제점을 지적하고 있는 것은 왕을 무작정 비난하기 보다는 그의 문제점을 밝혀 바른 길을 갈 수 있도록 격려하기 위해서이다.

고대 사회에서 왕에게 부여된 사회적 의무는 종교적 의무와 밀접하게 관련되어 있다. 예언자들은 예언을 통해 왕에게 부여된 이러한 의무들을 되새기도록 하였다. 예를 들면 알라툼(Alahtum)에 파견된 지므리림 왕의 특사 누르신(Nur-Sin)이 왕에게 보낸 편지(A. 1121+)에는 알레포(Aleppo)의 아다드 신에게 제물을 드리는 일이 언급되어 있다. 이 편지에는 아필루 예언자가 아다드 신으로부터 받은 예언이 기록되어 있다. 이 예언에서 아다드 신은 지므리림 왕의 아버지의 왕권을 회복시켰음을 잊지 말라고 말하며, 왕이 아다드 신에게 땅을 바치지 않으면 왕에게 주어진 모든 것을 빼앗겠다고 경고하고 있다.

나는 칼라수(Kallassu)의 아다드가 아니야? 나는 그를(왕을) 내 무릎위에서 키웠고, 그에게 선조들이 가지고 있던 왕위를 회복시켜주지 않았더냐! 왕위를 회복시켜주며 나는 또한 그에게 거주지도 허락하였다. 이제, 내가 왕위를 회복시켜 주었으므로, 그것과 함께 속한 토지도 다시 빼앗아 갈 수도 있다. 그 땅을 바치지 않으면 나, 왕위의 주인인 내가 준 것을 빼앗을 수 있다. 그러나, 반대로, 그가 나의 요구를 행한다면, 나는 그에게 왕위에 왕위를, 가옥에 가옥을, 영토에 영토를, 도시에 도시를 더할 것이다. 나

는 해 뜨는 데부터 해 지는 데까지 그에게 땅을 줄 것이다.[288]

이 예언은 제의에 불성실한 왕에 대한 비판이다. 예언자는 과거 왕위를 회복시킨 사실을 회고하며, 아다드 신에게 온전한 예물(땅)을 드리지 않으면, 왕위 뿐 아니라 왕국도 다시 빼앗아 갈 것이라고 경고하고 있다. 이처럼 마리의 예언은 비평적 기능을 포함하고 있다. 그러나 예언은 "왕의 권위에 도전하거나 그것을 뒤엎으려는 것이 아니라 바른 길을 제시하는데" 목적이 있다.[289] 그래서 비록 예언을 통해 왕의 종교적, 사회적 부정의를 고발한다 하더라도, 예언의 전체적 목소리는 왕위제도에 대해 긍정적인 기저를 유지하고 있다. 니시넨이 언급한대로, 마리의 예언자들은 "왕과 그의 왕국에 대한 철저한 지지자들"이었으며[290] 비록 부정적 예언을 선포한다 하더라도 비판적 지지자로서의 그들의 태도를 견지하였다.

마리의 예언자와 마찬가지로 신아시리아의 예언자들도 신과 왕 사이에서 신탁을 전달하는 의사소통 통로가 되었다. 앞에서 언급한대로 신아시리아 예언의 주요관심사는 왕이었다. 왜냐하면 왕은 국가 전체의 이익을 대변하기 때문이다. 따라서 예언이 거리나 신전과 같은 공공장소에서 선포되었다 하더라도 그 주요내용은 왕의 안녕과 제국의 안전이었다. 바이페르트(M. Weippert)는 신아시리아의 예언들이 왕 개인의 안전과 복지 그리고 왕조의 지속성을 강조하는 예언임을 착안해 신아시리아의 예언을 '제왕신탁'(帝王神託, royal oracle)으로 규정하였다. 문학비평학적으로 볼 때, 제왕신탁은 몇 가지 공통요소를 지니고 있는 데 요약하면 다음과 같다.[291]

첫째, 예언은 대개 예언의 주체인 신(神)의 자기소개로 시작된다. 이러한 신의 자기소개 형식은 예언이 인간이 아닌 특정한 신으로부터 기원했음을 밝히는 역할을 한다. 또한 신의 자기소개는 예언을 통해 주어질 신의 약속을 전적으로 신뢰하게 한다.

둘째, 역사적 회고를 통해 과거에 베풀었던 구원역사를 되새긴다. 그래서 다음에 주어질 미래에 대한 약속이 반드시 성취될 것이라는 확신을 갖게 한다. 역사적 회고는 비록 왕이 현재 위기 상황 가운데 처해 있다 하더라도 과거에 그러했듯이 신의 도움으로 이러한 위기를 극복할 수 있다는 믿음을 갖게 한다.

셋째, "두려워 말라"(라 타플라)라는 문구를 통해 왕을 격려한다. 이 문구는 "위로의 형식" 혹은 "격려의 형식"이라고 하는데, 위기 가운데 걱정과 두려움에 사로잡힌 왕에게 용기를 불어넣어 준다. 따라서 "두려워 말라"라는 문구 다음에 분위기가 갑자기 전환이 되는데, 이는 신으로부터 응답과 약속이 주어지기 때문이다.

넷째, 신의 동행과 보호에 대한 약속이다. 제왕신탁은 특히 왕이 위기를 겪고 있을 때 선포된다. 이 약속은 불확실한 미래 때문에 불안해하는 왕에게 희망을 불어넣어 준다.

'제왕신탁'은 이처럼 불확실한 미래에 대해 고민하고 있을 왕을 격려하기 위해, 혹은 신과 왕과의 관계를 재확립하기 위해 선포된다. 또 왕이 반란과 같은 정정 불안으로 그 자리가 위협받을 때 제왕신탁을 통해 신적(神的) 보호를 약속한다.

다음의 편지는 제왕신탁의 전형적인 예를 보여 준다. 아시리아의 관리였던 나부-레헤투-우쯔르는 에살핫돈에게 사시(Sasi)라는 자가 결행한 반란 모의에 대해 보고하고 있다. 그는 한편으로는 사시에게 펼쳐진 호의적인 예언을 보고하지만, 다른 한편으로는 에살핫돈 왕에게 선포된 호의적인 예언들을 함께 인용하면서 역모를 품은 사시의 예언에 대항하고 있다(SAA 16 59).

벨-아후-우쯔르의 한 여종이 하란의 외곽에서 [말했습니다.] 그녀는 시반 (Sivan) 월부터 황홀경에 빠져 그(사시)에 대해 호의적인 예언을 선포했습니다. "누스쿠 신의 말씀이라. 사시가 왕이 되리라. 나는 산헤립의 씨(후손)와 그의 이름을 지워버리리라!"(2'-5'줄)

니칼 신(Nikkal)께서 왕의 부친의 선하심을 배신하고 당신이나 당신의 부친과 맺은 조약을 파기한 자들에 대해 말씀하셨습니다. "그들의 이름과 씨를 궁궐로부터 제해버리라! 사시의 동조자들은 죽으리라!" 들으십시오, 왕, 나의 주여! 나는 니칼 신의 예언이 무엇을 의미하는지 알고 있습니다. 그들을 제거하십시오. 왕과 왕의 가족의 생명을 보존하소서! 신들을 당신의 부모로 삼아 그들로 하여금 적들을 물리치게 하소서. 당신의 생명에 해를 입히지 마시옵소서. 왕위를 당신의 손에 굳건히 하소서. 들으십시오. 왕, 나의 주여! 니칼 신의 말씀을 외면치 마소서!(4-14줄)

역모 때문에 위기에 처한 왕에게 선포된 예언은 SAA 9 9에도 등장한다. 이 편지는 아슈르바니팔과 그의 형 샤마쉬-슘-우킨과의 전쟁에 대해서 언급하고 있다. 이 편지에서 아벨라의 이슈타르 여신(Ishtar of Arbela)은 위험에 빠진 아슈르바니팔을 격려하며 그의 대적을 전멸시키겠다고 약속한다. 이 예언은 또한 신의 보호 그리고 회복에 대한 약속도 선포한다.

제왕신탁은 왕위 계승과 관련해서도 선포된다. 예를 들면 SAA 9 1.2 i 30'-36'에는 에살핫돈의 왕위 계승 사건이 언급된다.

아시리아의 왕이여, 두려워 말라! 내가 아시리아의 왕을 적으로부터 구원하리라. 나는 너를 안전하게 지킬 것이며 너를 왕위 계승 궁전에서 크게 삼으리라. 나는 능력 있는 안주인(Lady)이다. 나는 아벨라의 이슈타르이다.

이 예언을 통해 이슈타르 여신은 아직 왕자인 에살핫돈을 아시리아의 왕으로 부르면서, 그가 산헤립의 뒤를 이은 합법적인 승계자임을 선포한다. 이슈타르는 왕위 계승의 모든 과정이 순조롭게 진행될 수 있도록 도울 것이며, 이 과정에서 에살핫돈을 안전하게 지켜줄 것을 약속한다.

예언자는 단순히 예언만을 선포하는 데 그치지 않았다. 왕궁의 중요한 행사가 있을 때 다른 종교 전문가와 협력하였다. 마르 이사르가 쓴 편지(SAA 10 352)에 따르면, 한 라긴투 예언자가 "대리 왕 제의"(샤르 푸히)에서 중요한 역할을 한 것으로 기술되어 있다. 이 여예언자는 왕의 대리 역으로 지명된 담키(Damqi)에게 예언을 선포하였다. "당신은 왕위를 이어받을 것이오"(25줄). 왕의 대역을 살해하는 제의를 마친 다음 예언자는 계속해서 왕의 대역에게 신탁을 선포한다. 이 라긴투 예언자는 아마도 SAA 13 37:7-9에서 왕의 옷을 바빌론에 가져갔던 자로 기술된 여 예언자 물리수-아부-우쯔리일 것이다. 파폴라(S. Parpola)는 이 옷들이 왕의 보좌와 더불어 대리 왕 제의에 사용되었을 것이라고 주장한다.[292] 예언자가 왕의 신뢰를 받지 않고서는 대리 왕 제의에 필요한 보좌와 의복을 운반하기는 힘들었을 것이다.

예언은 간점이나 천문 점술에 비해 신용도가 낮았다.[293] 왜냐하면 예언자는 특별한 훈련이나 교육을 받지 않았고, 계시의 정당성을 증명할 참고서나 지침서를 소유하고 있지 않았기 때문이다. 그럼에도 예언을 통한 계시는 왕에게 특별한 관심을 받았다. 왜냐하면, 전문 신탁에 의해 왕의 권위나 정통성이 의심되었을 때 예언이 대항 혹은 대안 신탁으로 받아들여졌기 때문이다. 비록 예언자들은 다른 종교전문가들처럼 사회적으로 존경받는 계층은 아니었지만, 신의 뜻을 왕에게 전달하면서 제도권에 자동적으로 편입되어 왕의 충성스러운 신하로 활동하였다. 또한 관리들도 자신들의 의견을 관철시키기 위해 예언을 통해 들려진 신의 목소리를 빌리기도 하였다. 비록 그들이 예언을 취사선택하여 보고하였다 하더라도 왕은 여론의 반영으로 간주하여 함부로 무시할 수 없었다.

장 마리 뒤렁(Jean-Marie Durand)은 예언을 연구할 때, 예언자의 목소리를 빌어 실제 말하는 자가 누구인지 그리고 예언자가 혹시 '여론'이나 어떤 주장을 대변하고 있는 것은 아닌지를 질문해야 한다고 주장한다.[294] 이런 점을 고려할 때, 마리나 신아시리아의 왕에게 보고된 예언문서들에는 보고자인 관리들의 정치적 견해가 어느 정도 반영되었으리라 추측된다. 이들 예언은 통상적으로 공공장소에서 선포되었기 때문에 보고를 받은 왕도 심각한 압박감을 느꼈으리라 생각된다. 따라서 예언은 왕과 예언자, 왕과 신하, 그리고 왕과 공동체로 구성된 소셜 네트워크상에서 여론을 형성하고 주도하는 역할을 했을 것이다. 마치 트위터의 팔로우어(follower)들이 원래의 트윗(twitt)에 자신의 의견을 덧붙이며 여론을 확대 재생산하듯이, 예언을 왕에게 보고한 관리들은 자신들의 정치적 목적에 따라 예언을 취사선택하고, 때로는 수정을 가하는 과정을 통해, 여론을 등에 업고 왕의 정책에 간접적으로 저항하거나, 또는 종교적 문제와 결부시켜 간접적으로 왕을 비판하기도 하였다.

이에 비해 전문신탁은 왕정의 후원을 받아 왕이 정치적으로 중요한 결정을 내리는 데 조언을 하는데 중점을 두었다. 점술사들은 신의 비밀이라는 형태로 점괘와 신탁을 전달하며 왕이 중요한 결정을 내릴 수 있도록 도왔다. 에살핫돈과 아슈르바니팔에게 편지를 보냈던 점술사들은 진단 치료사, 주술 치유사, 간 점술 및 천문 점술사, 애가 전문가 등이었다. 이 편지들의 주제는 왕의 건강 문제, 제의와 주술, 그리고 징조들과 이에 대한 해석 등이었다. 이들이 보고한 징조는 특히 천문 점술과 관련된 것이 많았다. 왕은 모든 것을 정확히 알 필요가 있었다. 점술사들은 자신을 단순한 종교 전문가로만 생각하지 않았다. 그들은 때로 자신들을 "왕 앞에 앉아/서 있는 자"로 소개하고, 때로는 자신들을 "말리쿰"(malikum)으로 소개했다.[295] "말리쿰"은 '고문', '책사'라는 뜻이다. 점술사들은 자신들을 왕의 고문이자 책사로 생각했다. 그들은 신탁을 전하는 중재자이자 신탁을 해석해 얻은 책략을 왕에게 전달한 책사였다.[296]

전문 점술 신탁가들은 사회 유지의 기능을 하였고 그들의 종교적 지식은 왕국의 안정을 위해서 반드시 필요했다. 이들은 정치적 결정 뿐 아니라 관리 등용 시나 전쟁 시에도 중요한 역할을 하였다. 이들은 신탁을 통해 적정한 인물이 관리로 선출되었는지 검토하여 그 결과를 왕에게 보고하고, 전쟁 때는 전쟁의 개시 여부와 전술 등에 대해 조언을 하였다. 전문 점술 신탁가들은 왕궁 뿐 아니라 왕국의 전 지역에 파견되어 다른 관리들과 함께 일하였다. 왕의 안전과 왕국의 안정이 최대 관심사였던 전문 점술 신탁가들은 지역의 대소사를 왕에게 보고하여, 왕으로 하여금 국정 운영에 참고토록 하였다. 예언자가 왕정에 대한 비판적 지지자라면 전문 신탁가들은 왕정의 핵심부에서 왕정의 위기를 극복할 수 있도록 지원하는 적극적인 지지자였다. 또한 예언이 여론을 형성하는 기능을 하였다면, 전문 신탁가들은 군사, 정치, 외교 등에 영향을 미칠 수 있는 신탁의 결과를 왕에게만 보고하여 왕이 주도적으로 국정을 펼 수 있도록 지원한 충실한 왕의 측근이자 왕의 고문이었다.

4. 불운한 미래의 회피 및 대안 미래 창출

고대근동에서는 왕의 목숨이 위태로울 때 그의 생명을 대신할 무엇인가가 필요했다. 왕은 신들의 대리자로서 이 땅에서의 통치를 위임받았다. 신들이 이렇게 왕을 지명하여 부른 목적은 "질서와 백성의 번영을 확보하고, 정의를 시행하며, 나라를 수호하거나 확장하는 것"이며, "신들을 섬기고 그들의 마음에 들게 행동하며, 신전을 건축하거나 재건하여 유지하고 장식하며, 신들에게 제의를 행하고 의식과 절기나 연례 대축제를 지키도록 하는 것"이었다.[297] 이러한 왕에게 일식과 같은 자연적 이변현상은 왕과 나라를 위태롭게 하는 징조로 여겨졌다. 이변현상은 왕을 향한 신의 심판 예고로 이해되었기에 이를 빠져 나갈 방법이 필요했다.

'대리 왕 제의'는 죽음의 위기 가운데 있는 왕을 대신할 가짜 왕을 내세워 불운을 빗겨나가게 하는 제도이다. 또한 '남부르비 제의'는 상징물을 통해 재앙의 전조를 제거하여 왕의 안전과 제국의 안정을 도모하였다. 한편 왕이 건강상의 문제로 왕권을 유지하기 힘들게 될 경우 '아쉬푸'와 '아수'는 의료적 처치방법을 동원하였다. 아수는 약재를 사용하거나 상처부위를 직접 치료하는 데 초점을 두었으며, 아쉬푸는 정신적 치유에 초점을 두었다. 또한 왕이 신의 분노 때문에 위기에 빠졌을 때 '칼루'는 중재

기도와 탄원시를 통해 신과의 화해를 모색하였다.

1) 대리 왕 제의

고대근동에서 왕은 한 나라의 최고 지도자였을 뿐 아니라 나라 자체로 인식되었기 때문에 왕 개인의 안전과 복지는 나라와 백성의 중요과제이며 관심사였다. 따라서 왕의 안전과 복지를 위협하는 요인들은 나라의 중 대사로 간주되어 이를 해소할 방안들이 간구되었다. 왕을 위협하는 주요 요인들은 반란과 전쟁과 같은 정치, 외교, 군사적 문제들이었다. 이들은 물리적 방법으로 어느 정도 해소가 되었다. 하지만 왕의 건강을 위협하는 질병이나 왕의 생명을 노리는 암살의 음모는 물리적으로 해결하기가 힘 들었다. 따라서 이러한 위협들을 해소할 종교적, 제의적 방안들이 요구되 었다. 왜냐하면 고대근동 사람들은 왕의 개인적 불행은 신의 저주나 심 판과 긴밀히 연결되어 있다고 생각했기 때문이다. 대리 왕 제의(substitute king ritual)는 이러한 왕의 신상에 위협을 미칠 위험을 제거해 왕 개인 뿐 아 니라 국가의 안정을 도모하는 장치였다. 대리 왕 제의 자료는 주로 고대 메소포타미아에서 발견되지만 그 모티브는 인근국가의 문서들에서도 발 견된다. 비록 제의의 형식과 내용은 동일하지 않지만 국가 지도자의 안전 을 위협하는 요소들을 제거하기 위한 종교적 동기는 유사하다.

대리 왕 제의는 왕이 어떠한 이유로 위험에 처했을 때 잠시 '대리 왕'(샤 르 푸히)을 임명하여 정해진 기간 동안 왕 노릇을 하게하고 그 기간이 지나 면 진짜 왕을 대신하여 죽게 하여 위험을 벗어나게 하는 일종의 마술적 제의이다. 위험을 가져올 불길한 징조에서 벗어나기 위해 임명한 대리 왕 이 죽으면 진짜 왕은 아무런 일이 없었던 듯이 통치를 계속할 수 있게 된

다.[298]

이러한 대리 왕 제의에 대한 관심은 르네 라바(R. Labat)의 연구로부터 본격적으로 시작되었다. 그는 사르곤 시대의 아시리아 왕조에서 실행되었던 대리 왕 제의를 검토하고 그 정치적, 사회적 의미를 분석하였다.[299] 보테로(J. Bottéro)는 라바의 연구를 확대하여 메소포타미아 전 지역에서 행해졌던 대리 왕 제의의 공통요소를 분석하고 이러한 제의들이 정치와 사회의 안정화에 어떠한 역할을 하였는지를 검토하였다.[300] 파폴라(S. Parpola)는 신아시리아의 제의문서들을 영어로 번역하여 소개했는데, 이를 통해 대리 왕 제의가 영어권 학자들에게 본격적으로 주목받게 되었다.[301] 그는 제의문서들을 번역했을 뿐 아니라 제의문서 번역문의 서두에 대리 왕 제의의 개념과 기능을 설명하여 이 제도의 개념을 보다 분명하게 이해할 수 있도록 하였다. 한편, 히타이트의 대리 왕 제의 문서들도 주목을 받기 시작했는데 퀴멜(H. Kümmel)의 1967년의 단행본 출판 이후로 본격적으로 히타이트의 대리 왕 제의가 연구되기 시작되었다.[302]

대리 왕 제의는 고대 메소포타미아의 이신(Isin) 시대(주전 2000년 초기)부터 알렉산더대왕 때(주전 356-323년)까지 시행되던 제도이다.[303] 대리 왕은 실제 왕국을 통치하는 왕이 위험에 처해졌을 때 임명되었다. 일식(eclipse)과 같은 자연현상은 고대인들에게 불행을 초래하는 불길한 징조로 여겨졌다.[304] 이러한 불길한 징조는 왕의 안전과 왕국의 안정을 위협할 수 있다고 여겨졌기에 이러한 위험을 피하기 위해 특별한 제의가 필요했다. 그래서 '대리 왕'을 내세워 진짜 왕에게 닥칠 위험을 대신 받게 해 불길한 징조를 벗어나게 했다.[305] 대리 왕 제의는 결코 신들을 속이기 위해 고안된 것이 아니다. 이 제의는 신들이 선포한 불행을 모면하려는 것이 아니라 신들의 뜻에 순종하기 위해 제물을 준비하기 위한 것이다. 즉 신들이 불길한 징조를 통해 의도하던 바를 이 제의를 통해 실행할 수 있게 하는 것이다. 후크(S. H. Hooke)는 대리왕의 역할을 다음과 같이 요약하였다.

> 대리 왕의 직책은 왕궁에서 다스리는 것이 아니라 진짜 왕을 대신해 대중 앞에서 왕처럼 행동하는 것이다. 그래서 왕을 위협하는 불운을 자기에게로 이끌어 그것을 대신 질 수 있는 일종의 피뢰침 역할을 한다.[306]

 일식이나 월식이 나타나 재앙의 징조가 보이면 100일 이내에 재앙이 닥친다고 생각했다. 그래서 왕의 대리자는 최소한 100일까지 대리자의 역할을 해야 했다. 따라서 일식과 같은 비정상적 자연활동이 관찰되면 왕궁에서 활동하던 전문적인 점술사들은 이를 왕의 안전을 위협할 수 있는 전조(前兆)로 해석하였고, 즉각적으로 왕에게 보고하였다. 그리고 왕에게 닥칠 위험 요소를 제거하기 위해 왕을 대신해 희생당할 대리 왕을 선택하였다. 그는 사형수처럼 마땅히 죽어야 할 인물일 수도 있고 아무런 범죄를 저지르지 않은 일반인일 수 있다.[307] 대리 왕은 진짜 왕처럼 대관식을 치른 후 왕좌에 앉게 되는데 이를 통해 진짜 왕과 대리 왕의 자리가 상징적으로 뒤바뀌게 된다. 이런 상징적인 대체를 통해 왕에게 닥칠지도 모를 불운이 대리 왕에게 전가될 수 있다고 생각했다.
 한편 왕에게 갑자기 이러한 불운의 전조가 임한 것은 우연이 아니라 왕이 의식적 혹은 무의식적으로 행한 범죄 때문에 신들의 노염을 탓기 때문이라고 생각되었다. 그래서 신들이 왕에게 벌을 주기 위해 불운한 전조를 보인 것으로 생각했다. 따라서 왕은 범죄 때문에 당할 위험을 다른 사람이 받게 함으로서 자신의 죄를 그에게 전가하고 그를 죽임으로서 자신의 죄를 속죄해 신이 부여하는 징벌을 벗어날 수 있었다. 따라서 대리 왕 제의의 기능은 기본적으로 무죄한 자를 희생양(scapegoat)으로 내세우는 것이지 괴뢰 왕(puppet king)을 세우는 것이 아니다. [308]

대리 왕이 죽으면 여러 가지 정결례(purification ritual)를 치른다. 왕궁을 정결케 해서 왕의 평안을 위협하는 악한 기운들을 몰아낸다. 그리고 왕 자신도 목욕을 하거나 면도를 함으로써 정신적으로 육체적으로 정결토록 하고 의복을 새것으로 갈아입고 향을 피워 정결을 유지하였다. 이러한 대리 왕 제의는 어떤 한 종교인이나 종교 집단이 아닌 다수의 전문 종교인들이 집행하였다. 우선 천문 점술사나 간 점술사들이 자연을 관찰하여 불운한 전조를 발견하게 되면 이를 왕에게 보고하였다. 그리고 주로 아쉬푸와 같은 주술사들이 대리 왕의 대관식을 집행하였고, 대리 왕의 죽음 이후 진짜 왕에게 정결예식을 거행하였다. [309]

신아시리아의 에살핫돈 왕에게 발송된 몇 개의 편지들에는 대리 왕 제의와 관련된 상황이 자세히 묘사되어 있다. [310] 한 편지에서 점술사들은 일식을 예상하고 이것이 왕의 안전에 치명적인 위협이 될 수 있다고 생각하여 이를 방지하기 위해 대리 왕을 세우도록 하였다. 이 편지에 등장한 왕은 샤마쉬-슘-우킨으로서 바빌로니아에 거주하던 신아시리아의 총독이었다. 그는 에살핫돈 왕의 아들이자 아슈르바니팔의 형으로서 바빌로니아 지역을 통치하던 분봉왕이기도 했다. 대리 왕으로 뽑힌 가짜 왕은 아카드의 옛 수도에서 100일 동안 실제로 통치하였으며, 이 기간 동안 왕은 가짜 이름으로 숨어 지냈으며 희생제사와 제의를 통해 신들의 분노를 잠재우려고 하였다. [311] 이 편지에서는 한 여예언자(라긴투)가 대리 왕으로서 담키(Damqi)라는 인물을 선택한다.

> 나는 이 제의들이 진행되기 전 한 여예언자의 예언을 들었습니다. 그는 한 관료(샤탐무)[312]의 아들인 담키(Damqi)에게 "당신은 왕위를 이어받을 것입니다"라고 하였습니다. 그 예언자는 또한 백성들의 모임에서도 그에게 "나는 나의 주의 재빠른 족제비를 보여 주고 그것을 당신의 손에 두었습니다."라고 말하였습니다. 이 재앙을 물리치는 제의는 잘 치러졌습니다. 나의 주, 왕은 기뻐하실 것입니다.[313]

이 편지는 신들이 여예언자를 통해 대리 왕을 선택했음을 지적하고 있다. 대리 왕은 왕의 의복과 왕관을 쓰고 홀을 쥔 채 보좌에 앉아 있어야 했다. 그는 불운한 전조가 예고한 위험 기간 동안 대리 왕이 되어야 했다. 그래서 담키는 진짜 왕과 같은 모습을 하고 100일 동안 나라를 다스렸다. 100일이 지나고 그는 살해당하였다. 그는 왕에게 향한 악한 징조를 없애기 위해 대신 죽은 것이다. 그는 이제 죽었기 때문에 다시는 돌아올 수 없는 지하세계로 보내진다. 이렇게 함으로써 왕과 왕국에 드리웠던 불운은 완전히 사라지고 다시 안전이 확보될 수 있었다. 대리 왕의 죽음 이후 여러 가지 정결예식이 치러진다. 왕의 평안을 위협할 악한 기운을 제거하기 위해 궁궐을 청소한다.[314] 또한 왕도 정신적, 육체적으로 정결하게 하기 위하여 면도와 목욕을 하고 새로운 의복으로 갈아입고, 향을 태운다.[315]

신아시리아 뿐 아니라 히타이트에서도 대리 왕 제의가 시행되었다. 하지만 히타이트의 대리 왕 제의는 신아시리아의 것과 조금 다르다. KUB XI 2, 5-9는 대리 왕 제의를 다음과 같이 설명하고 있다.

이 제의는 꿈이나 동물 혹은 조류 신탁으로 보여 지거나 그 밖의 다른 치명적인 징조를 통해 왕이 죽을 운명에 처하게 되면 시행된다.

히타이트의 경우 악한 징조를 벗어나기 위해서 죄수가 대리 왕으로 선택되어 7일 동안 다스린다. 제 칠일 째, 대리 왕은 왕좌에서 축출 되고 진짜 왕이 그의 왕위를 회복한다. 이러한 제의는 왕의 생명에 위험이 있을 때 시행되었다. 다른 유형의 대리 왕 제의도 시행되었다. KUB IX 13 + KUB XXIV 5는 전쟁 중에 잡힌 포로로부터 대리 왕을 선택한다.[316] 하지만 그는 대리 왕 제의가 끝났음에도 살해되지 않고 고향으로 돌아가게 된다. 이는 끔찍한 재앙을 하티(Hatti) 땅으로부터 완전히 제거하기 위함이다.[317] 신아시리아의 경우 대리 왕이 지하의 세계로 보내졌으나 히타이트의 경우 천상의 신에게 보내진 것으로 인식되었다.[318]

변형된 대리 왕 제의는 바빌로니아에서도 발견된다. 주전 15세기에 기록된 바빌로니아 연대기에는 희생양이 되어야 할 대리 왕이 실제 왕이 된 경우를 언급하고 있다.

에라-이미티 왕은 엔릴-바니라고 하는 정원사를 대리왕으로 자기 왕위에 앉히고 그의 머리 위에 왕관을 씌웠다. 에라-이미티가 너무 뜨거운 죽을 삼키다가 궁전에서 죽자 엔릴-바니는 왕위를 차지하고는 돌려주려 하지 않았고, 이리하여 군주가 되었다.[319]

엔릴-바니(Enlil-bani)는 대리 왕으로 임명되었으나 실제 왕이 죽자 왕위에 올라 이신(Isin) 왕국을 24년간 다스렸다. 그는 궁전을 건축하고 그의 아들은 영토를 확장했다. 엔릴-바니는 신격화되었고 그를 위해 두 편의 찬가가 지어졌다.[320] 하지만 이처럼 대리 왕이 실제 왕이 된 경우는 유일하다. 대부분 대리 왕은 실제 왕의 안전을 위해 죽어야 했다. 앞에 언급한 히타이트와 바빌로니아의 변형은 다양한 유형의 대리 왕 제의가 존재할 수 있었음을 보여 준다.

대리 제의는 일종의 마술적 제의이다. 대체의 목적은 제사 드리는 사람의 생명을 보존하기 위해서이다. 개인은 특별한 선언을 통하여 대리물(substitute)과 하나가 된다고 여겨졌다. 대리물은 어떤 사람의 생명이 위협받을 때 필요하다. 인간의 삶을 위협하는 요소는 병과 같은 실제적인 것도 있고 악운과 같은 전조일 수도 있다. 대리물은 어떤 개인이 병 혹은 악한 전조로부터 벗어나기 위해 사용된다. 개인의 생명이 위협받는 것은 신에게 무언가 잘못을 저질러 발생하는 것으로 생각되었다. 대리물은 보통 죽음의 세계인 지하 세계에 보내졌다. 왜냐하면 악운과 병은 지하세계에서 기원했다고 생각했기 때문이다.[321] 이처럼 대리 제의의 기본적인 동기는 심판과 재앙에 직면한 사람을 대신하여 다른 사람(혹은 동물)을 죽게 하여 위기를 극복토록 한다는 것이다.[322]

앞에서 언급한 대로 메소포타미아에서 왕은 자신에게 부여된 징벌을 벗어나기 위해 한 사람을 선택해 왕의 죄를 그에게 덮어 씌어 살해하였다.[323] 이를 위해 대리 왕 제의가 시행되었다. 종교 전문가들이 대리 왕이 필요하다고 판단되면 왕에게 이를 통고하였다. 그러면 백성들 간에 무죄한 자나 혹은 사형수 가운데 한 사람을 선택하여 대리 왕 후보를 선택하였다. 대리 왕이 선택되면 진짜 왕처럼 대관식을 거행한 후 보좌에 앉혔다. 이렇게 함으로서 대리 왕과 실제 왕의 역할이 상징적으로 뒤바뀌게 되었다. 대리 왕을 내 세움으로서 진짜 왕에게 떨어질 불행과 불운이 대리 왕에게 전가되었다. 하지만 이 제의는 단순한 마술적 기능만 있었던 것이 아니다. 이 제의는 왕에게 있을지도 모를 위험을 사전에 제거하여, 왕과 왕국의 안전을 유지하기 위한 조처였다. 종교 전문가들은 불운한 미래를 회피하고 대안적 미래를 창출하기 위해 상호 협력하여 징조의 의미를 분석하고, 이를 대처하기 위한 제의들을 시행하였다.

2) 남부르비

"남부르비"(nam.bur.bi)는 재앙의 전조를 제거하는 제의(releasing ritual) 혹은 액막이 제의(apotropaic rite)이다. [324] 따라서 남부르비의 가장 큰 목적은 슘마 알루, 슘마 이즈부, 그리고 에누마 아누 엔릴에서 언급되고 있는 천상과 지상의 이상 현상, 동물의 이상 행동, 그리고 그 밖의 자연 현상이 예고하는 재난을 막으려는 데 있다. 하지만 남부르비 제의를 시행하는 목적은 단순히 재앙을 막는데 있는 것이 아니라 그것을 비켜나가게 하려는 데도 있다. [325] 때문에 앞서 언급한 대리 왕 제의도 남부르비 제의의 일부로서 시행되었다. [326] 남부르비 제의에는 보통 청원자와 제의 인도자 두 명이 개입된다. [327] 대개는 '마슈마슈'라는 주술사나 주술 치유사 아쉬푸가 제의를 주재한다. [328] 이 제의는 크게 기도와 예식으로 구성되어 있다. 예식은 헌제(offering), 불운을 다른 물건에 전가시키는 대리 절차, 그리고 재앙을 제거하는 절차로 구성되어있다. 대리 희생물은 보통 진흙으로 만들어진다.

신아시리아 문서에서 왕과 관련된 남부르비 의식은 특히 '비트 림키'(bit rimki) 제의와 '대리 왕 제의'와 관련하여 등장한다. '비트 림키'는 정결의 집

(house of ablution) 혹은 목욕의 집(bath-house)이라는 뜻을 가진 제의로서 월식의 불운한 징조, 마법, 제의 오용 등으로 인해 불운이 예기되었을 때 왕이나 그의 가족을 정결케 하는 예식이다. 종교 전문가인 아다드-슈무-우츠르, 우라드-에아, 마르둑-샤킨-슈미, 그리고 나부-나치르가 에살핫돈에게 보낸 편지에 이 제의를 언급하였다. 왕은 정결 제의 중 비트 림키를 순회하며 몸을 닦고 새 옷으로 갈아입으면서 정결례를 치루었다.[329)]

한편 남부르비 제의는 주술사인 마슈마슈가 주재하지만 왕이 요청하여 실시할 수 있다(ABL 46.895, Rep. 82.88.195). 어느 경우든 주술사와 왕이 동시에 제의에 참석한다. 주술사는 예식이 이루어질 장소와 불운을 전가할 물건을 준비한다. 청원자는 샤마쉬에게 무죄를 호소하며, 자신의 불운을 제거해 달라고 기도한다.

오, 샤마쉬 신이여! 당신은 재판관이십니다. 나의 문제를 판결해 주십시오. 판결을 내리시는 당신께서 내가 꾼 악한 꿈을 유리하게(favorable) 바꾸어 주소서! 내가 바른 길을 걷게 하소서![330)]

이 기도가 끝나면 주술사는 불운을 물건에 전가하고 불태운 뒤 깨뜨려서 강에 버린다. 예식이 끝나 후 주술사는 참석자에게 정결례를 치른다.[331)] 다음의 편지에서는 나부-나딘-슈미는 왕에게 어떻게 남부르비를 실시할 것인지를 보고하고 있는데, 이를 통해 이 제의의 절차와 그 준비 사항, 그리고 제의의 의미를 보다 잘 알 수 있다.

나의 주, 왕께. 당신의 종 나부-나딘-슈미가 아룁니다. 나의 주, 왕이시여 건강을 기원합니다! 나부 신과 마르둑 신이 나의 주, 왕에게 큰 축복을 내리기를 원합니다! 나의 주, 왕께서 저에게 "어떻게 처리할 것인지 알려 달라."고 하신 사항에 대해, 남부르비 문서에는 (다음과 같이) 기록되어 있습니다. "그는 7일 동안 갈대로 엮은 집에 머무를 것이다. 그리고 그에게 정결례를 치룰 것이다. 그는 환자처럼 처치될 것이다. 7일 간의 손을 들고 하는 기도 기간 중 한 밤중이 되기 전에 악운을 제거하기 위한 제의가 시행될 것이다. 그가 갈대 집에 7일을 거할 것이다. 그는 그의 신과 여신에게 축복을 기원할 것이다." 이와 같습니다. 아마도 왕께서 "이를 내일 시행하라!"고 말씀하실 것입니다. 제 8일은 그것을 행하기에 합당한 날입니다. [332]

이 편지는 왕에게 어떤 불길한 징조가 닥쳤는지, 그리고 그가 어떤 상황에 놓여있는지에 대해서는 언급하고 있지 않다. 직접 악운을 당했는지, 아니면 전문 신탁가가 악운이 닥칠 것을 사전에 보고했는지 알 수 없다. [333] 어느 경우이든 악한 징조는 왕의 생명에 위협이 될 수 있는 요소이다. 그래서 왕은 악운에서 벗어날 방법을 나부-나딘-슈미에게 문의했다. 그는 우선 준비 단계로 정결례가 필요하다고 보고한다. 왕은 우선 궁정에서 벗어나 갈대로 엮은 집(슈투쿠)에서 7일 동안 격리되어 있어야 한다. 이 갈대 집은 강가에 세워질 것이다. 그곳은 사람들이 접근하기 힘들기 때문이다. 그곳에 제단을 세우고 불길한 징조를 상징하는 물건들을 진흙(혹은 다른 재료)으로 만들어 세워 놓는다. 왕은 이곳에서 정결한 물로 몸을 씻고, 면도를 하고, 옷을 세탁한다. 왕이 거하는 갈대 집도 규정에 따라 정결하게 유지되어야 한다. [334]

이렇게 청원자인 왕이나 그가 거하는 장소가 정결하게 되면 본격적인 제의가 시작된다. 우선 신들에게 제물을 바친다. 간단한 음식이나 희생용 가축을 제물로 드리고, 향료(aromatics)를 태워 신의 마음을 흡족하게 한다.[335] 그리고 청원자에게 닥친 악운을 제거하는 제의 절차가 이어진다. 다음의 문서에는 남부르비 제의의 대략적인 예식 순서가 담겨 있다.

이 후에, 당신께서 모든 악을 막기 위해 남부르비를 실시하십시오. 남부르비를 실시할 때, 진흙(데미)에 가서서 그것을 성별 하십시오. 그것에게 선물을 드리십시오. 당신께서는 세 번에 걸쳐 "진흙", "진흙"을 반복하십시오. 그리고 진흙을 가져다가 대체 형상을 만드십시오. 당신의 징조 모양과 같은 모양으로 대체 형상을 만든 뒤 그것을 강가로 가져가 정결한 물을 뿌리십시오. 샤마쉬 신 앞에 갈대로 만든 제단을 세우십시오. 희생 제사를 드리십시오. 예물을 순서대로 드리십시오. 징조와 똑같은 모양을 한 대체 형상을 샤마쉬 신 앞에 정렬시키십시오. 샤마쉬 신 앞에서 다음과 같이 낭송하십시오. "샤마쉬 신이여 [...] 나는 당신께 향합니다. 나는 다른 모든 신들보다 당신을 찾습니다. 나의 건강을 지켜주소서! 악한 징조와 불운이 반복해서 나타납니다. 나는 두렵습니다. 나는 공포에 휩싸여 있습니다. 나는 죽을 지경입니다. 나로부터 이 불운이 비껴가게 하소서! 그래서 내가 죽지 않게 하시고, 나쁜 일이 벌어지지 않게 하시고, 당신을 찬양하게 하소서."[336]

주술사는 사전에 진흙으로 제작한 토기 형상에 불운을 전가시킨다. 그리고 불운의 징조가 전가된(transferred) 토기를 깨뜨려 이를 강에 버린다. 이처럼 불운이 전가된 토기를 부셔 버리는 행위를 통해서 불운을 가져다 준 신(神)을 속일 수 있었다. 그래서 카플리스(R. I. Caplice)는 남부르비의 핵심주제가 "파괴"(destruction), "차단"(obstruction), "대체"(substitution), 그리고 "가장"(simulation)이라고 주장한다.[337]

남부르비를 시행하기 위해서는 특별한 날짜를 선택해야 한다. 한 편지에서 나부-나딘-슈미는 왕에게 남부르비를 시행할 날짜를 조정해 줄 것을 건의하였다. 왜냐하면 왕이 요구한 날짜는 길일이 아니었기 때문이다.

어떤 불길한 징조를 없애기 위해 실시할 남부르비에 대해 왕께서는 "내일 시행하라"라고 하셨습니다. 하지만 그 날은 길일이 아닙니다. 저희는 제 25일에 준비하고 제 26일에 시행하려고 합니다. 나의 주, 왕이시여! 이 불길한 징조에 대해 염려하지 않으셔도 됩니다. 벨 신과 나부 신께서 불운을 지나가게 하실 수 있으며, 불운이 나의 주, 왕을 지나치게 될 것입니다. 나의 주, 왕께서는 두려워하지 마십시오.[338]

나부-나딘-슈미는 이 편지에서 단지 날짜 변경만 언급하고 있지 않다. 그는 왕을 안전하게 지켜줄 것이라는 신들의 약속을 전하며, 왕에게 두려워하지 말 것을 권고하고 있다. 이 문구는 왕을 향한 예언에서 자주 볼 수 있는 것이다. 나부-나딘-슈미는 구원신탁의 형식을 빌려 왕을 안심시키고 있다.

남부르비 제의를 마친 내담자는 같은 유형의 불운 때문에 다시 고통당하지 않기 위해서, 뒤를 돌아보지 말고, 왔던 길과는 다른 길을 택해 돌아가야 한다.[339] 불운으로부터 계속 보호하기 위해 때로 부적과 같은 것을 몸에 지녀야 하고, 금기시 된 음식을 먹지 말아야 한다. 어떤 본문에는 7일간 집을 벗어나서는 안 된다는 규정도 있다. 남부르비 제의가 개인에게는 단순히 액막이일 수 있지만 왕의 경우 남부르비를 통해 왕의 생각과 국정운영의 향방을 바꿀 수 있다. 남부르비 제의를 통해 불운한 징조가 가져올 수 있는 위기를 극복함으로써 왕은 보다 자신감 있게 뜻을 펼 수 있고 국정을 위해 세운 계획들을 추진할 수 있게 된다.[340]

마슈마슈 혹은 아쉬푸는 남부르비 예식서에 따라 제의를 진행한다. 따라서 그는 다른 종교 전문가들처럼 글을 읽고 해석할 수 있는 능력을 갖추고 있어야 한다. 마슈마슈는 위기를 겪고 있는 참석자에 맞는 해결책을 전해 준다. 이러한 점에서 마슈마슈는 단순한 주술사가 아니라 제의 전문가 혹은 지적 능력을 갖춘 상담자(scholarly advisor)라 할 수 있다.[341] 하늘과 땅의 징조가 가리키는 미래는 반드시 이루어져야 하는 절대적인 미래가 아니라 상황에 따라 변화될 수 있는 조건적인(conditional) 미래였다. 미래에 대한 결정은 마치 법정에서 판결을 내리는 과정에 비유할 수 있다. 신들은 하늘의 회의석상에서 인간과 세상의 운명을 결정하였다. 왕의 죽음을 예고하는 불길한 징조는 왕의 죽음의 원인이 아니라 단지 죽음에 대한 표지(sign)이자 징후였을 뿐이다. 이러한 예고는 단지 경고였기 때문에 남부르비 총서에 기록되어 있는 제의적 절차에 의해 벗어날 수 있었다. 이 제의의 핵심은 나쁜 징조 때문에 불행을 당할 지도 모를 사람이 자신의 운명을 뒤바꾸기 위해 신들의 재판정에 호소하는 것이다.[342]

3) 치료와 치유[343]

현대인들은 신체와 정신이 분리되어 있다고 생각한다. 그래서 의학은 주로 신체의 질병을 치료하는 데 그 목적을 두고 있다. 왜냐하면 현대 의학은 데카르트 이후 인간을 신경, 근육, 뼈로 이루어진 기계적 모형으로 축소해 이해하기 때문이다. 하지만 고대인들은 신체와 정신이 분리되어 있지 않고, 몸 전체로서 자연에 속해 있다고 생각했다. 따라서 몸에 이상이 생기면 자연에 거주하는 신들이나 영들에게 의뢰하였다.[344] 이때 종교 전문가들은 신들과 병자 사이를 중재하여 병자를 치료하였다. 때문에 고대의 의료행위는 주술처럼 보인다. 하지만 현대 의학도 아직 주술적인 요소를 완전히 버리지 못했다. 왜냐하면 난치병에 걸린 환자에게 의사의 격려가 플라시보 효과(placebo effect)를 거두고 있고, 종교에 대한 귀의가 병을 치료하는 경우가 왕왕 있기 때문이다.[345] 따라서 치료에 있어 종교와 신앙의 효과를 완전히 비과학적이라고 말하기는 쉽지 않다.

'신앙 의학' 혹은 '종교 의학'은 고대에 더 큰 효과를 거두었다. 당시에는 전염병의 확산의 위험이 훨씬 컸고, 감기와 같은 단순한 질병도 환자를 심각한 상태로 악화시킬 수 있었다. 고대인들은 질병의 원인인 바이러스와 병원균을 알지 못했다. 그들은 죄 때문에 신이 분노해 징벌로 병에 걸리게 되었다거나, 악한 영 혹은 귀신에 들려 병에 걸렸다고 생각했다. 그래서 질병을 "신의 손"이라고 불렀다.[346] 분노한 신들은 직접 죄인을 치거나 악한 귀신을 대신 보내 병이 들게 하였다. 이처럼 질병은 신체의 비정상 상태인 동시에 도덕적, 정신적, 신앙적 결함이기 때문에 종교적인 치료가 필요했다. 때문에 보균자를 격리시킬 필요가 있었다. 전염의 위험과 이에 대한 위생 조치에 대해 마리의 지므리림 왕은 아내 쉬브투에게 다음과 같은 편지를 썼다.

난나메 부인이 병에 걸렸다는 소식을 들었소. 그런데 그 부인은 궁전의 사람들을 많이 접하고 있으며 자기 집에서 수많은 여자를 만나고 있소. 그러니 이제 엄중한 명을 내려 그 부인이 마시는 잔으로 아무도 마시지 못하게 하고, 그 부인이 앉는 자리에 아무도 앉지 못하게 하고 그 부인이 눕는 침상에 아무도 눕지 못하게 하시오. 그 부인이 집에서 더는 많은 여자를 만나지 못하게 하시오 그 병은 전염성이 있소.[347]

위의 편지는 주전 18세기의 마리 왕국에서 벌어진 전염병 상황에서 오

간 서간이다. 당시에도 전염병을 인지하고 이에 대해 적절한 조처를 취하였음을 알 수 있다. 특별히 왕이 전염병에 걸릴 위험이 있을 경우 부정한 것이 침입하기 전에 가능한 빨리 격리시켜 보호할 필요가 있었다.[348]

신아시리아의 궁궐에는 약제 치료사 '아수'와 주술 치유사 '아쉬푸'라는 의료진이 활동하였다. 이들은 왕의 질병과 관련하여 다양한 방법으로 조언하였다. 이들의 의료행위는 우선 서간 교환을 통해 이루어졌는데, 왕에게 치료법과 약 처방전을 보냈으며 왕이나 왕실의 구성원들의 건강상태에 대해 조언을 하였다. 이들은 또한 점술사들처럼 샤마쉬 신에게 건강과 관련된 신탁을 시행해 자신들이 계획하고 있는 처치방법이 성공적인지를 묻곤 했다. 의료인들은 이전에도 궁정에서 왕과 왕실 가족의 건강을 돌보았지만 에살핫돈 시대에 그 지위가 더욱 공고해졌다. 왜냐하면 에살핫돈에게 건강상의 문제가 많았기 때문이다. 에살핫돈은 주치 아수(랍 아세)였던 우라드-나나와 주치 아쉬 푸(랍 아쉬피) 마르둑-샤킨-슈미에게 치료를 부탁하였는데, 마르둑-샤킨-슈미는 왕에게 다음과 같은 편지를 보냈다.

> 나의 주, 왕이시여! 당신의 종 마르둑-샤킨-슈미가 고합니다. 나의 주, 왕은 건강하소서! 나부 신과 마르둑 신께서 나의 주, 왕을 축복하시기를! "내 팔과 다리에 힘이 없다"고 하시고 "눈을 뜰 수 없으며, 몸에 상처가 나서 누워있다"라고 하신 사항에 대한 것입니다. 이 모든 것은 뼈 속에 열이 남아 있어서입니다. 이는 심각한 것이 아닙니다. 아슈르 신, 샤마쉬 신, 벨신, 그리고 나부 신께서 건강을 보전하실 것입니다. (...) 병은 떠날 것입니다. 곧 회복될 것입니다. 기다리셔야 합니다. 오직 합당한 것만을 드셔야 합니다.[349]

에살핫돈은 만성질병에 시달렸으며 종종 공황 상태나 신경증으로 미친 사람처럼 보이기도 하였다. 이 때문에 그의 병을 염려하여 치료하기 원했던 의료진들이 치료를 위해 여러 가지 처치 방법을 왕에게 조언하였다. 에살핫돈은 고열, 허약증, 식욕부진, 목이 잠김, 피부발진, 물집, 귀앓이, 홍반성 낭창 등의 건강 문제로 종종 심하게 앓았다. [350]

다음은 에살핫돈이 당한 육체 질병들의 목록이다. [351]

증상	본문
열병	LAS 180, 181, *183, 246, *258
무력증	LAS 180, 247: 12f
식욕감퇴	LAS 51, 143
관절강직	LAS 180, *265-267
눈병	LAS 180, *183, *258(?)
피부발진, 수포	LAS *255, 246, *257, *265-267, *322
오한	LAS 181, 182
귓병	LAS *248, *253, *265-267

위에 언급한 질병들은 만성적이며, 간헐적으로 극심한 통증을 야기한다. 열을 내리기 위해 물약이나 습포제를 처방하고(LAS 181, 246), 피부 괴사를 막기 위해 연고를 처방하였으며(LAS 246, 255), 휴식과 식이요법(LAS 143, 180)을 병행하였다. 이 밖에도 주술적인 처방들도 있는데 일종의 플라시보 효과를 노린 치료든가 정신적 안정을 목표로 한 것이었다(LAS 2, 231). 에살핫돈은 마비 증세를 겪기도 하였는데, 특히 그의 사망 이전인 주전 672년에서 670년 사이에 큰 고통을 겪었다(SAA 10 37 r.1, 7). 에살핫돈은 질병이 어느 정도 완화되는 시기에 맞추어 671년에서 669년 사이에

벌어진 두 번의 전쟁에 참전했다. 이처럼 왕에게 있어 질병은 단순한 개인의 문제가 아니라 국가의 운명과 관련되어 있었다. 따라서 왕의 건강을 유지하고 질병을 치유하는 일은 원활한 국정운영을 위해 필수적이었으며 제국의 안정을 위해 늘 관심을 가져야 하는 사항이었다.

하지만 당시의 의료 수준으로는 오늘날과 같은 정확한 진단과 처방을 내리기는 사실상 불가능했다. 대략의 상황만을 파악할 수 있었다. 의료진들이 왕에게 보낸 진단과 예측은 임상적 관찰과 주술이 결합되어 있었다. 우선 의료진은 질병의 일반적 특성을 관찰하고 특이한 증세를 파악했다. 통상적으로 아수는 진단과 이에 대한 약제를 처방하고, 아쉬푸는 주술을 사용한 정신적 치유를 시행하였다. 때문에 치료법은 주술적이며 비과학적인 것처럼 보인다. 하지만 처방전은 상당히 과학적이다. 처방전에는 연고, 치료 액, 물약 등을 만드는 방법이 설명되어 있다. 에살핫돈과 아슈르바니팔의 주치의였던 우라드-나나는 코피 치료에 대한 처방을 제시하고 있는데, 전혀 주술적이라고 볼 수 없다.

> 코의 출혈에 관해서는 … 붕대가 정확하게 붙어 있지 않습니다. 붕대가 코의 측면에 붙어 있어서 호흡을 방해하고 피가 입으로 흘러들어 갑니다. 공기가 들어가는 것을 막고 출혈이 멈추도록 코를 깊숙이까지 막아야 합니다.[352]

에살하돈과 아슈르바니팔의 주술 치유사였던 마르둑-샤킨-슈미도 감기에 대해 다음과 같이 처방하였다.

> 나의 주, 왕께서 감기에 대해서 저에게 문의하신 사항에 대해서는 전혀 염

려하실 바가 없습니다. 왕의 신들께서 그것을 빨리 치료하실 것입니다. 본
사안에 대해 우리는 어떤 일이라도 할 것입니다. 감기는 계절병입니다. 나
의 주, 왕이시여, 이에 대해 걱정하지 마십시오.[353)]

마르둑-샤킨-슈미는 아수가 아니었지만 감기를 진단하고 이에 대한 처
방을 내리고 있다. 그는 약 처방이나 의료처치에 대해서는 언급하지 않
고, 정신적 안정에 초점을 두고 있다. 그는 병의 진단 및 처방과 함께 "걱
정하지 마십시오."라던가 "곧 회복될 것입니다."라는 격려의 말을 덧붙이
고 있다. 또한 신들이 왕의 건강을 지켜줄 것이라는 약속을 선포했다.

왕은 종교 전문가들의 말을 신뢰하였다. 왜냐하면 그들의 치유 선언은
기도에 대한 신의 응답이라고 생각되었기 때문이다. 종교 전문가들은 단
순히 의학 지식과 기술만으로 치료 하지 않았다. 그들은 왕의 고통을 들
어주고 신들로부터 쾌유의 약속을 선포하여 왕으로 하여금 완치가 가능
하다는 희망을 불어넣어 주었다. 왕이 성공적으로 직무를 감당하기 위해
서는 건강한 정신과 신체를 유지해야 했다. 따라서 종교 전문가들은 의
료에 대한 지식 뿐 아니라 자기의 전문 분야의 지식을 총동원해 왕의 건
강을 지키고 제국의 공중위생을 유지하였다. 그래서 왕이 질병으로 고통
당할 때 의료진만이 아니라 천문 점술사나 간 점술사와 같은 다른 종교
전문가들도 처방을 내리거나 조언을 하였다. 이들이 이처럼 왕의 병을 진
단하고 처방할 수 있었던 것은 아수투(진단 치료학)와 아쉬푸투(주술 치유학)에
대한 지식을 어느 정도 갖추고 있어서이다. 때로 각 전문가들이 가지고
있던 의견들이 달라 충돌하기도 하였지만, 상호 견제를 통해 올바른 치
료법을 찾아내었으며, 오진(誤診)으로 왕의 건강을 해치지 않도록 협력하

였다.

　왕국의 안전을 지키기 위해서 왕의 건강이 무엇보다 중요하였다. 왕은 신들로부터 왕국의 번영과 복지를 책임지도록 위임받았다. 따라서 신이 위임한 책임을 충실하게 수행하기 위해서는 육체적으로나 정신적으로 건강해야 했다. 왕은 정치적으로만 중요한 인물이 아니었다. 그는 신들과 인간 사이의 중재자로 간주되었고, 신들 앞에서 온 나라를 대표하는 인물이었다. 이처럼 중요한 인물은 육체적으로 온전해야 했다. 때문에 왕이 질병 때문에 건강하지 못하면 육체적 정신적으로 불편한 데 끝나는 것이 아니다. 왕의 질병은 신들에게 저지른 잘못 때문에 기인했다고 생각했기 때문에, 의료적으로 제의적으로 회복할 필요가 있었다. 때문에 왕의 건강을 지키기 위해서 의료인들은 매일 점검하고 관리해야 했다. 만일 왕이 병에 걸렸을 경우, 그 원인을 알아내고 가능한 모든 수단을 동원하여 치료책을 마련해야 했다. 왕의 건강을 책임지기 위해 아시리아의 의료 전문가들이 주로 활동했지만, 바빌로니아, 이집트, 그리고 엘람과 같은 외국 전문가도 고용하였다. 이들 학자들은 다른 학자들처럼 아시리아와 바빌로니아의 주요 도시에 거주하면서 왕과 자주 교신하였다. 물론 이들 중 가장 중요한 전문가들은 왕궁이나 수도 인근에서 활동하였다.[354]

4) 주술

　고대 근동의 신탁 문서에는 왕에게 예고된 재난이나 이미 닥친 재앙 등을 회피할 다양한 예방 혹은 사후 조치가 기록되어 있다. 앞에서 언급한 대리 왕 제의, 남부르비 제의, 그리고 치료와 치유를 포함해 당시에 실시되었던 조치들은 바빌로니아 왕 아다드-아플라-이디나의 수석 움마누였던 에사길-킨-아플리가 작성한 "주술사들의 지침서"(The Exorcists Manuel, KAR 44)에 기록되어 있다. 이 지침서에는 남부르비나 슈일라 뿐 아니라 '마클루', '슈르푸', '일리 울 이데'("나의 신이여, 나는 모릅니다."), '무슈슈우'(문지르기), '비트 림키'(정결 가옥), '비트 메시리'(격리 가옥), '비트 살라 메'(물 뿌리는 집), '미스 피'(입 닦기) 제의에 관한 지침이 담겨져 있다. [355]

슈르푸(Shurpu)는 아슈르바니팔 왕 때 완성된 주술 모음집으로서 죄의 고백, 제의적 범죄, 무의식적인 금기 위반, 일반적 법률 위반에 대해 기술하고 있다. 슈르푸의 개념에 따르면 범죄는 저주(마미투)를 낳고, 저주는 질병을 낳는다. 따라서 환자는 치료를 하기 위해서 저주의 원인인 범죄를 제거해야 한다. 범죄의 원인은 꼭 본인에게만 있는 것이 아니다. 가족의 구성원이나 이미 사망한 가족이 원인일 수 있다. 그래서 주술사는 내담자에게 임한 저주나 죄를 밀가루 반죽에 전이시켜 불태움으로써 저주에서 구원받게 한다. 밀가루 반죽 대신에 자신의 죄를 상징하는 물건들을 불에 던져 태워 버릴 수도 있다. [356] 하지만 불에 태우는 행위는 이 제의에서 중요한 위치를 차지하지 않는다. 오히려 나쁜 말이나 거짓말, 혹은 금기음식을 먹어 더러워진 입을 정결케 하거나 그 밖의 죄를 고백하여 죄의 결과인 저주로부터 벗어나는 것이다. 그래서 신의 분노를 누그러뜨리기 위한 제의와 속죄 기도가 슈르푸와 관계된 제의이다.

슈르푸가 저주를 불사르는 제의라면 마클루(Maqlu)는 흑색 마법(키슈푸)에 대항하기 위한 주술이다. 마클루의 특징은 "나는 너의 마법의 힘을 잃게 할 것이다. 나는 네가 한 말을 다시 너의 입으로 돌아가게 하리라."(Maqlu VI:48)는 문구에 잘 나타나 있다. 청원자는 상대의 흑색 마법 때문에 고통당하고 있다고 생각한다. 그래서 신에게 자신의 무죄함을 호소하고 흑색 마법을 편 상대를 심판해 달라고 요청한다. 주술사는 상대가 마법을 걸 때 사용한 단어들과 유사한 단어로 대응 주술을 펼친다. 이렇게 비슷한 어휘를 사용하는 이유는 청원자에게 건 흑색 마법과 똑 같은 방법으로 상대에게 되돌려 주기 위해서이다.[357] 마클루 제의에는 언어적인 요소만 있는 것이 아니다. 흑색 마법사의 모습을 한 형상을 만들어 불살라 그의 주술을 무력화하기도 하였다. 마지막으로 치유 주술사 아쉬푸는 악운이 상대에 되돌아갔다고 선언한다. "너의 음모는 너 자신에게로 돌아갔다(Maqlu V:8)." 이제 청원자에게 걸린 악한 마법은 풀리고, 상황이 완전히 역전될 것이다. 마법을 건 상대가 오히려 마법 때문에 고통당할 것이다.

슈르푸와 마클루는 환자의 고통의 원인을 해소하는 공통점이 있다. 악을 표상하는 물건들을 태워버림으로써 문제를 해결하거나, 불운과 악을 그 근원으로 돌려보냄으로서 위기로부터 벗어나게 한다. 그래서 슈르푸와 마클루는 상호 보완적으로 사용되기도 하였다.

5) 제의적 기도

구약에서 개인이 기도할 때는 특별한 제의가 필요하지 않았다. 물론 제사장이 공동체를 위해 중재의 기도를 하고, 개인이 드리는 감사와 속죄를 위한 제사를 드리기는 했지만 개인적인 기도를 주재하기 위한 특별한 제의는 없었다. 이와는 달리 메소포타미아에는 슈일라(Shuila)라는 제의적 기도(liturgical ritual-prayer)가 있었다. 슈일라의 특징 중 하나는 손을 들고 하는 것이다. 손을 드는 행위는 신을 찬양하고 높이는 표시이다. 슈일라 기도는 특별히 마르둑, 샤마슈, 그리고 이슈타르와 같은 그 지역의 최고신들을 대상으로 하였다. 제의 집례자는 여러 가지 문제로 고통 받고 있는 내담자를 위해 기도하였다. 제의 집례자가 기도문을 크게 읽으면, 내담자는 그를 따라 기도문을 반복 하였다.[358)

슈일라 기도문은 신을 높이는 찬양으로 시작하였다. 이 찬양 이후 기도자는 일정한 형식에 따라 자기 이름을 밝힌다. 그리고 기도자는 질병, 사회적 고립, 혹은 신의 부재 등과 같은 고통의 원인을 신께 아뢴다. 이러한 탄원이 끝나면 문제를 해소할 해결책을 간구한다. 마지막으로 신이 기도와 간구에 귀 기울이고 응답할 것을 확신하고 찬양과 헌신의 맹세로 끝맺는다.[359)

슈일라 기도는 단독으로 사용될 수 있지만, 다른 제의 안에 포함되어 등장하는 경우가 더 많다. 특별히 왕을 위한 제의의 일부분이 되는 경우가 많다. 예를 들면 슈일라 기도는 남부르비 제의의 첫 번째 부분을 차지한다. 불행을 가져다주는 전조는 신에게 범죄를 저질러 분노를 샀기 때문이다. 때문에, 왕은 손을 들고 슈일라 기도를 드리며 죄로 인해 야기될 수 있는 재앙을 피해야 했다. 슈일라 기도문은 다음과 같이 환자의 증세를 진단하고 치료하는 치유 주술 문서에도 포함되어 있다.

오, 이슈타르 여신이여, 하늘과 땅의 여 주인이시여, 당신으로 인해 하늘과 땅이 기쁨을 누리기를 원합니다. 에쿠르(Ekur)와 압수(Apsu)에 거주하는 신들은 당신의 마음을 기쁘게 하나이다. 당신은 하늘의 광명체입니다. 신(Sin)께서 당신의 순전한 이름이 하늘의 경계선을 밝히는 빛처럼 빛나게 하고 있습니다. 당신은 창을 쥐고 계시며, 질서를 놓으시는 거룩하신 분. 나는 진실과 정의의 심판을 받기 위해 당신 앞에 섰나이다. 무너[...] 나의 [건]강. 당신의 존전 앞에서 나는 자유롭게 되었습니다. [나의 죄가 해결되

게 하[소]서. 나의 걱정거리가 [해결]되게 하소서. [...] (그리하여) 내 후손들
앞에서 권위를 누리게 하시고, 당신의 위대하심을 찬양하게 하소서. 풍족
한 (백성)에게 당신의 위대한 [신]성을 찬양하게 하소서. 이슈타르를 향해
손을 들고 한 기도[문][360]

이 기도문 이후 병증에 대한 본격적인 치료방법이 소개되고 있다. 슈일
라 기도문은 하늘과 땅의 주인이 이슈타르 여신임을 밝히고 있다. 이슈
타르는 하늘과 땅의 질서를 부여한 신이기 때문에 무질서를 표상하는 질
병이 그로 인해 사라질 것이다. 비록 지금은 질병 때문에 이웃들에게 외면
당하고 있지만 이슈타르 여신으로 인해 다시 회복되어 예전과 같은 권위
를 누릴 것을 확신하며 찬양으로 기도를 맺고 있다. 어떤 왕이 이 기도문
을 낭독했는 지는 알 수 없다. 하지만, 질병으로 고난당했을 때, 왕은 이
기도문을 함께 읽으며 건강을 기원했을 것이다. 왜냐하면 이 기도문은 아
슈르바니팔의 궁중 도서관에 보관된 자료이기 때문이다.[361]

슈일라 기도의 내용은 다양하지만, 찬양과 감사로 시작하고, 고통
의 탄원과 이에 대한 해결의 약속, 그리고 찬양과 헌신(감사)의 맹세로 끝
나는 공통점이 있다. 슈일라 기도 외에 탄원과 탄식을 주목적으로 하는
'쉬구'(shigu) 기도와 축복을 간구하기 위한 '이크리부'(ikribu) 기도도 있었
다.[362] 궁중의 종교 전문가들은 왕이 부정한 징조로 인해 위기에 처해 있
을 때, 건강이 악화되었을 때, 혹은 왕의 실수나 죄로 심각한 문제에 봉착
했을 때, 왕과 함께 이 기도문들을 낭송 했을 것이다. 왕은 기도문을 따
라 낭송 하면서, 문제를 해결할 수 있다는 확신을 가질 수 있었으며, 신
들이 여전히 자신의 구원자이자 인도자임을 확신했을 것이다.

제 4 장
고대 이스라엘의
종교적 지식과 그 활용

제4장

고대 이스라엘의 종교적 지식과 그 활용

구약성경은 점술을 금지하고 있다(신 18:10-12). 하지만 구약성경에 등장하고 있는 고대 이스라엘인들은 주변 세계로부터 영향을 받아 여러 가지 점술도구와 방법을 사용하였다. 그러나 구약성경은 당시 사용되었던 점술의 유형이나 기법 혹은 절차에 대해 자세히 설명하고 있지 않다.[363] 물론 그 자취들이 곳곳에서 발견되지만 구약성경은 이들이 당시 권력과 정책결정에 어떻게 영향을 미쳤는지에 대해서는 자세히 언급하고 있지 않다. 또한 양적인 면에서도 구약의 자료는 고대메소포타미아의 자료에 비해 제한적이다. 하지만 구약에서 합법적인 계시의 수단으로 받아들여지고 있는 제사장 신탁과 예언의 자료는 비교적 많이 남아 있다.[364] 또한 고대 이스라엘의 종교적 상황을 알려주는 비합법적인 계시의 수단의 자취들도 남아있다. 그래서 이들 자료 중 몇 가지 사례를 선택해 이들을 통해 정책을 결정하고 여론이 형성되는 과정을 살피고자 한다.

1. 제사장 신탁

이스라엘의 성전에도 고대근동에서와 같이 다양한 직책의 종교 전문가들이 활동했다. 제사는 주로 제사장(코헨)이 주도했지만, 성전의 체제를 유지하기 위해 레위인, 문지기, 성전가수, 그리고 성전 일꾼들이 협력했다(느 10:28). 이중에서 성전 일꾼으로 번역된 느디님(대상 9:2; 스 2:43, 58, 70; 7:7; 8:17, 20[x2]; 느 3:26, 31; 7:46, 60, 73; 10:28; 11:3, 21[x2])은 이방 출신의 노동자로서 성전에서 주로 육체적 노동에 종사했다. 이들의 활동은 메소포타미아 신전에서 농토관리, 요리, 세탁 등 비 종교적 업무를 담당했던 신전 종사자들을 생각나게 한다.

한편 우가릿의 신전에도 구약의 제사장에 해당하는 직책이 존재하였으며(KTU 4.29, 1; 4:48 72), 다양한 직책을 지닌 제의 담당자들이 활동하였다. 우가릿의 '우두머리 제사장'(rb khnm, KTU 1.5 IV 55-56)은 구약의 대제사장(하코헨 학가돌, 레 21:10; 민 35:25, 28; 수 20:6; 왕하 12:11; 22:4, 8; 느 3:1, 20; 13:28; 대하 34:9; 학 1:2, 12, 14; 2:2, 4; 슥 3:1, 8; 6:11)에 해당한다.[365] 한편 히타이트의 경우 제사장들은 제의행위에서 왕을 보조하였으며 제비뽑기 절차를 통해 임명되었다. 신전의 제사장들은 제물을 관리하거나 희생 제사를 준비했다.[366]

구약에 등장하는 제사장과 성전 직원(temple personnel)은 메소포타미아의 '에립 비티'와 유사하지만 '코헨'과 '샹구'는 상당히 다르다. 메소포타미아의 신전에서는 각 제의를 전담하는 제의 전문가들이 배치되었고, 샹구는 주로 행정적 업무에 집중하였다. 이에 비해 '코헨'은 제의 전문가들이 하는 일 대부분과 샹구의 업무를 동시에 수행하였다. 또한 코헨은 샹구가 하지 않은 또 하나의 일을 했는데, 바로 '제사장 신탁'(priestly divination)이다.

제사장은 다양한 방식으로 신탁을 수행하였다. 가장 일반적인 방법은 '우림'과 '둠밈'을 사용하는 것이었지만 때로 '에봇'이나 '드라빔', '법궤'나 '제비뽑기'를 사용하기도 하였다. 이들 다양한 신탁의 수단 중에 우림과 둠밈을 사용한 신탁에 주목할 필요가 있다.[367] 왜냐하면 이 신탁의 방법은 "복잡하지 않은 간단한 유형의 기계적 신탁"이며 구약성경에 자주 언급되고 있기 때문이다.[368] 우림과 둠밈의 모양이 어떠하고 그 재료는 무엇인지 잘 알 수 없다. 아마도 주사위 같은 것을 던져서 신의 뜻을 찾는 점술(cleromancy)과 비슷했을 것이다.

제사장은 우림과 둠밈이라는 신탁의 도구를 사용하여 하나님으로부터 '예' 혹은 '아니오'라는 양자택일의 답변을 얻어냈다. 이처럼 제사장이 우림과 둠밈을 사용하여 시행하는 양자택일의 신탁을 '제사장 신탁'이라고 한다. 하지만 이 둘이 어떠한 방식으로 양자택일의 답을 보여주었는지 알 수 없다. 밀그롬(Jacob Milgrom)은 아시리아의 점술사들이 검정돌과 흰 돌을 가지고 점치던 '돌 점'(psephomancy)에서 착안해, 둘 다 '예'이면 긍정이고, 둘 다 '아니오'이면, 부정이 되고, '예'와 '아니오'가 서로 엇갈리면 답이 없는 것이라고 주장하였다.[369] 하지만 이 경우 답이 주어지지 않을 확률이 높기 때문에 신탁의 수단으로 사용하기에는 문제가 있어 보인다.

제사장 신탁이 어떤 방법으로 시행되었는지는 알 수 없지만, 문학 양식 면에서 제사장 신탁은 공통점이 있다. 신탁의 양식은 하나님께 뜻을 구하는 질문과 대답으로 이루어져 있고,[370] 질문을 할 때는 히브리어 동사 '샤알'과 전치사 '브'가 사용된다. 이 경우 항상 우림과 둠밈이 신탁의 도구로 사용된 것 같지는 않다. 때로는 다른 도구를 사용하거나 아무런 도구 없이 신탁의 질문을 했을 가능성도 있다. 예를 들면 제사장의 겉옷인 에봇을 신탁의 도구로 사용했을 가능성이 있다. 에봇에는 우림과 둠밈을 보관하던 주머니가 달려있었기 때문에 우림과 둠밈이 없다 하더라도 하나님의 뜻을 묻는 도구로 여겨졌을 수 있다. 사무엘상 23장 9-12절에서 다윗은 제사장 아비아달에게 에봇을 가져와 사울이 자기를 잡으러 내려올지, 그리고 그일라 사람들이 자기와 추종자들을 사울에게 넘길지를 하나님께 질문토록 하였다. 이 경우 에봇을 가지고 신탁을 한 것으로 보이지만 우림과 둠밈이 들어있는 에봇인지, 아니면 에봇만을 의미하는지 분명치 않다.[371)]

사사기 1장 1-2절은 제사장 신탁을 통해서 어떻게 정책이 결정되는 지 잘 보여 준다.[372)] 여호수아 사후 이스라엘 백성은 하나님께 "우리 가운데 누가 먼저 올라가서 가나안 족속과 싸우리이까."라고 질문하였으며, "유다가 올라갈지니라."는 응답이 있었다. 본문은 여호수아 이후 누가 앞장 서 가나안 정복 전쟁을 수행할 지를 묻고 있다. 아마도 여호수아 사후 지도력의 상실로 이스라엘 백성들 가운데 갈등과 혼란이 있었던 것으로 보인다. 그래서 이스라엘 자손들은 의견을 수렴하기 위해, 전체 혹은 대표자들이 모인 가운데 하나님께 신탁을 구하였고 유다 지파가 지명되었다.[373)] 본문은 이 신탁의 절차가 어떻게 진행되었는지 알려주지 않는다. 우림과 둠밈과 같은 도구가 사용되었는지, 아니면 단순히 질문의 형태로 이루어졌는지 알 수 없다. 하지만 분명한 것은 이 신탁이 대중에게 공개된 공공장소에서 이루어졌다는 것이다. 때문에 신탁을 통해 하나님의 응답을 받은 대중들은 이를 의심하거나 거부할 수 없었다. 신탁의 결과는 곧 하나님의 뜻이자 대중의 여론이 된 것이다.

사무엘상 10장 18-27절에는 신탁을 통해 사울이 왕으로 선출되는 과정이 그려지고 있다. [374] 이스라엘 백성들은 미스바라고 하는 공공장소에 모여 사무엘이 주도하는 신탁에 참여하게 된다. 이 신탁에서는 왕을 뽑기 위해 지파라는 큰 단위로부터 가족이라는 작은 단위로 내려가면서 한 사람을 선택하는 과정을 밟고 있다. [375]

> 사무엘이 이스라엘의 모든 지파를 앞으로 나오게 하니, 주께서 베냐민 지파를 뽑으셨다. 사무엘이 베냐민 지파를 각 집안별로 앞으로 나오게 하니, 마드리의 집안이 뽑혔고, 마드리의 집안 남자들을 앞으로 나오게 하니, 기스의 아들 사울이 뽑혔다. (삼상 10:20-21 새번역)

사울은 공개된 장소에서 시행된 신탁에 의해 선택된다. 때문에 이 신탁의 결과를 거부하기가 쉽지 않다. 하지만 어떤 무리들은 신탁의 결정에 불복하고 불평하였다(삼상 10:27). 이처럼 공적인 신탁의 결정을 부정하는 행위는 하나님의 뜻과 여론을 거부하는 적대행위였기에 대중의 분노를 샀다. 그래서 암몬과의 전쟁에서 승리한 후 백성들은 사울에게 이들 무리를 처형하라고 종용하였다(삼상 11:12-13). 이처럼 신탁의 결정을 거부하는 행위는 범죄행위였기 때문에, 공적 신탁을 통해 왕으로 선택된 사울은 정통성을 얻게 되었다.

한편, 사무엘상 14장 41절은 신탁을 통해서 권력자의 권력을 어떻게 통제할 수 있는 지를 잘 보여주고 있다. [376] 마소라 텍스트를 대본으로 한 개역개정에는 신탁의 과정이 빠져있는데 칠십인 역(Septuagint, LXX)을 대본으로 한 새번역 성경은 그 과정을 분명하게 알려 준다.

사울이 주 이스라엘의 하나님께 아뢰었다. "오늘 저에게 응답하지 않으시니 웬일이십니까? 주 이스라엘의 하나님, 그 허물이 저에게나 저의 자식 요나단에게 있다면 우림이 나오게 하시고, 그 허물이 주님의 백성 이스라엘에게 있다면 둠밈이 나오게 하십시오." 그러자 요나단과 사울이 걸리고, 백성들의 혐의는 벗겨졌다.

사울은 블레셋과 전투를 시행하기 전에 전쟁 개시 여부와 승리 여부를 묻는 신탁을 시행하였는데 대답을 얻을 수 없었다(삼상 14:37). 그래서 그 원인을 찾기 위해 또 신탁을 시행하였다. 아마도 사울은 그 원인이 백성에게 있다고 생각한 것으로 보인다. 그래서 본인이 주도하든, 백성의 요구로 응하였든 신탁을 기꺼이 시행한다. 하지만 신탁의 결과, 그의 아들 요나단이 전쟁 중에 음식을 먹지 말라는 금기를 어긴 것이 원인이었음이 드러나게 되었다. 앞에서 언급한 대로 신탁의 공공적 성격 때문에 사울은 요나단을 처형할 수밖에 없었다. 하지만 백성들은 요나단이 큰 전공을 세웠다는 이유로 처형을 반대하였다. 그래서 사울은 처형을 취소하였다.

본문에서 알 수 있듯이 사울은 임의의 인물을 소요의 원인으로 지목해 희생양으로 삼을 수도 있었을 것이다. 하지만 신탁의 절차는 사울로 하여금 독단적으로 범죄자를 지목하지 못하게 하고, 대신 대중 앞에서 공정하게 범죄자를 규명하도록 유도하고 있다.[377] 이 신탁은 또한 백성들로 하여금 공적 문제에 개입하게 하여, 요나단을 구명토록 하였다. 이러한 점에서 제사장 신탁은 공동체의 안정을 도모하고 사회적 통합을 이루는 기능도 수행함을 알 수 있다.[378]

고대 이스라엘에서 제사장 신탁은 꿈, 예언과 함께 하나님의 뜻을 백성에게 전달하는 중요한 수단의 하나로 간주되었다(삼상 28:6). 제사장 신탁은 사적인 일보다는 공적인 결정을 내리는데 주로 사용되었다. 제사장 신탁은 대중들의 의견을 조정하여 합리적으로 결정할 수 있도록 하였으며 이스라엘 공동체 내에서 합법적인 계시의 수단으로 인정되었다. 때문에 거룩한 제비를 소지하고 신탁을 주도하던 제사장은 하나님의 계시와 결정을 전하는 권위를 가진 자로 인정되었다.

정치 지도자들은 제사장 신탁을 하기 위해 제사장에게 문의하는 경우가 많았다. 예를 들면 다윗 왕은 제사장에게 신탁을 구하였으며(삼상 23:7-24), 정치지도자들도 신탁을 구하기 위해 백성들 앞에 섰다(수 7:16; 삼상 14:38-40). 이처럼 왕이나 다른 정치 지도자들은 신탁이라는 수단을 통해 자신의 정치적 권위를 지키고 공동체를 융합시킬 수 있었다. 이와 반대로 정치 지도자들이 전쟁이나 정책에서 실패했을 경우에도 신탁을 통해 권위를 지속적으로 인정받을 수 있었다. 예를 들면 다윗은 아말렉과의 전쟁에서 패하였지만 신탁을 통해 하나님으로부터 긍정적인 대답을 얻었고, 전쟁에서 승리하여 자신의 정치적 입지를 회복할 수 있었다(삼상 30:1-10).[379]

이처럼 제사장 신탁은 공동체가 원하는 방향으로 문제를 해결할 수 있는 길을 제시하였다. 그리고 갈등을 해소하고 신탁을 통해 공동체 간의 합의를 이끌어 낼 수 있었다. 신탁을 통해 강력한 여론을 형성케 하여 권력자나 지도자가 바른 결정을 내릴 수 있도록 유도하기도 하였다. 이처럼 제사장 신탁은 "어떤 결단에 이르게 하는 수단으로서 … 공공의 결정에 대한 합법성을 부여한다."[380] 제사장 신탁은 공동체의 문제를 가장 합리적으로 해결하여 공동체의 안정에 기여하였다.

2. 예언

'예' 혹은 '아니오'와 같은 양자택일의 신탁 방식은 왕정 초기인 사울과 다윗 시대에 주로 사용되었는데, 다윗이 예루살렘에 정착한 이후로는 거의 사용되지 않았다. 예루살렘 중심의 종교제도가 확립된 이후 제사장 신탁은 약화되고 그 자리를 예언이 차지하게 되었기 때문이다. 구약에는 많은 예언자들이 등장한다. 이 중에서 왕들과 관련된 몇 예언자를 다루고자 한다. 이들은 예언을 통해 왕의 정책 결정에 영향을 미쳤다. 이들 외에 민수기에 등장하는 발람과 에스겔에 등장하는 예언하는 여인들을 살피고자 한다. 이들은 예언자임에도 불구하고 기계적 신탁 방법을 사용하고 있으며, 다양한 종교적 기능을 행하고 있다.

1) 나단과 갓

나단은 성전건축을 계획하던 다윗에게 영원한 왕조를 약속하는 예언을 전달한다(삼하 7:3-17). 그가 전한 예언은 문학양식이나 내용면에서 신아시리아의 '제왕신탁'(royal oracle)과 비슷하다.[381] 제왕신탁은 왕의 안녕과 왕조의 지속을 약속하는데, 다윗의 집(삼하 7:12)에 대한 나단의 예언과 유사점이 있다. 신아시리아의 예언처럼 나단 신탁의 주도권은 하나님에게 있다(8절). 나단은 야훼의 이름으로 예언을 시작하며, 다윗에게 과거에 하나님께서 어떤 은혜를 베풀어주셨는지를 회고케 한다(8-9절, 15절). 나단의 신탁에는 신아시리아의 예언에 등장하는 격려문구인 "두려워 말라"(라 타플라희)는 문구가 등장하지 않는다. 대신에 "네가 가는 모든 곳에서 내가 너와 함께 있어"(9절)라는 문구를 통해 하나님의 현존과 도우심을 확신시키고 있다. 다윗에 대한 약속은 크게 성전의 건축(10, 13a절)과 다윗 왕조(12, 13b, 14, 15, 16)의 약속으로 요약할 수 있다.[382] 이처럼 나단의 신탁은 신아시리아의 왕을 향한 예언처럼 왕의 복지와 왕조의 지속성에 대해 관심을 가지고 있다.

아비오즈(M. Avioz)는 나단의 신탁이 특히 열왕기에서 자주 인용되고 있다고 주장한다. 그에 따르면 열왕기의 저자들은 다윗왕조에 대한 하나님의 약속의 성취를 강조하기 위해 나단의 신탁을 사용했다.[383] 아비오즈의 주장대로, 왕들이 왕위 계승의 합법성이나 왕국의 안전을 도모하기 위해 나단의 신탁을 인용했을 가능성이 있다.[384] 나단의 신탁은 무엇보다도 솔로몬 중심의 왕조 이념을 형성하는데 이용되었다.[385] 기브온 산당의 꿈 기사에서(왕상 3:4-15) 솔로몬의 왕권은 나단 신탁의 성취로 기술되어 있다. 열왕기 11장에 등장하는 실로 사람 선지자 아히야는 나단과 비슷한 예언을 선포한다. 그는 길가에서 만난 여로보암에게 열 지파의 왕이 될 것이라고 예언한다(왕상 11:29-39). 아히야는 하나님께서 여로보암을 왕으로 임명하셨으며 그의 왕조를 지지하실 것이라 약속한다. 이러한 하나님의 지원과 도움은 '제왕신탁'을 구성하는 중요요소이다. 차이점이 있다면, 나단은 현직의 왕에게 예언했고, 아히야는 미래의 왕에게 예언을 했다는 점이다.[386] 이처럼 나단이 다윗에게 선포한 제왕신탁은 후대의 왕들이 왕권의 합법성과 권위를 인정받을 필요가 있을 때 인용되었다.[387] 나단의 예언은 다윗의 후손이 뒤를 이어 계속 왕위에 오른다는 왕조원리를 강조하여 다윗과 그의 후손들의 왕권을 확립하는 기능을 하였다.[388] 그래서 후대의 왕들이 나단의 신탁을 인용해 왕권의 전통성과 왕조의 지속성을 수호하였을 것이다.

나단은 또한 사무엘하 12장에서 밧세바와 관련된 윤리적 문제를 심판하는 예언자로 등장한다. 나단은 한편으로는 하나님께서 다윗에게 베푼 은혜를 회고케 하고, 다른 한편으로는 은혜를 배반한 죄를 고발한다. 다윗의 범죄는 사형에 해당한다. 하지만 다윗이 죄를 고백할 때 나단은 하나님의 용서를 선포함으로써(삼하 12:13), 왕권의 붕괴와 왕조의 단절의 위기에 빠진 다윗을 구원한다. 나단은 한편으로 다윗에게 심판예언을 선포하면서 다른 한편으로 그를 위기로부터 구원하는 비판적 지지자의 역할을 하고 있다.

비판적 지지자의 역할은 "다윗의 선견자"(삼하 24:11)된 갓에게도 발견된다. 그는 인구조사 때문에 위기에 빠진 다윗에게 세 가지 해결책을 제시하고 그 중에 한 가지를 선택케 한다(삼하 24:13-14). 그는 나중에 아라우나의 타작마당에 제단을 쌓으라는 하나님의 명령을 전달하고 이를 시행토록 하여 인구조사 때문에 발생한 재앙을 그치게 한다. 역대기서는 다윗이 제단을 세운 이곳에 예루살렘 성전이 되었다고 증언한다(대상 22:1). 이처럼 갓은 나단처럼 예언을 통해 위기를 극복하고 왕권을 공고히 하는 역할을 한다.

나단은 주전 8세기 이후의 예언자들과는 다른 상황에서 예언을 한다. 그는 다윗의 궁정에서 왕의 자문관처럼 행동한다. 그는 사무엘처럼 성전에서 활동하지 않고, 군대를 이끌고 나가 전쟁에 참여하지도 않는다. 그는 왕에게 하나님의 계획을 전하거나(삼하 7장), 왕의 죄를 지적하는 역할을 한다(삼하 12:1-14). 윌슨이 주장하는 바처럼, 나단은 지배층을 위한 예언자로서 예언자 갓과 함께 사회구조의 안전을 유지할 책임이 있고, 따라서 사회적 균형을 위협할 것에 대항하고 점차적인 변화를 이끌기를 원하는 중앙 중재자들이다. [389] 나단의 예언은 폰그라츠 라이스텐이 말한 제왕적 지식이라는 틀로 관찰할 때 바로 이해할 수 있다. 왜냐하면 그의 예언은 다윗이 나라를 잘 다스릴 수 있도록 하기 위해 하나님으로부터 전달받은 '신적 지식'(divine knowledge)이기 때문이다. 이 지식은 하나님으로부터 부여되었기 때문에 비판을 할 수 있는 권위가 있다. 그리고 이 비판적 권위의 목적은 왕의 권력을 유지시키는 것이다. [390]

2) 이믈라의 아들 미가야

예언은 제사장 신탁과 달리 하나님의 뜻을 묻는 질문의 과정이 없다. 왜냐하면 예언은 하나님으로부터 인간에게 일방적으로 주어지기 때문이다. 하지만 때로 신탁처럼 질문을 통해 예언을 얻는 경우도 있다. 강승일은 질문에 대한 응답으로서 주어지는 예언을 "점술적 예언"이라고 주장하였다. [391] 그는 예언자 아히야를 찾아와 아들의 병에 대해 물었던 여로보암의 아내에게 주어진 예언(왕상 14장)과 병에서 회복될지 물어보는 왕에게 답변으로 주어진 예언들(왕하 1장; 왕하 8장)을 점술적 예언의 유형으로 분류하였다. 강승일은 이러한 기사들은 왕의 권위보다는 예언자의 권위를 강조하기 위한 신명기 역사가의 의도라고 주장한다. 하지만 점술적 예언을 반드시 "신명기 역사가의 의도가 담긴 문학적 장치"로만 간주할 필요는 없다. [392] 왜냐하면 이러한 유형의 예언은 이미 마리문서에도 발견되기 때문이다.

마리문서의 하나인 ARM 26 216에 등장하는 나부 예언자들은 "나의 주가 정결례를 치루고 성곽 밖에서 7일간 머무시면 안전하게 귀가하실 수 있을 것인가?"(10-13째줄)라는 질문을 받고 왕의 평안을 비는 예언을 하였다. 열왕기상 22장(참조 대하 18장)에도 이와 비슷한 상황이 기록되어 있다. 22장 1절은 "이스라엘의 왕이 이에 선지자 사백 명쯤 모으고 그들에게 이르되 내가 길르앗 라못에 가서 싸우랴 말랴 그들이 이르되 올라가소서 주께서 그 성읍을 왕의 손에 넘기시리이다."라고 기록하고 있다. 아합과 여호사밧은 전쟁을 시작하기 전에 400명의 아합의 선지자에게 전쟁에서의 승리 여부를 묻고 그 결과 긍정적인 답변을 듣는다. 이에 비해 미가야는 아합의 예언자들과는 달리 부정적인 예언을 한다.[393] 두 왕은 다수의 의견을 따라 전쟁에 나갔으나 패전하였다. 열왕기상 22장은 하나님이 보내신 "거짓말 하는 영"(루아흐 셰케르, 22, 23절)이 두 왕을 속였기 때문에 잘못된 선택은 불가피함을 밝히고 있다.[394] 그러나 여호사밧이 사백명의 예언에 만족하지 않고 추가적인 예언을 요구했고, 아합이 이 때문에 데려온 미가야의 예언의 독특성을 인지하고 있었던 것으로 보아(7-8절), 두 왕에게도 바른 선택과 결정을 내릴 수 있었던 기회가 있었다.

이처럼 예언의 수용자의 입장에서 바른 예언을 선택하고 결정하는 과정은 예레미야서에도 등장한다. 예레미야서는 당시 다양한 예언이 있었음을 보여주고 있다.[395] 하나냐를 포함한 상당수의 예언자들은 긍정적인 예언을 선포하였다(렘 27-28장). 예레미야를 포함한 소수의 예언자들만이 부정적인 예언을 선포하였다. 예레미야는 자신과 의견을 달리하는 예언자들을 '하나님의 이름으로 거짓말을 하는 선지자'(니브임 비슈미 라샤케르, 27:15, 16)라고 불렀다. 하지만 당시 권력자들은 이들의 예언이 참이라고 여기고 다수의 예언을 선택하였다. 오늘날의 빅 데이터의 관점에서 보면 과학적이고 합리적인 선택이라 할 수 있다. 하지만 그들의 선택은 실패로 끝났다. 이러한 실패는 선택에 있어 데이터의 양이 아닌 데이터의 질이 더 중요함을 보여 주고 있다. 설사 데이터의 질이 우수하더라도 선택과 결정은 왕과 같은 지도자의 책임이었고 바른 결정은 그들의 능력에 달려 있었다.

이스라엘 왕은 잘못된 결정을 내렸다. 그는 미가야를 투옥시켰다. 왕과 신하들은 미가야의 부정적인 예언이 군대의 사기를 크게 저하시켰다고 생각했기 때문이다. 그의 예언은 왕국과 국왕의 정책에 대한 도전이다. 또한 궁정의 공식 신탁기관인 400인 예언자에 대한 도전이다. 하지만 그의 예언대로 동맹은 실패했다. 전쟁에서 돌아온 궁정 고위관료들은 희생양을 필요로 했을 것이다. 사기를 저하시켜 전쟁에 패하게 한 죄, 왕의 안녕을 손상시킨 죄, 그리고 하나님을 신뢰치 못한 죄로 그를 처형했을 것이다. 예언자가 지켜야할 의무조항은 마리의 규율에 잘 드러나 있다. 미가야는 왕에게만 전달해야할 하늘의 비밀을 누설한 죄와 그로 인해 왕국의 안정과 국왕의 안전을 손상한 죄로 처형되어야 한다. 아마도 부정적 예언이 공식석상에서 선포되었을 때 이를 수집하고 있던 적군의 스파이에게는 그의 예언은 승전보에 다름이 없었을 것이다.

3) 엘리야와 엘리사

엘리야는 북이스라엘의 아합 왕에게 예언을 하였다. 아합은 시돈 출신의 아내인 이세벨의 영향을 받아 바알과 야훼를 동시에 믿는 혼합주의적 신앙관 내지 우상숭배 의식을 지지하고 있었다. 아합의 이러한 종교적 타락은 예언자들의 중요 공격 대상이었다. 하지만 아합은 엘리야와 같은 예언자들 때문에 왕국이 고통당하고 있다고 생각했다. 그래서 엘리야를 "이스라엘을 괴롭히는 자"(왕상 18:17)로 불렀다. 엘리야는 주로 광야에서 머물렀기 때문에 그의 예언을 제왕적 지식이라고 할 수 없다. 왜냐하면 엘리야는 아합이 왕위를 유지하는 것을 찬성하지 않았기 때문이다. 하지만 엘리야의 예언 가운데 아합을 구원하고 그를 지지했던 구원신탁 (salvation oracle)도 있다.

엘리야는 나봇의 포도원 사건(왕상 21장)에서 불의를 행한 아합에게 심판을 선언한다. 아합은 이세벨과 공모하여 나봇의 포도원을 빼앗고 그를 죽였다. 하나님께서는 엘리야를 보내 아합 가문의 모든 사람들이 멸망할 것이라는 심판을 선언케 하셨다(21-24절). 이 말을 들은 아합은 옷을 찢고 맨몸에 굵은 베 옷을 걸치고 회개하였다. 그러자 하나님께서는 엘리야에게 다음과 같이 말씀하셨다.

> 너는 아합이 내 앞에서 겸손해진 것을 보았느냐? 그가 내 앞에서 겸손해졌기 때문에, 나는, 그가 살아 있는 동안에는 그에게 재앙을 내리지 않고, 그의 아들 대에 가서, 그 가문에 재앙을 내리겠다. (왕상 21:29 새번역)

하나님께서는 아합이 자신을 낮추고 하나님께 복종했기 때문에 그를 용서하시고, 심판을 연기하시겠다고 하셨다. 심판의 연기는 구원을 의미한다. 엘리야는 아합에게 하나님의 구원을 약속하는 예언을 선포하였다. 이처럼 왕에게 선포하는 구원은 신아시리아의 제왕신탁의 특징이다. 그는 아합의 대적(오예브, 왕상 21:20)이자 그를 괴롭히는 자(오케르, 왕상 18:17)였지만 아합 정권의 전복이 아닌 그를 비판적으로 지지하는 중앙 예언자의 역할을 하였다.[396)]

한편 엘리야로부터 예언자 직을 계승한 엘리사는 아합 이후 새로운 왕조가 들어서게 될 것이라는 스승의 예언도 계승한다(왕상 19:16; 왕하 9:8). 엘리야의 예언을 계승한 엘리사는 제자 중 하나를 시켜 예후에게 기름을 붓는다. 미래의 왕이 될 약속을 받은 예후는 아합 왕조를 무너뜨리기 위해 엘리야와 엘리사의 예언을 적절히 이용했다. 무엇 보다 자기가 왕이 된 것은 스스로의 욕심이 아니라 엘리야 때부터 이어진 하나님의 예언의 성취라는 관점을 부각시켰다(왕하 9:12). 그는 철저하게 예언을 인용하며 군사적 행동을 정당화 했다. 우선 요람 왕을 살해 한 근거가 예언이라고 주장했다. 하지만 엘리야도 엘리사도 요람을 살해하라는 예언을 하지 않았다. 그러나 예후는 엘리야 예언의 성취라고 하며 자신의 행동을 정당화 했다(왕하 9:28).

예후는 또한 이세벨을 살해하고, 이 또한 엘리야 예언의 성취라고 선포했다(왕상 9:36). 하지만 예후는 엘리야의 예언(참고. 왕상 21:23-24)을 정확하게 인용하지 않고 자신의 행동을 정당화하기 위하여 수정하였다. 예후는 또한 레갑의 아들 여호나답을 앞세워 바알과 아세라 우상들을 무너뜨리고 바알 숭배자를 제거하며 이 또한 예언의 성취라고 주장하였다(왕하 10:15-27). 여호나답과 이스라엘 백성은 예후의 이러한 행동을 보고 바알과 아세라 선지자를 제거했던 엘리야의 갈멜산 사건(왕상 18장)을 연상하였을 것이다. "여호와께서 아합의 집에 대하여 하신 말씀은 하나도 땅에 떨어지지 아니하리라"는 열왕기하 10장 10절 말씀은 당시의 모든 사람들도 예후의 행동을 예언의 성취로 간주했음을 암시한다.

엘리사가 예후의 군사 혁명에 직접 개입했는지의 여부는 잘 알 수 없지만 예언이 예후의 행동의 근거가 된 것과 그의 정치적, 종교적 유혈 혁명을 정당화한 것은 부인할 수 없다.[397) 아시리아의 예언문서들에서도 예언자들은 제왕신탁을 통해 왕의 정치적, 군사적 행동을 정당화할 수 있는 근거를 제공하였으며, 이를 통해 왕과 제국의 안정을 도모하였다. 엘리야와 엘리사가 예후를 직접 돕지는 않았지만 그들의 예언은 예후에게 제왕신탁의 기능을 하였다. 예후를 향한 제왕신탁은 열왕기하 10장 30절에서도 찾아볼 수 있다.

> 여호와께서 예후에게 이르시되 네가 나보기에 정직한 일을 행하되 잘 행하여 내 마음에 있는 대로 아합 집에 다 행하였은즉 네 자손이 이스라엘 왕위를 이어 사대를 지내리라 하시니라

이 예언은 예후에게 왕조를 약속하는 전형적인 제왕신탁이다. 이 예언이 엘리사에 의해 선포되었다는 증거는 없다. 무명의 예언자나 예후 본인에 의해 선포되었을 수 있다. 누가 전하였는지는 분명하지 않지만 예언의 내용과 그 문학적 양식은 다윗에게 선포된 나단의 신탁(삼하 7:6-19)이나 에살핫돈과 아슈르바니팔에게 선포된 제왕신탁과 유사점이 있다. 예후의 후손들은 왕위의 정당성과 합법성이 도전받을 때마다 예후에게 선포된 왕조에 대한 하나님의 약속을 의지해 그 위기를 극복하였을 것이다.

4) 발람의 다양한 종교적 기능

구약성경에서 발람만큼 극단적인 평가를 받는 인물은 찾아보기 힘들 것이다. 민수기 22-24장에서 그는 이스라엘에게 축복을 선포하는 통로로 묘사되어 있다. 하지만 이곳을 제외하면 발람은 대부분 부정적으로 묘사되고 있다.[398] 발람이 이처럼 극단적인 평가를 받는 이유는 그의 다

양한 역할 때문이다. 카이저(Walter C. Kaiser, Jr.)는 발람이 '선견자', '꿈 신탁가', '신탁 낭송가', '제사장', '주술사', '축귀사'와 같은 역할을 하고 있다고 한다.[399] 한편 바이페르트(M. Weippert)는 발람의 역할을 저주를 선포할 수 있는 '하나님의 사람'과 미래를 예언할 수 있는 '예언자' 역할의 두 가지로 꼽았다.[400] 그가 주장한 '하나님의 사람'의 주요 기능은 '신탁 전문가'와 상당부분 일치한다.

발람은 모압 왕 발락으로부터 이스라엘 백성들에게 저주의 술법을 행하도록 요청받았다. 그는 발람의 사자가 방문한 밤에 하나님으로부터 계시를 받는다. 하지만 그 밤에 어떤 방법으로 하나님의 계시를 받았는지 본문은 말하고 있지 않다. '밤'(22:8, 19, 20)과 '아침'(22:13, 21)이라는 단어가 교대로 등장하는 것으로 보아 하나님께서 꿈을 통하여 그에게 뜻을 전해 주셨을 가능성이 있다.

신탁과 관련된 기사에 따르면 그는 단지 질문하고 하나님의 응답을 기다렸다. 어떤 방법을 사용했는지 모르지만 분명한 것은 그는 '질문과 응답'이라는 전형적인 신탁 형식을 따랐다는 점이다.[401]

하나님이 발람에게 임하여 가라사대 너와 함께 한 이 사람들이 누구냐 발람이 하나님께 고하되 모압 왕 십볼의 아들 발락이 내게 보낸 자라 이르기를 보라 애굽에서 나온 민족이 있어 지면에 덮였으니 이제 와서 나를 위하여 그들을 저주하라 내가 혹 그들을 쳐서 몰아낼 수 있으리라 하나이다 하나님이 발락에게 이르시되 너는 그들과 함께 가지도 말고 그 백성을 저주하지도 말라 그들은 복을 받은 자니라(민 22:9-12)

여기에 질문은 기록되어 있지 않지만 어떤 질문을 했을 지는 짐작할 수 있다. 그는 우선 가야 하나 말아야 할지를 물었고, 두 번 째는 저주를 선포해야 할지를 물었다. 두 질문에 대한 응답은 모두 부정적이었다("그들과 함께 가지도 말고 그 백성을 저주하지도 말라").

부정적인 신탁을 받고 귀환한 사신들은 재차 신탁을 의뢰하라는 명령을 받는다(비교 22:15). 신탁은 예언과 달리 그 결과가 기대에 못 미칠 경우 다시 요청하기도 한다. 이때 내담자는 일반적으로 같은 신탁자에게 재차 신탁을 의뢰한다.[402] 이들의 요구에 따라 발람은 다시 신탁을 시행했고, '가라'는 긍정적인 대답을 얻었다. 발람은 우림과 둠밈을 사용하지 않았지만 제사장 신탁에 준하는 방법으로 하나님의 뜻을 구하였다.

발람은 또한 네 번에 걸쳐 예언을 선포한다(23:7-10; 18-24; 24:3-9; 15-24). 모벌리(R. Moberly)에 따르면 "발람은 모델이 될 만한 '예언자'이다. 왜냐하면 그는 하나님의 말씀에 의지하고 응답했을 뿐 아니라 하나님의 말씀을 신실하게 전달했기 때문이다."[403] 발람은 이스라엘을 축복하고 '별'에 대해 예언을 하였다(24:17).[404]

민수기 24장 4절과 16절은 발람을 환상을 '보는 자'(마하제)로 이름 붙이고 있다. '마하제'는 '보다'를 뜻하는 동사 '하자'의 완료형이다. 이 동사어근에서 선견자를 뜻하는 '호제'가 파생되었다. '호제'라는 명칭은 고대 팔레스타인 인근 지역에서도 발견된다. 하맛(Hamath)과 루아쉬(Lu'ash)의 왕 자쿠르(Zakkur)의 비문에 한 선견자가 궁정에서 "이제 바알샤마인(Ba'lshamayn)을 향해 손을 드노라. … 바알샤마인께서는 선견자들(zyn)과 중재자들('ddn)을 통해 나에게 말씀하셨노라."고 하며 예언을 선포한다.[405]

또한 데이르 알라(Deir Alla) 비문에도 선견자의 명칭으로 '하자' 어근이 사용되었다. 비문의 대강의 줄거리는 다음과 같다. 브올의 아들 발람은 한 밤중에 신들로부터 메시지를 받는다. 신들은 그 땅에 있는 나라의 일들에 대해 불만을 토로한다(1-2줄). 다음 날 발람은 신들로부터 받은 메시지 때문에 번민한다(3-4). 심란한 이유를 묻자 그는 심판(doom)의 메시지를 선포한다(5-16).[406] 이 비문에 등장하는 발람은 구약의 호제와 비슷하게 '신들의 선견자'(hzh 'lhn)로 불렸다.

마갈릿(B. Margalit)은 '호제'가 9세기에 시리아-팔레스타인 지역에서 공통으로 사용되던 예언자 칭호였다고 주장한다.[407] 하지만 민수기의 발람은 자쿠르 비문이나 데이르 알라 비문에 등장하는 발람과는 달리 '호제'로 불리지 않았다. 대신 '마하제'라는 호칭으로 불렸다. 발람의 호칭 '마하제'와 두 비문의 호칭은 모두 동사 '하자'라는 동사에서 파생되었다. 따라서 '마하제'는 '호제'의 이형(異形)으로 간주해도 좋을 듯하다. 데이르 알라 비문에 등장하는 발람은 아마도 당시에 팔레스타인 지역에서 유명한 선견자였던 것 같다. 하지만 데이르 알라 비문에 등장하는 발람이 성경에서 말하는 발람인지는 알 수 없다. 어쩌면 팍스(E. Fox)가 추정한 대로 이방인의 입을 통해 이스라엘의 영광과 하나님의 위대하심을 증언하기 위해 민수기가 이미 고대로부터 잘 알려진 발람의 이름을 차용했을 지도 모른다.[408]

발람의 역할은 인류학적인 용어로 중재자(intermediary), 혹은 사회학적 용어로 종교 전문가로 규정될 수 있다. 하나님께서는 다양한 방법과 통로를 통해 인간과 소통하고 싶어 하신다. 발람은 여러 가지 방법과 기술을 통해 하나님의 뜻을 모압 왕 발락에게 전달하였다. 이러한 점에서 발람 이야기를 이스라엘을 저주하기 위해 온 어떤 이방 점술사의 이야기로 읽을 것이 아니라 오직 하나님의 뜻과 그에 따른 결과를 전달하기 위해 온 예언자의 기능을 담당하고 있는 이방 신탁 전문가의 관점에서 읽을 필요가 있다.

5) 에스겔 예언의 특징과 예언하는 여자들

에스겔은 황홀경 상태에서 하나님의 신비와 권능의 환상을 목격한다. 그는 환상 중에 계시된 하나님의 말씀을 백성들에게 전달할 사명을 받았다(3:10-11; 43:10-12; 44:5). 그리고 환상의 목격담 형태로 예언을 선포했다(겔 3:14-15, 22, 24; 8:1, 3; 11:1, 5, 24; 33:22; 37:1; 40:1-2).[409] 에스겔은 자신이 목격한 환상을 기술하는 데 있어 신화적 상징들을 채택하고 있다. 우선 1장과 10장의 하나님의 보좌가 있는 수레는 고대 근동의 '폭풍 신'에 대한 신화적 기술과 유사하다. 가나안의 문학에는 '바알'과 '엘' 같은 신들이 구름 위에서 전투마차를 타고 적을 추적한다. 에스겔은 또한 우주적 나무의 신화적 상징을 사용하고 있다(17:22-24; 19:10-11; 31:1-9). 이와 비슷한 나무들이 아카드, 수메르, 바빌로니아 그리고 이집트 문학에서 발견된다. 때로 이 나무는 또 다른 중요한 신화적 나무인 생명의 나무와 연결된다. 일반적으로 우주적 나무는 거대한 제국의 영광과 명성을 상징한다.[410]

신화적 상징으로 가득 찬 에스겔의 환상 보고(報告)는 동료 포로민들과 다른 예언자들로부터 "허탄한 묵시"(하존 샤브)로 의심받을 여지가 있었을 것이다. 왜냐하면 에스겔의 환상과 황홀경은 바빌로니아의 점술 행위와 구분하기가 쉽지 않기 때문이다. 실재 꿈과 환상, 그리고 환각(hallucination)은 구분하기가 쉽지 않다.[411] 그래서 에스겔은 예언의 진정성을 변호하기 위해 다른 예언자들과 논쟁하여야만 했다(13장, 22장). 이러한

논쟁은 에스겔이 목격한 환상의 진정성이 동료들로부터 심각하게 의심받았음을 증명한다.[412]

에스겔은 자신이 본 환상의 진정성을 주장하기 위해 독특한 방식을 사용하였다. 그는 거짓 선지자들이 본 환상과 자신이 본 환상을 소개할 때 각기 다른 용어를 사용하였다. 즉 거짓 선지자들이 본 환상을 '하존'으로 부르고 자신이 본 환상을 '마르아'로 불렀다(1:1, 5, 13[x2], 14, 16[x2], 26[x2], 27[x4], 28[x3]; 8:2[x3], 3, 4; 10:1, 9, 10, 22; 11:24[x2]; 23:15, 16; 40:2; 40:3[x2]; 41:21[x2]; 42:11; 43:3[x5]). 에스겔은 또한 자신이 본 환상의 진정성을 강조하기 위해 시각적 동사와 그 파생어를 각각 구분해 사용하였다. 그는 환상을 '보다'라는 동사도, 거짓 예언에는 '하자'를, 자신의 예언에는 '라아'를 각각 사용하였다. 에스겔서에서 '허탄'을 의미하는 '샤브'는 '하자' 동사나 그 파생어와만 사용될 뿐 '라아'와 그 파생어와는 사용되지 않는다.

에스겔서는 에스겔을 "하나님이 주신 환상들을 본"(에르에 마르오트 엘로힘) 예언자로 소개하고 있다. 에스겔은 '하존'을 본 '호제'가 아니었다. 그 대신 그는 "사람의 아들"(벤 아담)이라고 불렀다.[413] 그를 '나비', '호제,' '하나님의 사람'이 아닌 "사람의 아들"로 부른 이유는 전통적인 예언자 칭호들을 남용했던 거짓 예언자들에 대한 반발 때문이었을 것이다.

에스겔서는 에스겔의 예언의 진정성을 부각시키기 위해 예언하는 어떤 여인들과도 비교하고 있다(겔 13:17-23). 이들은 '미트나브오트'로 불렸는데 '나바'(예언하다)의 히트파엘형 분사 여성 복수형이다. 구약 성경에서 여예언자는 '느비아'로 불린다. 미리암(출 15:20), 드보라(삿 4:4), 이사야의 부인(사 8:3), 훌다(왕하 22:14), 노아디아(느 6:14)가 '느비아'로 불렸다. 하지만 에스겔서의 여인들은 '느비아'로 불리고 있지 않다.

이처럼 예언하는 여인들이 '미트나브오트'로 불리자, 이들에게 "여예언자" 칭호를 부여할 수 있는지가 학자들간에 뜨겁게 논란이 되어 왔다.[414] 어떤 주석가들은 '미트나브오트'가 망자의 영을 이용해 마술을 행했다고 주장한다.[415] 또한 '미트나브오트는 저급하고 경박한 마술을 사용하기 때문에 예언자라고 부를 수 없다고 주장하기도 한다.[416] 그리고 이것이 바로 히트파엘 형태가 사용된 이유라고 주장한다. 히트파엘이 예언자를 가장한 여인을 가리키기 위해 사용되었다는 것이다. '나바'의 히트파엘 여성분사형은 여기에서만 사용되었는데 '느비아'와 구분하기 위해 사용되었을 것이라는 주장도 있다.

하지만 최근 가프니(Wilda Gafney)는 '나바'의 니팔형과 히트파엘형을 정확하게 구분할 수 없기 때문에 이러한 구분은 지나치게 인위적이라고 주장한바 있다. 또한 조스트(Renate Jost)는 '미트나브오트'가 부정적 의미를 전달하기 위해 사용되었다면 37장 10절에서 에스겔이 사용한 '나바'의 히트파엘은 상당한 문제를 야기할 수 있다고 주장한다. 한편, 코펠(M. C. A. Korpel)은 예언하는 여인들이 계시를 구하기 위해 마술이나 초혼술을 사용했다고 주장한다.[417] 하지만 본문은 이들이 어떻게 신탁을 구했는지 구체적으로 언급하고 있지 않다. 다만 "손목마다 부적을 꿰어 매고", "머리를 위하여 수건을 만드는 여자들"이라는 문구들이 도구를 사용했음을 암시해 주고 있다.

"손목의 부적"으로 번역된 '케사톳'(18, 20절)은 마술할 때 사용한 '띠'라고 여겨진다. 머리의 수건을 뜻하는 '미스파홋'(18, 21절)은 머리를 가리는 수건 혹은 베일을 의미하는 듯하다. 데이비스(G. I. Davies)는 이 두 단어가 아카드어 "묶다"를 의미하는 '카수'와 "풀다"를 의미하는 '사파후'와 관련되어 있으며, 마술에서 '묶는 것'과 '푸는 것'의 기능을 하였을 것이라고 주장한다.[418] 왜냐하면 에스겔 본문에 따르면 이들은 생명을 보존하고 파괴하는 일과 관련되어 있기 때문이다("죽지 아니할 영혼을 죽이고 살지 못할 영혼을 살리는도다." 19절, 비교 22절).[419] 아마도 예언하는 여인들은 바빌로니아의 마술 기술과 그 언어를 이용해 자신의 생계를 유지했을 것이며 이 때문에 에스겔의 공격을 받았을 것이다.

따라서 '미트나브오트'를 마술사나 점술사가 아닌 예언자로 보아야 한다. 이들은 예언적 신탁을 구하기 위해 마술 수단 혹은 점술 수단을 사용한 것 같다. 키츠(A. M. Kitz)는 고대근동의 종교는 오늘날과 같이 세분화 되어 있지 않아 예언과 점술 신탁을 엄격하게 구분하기 힘들다고 주장한다.[420] 고대근동의 예언자들은 점술 신탁처럼 고객의 요청을 받고 신의 뜻을 물어 전달하기도 하고 신탁의 대가를 받기도 하였다. 때문에 에스겔이 예언하는 여인들을 향하여 "두어 움큼 보리와 두어 조각 떡을 위하여"(19절) 거짓 예언을 한다고 비난한 것은 오히려 예언의 대가를 받았던 당시의 바빌로니아의 상황을 잘 반영하고 있다고 할 수 있다.

"어떤 예언하는 여인들"은 '여예언자'(느비아)라는 공식칭호로 불리지 못하고 중재자로서의 공식적인 지위를 인정받지 못하였다. 이들의 예언과 행동이 마술과 점술에 가깝다고 보았기 때문이다. 또한 이들은 남성과는 달리 사적인 공간에서 활동하였으며,[421] 자신들을 방문한 사람들에게 개인적으로 신탁을 제공하여서 남성 예언자와 같은 권위와 지위를 누리지 못하였다. 하지만 고대 이스라엘과는 달리 고대 메소포타미아, 특히 마리와 신아시리아에는 여성 예언자들의 활약이 두드러졌다. 이들 여성 예언자들은 계시의 수용 수단으로서 주로 꿈을 이용하였다. 왜냐하면 꿈은 점술 신탁과는 달리 신의 뜻을 구하기 위한 도구가 필요 없었고 훈련을 받을 필요도 없기 때문이다. 이들도 예언을 선포하였지만 예언자의 칭호를 갖지 못했다. 단순히 '여인', '한 남자의 아내', 혹은 '여종'으로 불렸다. 그럼에도 이들의 예언이 궁정 도서관의 자료로 남아있는 것은 이들이 선포한 예언의 가치가 인정되었기 때문이다. [422)

이처럼 비전문적인 여성들이 예언을 통해 다양한 목소리를 낼 수 있었던 것은 다신(多神) 문화적 배경 때문이다. 이들은 중앙의 신이 아닌 지방과 소읍(小邑)의 신들의 이름을 빌어 예언을 하였다. 통상적으로 이스라엘의 예언자들은 이웃 나라의 종교나 문화 그리고 이념에 반대하였기 때문에 고대근동의 예언 현상을 그대로 수용할 수는 없었을 것이다. 또한 중앙 중심적이고 남성 중심적 종교의 신봉자였던 에스겔에게 포로 공동체에 퍼져 나가고 있는 비전문적 여성 예언은 정통 율법 종교의 근간을 흔들 수 있는 위협요소였다. 그래서 에스겔은 이들을 향해 "너희가 다시는 허탄한 묵시를 보지 못하고 점복도 못할지라."(23절)라고 선언하였다. 비록 미트나브오트는 에스겔 혹은 에스겔을 기록한 저자들에 의해 마술사나 점술사로 낙인찍혔지만, 이들은 포로지 바빌로니아의 종교와 문화의 영향을 받아 생긴 새로운 형태의 예언자 집단이라 할 수 있다. 이들은 공식적으로 인정된 예언자는 아니었지만 대중들에게 호응을 받았다. 에스겔서가 이들의 문제점을 심각하게 다루고 있는 점이 이를 추정케 한다.

3. 책략과 왕의 고문

왕의 고문은 점술사나 종교인이 아니었다. 하지만 몇몇 왕의 고문은 신적인 권위를 가진 조언으로 왕의 정책 결정 과정에 참여했다. 에스더 1장 13절에 따르면 왕국의 첫 번째 자리를 차지하며 왕을 직접 알현했던 일곱 지방관들은 "사례를 아는 현자"라고 하였다. 히브리어 본래의 의미로 이들은 "시간을 분별할 줄 아는 현자"(하카임 요드에 하이팀)이며 그들은 왕에게 법률 자문을 하곤 했다. 그들이 지닌 "시간을 분별할 줄 아는 지식"은 아마도 점술과 관련된 듯하다. 고대근동에서 점술사는 "어떤 일을 하는데 있어서 적당한 시간을 정하는" 일을 하곤 했기 때문이다.[423] 또한 왕과 현자들과의 관계에 대한 묘사("왕에게 가까이 하여 왕의 기색을 살피며 나라 첫 자리 앉은 자", 에 1:16)는 메소포타미아 책사들이 자신들을 소개할 때 사용한 용어("왕 앞에 앉아/서 있는 자")와 비슷하다. 왕의 최측근의 궁정관료로서 현자들은 왕에게 새로운 규범을 정하는 데 조언을 하였다(에 1:15-20).

사무엘서에 등장하는 아히도벨도 메소포타미아의 '말리쿰'이나 페르시아 궁정의 현자와 비슷하게 궁정 책사로 활약하며 왕의 안전과 번영을 보장하기 위해 왕에게 조언을 하였다.[424] 아히도벨은 '다윗의 책사'(요에츠 다비드)(삼하 15:12) 혹은 '왕의 책사'(요에츠 라멜렉)(대상 27:33)라는 직책으로 소개되고 있다. 아히도벨은 궁정의 공식 책사이자 동시에 다윗의 개인 책사였지만 나중에 다윗을 배반하고 압살롬의 책사가 되었다(참조. 삼하 15:34; 16:20-23; 17:1-23). 압살롬은 왕이 되기 위해서는 유능한 책사가 필요함을 인식하고 아히도벨을 포섭하는 데 최선을 다하였다(삼하 15:12). 사무엘하 16장 23절은 아히도벨의 책략이 어떠한 가치를 지니고 있는지를 잘 보여주고 있다.

그 때에 아히도벨이 베푸는 계략은 사람이 하나님께 물어서 받은 말씀과

같은 것이라 아히도벨의 모든 계략은 다윗에게나 압살롬에게나 그와 같이 여겨졌더라

이 구절은 누군가 정치적 자문을 구하기 위해서는 "계략"(에츠)이나 "하나님의 말씀"(드바르 하엘로힘) 중 한 가지를 이용해야 함을 알려준다. 맥케인(William McKane)은 '계략' 혹은 '책략'이라는 단어가 정책 입안자나 책사로서의 아히도벨의 역할을 지칭하는 반면, 하나님의 말씀은 예언자의 예언이나 제사장 신탁을 통해 받은 계시를 지칭한다고 주장한다. [425] 즉 책략은 인간의 지혜와 경험에 의존하는 책략과 하나님의 사자(使者)를 통해 계시된 하나님의 말씀에 의존한 책략으로 구분된다. [426] 이러한 두 자문체계(諮問體系)는 상호 구분되어 있었지만, 아히도벨의 경우 그의 책략이 마치 예언이나 신탁에서 얻을 수 있는 계시와 동일한 권위를 지닌 것처럼 탁월해서 계시와 분명히 구분되지 않았던 것 같다.

아히도벨이 하나님께 물어서 받은 계시처럼 책략을 베푼다는 구절은 책략이 하늘로부터 주어질 수 있음을 암시한다. 여기에서 사용된 "하나님/여호와께 구하다"라는 문구는 일반적으로 '예'와 '아니오'와 같은 양자택일의 답을 얻기 위해 제사장 신탁에 사용되는 전문용어이다. [427] 아히도벨은 왕이 결정을 내릴 때 조언을 하였는데, 마치 신탁을 통해 얻은 것처럼 신뢰도가 높았다.

화이브레이는 책략(에차)이 하늘로부터 주어질 수 있다고 주장한다. [428] 때로 "말씀"과 "계략"은 같은 성격의 것으로 기술되며(겔 19:3, 7), 이 둘이 평행하기도 한다(사 5:19-24). 또한 '야아츠'("조언하다," "상담하다," "계획하다")라는 단어 자체가 신탁의 특질을 지니고 있기도 하다. 올브라이트(W. Albright)는

원(原)시나이어(Proto-Sinaitic)로 기록된 비문을 해석할 때 '야아츠'를 "신탁을 선포하다"로 번역한 바 있다. [429] 루프레히트(L. Rupprecht)도 민수기 24장 14절에 발람이 "당신에게 말하리이다"(이아츠카)라고 할 때, 동사 '야아츠'가 미래를 선포하거나 신탁을 선포하는 의미로 사용되었다고 주장한다. 루프레히트에 따르면 조언을 구하기 위해 신탁에 의존했기 때문에, "신탁을 구하다"라는 단어가 "조언하다"라는 의미를 지닐 수 있고, 신탁을 선포하는 사람은 "조언자"가 될 수 있다고 한다. [430] 하지만 신적 권위에 의존한 책략이라 하더라도 인간적 한계가 있다. 왜냐하면 책략에는 하나님의 약속이 주어지지 않기 때문이다. [431]

고대 근동에서도 지혜가 신으로부터 온다는 사상이 존재했다. 왜냐하면 신의 지혜는 '비밀스러운 지혜'로 간주되었기 때문이다. 따라서 점술사들이 왕에게 조언을 하기 위해 하늘의 비밀스러운 지혜를 참조하는 일은 결코 낯선 일이 아니었다. 이들은 자신들을 "왕 앞에 앉아/서 있는 자"로 소개하고 자신들을 '말리쿰'으로로 소개했다. [432] '말리쿰'은 왕의 측근으로서 신탁을 통해 얻은 책략을 왕에게 전달하기도 했다. [433] 그래비(L. Grabbe)는 책사와 같은 지혜자들을 제사장, 예언자, 점술사와 더불어 전문 종교인의 일부로 간주한다. 왜냐하면 책사도 다른 종교 전문인들과 마찬가지로 여러 가지 비밀스러운 일들, 예를 들면 신의 뜻과 같은 것을 찾으려고 노력했기 때문이다. [434]

메소포타미아의 궁정에서 왕은 점술사들을 관할하고 정치적 결정을 내릴 수 있도록 책략을 제의토록 하였다. 하지만 어떤 책략을 따를 것인가에 대한 결정권은 늘 왕에게 있었다. 왕은 점술가들에게 자신이 원하는 답을 얻을 때까지 신탁을 반복하라고 명령하였다. [435] 이러한 책략의 선택 문제는 사무엘하 15-17장에도 등장한다. 여기에서 압살롬은 아히도 벨과 후새의 책략 중 하나를 선택해야 하는 기로에 서 있었다. "왕의 친 구" 혹은 "다윗의 친구"라는 직책으로 소개된 후새는 압살롬에게 공격을 늦출 것을 설득하는 한편, 비밀리에 다윗에게는 밀정을 파견해 신속하 게 이동할 것을 조언했다. 이와 반대로 아히도벨은 후새와 달리 속도전 을 주장하였다. 그의 책략은 "공격(advance)-대결(encounter)-귀환(return)"의 세 부분으로 구성된 속전속결 전략이다.[436] 아히도벨의 책략은 탁월했 다. 왜냐하면 고든(P. Gordon)이 지적한 대로 희생자를 최소한으로 줄일 수 있기 때문이다.[437] 아히도벨의 책략의 목표는 속전속결을 통해 다윗 왕 만을 제거하는 것이다. 그가 무너지면 그의 지지 세력들은 저절로 무너질 것을 간파했기 때문이다.[438]

하지만 압살롬은 아히도벨과 후새의 책략을 놓고 저울질을 하였다. 이 처럼 압살롬이 제안한 책략을 검토하기 위해 다른 책략과 비교하는 과정 은 메소포타미아의 점술 신탁의 검증과정(피크툼)과 비슷하다. 메소포타미 아의 왕들은 징조를 해석하기 위해서 늘 한 명 이상의 점술가를 동원했으 며, 서로 다른 점괘를 비교하였다. 이 과정에서 점술사들은 서로 자신이 정 확한 해석가라고 주장하며, 자신의 점괘가 선택될 수 있도록 상호 경쟁하 였다.[439] 그래서 왕은 어떤 신탁이 더 합당한지를 알아내기 위해서 검증 신 탁을 시행하곤 했다. 메소포타미아의 점술에서처럼 구약성경도 좋은 책략 을 얻기 위해서는 여러 의견을 청취할 필요가 있음을 강조하고 있다. 예를 들면 잠언 15장 22절은 "의논이 없으면 경영이 무너지고 지략이 많으면 경 영이 성립하느니라."라고 말하고 있다. 이 본문은 한 의견에 만족하기 보 다는 다양한 의견(혹은 많은 자문)을 청취하기를 권하고 있다(참조 잠 11:14; 24:6).

사무엘서와 열왕기서에 등장하는 이스라엘 왕들은 중요한 결정을 내리기 전에 다수의 대신들이나 신하의 의견을 경청하곤 했다. 하지만 바른 조언보다는 잘못된 조언을 따르는 일이 종종 있었다. 예를 들면 르호보함은 부친 솔로몬 왕을 섬겼던 노신들의 조언과 자신과 함께 성장한 젊은 세대의 주장 사이에서 하나를 선택해야 할 때, 후자를 선택했다.[440]

압살롬의 반역 이야기에서도 압살롬과 이스라엘의 장로들은 결정을 내리기 위해 아히도벨과 후새의 책략을 청취하였다. 그리고 후새의 책략을 따르기로 결정했다(삼하 17:4). 하지만 압살롬은 이 때문에 패전하였다. 압살롬의 반역 이야기는 전쟁의 승패가 책략을 선택하는 지도자의 능력에 달려 있음을 보여 주고 있다. 압살롬과 그의 지도부는 전쟁을 승리로 이끌 수도 있었던 '좋은' 책략 대신에 '나쁜' 책략을 선택하였다. 좋은 책략과 나쁜 책략을 가름하는 기준은 꼭 책사의 능력에만 달려있지 않다. 좋은 책략이 효력을 발휘하기 위해서는 수용자의 태도가 중요하다. 즉 바른 책략을 선택할 수 있는 능력과 이를 실천할 수 있는 능력이 '좋은 책략'을 만드는 조건이 된다. 책사는 자신의 책략을 청취하는 상대편보다 하위의 위치에 처할 수밖에 없다. 그래서 책사의 의견이 받아들여지는지의 여부는 전적으로 상위 청취자의 판단력에 좌우된다. 책략이 성공하기 위해서는 지혜로운 책략가가 필요하지만 좋은 책략을 선택할 수 있는 지도자가 없다면 지혜로운 책략가의 지혜도 헛수고로 끝나게 될 것이다.

4. 그 밖의 계시 수단들

신명기 18장 10-11절은 가나안 땅에서 활동했던 중재자들의 목록을 기록하고 있다. 이 목록은 "그 아들이나 딸을 불 가운데로 지나게 하는 자"("자기 아들이나 딸을 불에 살라 바치는 자"[공동번역])로 시작되는 데 인신제사나 초혼 제의로 추측된다. 그 다음으로 "점쟁이"(코셈 코사믬), "길흉을 말하는 자"(메오넨), "요술하는 자"(메나헤쉬), "무당"(메카셰프), "진언자"(호베르 하베르, "주문을 외우는 자"[공동번역]), "신접자"(쇼엘 옵), "박수"(이드오니), "초혼자"(도레쉬 엘하 메팀)가 기록되어 있다. 이들은 초자연적인 영역과 인간 세상을 중재하는 전문가였으며 이들을 통해 신의 세계와 의사소통을 하였다.[441]

다니엘서에도 신명기와 비슷하게 "마술사나 술객"(하르툼밈 아샤핌)(단 1:20), "마술사와 주술가와 점쟁이(혹은 갈대아 사람들)"(하르툼밈 아샤핌 므카셰핌 카스딤)(단 2:2), "주술가나 마술가나 점성가"(아슈핀 하르툼민 가즈린)(단 2:27), "마술사와 술객과 점성가들과 점장이들"(하르투마야 아슈파야 카스다예 가즈라야)(단 4:4), "마술사들과 술객들과 점성가들과 점장이들"(하루툼밈 아슈핀 카스다임 가즈린)(단 5:11) 등과 같은 명칭이 등장한다. 이들은 신명기에서와는 달리 궁중의 당면한 문제들을 해결할 책임을 지닌 궁중관리로 묘사되어 있다. 이들 명칭은 바빌로니아 궁중의 현자들의 목록과 어느 정도 상관관계를 보이고 있다. 다니엘서에 사용된 궁중 학자들의 히브리어(혹은 아람어) 명칭과 아카드어 명칭을 비교하면 다음과 같다.[442]

히브리어	아카드어	번역
하카밈	움마니	학자들
아샤핌	아쉬피	주술 치유사들
바림	바레	간 점술사들
카스딤/탑슈림	툽샤리	천문 점술사들
하툼밈	하르티비	꿈 해석가들

이처럼 바빌로니아 점술사의 명칭과 구약의 점술사의 명칭이 유사한 것은 바빌로니아 문화의 영향 때문이다. 필립 데이비스(Philip Davies)는 바빌로니아의 점술의 영향에 대해 다음과 같이 주장하고 있다.

> 모세에게 계시된 하나님의 율법은 유대 서기관들에게 바빌로니아의 서기관들의 경전이었던 징조 문서들의 위치를 가졌다. 그 둘의 비교는 가치 있다. 성경 연구를 통해 밝힐 수 있다고 믿는 감추어진 진리를 포함하는 성경의 개념은 다니엘, 쿰란, 신약에서만 발견되는 것이 아니라 랍비 주석에 기본적 전제를 제공한다. ... 귀화한 유다 술사의 덕을 찬양하는 왕실 이야기에 부록으로 붙은 다니엘의 네 가지 묵시는 그 영감의 대부분을 왕실 이야기, 혹은 술사-서기관의 관습이나 관심사들로부터 얻는다. 예를 들어 세계사를 제국의 연속으로 보는 역사 '구성'(단 7), 고대 책들의 숨겨진 의미(단 9), 정치 사건들에 대한 가짜 예언들(단 10-12) ... 더욱 재미있는 것은 숨마 이즈부와 같은 바빌로니아의 점술 문서가 다니엘의 상징에 준 영향이 증명되었다.[443]

이처럼 신명기와 다니엘서의 중재자의 목록은 바빌로니아의 전문 점술 신탁가와 비슷하지만 이들이 고대근동의 점술사들처럼 체계적으로 훈련을 받은 학자인지, 또 왕의 정책결정에 영향을 미칠 만큼 영향력이 있었는지는 알 수 없다. 왜냐하면 구약성경은 이들의 명칭만 알려줄 뿐 그들의 활동사항에 대해서는 자세히 기록하고 있지 않기 때문이다. 또한 고대근동의 점술사들과는 달리 관찰 기록을 축적하고 발전시킨 모음집이나 주석도 전해지지 않기 때문이다.

구약성경은 간 점술이나 천문점술을 이방의 풍속과 종교를 우상숭배와 하나님에 대한 불순종으로 여겨 철저해 배격하였지만, 그 효용성은 어느 정도 인식했던 것으로 보인다. 에스겔 선지자는 바빌로니아의 점술과 그 효과에 대해 다음과 같이 언급하고 있다.

> 바빌로니아 왕이 그 두 길이 시작되는 갈림길에 이르러서는, 어느 길로 가야 할지 알아보려고 점(케셈)을 칠 것이다. 화살들(히침, 단수. 헤츠)을 흔들거나(킬칼), 드라빔 우상에게 묻거나(샤알 바드라빔), 희생제물의 간(카베드)을 살펴보고, 점을 칠 것이다. 점괘(케셈)는 오른쪽에 있는 예루살렘으로 가서, 성벽을 허무는 쇠망치를 설치하고, 입을 열어 죽이라는 명령을 내리며, 전투의 함성을 드높이고, 성문마다 성벽을 허무는 쇠망치를 설치하고, 흙 언덕을 쌓고, 높은 사다리를 세우라고 나올 것이다. 예루살렘 주민에게는 이 것이 헛된 점괘로 보이겠지만, 이 점괘는 예루살렘 주민에게 자신들의 죄를 상기시킬 것이며, 예루살렘 주민이 바빌로니아 왕의 손에 잡혀 갈 것임을 경고할 것이다. (겔 21:21-23, 새번역, 히브리어 26-28절)

위 본문은 하나님께서 바빌로니아의 왕의 손을 빌어 예루살렘을 멸망시키고 예루살렘 주민을 포로로 잡혀가게 할 것이라는 경고의 말씀이다. 바빌로니아 왕(느브갓네살)은 남하하던 중 암몬의 랍바와 유다의 예루살렘으로 향하는 갈래 길에 접어든다(겔 21:20). 그는 방향을 정하기 위해 '화살 점', '드라빔 점', 그리고 '간점'을 실시해, 예루살렘으로 향해야한다는 점괘를 얻는다. 하지만 여기에 등장하는 점술 방법은 바빌로니아 왕만 사용한 것이 아니다. 이스라엘의 왕과 종교인들도 비슷한 방법을 사용하였는데, 아래에서 그 몇 가지를 살펴보고자 한다.

1) 화살 점
위 본문에 등장하는 점술 방법 중 가장 처음 것은 화살 점이다. 바빌로니아 왕은 고대근동의 다른 왕들처럼 양자택일의 결정을 내리기 위해 점을 쳤을 것이다. 여기에서 사용된 화살 점(belomancy)은 이스라엘의 우림과 둠밈과 비슷한 제비 점으로서 화살 통을 흔들어서 특별한 표시를 한 화살을 뽑는 것이다.[444] 예루살렘 주민들은 바빌로니아 왕이 헛된 점괘에 의지한다고 보지만, 에스겔은 이 점괘대로 이루어질 것을 경고한다. 에스겔은 이 점괘가 예루살렘 주민들이 스스로 죄를 깨닫는 계기가 될 것이라고 말한다. 다시 말해 비록 간점이나 화살 점에 의한 점괘이지만 효용성이 있다는 것이다. 물론 에스겔은 수호신이나 어떤 다른 신이 아닌 하나님이 배후에 있음을 전제로 한다. 그렇다면 이는 하나님께서 간점이나 화살 점의 점괘를 내리신 분임을 암시한다. 만일 하나님께서 침묵하신다면 점술의 신탁을 인정하시는 것이며, 침묵은 곧바로 긍정을 의미한다. 이처럼 선지자 에스겔 혹은 에스겔서의 저자는 긍정적이든 부정적이든 점술 신탁의 효용성을 어느 정도 인식하고 인정한 것으로 보인다.

하나님께서 점술 신탁의 배후에 계신다는 사상은 선지자 엘리사가 병들었을 때 문안했던 북이스라엘 왕 요아스에게 행한 화살 점에서도 알 수 있다(왕하 13:14-20). 엘리사는 요아스에게 활과 화살을 가져오게 해 동쪽 창을 열고 쏘게 하였다(17절). 그리고 이 동작이 아람으로부터 구원될 것을 상징하는 것이라고 하였다. 또 엘리사는 왕에게 화살을 집어서 땅을 치라고 하였다. 왕이 세 번 치자 아람과의 전쟁에서 세 번 쳐 승리할 것이라고 하였다(19절). 하지만 왕이 대여섯 번 치지 않고 세 번만 쳐서 그가 아람을 완전히 굴복시키지 못할 것이라는 예언하였다.

그레이(J. Gray)는 요아스가 활을 쏘고 화살을 땅에 친 행위는 이집트에서 기원한 모방주술의 일종이라고 주장한다. 그에 따르면 예언자들은 당시의 문화적 상황에 속해있었기 때문에 모방주술을 통해 하나님의 뜻을 펼쳤다고 한다.[445] 따라서 요아스가 행한 의식은 화살 점(belomancy)을 모방한 것으로 보인다. 만일 그렇다면 요아스는 화살촉이 없는 점술용 화살을 사용했을 것이다. 요아스는 아마도 아람에 대한 전쟁의 결과를 엘리사에게 물었을 것이다. 그리고 신탁의 응답은 "여호와를 위한 구원의 화살 곧 아람에 대한 구원의 화살"(왕하 13:17)이었다. 신탁의 응답은 긍정적이었다. 하지만 엘리사의 행위가 정확하게 어떤 성격을 지녔는지는 알수 없다.[446] 분명한 것은 엘리사가 이러한 행동들을 통해 왕과 왕국의 구원을 예언했다는 점이다. 엘리사는 비록 궁중 예언자나 점술사는 아니었지만 왕이나 고위관료에게 큰 영향을 미쳤다. 그래서 중요한 결정을 내릴 때나 국가적 위기를 맞았을 때 엘리사는 왕에게 예언이나 신탁을 통해 조언을 하였다(왕하 3:11-20; 5:7; 6:8-9; 7:1-2). 이러한 점에서 엘리사의 역할은 고대 메소포타미아의 '바루'의 역할과 비교할 만하다.

2) 드라빔

한편 공동번역에 '수호신'으로 번역된 '드라빔'은 점을 치는 수단이었다. 스가랴 10장 2절에 드라빔은 헛된 말을 한다고 하였는데, 이 행위는 그 다음에 등장하는 점쟁이의 거짓환상과 평행을 이루고 있다. 또한 열왕기하 23장 24절에서도 드라빔은 점치는 부정한 것으로 묘사되며 점치는 행위와 평행을 이루고 있다. 한편 다른 본문들(삿 17:5; 18:14, 17, 18, 20; 호 3:4)에서는 에봇과 연관되어 등장하고 있다. 에봇은 신탁의 기능을 하고 있기 때문에 드라빔을 연관시켰을 것이다.[447]

어떤 학자들은 드라빔으로 점을 치는 행위가 아람에서 수입된 것이라고 주장한다. 하지만 드라빔은 아시리아를 비롯한 메소포타미아에도 알려진 점술일 것이다. 단지 구약과는 달리 메소포타미아에서는 드라빔 점술은 조상신에게 묻는 점술과 관련되어 있을 것이다. 왜냐하면 '망자에게 묻다'를 뜻하는 아카드어 '에테메 샤알루'와 '드라빔에게 묻다'를 뜻하는 히브리어 '샤알 바테라핌'은 문법적인 면에서나 어휘적인 면에서 상당한 유사점이 있기 때문이다.[448] 열왕기하 23장 24절에도 드라빔은 신접한 자(오봇)와 박수(이드오님)와 함께 등장한다. '오봇'과 '이드오님'은 둘 다 망자나 망자의 유령을 의지해 점을 치는 초혼점술사(necromancer)를 의미한다.[449] 따라서 메소포타미아나 이스라엘에서 드라빔은 초혼점(혹은 강령점)과 상당히 관련이 있어 보인다.[450]

드라빔이 등장하지는 않지만 사무엘상 28장에는 죽은 자의 혼령을 불러내는 초혼점이 기록되어 있다. 사울은 블레셋과 전쟁 전 신탁을 통해 하나님의 뜻을 구하고자 했으나 실패했다. 하나님께서는 꿈이나 우림 그리고 예언으로 그에게 말씀하지 않으셨기 때문이다. 꿈, 우림, 예언은 합법적인 계시 수단이다. 사울이 이들을 통해 응답을 얻지 못한 것은 이들 방법이 잘못되어서가 아니다. 그의 궁정에는 더 이상 사무엘과 같은 탁월한 종교 전문가가 없었기 때문이다. 그래서 사울은 '엔돌의 신접한 여인'(에세트 바알랏 오봇)을 찾게 되었다(7절). 사울은 "신접한 술법으로 내가 네게 말하는 사람을 불러올리라"고 요구하였다(9절). 그러자 이미 사망한 사무엘이 땅에서 올라왔고, 사울은 그에게 전쟁에 대해서 물었다. 신탁의 결과는 부정적이었다(15-20절).

여기에서 죽은 사무엘이 어떻게 사울에게 나타날 수 있는 지가 문제이다. 악령의 현신, 사무엘 유령의 출현, 혹은 거짓과 기만이라는 대답이 있다.[451] 여러 가지 가능성이 있지만, '망자에게 묻다'를 뜻하는 아카드어 '에테메 샤알루'와 평행하는 '드라빔에게 묻다'를 뜻하는 히브리어 '샤알 바테라핌'이라는 문구에서 실마리를 얻을 수 있다. 즉, 사울이 죽은 자의 영을 불러달라고 요구했을 때 신접한 여인은 드라빔에게 질문하고 답을 얻었을 것이다. 사울은 드라빔을 통해 죽은 사무엘을 만났을 것이다. 왜 냐하면 드라빔은 죽은 자를 재현하는 도구일 수 있기 때문이다.

열왕기하 23장 24절에 요시야가 "신접한 자(오봇)와 점쟁이(이드오님)와 드 라빔"을 제거하였다고 하는데, 이 종교개혁은 신명기를 기준으로 한 것이 다. 신명기 18장 11절에는 이와 비슷한 "진언자(호베르 하베르)나 신접자(쇼엘 오브)나 박수(이드오님)나 초혼자(도레쉬 하메팀)"라는 목록이 등장하는데, 여기 에서 초혼자가 점을 치기 위해 의뢰한 "죽은 자들"(하메팀)이 열왕기 본문의 드라빔의 기능을 하고 있다. 따라서 드라빔과 죽은 자나 죽은 자의 영(혹 은 조상신)[452]이 밀접하게 관련되어 있는 것을 알 수 있다.[453] 죽은 자의 영 은 실체가 없기 때문에 단순히 말로만 이루어진 신탁은 신뢰를 받기 힘들 었을 것이다. 때문에 사람 모양을 한 드라빔이라는 도구가 필요했다(참고 삼상 19:11-17). 왜냐하면 민간에서는 예언과 같은 구어적 신탁(verbal oracle) 보다는 도구를 사용하는 기계적 신탁(technical oracle)을 더 신임하였기 때 문이다.

70인 역과 라틴어 역은 "신접한 여인"을 각기 '복화술사'를 뜻하는 '엥 가스트리뮈토스'(engastrimythos)와 아폴론 신에 의해 살해당한 거대한 뱀을 뜻하는 '피톤'(python)을 소유한 여인으로 번역하였다. 피톤은 델포이 신전 에서 활동한 '피티아'를 의미할 것이다. 델포이 신전의 방문자들 중 일부 는 피티아가 아폴론의 신탁을 복화술로 전한다고 생각했다.[454] 엔돌의 신접한 여인도 드라빔 앞에서 복화술을 사용하여 마치 사무엘의 영이 응답하는 것처럼 말하였을 것이다. 신접한 여인은 제사장 신탁이나 예언으로 하나님의 뜻을 알 수 없었던 사울에게 사무엘의 입을 빌어 하나님의 말씀을 전하였다.

신접한 여인이 전한 신탁은 부정적이었다. 여기에서 한 가지 특이한 점은 사회의 외곽에 위치한 신접한 여인이 왕에게 부정적인 신탁을 전할 수 있었다는 점이다. 그리고 사울은 그의 신탁을 신뢰하였다. 왜냐하면 신탁을 듣고 기진맥진해져 음식조차 먹지 못했기 때문이다. 이러한 사울의 행동은 그가 신접한 여인의 신탁을 하나님의 응답으로 인정했음을 의미한다. 결국 여인의 예언대로 사울과 그 자식 및 군대는 블레셋 사람들에게 패하여 살해되었다(삼상 28:19; 삼상 31:1-13).

신명기 18장 22절에 예언이 성취되지 않으면 거짓 예언이라고 하였다. 이 기준에 따르면 신접한 여인의 신탁은 참이다. 하지만 신탁의 방법은 거짓이다. 신접한 여인은 사회 외곽에 위치했던 마리의 여예언자들이나 무명의 예언자들처럼 왕에게 신탁을 선포하였다. 비록 전문 신탁과 달리 그 방법의 합법성은 의심받았으나 신탁의 내용은 권위가 있었다. 때문에 마리의 지므리림 왕이 사회 외곽의 비전문적인 계시 형식인 예언을 신의 목소리로 여겼듯이, 사울도 엔돌의 신접한 여인의 신탁을 하나님께로 온 것으로 여겼다.

3) 간 점술

고대근동에서 화살 점과 초혼 점은 다른 점술에 비해 권위가 떨어졌다. 왜냐하면 지나치게 우연에 기대어 점괘를 얻었기 때문이다. 이에 비해 간 점술은 신뢰받던 계시수단이었다. 간 점술은 동물의 내장을 관찰한 방대한 기록에 기초하여 점괘를 얻어냈다. 화살 점과 초혼 점에 비해 우연보다는 반복적 사건과 그 결과의 기록에 의거해 점괘를 얻었기 때문에 적중할 확률이 상대적으로 높았다. 바빌로니아 왕은 화살 점과 초혼 점으로 점괘를 얻은 후 간점으로 확인을 하였을 것이다.

구약은 이스라엘 사람들이 간 점술을 했다는 언급을 하지 않는다. 하지만 여러 가지 간접적인 증거들은 고대 이스라엘에서도 간 점술이 시행되었을 것이라는 추측을 낳게 한다. 희생 제사나 희생 제물에 대한 자세한 언급은 제사장들이 메소포타미아의 바루처럼 희생제물의 내장을 분리하는 기술이나 해부학과 같은 지식을 갖추고 있었을 것을 암시한다. 라이히티(E. Leichty)는 메소포타미아에서 가축 도살이 어떠한 목적이었던 간에 점술과 분리해 생각할 수 없다고 주장한다. 그리고 다른 사회에서도 같은 상황이었을 것이라고 생각한다.[455] 메소포타미아의 간 점술은 희생제사와 연계되어 있다. 그래서 퀴흘러(F. Küchler)는 희생제사 점술이 존재했다고 주장한다. 그에 따르면 사무엘상 7장 9-10절이 희생제사와 신적 계시가 긴밀하게 연결되어 있는 예라고 한다.[456] 또한 레벤슨(J. D. Levenson)도 시편 27편 4절의 "노암 야훼"(여호와의 아름다움)가 신탁의 결과로 주어진 긍정적 답변이라고 주장하며 제의와 점술의 관련성을 주장하였다.[457]

4) 천문 점술

창세기 11장 32절은 아브라함과 그의 가족들이 갈대아 우르를 떠나 가나안으로 향하다가 하란에 머물렀다고 기록하고 있다. 하란은 달 신

제의로 유명한 도시였다. 따라서 아브라함과 그의 후손들이 달 신 제의와 천체 숭배의 영향을 받았을 확률이 높다.[458] 신명기 4장 19절은 그 후손들에게 끼친 영향력을 잘 보여 주고 있다.

하늘을 향하여 네 눈을 들어 해(셰메쉬)와 달(야레아흐)과 별들(코카빔), 하늘의 모든 천체(콜 체바 하샤마임)를 보고 미혹되어서, 절을 하며 그것들을 섬겨서는 안 됩니다. 하늘에 있는 해와 달과 별과 같은 천체(체바 하샤마임)는 주 당신들의 하나님이 이 세상에 있는 다른 민족들이나 섬기라고 주신 것입니다. (새번역)

위 본문은 천체 숭배를 금지하는 명령이다. 하지만 아이러니하게도 이 본문은 당시에 천체 숭배가 성행했음을 알려준다. 일월성신을 샤마쉬, 신(Sin), 이슈타르로 간주하였고, 이들의 운동과 변화를 통해 미래를 예측하였다. 그래서 "하늘을 살피는 자와 별을 보는 자와 초하룻날에 예고하는 자"(사 47:13)들은 천문 점술을 통해 사람들의 운명을 예고하고 당면한 문제에 대한 해결책을 제시하였다.

엘리아데(M. Eliade)는 역대기상 28장 19절에서 천문 점술의 자취를 발견할 수 있다고 주장한다. 그에 따르면 다윗은 솔로몬이 성전을 건축할 때를 대비해서 별자리에 의거한 설계도를 주었다고 한다. 솔로몬의 성전은 하늘의 성전을 지상에 옮겨놓은 형태이다.[459] 그리고 그 구조는 당시의 고대 근동에서 유행하던 신전들을 본 땄다.[460] 때문에 고대 근동의 신전처럼 솔로몬의 성전도 천문 신탁의 영향을 받아 건축되었을 수 있다. 하지만 고대 근동의 모티브를 가져왔다고 해서 곧바로 천체를 숭배했다고 볼 수 없다. 왜냐하면 하나님은 천체의 주인(체바옷 하샤마임)이시기 때문이다. 그러나 이러한 이스라엘의 정통 신학(normative/orthodox theology)은 이방의 영향이 증대하자 변질되기 시작했다.

히스기야의 아버지 아하스는 다메섹에 있는 제단의 구조와 제도를 본따 예루살렘 성전에 제단을 세웠다(왕하 16:11). 그는 심지어 아시리아의 왕을 두려워하여 성전의 구조를 변경하기까지 하였다(왕하 16:18). 아하스는 해시계(마알롯 아하즈, "아하스의 계단")를 만들고(왕하 20:11), 성전 다락(알리야) 지붕에 제단들을 세웠다(왕하 23:12).[461] 그리고 지붕의 제단에서 천체를 관찰하고 이를 점술 신탁에 사용했다. 아하스는 아시리아의 천문 과학을 수입하여 국정운영에 이용하였다. 아시리아에 대한 아하스의 호감은 이를 잘 증명한다(참고. 왕하 16:7-8).

히스기야의 아들 므낫세도 이방의 발전된 종교체계를 수입하여 야훼 종교를 대치하거나 혼합하는데 열을 올렸다(왕하 21장). 그는 가나안의 여신 아세라를 경배하기 위한 제의용품(왕하 23:4; 21:7), 태양신 샤마쉬에 드려진 조각상들(왕하 23:11)과 아시리아의 천체 신들을 위한 희생제단들을 예루살렘 성전 안에 설치하였다(왕하 23:12; 21:5). 하늘의 여신(렘 7:18; 44:17-18; 왕하 22:5-6), 해, 달, 하늘의 만군(렘 8:1-2; 19:13)은 이방에서 수입된 천문 점술의 자취이다. 예레미야서에 따르면 방백들은 예루살렘 거리에서 하늘 여신에게 분향하였고 유다의 백성들도 이를 모방하였다(44:17, 21). 유다의 지도층들은 별들이 지상 세계와 인간의 삶에 영향을 준다는 아시리아의 세계관에 매료되어 천문 점술과 종교를 수입했다. 당시 많은 정치 엘리트들은 천문점술과 같은 이방종교의 세계관이 합리적이고 과학적이라 생각하여 이를 신봉하였다. 때문에 고대 이스라엘의 궁정에도 점술사와 같은 전문적인 종교인들이 왕의 정책 결정에 참여하였으리라고 추측된다.

구약성경은 고대 이스라엘의 문화와 종교가 주변국가로부터 지속적으로 영향을 받았음을 언급하고 있다. 예를 들면 스바냐 1장 8절에 등장하는 "이방인의 옷을 입은 자들"(할로브쉼 말부쉬 노크리)은 주변국의 문화를 답습하는 사람들을 가리킨다. "그가 그 이웃 앗수르 사람을 연애하였나니 그들은 화려한 의복을 입은 방백과 감독이요 말 타는 자들과 준수한 소년이었느니라."는 에스겔서 23장 13절도 아시리아의 영향을 받아 고유한 문화를 상실한 모습을 보여준다. 예레미야는 단지 문화만 답습한 것이 아니라 이방 국가의 종교에 동화되었다고 고발하고 있다. 하지만 구약 종교의 독특성은 문화적으로 종교적으로 고립되어 형성된 것이 아니다. 오히려 이방 문화의 영향 가운데 그 정체성을 강화하였다.

5) 꿈 신탁

꿈은 잠든 사이에 벌어지는 정신적 작용으로서 시청각 요소를 포함하고 있다. 하지만 이 경우 시각적인 요소가 청각적인 요소보다는 더 강조된다. 꿈은 의도대로 꾸어지지 않는다. 꿈에서 꿈꾸는 이는 어떤 행동을 하기 보다는 꿈에서 보여 지는 것을 본다. 때문에 꿈꾸는 이는 행동하는 자가 아니라 구경꾼이라 할 수 있다. 꿈꾸는 이의 수동적인 역할은 고대 이스라엘을 포함한 고대근동의 중요 특징이라 할 수 있다. 물론 의도적인 꿈도 있다. 인큐베이션(incubation)은 고객으로부터 신에게 할 질문을 받고 꿈에서 대답을 얻고자 한다. 고대근동에서는 신전에서 잠을 자며 신의 뜻을 구하는 인큐베이션이 신탁의 한 형태로 널리 애용되었다.[462] 마리 왕국에서는 '샤일루', 신아시리아에서는 '샤브루'가 전문적인 꿈 신탁가로 널리 알려져 있었다.

고대근동에서와 마찬가지로 고대 이스라엘에서도 꿈은 하나님의 계시를 전하는 수단이었다. 하지만 구약에서 꿈은 긍정적으로 평가를 받을 때도 있었지만(삼상 28:6; 욜 3:1 이하) 부정적으로 인식될 때도 있었다(렘 23:25, 27, 28, 32; 27:9; 29:8; 슥 10:2).[463] 아마도 꿈의 경우 신탁이나 예언처럼 일정한 형식을 갖추거나, 제사장이나 예언자처럼 계시의 수단을 사용하는 전문적인 종교 전문가가 없었기 때문일 것이다. 때문에 자의적인 꿈의 해석은 비신앙적인 세속적 풍속으로 여겨졌을 것이다. 따라서 구약에는 꿈꾸는 이에 대한 경고가 자주 등장한다. 하지만 꿈 자체에 대한 평가는 꿈꾸는 이나 꿈을 해석하는 자들보다는 호의적이다. 왜냐하면 종교적으로 사회적으로 권위가 있는 인물의 꿈은 하나님의 계시로 여겨졌기 때문이다.

구약에서 꿈 이야기에 등장하는 대표적인 이스라엘 왕은 '솔로몬'(왕상 3:4-15//대하 1:7-12; 왕상 9:1-9//대하 7:11-22)이다. 솔로몬은 두 번에 걸쳐 꿈을 꾼다. 첫 번 째 꿈은 왕위 등극초기이며, 또 다른 꿈은 성전 건축 이후이다. 첫 번째 꿈(왕상 3:4-15)을 꿀 때는 왕위계승 투쟁이 끝나자 마자이다. 솔로몬은 왕위를 차지하기 위해 형 아도니야와 싸웠고 정적들을 제거하였다(왕상 1-2). 하지만 이 때문에 왕국이 불안정했고, 왕위의 합법성도 의심받았다. 때문에 솔로몬은 왕권을 안정화하기 위해서는 아버지 다윗이 그러했듯이(삼하 7:1-17) 하나님의 계시와 약속이 필요했다. 즉 자신의 왕위가 하나님의 선택이자 선물임을 보여주어야 했다. 그의 꿈은 왕위의 합법성과 왕권의 안정화에 필요한 계시로 가득 차 있다. 이 꿈은 하나님의 은혜의 회고(6절), 하나님의 선택(6절), 하나님의 동행과 도우심, 그리고 축복의 약속(11-14절)이라는 전형적인 제왕 신탁(royal oracle)의 양식을 따르고 있다. 제왕신탁은 왕의 복지와 왕권과 왕국의 안전과 안정을 선포하는 예언이다.

성전을 건축한 뒤 꾼 두 번째 꿈(왕상 9:1-9)에서는 영원한 왕조에 대한 약속이 주어진다(5절). 그리고 성전 건축의 의미가 자세히 기술된다. 장기간에 걸친 성전과 궁궐 건축 사업과 하솔, 므깃도, 그리고 게셀과 같은 중요 도시 건축으로 재정이 피폐해지고, 무리한 노역으로 인해 왕정이 불안정해 졌기 때문일 것이다(참고 왕상 11:26-28). 이 꿈은 성전과 하나님의 관계를 강조하고 있다. 성전은 하나님께서 거룩하신 이름으로 임재하시는 곳이다. 때문에 하나님을 버리고 다른 신을 따르는 것은 성전에 계신 하나님을 거부하는 것이다. 따라서 하나님을 버리면 심판이 임하듯이, 성전을 버리면 재앙이 임할 것이다.

두 꿈은 왕권 강화와 왕국의 안정이라는 왕정이념을 선포하는 제왕 신탁이다. 제왕 신탁은 왕위 싸움을 하였던 아시리아의 에살핫돈과 아슈르바니팔에게 주어졌던 것이다. 이들은 왕위계승 투쟁으로 왕위의 합법성이 의심되고 왕권이 불안정했는데, 제왕신탁을 통해 신들로부터 선택을 확증 받고, 보호와 동행의 약속을 받았다. 솔로몬도 마찬가지이다. 꿈을 통해 왕위가 확증되었고, 영원한 왕조에 대한 약속을 받았다.

에살핫돈과 아슈르바니팔은 여러 종교 전문가들을 통해 신의 약속을 받았다. 하지만 솔로몬의 꿈을 누가 중재했는지 알 수 없다. 솔로몬은 기브온의 산당(바마, 왕상 3:4)과 성전(바이트, 직역하면 '집', 왕상 9:3)에서 각각 꿈을 꾸었다. 산당은 전통적으로 가나안의 성소이다. 그렇지만 기브온의 산당에는 법궤와 성막이 있었기 때문에 다양한 종교 전문가들이 있었을 것이다. 사무엘서에는 산당에서 활동하던 예언자들이 악기를 연주하며 예언하는 모습들을 그리고 있다(삼상 10:5). 그리고 예루살렘의 성전에는 제사장과 레위인들이 제의를 주관했다. 이들 가운데 아삽, 헤만 그리고 여두둔과 같은 성전 음악가들은 예언을 하였다(대상 25:1-2). 모빙켈(Sigmund Mowinckel)과 존슨(Aubrey R. Johnson)은 성전에서 제의 예언자(cultic prophet)들이 활동했었다고 주장한다.[464] 이들 예언자들은 제의 참가자의 기도와 간구에 응답을 하였는데, 그 내용은 주로 구원신탁(salvation oracle)이다. 이러한 사실들은 솔로몬이 기브온 산당에서 활동하던 예언자들과 성전에서 활동하던 제의 예언자들을 통해 꿈 신탁을 들었을 가능성을 제기한다.

시편의 제왕시편들은 제의 예언자들이 제의에 참석한 왕을 위해 구원신탁과 제왕신탁을 선포했음을 보여준다.[465] 이들은 예언을 통해 왕들을 격려하고, 제의에 참여한 백성들에게 하나님께서 왕과 동행하심을 확인시켜 주었다. 그리고 솔로몬의 경우처럼 제의에 참석한 왕에게 하나님의 구원과 동행을 약속하는 꿈 신탁을 중재하였다.

5. 위기극복을 위한 방안

1) 대리 왕 제의 모티브

구약에서도 대리(代理) 혹은 대체(代替)의 개념이 등장한다. 예를 들면 아브라함은 "숫양을 가져다가 아들을 대신하여" 번제물로 드렸다(창 22:13). 레위기 17장 11절은 "육체의 생명은 피에 있음이라 내가 이 피를 너희에게 주어 제단에 뿌려 너희의 생명을 위하여 속죄하게 하였나니 생명이 피에 있으므로 피가 죄를 속하느니라."라고 하며 대체의 개념을 시사하고 있다. 비록 희생제사 제도의 핵심이 생명을 생명으로 대치하는 것이 아니라 하더라도 어느 정도 암시는 있다. 레위기 16:20-28은 속죄 염소 제의를 기술한다(비교 레 14:7, 53; 레 4-5). 백성들은 자신들의 죄를 염소에게 전가시키고 죽음의 땅 광야로 내보낸다.[466] 이사야 53장의 종의 노래에서는 종이 질병과 죽음을 통하여 다른 사람의 죄를 대신 진다고 노래하고 있다(비교 사 53:4-7, 12; 출 28:38; 민 18:22 이하).[467]

샤베르트(J. Schabert)는 대리 왕 제의와 이사야 53장의 고난 받는 종을 비교하였다. 이사야 53장의 종의 대속적 죽음은 대리 왕 제의의 문학적 모티브를 포함하고 있다. 하지만 샤베르트는 이 제의와 고난 받는 종과의 직접적인 관련성은 부정했다. 왜냐하면 대리 왕 제의의 경우 자발적인 희생과 죄-대속(atonement)의 개념이 없기 때문에 대속과는 다르다고 생각했기 때문이다. 또한 대리 왕 제의의 경우와는 달리 이사야 53장의 고난 받는 종은 실재 살해되었다는 증거가 없다. 결국 그는 이사야 53장의 경우 아주 정교한 신학적 토대위에 세워진 "종의 노래"와 마술적인 세계관에 기초한 대리 왕 제의는 전혀 별개라고 주장하였다.[468]

비크(M. A. Beek)도 대리 왕 제의와 이사야 53장과 비교하였는데, 그 역시도 직접적인 관련성을 부정하였다.[469] 하지만 비크의 경우 대리 왕 제의의 문학적 요소가 구약성경에서도 발견될 수 있다는 가능성을 열어 놓았다. 따라서 직접적인 관련성은 없다하더라도 대리 왕 제의의 모티브를 통해 구약의 본문들을 분석할 수 있게 되었다. 이러한 점에서 야노프스키(B. Janowski)의 연구는 주목할 만하다. 그는 메소포타미아의 대리 왕 제의와 히타이트 문서 그리고 이스라엘의 대속제사(특히 레위기 16장)를 비교 연구 하였다.[470] 그는 레위기에 등장하는 속죄제사와 대리 왕 제의의 구조와 내용은 다르지만 죄를 제거하고 죄에 따른 위험을 제거한다는 점에서 양자가 비교 가능함을 보여주었다. 한편, 그린(A. R. W. Green)은 대리 왕 제의를 인신제사의 맥락에서 비교 연구하였다.[471] 그는 고대근동의 인신제사(人身祭祀)가 일종의 희생제사임을 착안하였다. 즉 인신제사가 개인 혹은 공동체에 닥친 위험을 극복하는데 이용되었다고 보았다. 최근에 월튼(J. H. Walton)은 백성들의 죄를 위하여 죽는 고난당하는 종의 모습의 '이미지'(image)가 대리 왕과 비슷하다고 보았다.[472] 그는 이미지라는 용어를 사용하여 대리 왕과 고난당하는 종의 유사점을 찾고자 시도하였다.[473]

이와 같은 대리 왕 제의 모티브는 다윗 왕의 위기 극복과정에도 등장한다. 특별히 다윗 왕이 당하는 위기들을 기록한 본문인 사무엘하 12장과 24장과 대리 왕 제의 모티브를 비교할 수 있다. 왜냐하면 두 본문에서 다윗은 자신의 죄와 실수로 죽음의 위기를 겪게 되지만 이를 극복하고 왕위를 이어갈 수 있었기 때문이다. 고대근동에서 대리 왕 제의는 왕의 개인적 신상의 위협을 제거해 왕 개인 뿐 아니라 왕국의 안정을 도모하는 장치였다. 고대근동의 여러 나라와 마찬가지로 다윗 왕은 이스라엘의 최고 통치자였기 때문에 그의 안전과 복지는 왕국 전체의 관심사였다. 따라서 다윗 왕을 위협하는 요소들은 사전에 제거되어야 했다.

사무엘하 12장에는 밧세바와의 간음과 그의 남편 우리야의 살해 사건으로 다윗이 고발당하는 장면이 기록되어 있다. 본문에 기록된 살인과 간음의 범죄는 단순히 사회적 범죄가 아니다. 바로 하나님의 율법을 어기는 행위이며 따라서 그에 해당하는 벌은 사형이다.[474] 고대 이스라엘이나 메소포타미아에서 간음과 살인은 신(들)이 정한 율법을 어기는 중범죄였다.[475] 그래서 이러한 범죄를 저지른 죄인에게는 신의 징벌이 뒤따를 것이라고 생각했다. 간음은 종교적 율법에 적용되는 범죄이지 세속법으로 단죄될 수 있는 범죄가 아니었다. 두 가지 언어로 기록된 니누르타(Ninurta) 여신을 향한 편지에 간음죄가 신의 계율을 어긴 범죄로 기록되어 있다. "다른 남자의 아내와 간음하는 자의 범죄는 중대하다."

다윗은 나단을 통해 하나님의 심판의 메시지를 듣고 죄를 고백하였다. 그러자 나단은 "당신이 죽지 아니하려니와 … 당신이 낳은 아이가 반드시 죽으리이다"(13, 14절)라고 응답하였다. 나단은 다윗과 밧세바 사이에서 출생한 아들이 간음과 살인의 결과로 죽을 것이라고 선언한다. 하지만 이 죽음은 단순히 갓난아기의 죽음에 대한 예고가 아니다. 맥킨지(Steven McKenzie)는 아기의 죽음은 다윗의 죄를 대속하기 위한 것이라고 주장한다. 왜냐하면 다윗은 무죄한 자를 죽였기 때문에 오직 다른 사람의 목숨으로 그 죄를 용서받을 수 있기 때문이다. 하지만 하나님은 다윗을 죽일 의도가 없었기 때문에 그의 죄는 다른 사람에게 전가되어야만 했고 아기가 아버지의 목숨을 대신하게 되었다고 주장한다.[476] 게르레만(Gillis Gerleman)도 다윗에게 향한 징벌이 아이에게 옮겨졌다고 주장한다. 하나님께서 다윗의 죄를 갓난아기에게 전가시켰다고 그는 주장한다.[477] 이러한 점에서 다윗의 아들의 죽음은 대리 죽음의 개념이 반영되었음을 알 수 있다. 예언자 나단은 대리 죽음의 과정을 중재하였다.

사무엘하 12장에 기록된 갓난아기의 죽음에 관한 이야기에는 대리 왕제의의 핵심 요소들이 여럿 발견된다. 우선 다윗의 죄의 고백에 대한 나단의 응답은 대리 제의의 요소를 지니고 있다. 나단은 다윗에게 "여호와께서도 당신의 죄를 사하셨나니"(헤에비르)(삼하 12:13)라고 선언하였다. 여기에 사용된 동사 '헤에비르'는 개역개정처럼 "제거하다" 혹은 "없애다"로 번역할 수 있다. 하지만 이 동사는 단순히 죄를 사하는 의미 보다는 "이동하다" 혹은 "옮기다"로 번역될 수 있다.[478] 왜냐하면 이 동사는 여호수아서에서 이스라엘 백성이 가나안 땅에 들어가기 위해 요단강을 건널 때 사용되었던 것처럼 한 장소에서 다른 장소로 이동하는데 사용되기 때문이다.[479] 따라서 동사 '헤에비르'가 지시하듯이 다윗의 죄는 단순히 용서된 것이 아니라 갓난아기에게로 전가된 것이다. 즉 다윗의 범죄는 그와 밧세바 사이에서 태어난 갓난아기에게로 옮겨간 것이다.[480] 그래서 갓난아기는 죽을병에 걸리게 된다.

나단은 다윗의 범죄가 사라지지 않고 단순히 다른 사람에게 전가될 것이라고 분명히 말한다. 이러한 죄의 전가의 형식은 대리 제의적 요소이다.[481] 까쿠(A. Caquot)는 아기의 죽음은 일종의 대리 죽음이며 페니키아의 몰록 신 숭배를 모방했던 셈족 종교의 흔적이라고 주장한다. 이러한 흔적은 열왕기하 3장 27절에 기록된 왕의 희생제사에서 발견된다고 한다.[482] 하지만 사무엘 본문에서 흥미로운 점은 하나님이 아니라 나단이 희생자를 선택하고 그 해결책을 제시한다는 점이다. 그는 다윗을 위해 아이를 대리 희생물로 삼기로 결정한다.

죄의 전가 과정에서의 나단의 역할은 아시리아 예언문서인 SAA 10 352에 등장한 여예언자의 역할과 비교된다. 보통 대리 왕 제의는 전문 종교인들(religious specialists)에 의해 진행되었다. 천문점술가들과 간점술가들은 자신들이 발견한 전조(前兆)를 왕에게 보고하였고 역시 종교 전문가였던 주술사들이 대리 왕의 대관식과 정결예식을 주도하였다.[483] 하지만 이 편지에서는 비전문적 종교인인 여예언자가 '담키'를 대리 왕으로 선택하는데 중요한 역할을 하고 있다. 이 여예언자처럼 나단도 다윗을 위해 죽어야 할 대리자로 갓난아이를 지명하였다.

대리 왕 제의의 경우 대리 왕이 보좌에 앉아있는 한 진짜 왕은 통치와 관련해서는 아무런 일을 하지 않는다. 마찬가지로 다윗을 대신해 갓난 아기가 죽어가고 있을 때 그는 아무런 일을 하지 않는다. 그는 단지 금 식기도를 하고 바닥에 엎드려서 탄원할 뿐이다. 물론 대리 왕 제의에서처 럼 갓난아기가 왕좌에 앉아 있지는 않다. 그는 침상에 누워 있을 뿐이다. 그러나 그는 다윗을 대신해 죽는다. 따라서 갓난아기가 보좌에 앉아 있 지 않는다 하더라도 대리 죽음을 당할 대리 왕의 역할을 하고 있다고 볼 수 있다.

SAA 10 352에 기록된 대리 왕 제의에서는 100일 후 대리 왕이 죽임을 당한다. 대리 왕이었던 담키는 왕에게 닥칠 불행을 없애기 위해 대신 죽는 다. 제의를 통해 대리 왕이 죽음의 세계인 지하세계에 보내졌음을 확인한 다. 담키는 악운을 지닌 채 "돌아올 수 없는 나라"(Land of No Return)로 향 한다. 이와 비슷하게 다윗의 갓난아기는 7일 후에 죽는다(삼하 12:18). 다 윗은 그의 종에게 아기의 죽음을 되돌릴 수 없으며 그를 살릴 도리가 없 다고 말한다. "지금은 죽었으니 내가 어찌 금식하랴 내가 다시 돌아오게 할 수 있느냐 나는 그에게로 가려니와 그는 내게로 돌아오지 아니하리라 하나리"(삼하 12:23). 이 경우 대리 왕 제의와는 달리 대리자의 죽음이 나단 이나 제의를 통해 확인되지 않는다. 다윗이 아기의 죽음을 확인한다. 이 확인 과정은 분명하지 않지만 진행 절차나 용어는 비슷하다. 대리 왕 제 의에서 대리 왕이 "돌아올 수 없는 나라"로 내려갔듯이, 갓난아이도 돌아 올 수 없는 곳으로 갔다.

대리 왕의 죽음 이후 여러 가지 정결예식이 치러진다. 왕의 평안을 위협할 악한 기운을 제거하기 위해 궁궐을 청소한다.[484] 또한 왕도 정신적 육체적으로 정결하게 하기 위하여 면도와 목욕을 하고 새로운 의복으로 갈아입고, 향을 태운다.[485] 다윗도 아기가 죽자 울음을 멈추고 몸을 씻고 기름을 바르고 의복을 갈아입고 음식을 먹는다(삼하 12:20). 시종들이 보기에 다윗의 행동은 이상하게 보일 수 있다. 하지만 다윗에게 있어서 아이의 죽음은 대리 행위가 효력을 발생했음을 증명한 것으로 보인다. 그는 대리 왕 제의의 왕처럼 집무를 멈추었다. 하지만 아이가 죽자 자신을 정결케 하고 하나님의 집에 가 경배하였다. 원래의 삶대로 돌아간 것이다. 씻고, 기름 바르고, 의복을 갈아입는 다윗의 행동은 보통 생활로 돌아갔음을 알려주는 표시이다. 아기가 살아있었을 때, 다윗은 직무를 멈추었지만 아이가 죽자 다시 보좌에 앉아 아무 일도 일어나지 않았던 것처럼 직무를 계속하였다.

다윗과 밧세바 사이에서 태어난 아기의 죽음(삼하 12:13-14)은 일종의 대리 죽음이다. 나단은 다윗과 밧세바 사이에서 태어난 아기가 간통과 살해의 결과로 죽게 될 것이라고 선언한다. 다윗이 행한 부정의 결과가 그의 갓난아기에게 미친 것이다. 이 아기가 죽음으로써 다윗은 자신의 왕위를 계속 유지할 수 있었으며, 밧세바와 공식적인 혼인 절차 이후에 태어난 아들인 솔로몬이 왕권을 이을 수 있었다.[486]

한편 사무엘하 24장의 인구조사 이야기에서는 이스라엘 백성이 다윗 왕의 죄를 대신해 죽는 "대리적 희생제물"(ein stellvertretende Opfer)이 된다.[487] 다윗 왕은 자신의 죄를 속죄하기 위해 자신의 생명을 희생시켜야 했다. 하지만 그는 오히려 죽음의 위협을 피해 희생제물의 뒤에 숨어버렸다. 이러한 과정에서 그는 죄를 사해달라고 기도하는데 이 때 사용된 동사 '하아베르'(삼하 24:10)는 밧세바 사건에 사용된 '헤에비르'(삼하 12:13)와 유사한 기능이 있다. 이 두 동사는 대체 혹은 대리 상황에서 사용되고 있다. 이 두 동사는 모두 '아바르'의 히필 형태로 동사 원형은 한 장소에서 다른 장소로 "건너다"혹은 "이동하다"라는 의미가 있다. 이러한 점에서 다윗은 단순히 죄의 용서를 간구한 것이 아니라 자신의 죄의 결과를 다른 사람에게 전가해달라고 호소한 것이 된다. [488] 하나님께서는 선지자 갓을 통해 다윗의 요구를 들으시고 그에게 문제를 해결할 수 있는 방법을 선택할 수 있도록 한다.

선지자 갓은 징벌을 선택하는 과정을 진행하며 다윗의 죄가 백성들에게 전가되도록 돕는다. 한 가지 특이한 점은 신아시리아의 대리 왕 제의와는 달리 인구조사 이야기에서는 대리 희생물이 개인이 아니라 백성들이라는 점이다. 신아시리아의 대리 왕 제의의 경우 개인 대신 백성들이 대리 희생물로 사용되는 경우는 없다. 다수의 대리적 희생은 구약성경의 독특한 개념이다. 슈탐(Johann Stamm)은 구약의 대리 희생의 개념은 발전된 형태라고 주장한다. 왜냐하면 신아시리아의 대리 왕 제의와는 달리 구약의 대리 희생은 자발적이고 선의의 의도를 지니고 있기 때문이다. [489] 이러한 점에서 왕 대신에 백성들이 대신 희생당한 것은 집단 인격체(cooperative personality)라는 신학과 대비된다. 이 개념에 따르면 왕이 백성들을 대신해 희생당하여야 한다. [490]

많은 학자들은 사무엘 하 24장에서 선지자 갓이 심판 예언자 역할을 한다고 주장한다. 하지만 24장 3절이 지적하고 있듯이 그의 임무는 다윗의 잘못을 드러내는 것이 아니다. 그는 다윗이 속죄할 수 있도록 세 가지 징벌 중 하나를 선택하게 하고 있다. 다윗은 그 중의 하나를 선택하였고 그의 백성들이 그를 대신하여 죽임을 당하였다. 이러한 점에서 선지자 갓은 나단과 마찬가지로 대리 왕 제의를 주도하는 역할을 하고 있다고 할 수 있다.

구약성경에 대리 왕 제의에 대한 분명한 증거는 없다. 따라서 이 제의와 다윗의 이야기의 직접적인 비교는 추측에 불과할 수 있다. 하지만 그레이 (J. Gray)가 언급한대로 팔레스타인에서 위기에 처한 왕이 대리 왕 제의를 치루지 않았을 이유가 없다.[491] 가나안에서와 마찬가지로 이스라엘에서 왕은 신성한 인물이다. 그는 하나님 앞에서 모든 나라와 백성을 대표하기 때문에 그의 생명과 안전은 왕국의 안정과 깊이 관련되어 있었다. 목숨이 위태로워졌을 때 목숨을 대리할 무엇인가가 필요하다. 왜냐하면 고대인들은 어떤 개인의 생명이 위태하게 된 것은 단순한 실수 때문이 아니라 신에게 죄를 지어서 된 것이라고 생각했기 때문이다. 대리 제의는 죽음과 같은 위기를 겪고 있는 왕 대신에 대리자를 희생시킴으로서 그 위기를 빠져나올 수 있는 길을 제시하였다. 다윗 왕은 자신의 잘못으로 위기를 초래했다. 그는 무고한 피를 흘렸기 때문에 죽을 수밖에 없었다. 그의 죄는 다른 사람의 죽음으로 대속되어야 했다. 그래서 그의 죄는 갓난아이(사무엘 하 12장)와 백성들(사무엘 하 24장)에 전가되었으며, 그들이 다윗을 대신해 죽었다.

2) 남부르비 제의 모티브

'남부르비'는 재앙의 전조를 제거하는 제의이자 액막이 제의이다.[492] 남부르비 제의에는 보통 청원자와 제의 인도자 두 명이 개입된다.[493] 하지만 대개는 왕과 '마슈마슈'라는 주술사나 주술 치유사인 '아쉬푸'가 참여한다. 이 제의는 크게 기도와 여러 단계로 구성된 예식의 두 부분으로 구성되어 있다. 예식은 헌제, 불운을 다른 물건에 전가시키는 대체 의식, 그리고 재앙을 제거하는 의식으로 구성되어있다. 대리 희생물은 보통 진흙으로 만들어진다. 예식 중에 내담자가 직면한 불운을 다른 물건에 전가하는 대체 의식을 치루는 데, 이는 악운을 제거하거나 방지하는 상징적 의식이다.

남부르비 제의의 대체 형상물은 블레셋 사람들이 금으로 만든 다섯 개의 종기 형상과 다섯 개의 쥐 형상(삼상 6:4)을 생각나게 한다. 이스라엘에서 빼앗아 온 법궤 때문에 블레셋의 아스돗과 가드에 전염병(마게파)이 엄습했다(삼상 5:6, 9). 블레셋 사람들은 전염병의 원인을 법궤로 생각하고 제사장들과 점쟁이들에게 해결책을 문의했다. 그들은 속건 제물(아샴)로 금으로 만든 종기(오펠)와 쥐(아크바르)를 각각 다섯 개 씩을 만들어 법궤와 함께 이스라엘로 돌려보내라고 하였다. 속건 제물이 종기와 쥐 모양을 한 것은 전염병의 발현 모습인 종기 형상(찰메 오플레켐)과 그 땅에 전염병을 강타한 쥐의 형상(찰메 아크브레켐)을 따라한 것이다. 남부르비 제의에서 쥐는 다가올 악운의 징조를 상징했다. 그래서 악운의 징조를 없애기 위해서는 같은 모양의 형상을 만들어 남부르비 제의 때 예물로 바쳐야 했다. 속건 제물로 바친 금색 쥐 형상은 블레셋 전역을 강타한 전염병의 원인인 갈색 쥐를 표상할 것이다.[494] 쥐의 숫자는 블레셋의 지도자 수와 같다. 비록 이스라엘에는 쥐를 속건 제물로 드리는 규례가 없지만 블레셋 사람들은 이들 형상을 하나님의 진노를 누그러뜨리기 위한 제물로 생각했다.

사무엘하 24장에 등장하는 인구조사 이야기에도 남부르비 모티브가 발견된다. 인구조사 이후 전염병이 이스라엘 온 땅을 휩쓸었다(15절). 다윗은 "바로 내가 죄를 지은 사람입니다. 바로 내가 이런 악을 저지른 사람입니다"(17절)라고 하며 죄를 고백하였다. 다윗의 이 기도는 남부르비 제의의 기도와 유사점이 있다. 남부르비 제의는 왕의 기도로 시작한다. 고대근동 사람들은 재앙과 전염병은 신에게 범죄를 저지른 결과라고 생각했다. 그래서 왕은 손을 들고 하는 슈일라 기도를 통해 죄를 고백하고 재앙이 빗겨가기를 간구하였다. 다음의 아슈르바니팔의 기도는 슈일라 기도의 회개의 성격을 잘 보여준다.

> 이슈타르께서 나의 실망한 모습을 보시고 나에게 말씀하셨습니다. "두려워 말라!" 여신께서는 나의 마음에 확신 있게 말씀하셨습니다. "네가 손을 들고 슈일라 기도를 할 때 눈에 눈물이 가득 찼기 때문에 자비를 내리노라."[495]

남부르비 제의에서는 주술사가 기도문을 낭독하면 왕이 이를 따라 했다. 하지만 남부르비 제의와는 달리 다윗의 기도에는 중재자나 제사장이 등장하지 않는다. 이 본문에 등장하는 유일한 중재자는 '다윗의 선견자 된 선지자 갓'(갓 한나비 호제, 11절)이다. 갓은 예언자이자 다윗 측근의 제의 전문가였던 것으로 보인다. 비록 본문에는 그가 기도에서 어떤 역할을 했는지는 알 수 없지만 남부르비 제의에서와 같이 기도를 중재했을 수도 있다.

남부르비 모티브와 관련해 21절과 25절에 기록된 제단 설치의 목적은 특별히 주목할 만하다.

> "여호와께 제단을 쌓아 백성에게 내리는 재앙을 그치게 하려 함이라 하는

지라."(21절 개역개정)

"그 곳에서 여호와를 위하여 제단을 쌓고 번제와 화목제를 드렸더니 이에 여호와께서 그 땅을 위한 기도를 들으시매 이스라엘에게 내리는 재앙이 그 쳤더라."(25절 개역개정)

다윗이 아라우나의 타작마당을 사서(삼상 24:21) 쌓은 제단은 재앙을 그 치게 하려는 목적이 있었다. 이러한 다윗의 의도와 제단의 목적은 남부르 비 제의의 것과 비슷한 점이 있다. 남부르비 제의는 준비 단계에서 단을 쌓고 그 위에 재앙의 형상을 한 토기(土器)를 올려놓는다. 그리고 주술사 는 왕에게 다음과 같은 기도를 하게 하였다.

샤마쉬 신이여 […] 나는 당신께 향합니다. 나는 다른 모든 신들보다 당 신을 찾습니다. 나의 건강을 지켜주소서! 악한 징조와 불운이 반복해서 나타납니다. 나는 두렵습니다. 나는 공포에 휩싸여 있습니다. 나는 죽을 지경입니다. 나로부터 이 불운이 비껴가게 하소서! 그래서 내가 죽지 않게 하시고, 나쁜 일이 벌어지지 않게 하시고, 당신을 찬양하게 하소서.[496]

다윗은 제단에 재앙의 형상을 올려놓지는 않았다. 하지만 번제와 화목 제 그리고 기도는 재앙을 비껴가게 하는 기능을 하고 있다. 헌제자가 손 을 얹을 때 번제물이 속죄 제물이 된다(레 1:4). 화목제도 기본적으로 속죄 의 기능이 있다.[497] 비록 재앙의 형상은 아니지만 재앙의 원인인 죄를 제 물에 전가하고, 그것을 태워버림으로써 죄가 사라진다. 다윗은 제물을 태우면서 "그 땅을 위한 기도"를 하였고, 그러자 이스라엘에 내리던 재앙 이 그쳤다(삼상 24:25).

히브리어 본문인 맛소라 텍스트(MT)는 재앙의 종료로 본문이 끝나지만, 헬라어 역본인 70인 역(LXX)은 "나중에 솔로몬이 이 제단을 확장하였다. 왜냐하면 처음에는 작았기 때문이다"라는 문구를 삽입하고 있다. 또한 역대기상에 따르면 다윗이 이곳을 "하나님의 성전"이자 "이스라엘의 번제단"으로 삼았다고 한다(대상 22:1). 그리고 솔로몬은 성전 건축 후 이스라엘에 재앙이 있을 시 성전을 향해 기도할 때 하늘에서 하나님께서 응답해달라고 간구하였다(왕상 8:22-54). 따라서 다윗이 아라우나 타작마당에 쌓았던 제단은 재앙의 제거 기능이 있었으며, 이러한 기능이 성전의 제단까지도 이어지고 있는 것을 알 수 있다.

다윗이 전염병을 멈추기 위해 제단을 쌓은 이야기와 남부르비와 직접적인 관련성은 없다. 하지만 "파괴"(destruction), "차단"(obstruction), 그리고 "대체"라는 남부르비의 주제[498]와 유사점이 있다. 사무엘하 24장의 인구조사는 전염병을 일으켜 사회적 불안과 갈등을 고조시켰다. 이러한 위기를 극복하기 위해 대리 희생물(surrogate victim)이 필요했다. 다윗은 제단을 쌓고, 희생제물을 불에 태웠다. 그의 죄는 희생 제물에 전가되었고, 불에 태움으로서 사라졌다. 이 희생 제사를 통해 백성들 간에 고조된 폭력 사태와 이로 인한 왕국의 붕괴의 위험과 같은 위기가 사라졌다.[499] 이 과정에서 다윗의 선견자이자 예언자였던 갓은 남부르비를 인도하는 종교 전문가들처럼 제단을 쌓고 여러 제사를 드릴 수 있도록 조언하였다. 갓은 다윗과 백성에게 제단이 전염병이나 재앙을 피하게 하는 수단이 될 수 있음을 알려준다. 이처럼 갓은 고대근동의 종교 전문가들처럼 왕의 측근에서 왕과 왕국의 안전을 위해 조언하는 역할을 하였다.

제 5 장
종교적 지식의 확산과 발전

제 5 장

종교적 지식의 확산과 발전

고대근동의 종교적 지식의 유산은 그리스에도 영향을 미쳤다. 예를 들면 알파벳과 숫자 체계이다. 고대 수메르에서 시작된 설형문자는 가나안 지역에서 알파벳의 체계를 갖춘 후 그리스로 넘어가 정교하게 다듬어졌다.[500] 또한 주전 3000년경부터 세금징수와 농업, 상업 혹은 건축의 목적으로 사용된 수메르의 수학과 기하학은 그리스에서 만개하였다. 의학 분야에서도 진단과 치료를 위한 고대근동의 지침서는 그리스의 의사인 히포크라테스의 필수 참고서가 되었다. 이처럼 고대근동의 지식은 고대 그리스 문명과 그 인접 문명의 발전에 크게 기여하였다.[501]

1. 고대 그리스의 신탁

고대근동에서와 마찬가지로 고대그리스에서도 개인의 불행이나 운명과 같이 해결하기 힘든 문제를 만났을 때 신에게 질문하여 그 답을 얻고자 하였다. 흉년이나 가뭄 등으로 농작물의 피해를 본다거나 질병이나 불임, 혹은 재정파탄 등과 같은 집안의 우환이 발생했을 때 개인적으로 신탁성소에 찾아가 대답을 얻고자 했다. 소크라테스도 결정하기 어려운 일이 생기면 신탁을 요청하라고 그의 제자들에게 충고하였다.

그는 어떤 일을 행하여 할 지 그리고 어떤 방식이 제일 좋을 지를 그들에게 충고하였다. 하지만 일이 어떻게 되어갈 지 불분명 할 경우, 그 일을 해야 할지 말아야 할지를 신탁을 통해 알아보라고 지시했다. [502]

소크라테스가 신탁성소를 방문해 신탁을 요청하라는 충고는 개인의 문제에 관한 것이다. [503] 이처럼 개인의 필요에 대한 신탁은 주로 도도나(Dodona)에 위치한 신탁성소에서 이루어졌다. 여기에서는 여행의 안전, 질병, 출산과 같은 개인사가 신탁의 중요 대상이었다. 에이디노(W. Eidinow)는 도도나에 신탁을 구하려 했던 개인들은 정치적으로 어떤 문제를 해결한다던가, 자기 의견을 관철시키려는 의지가 없었고, 자기 자신의 특정한 문제들을 해결하기 위한 목적을 가지고 있었다고 한다. [504]

하지만 기원전 8세기에서 기원전 7세기 후반에는 개인적 문제 보다는 국가적 문제가 신탁의 더 큰 주제로 대두되었다. 이때는 그리스에 도시국가가 정착하는 시기였다. 그래서 도시국가가 정착하는 과정에서 나타나는 문제를 해결하는 수단으로서 신탁이 자주 사용되게 되었다. 때문에 주로 개인 신탁에 응답하던 신탁성소였던 도도나보다는 국가나 공동체와 같은 보다 큰 범주의 신탁을 진행하는 델포이가 더 각광을 받기 시작하였다. [505] 델포이에서는 국가적 재난이나 전염병, 혹은 전쟁과 같은 경우처럼 국가적 문제를 해결하기 위해 신탁을 의뢰하였다. 불안정한 시기에 신탁은 정치적 사회적으로 큰 영향을 미치었다. 특별히 정치적 권위가 도전 받기 쉬운 경우 혹은 전쟁으로 인해 사회적 소요가 극심해졌을 때 신탁의 권위가 더욱 높아졌다.[506]

1) 델포이 신탁

고대 그리스의 도처에는 신탁성소들이 여럿 있었다.[507] 이 중에서 가장 유명한 신탁 성지는 고린토스 만 위의 파르나소스(Parnasos)산 경사면에 위치했던 델포이(Delphoi, '자궁'을 뜻하는 delphys에서 파생) 신전으로서 아폴론(Appolon)의 신탁을 들을 수 있었다.[508] 아폴론은 신과 인간의 최고 통치자인 제우스의 아들이었다. 델포이 아폴론신탁은 호머(Homeros)의 일리아드와 오디세이에 처음 등장한다. 그리스인들은 제우스의 아들인 아폴론이 제우스의 영감을 받아 메시지를 전달한다고 생각하였다.[509] 때문에 아폴론 신탁의 권위가 높았다.[510] 상공업이 발전하게 되자 아폴론은 상공업자들의 수호신이 되었다. 부유한 상공업자들의 세력이 확대되자 아폴론의 인기도 올라갔고 델포이 신탁도 그 영향력이 커지게 되었다.[511]

델포이의 사제들은 다수의 남성과 여성으로 구성되어 있었다. 이들 중 여사제 '피티아'(Pythia)가 가장 유명했는데, 아폴론 신과 결혼을 통해 합일을 이루었다고 생각했기 때문이다.[512] 피티아는 '히에레우스'(제사장), '프로페테스'(예언자), '만티스'(점술사), 혹은 '프로만티스'(점술사)로 불렸다.[513] 피티아는 예언의 능력을 갖춘 사제이자 점술사처럼 신탁의 기능을 하였던 권위 있는 여예언자였다. 하지만 피티아는 특별한 가문에서 선발되지 않고 아폴론 신전의 여성봉사자 중에서 선발되었다. 피티아가 되기 위해서는 결혼하지 않은 처녀여야 하였고, 신탁의뢰자에게 신탁에 대한 비밀을 유지하여야 했다.[514]

피티아는 아폴론신의 여예언자로서 '아디톤'(adyton)의 삼발이 의자에 앉아 신탁을 할 수 있는 유일한 인물이었다.[515] 피티아는 신과 교류하고 의뢰자에게 신탁을 전하기 위해 신성한 증기를 흡입하거나 카스탈리아 샘의 신성한 물을 마셔 몽환상태에 빠졌다. 플루타르코스나 디오도로스는 피티아가 앉은 삼발이 의자 아래 바닥의 틈이나 바위 틈 사이로 증기가 올라왔다고 증언한다.[516] 스트라보도 아폴론 신전 밑에 있는 암석 틈새에서 발산하는 증기 때문에 피티아가 황홀경에 빠졌다고 말한다. 이 증기는 프뉴마(pneuma)라고 했는데, 향수와 같은 달콤한 냄새가 나고 아디톤 밖에서도 맡을 수 있었다고 한다.[517]

피티아는 향수와 미풍 같은 향냄새에 취해 몽환적 상태에 빠진 것 같다. 하지만 향기 자체가 신탁을 내리는 수단은 아니다. 이 향기는 피티아를 흥분시키는 수단이었을 뿐이다. 피티아는 향기나 증기가 아니라 아폴론으로부터 영감(inspiration)을 받아 예언을 했다. 그래서 폰텐로즈(J. Fontenrose)는 피티아가 황홀경 때문에 거칠고 이해하기 어려운 말을 한 것이 아니라 이성적이며 정상적인 상태로 말하였다고 한다.[518]

유리피데스(Euripides)의 이온(Ion) 91-93에 따르면 "델포이의 여인은 거룩한 삼발이 의자에 앉아 아폴론으로부터 들려지는 말을 헬라인들에게 노래하며 외친다(boai)."라고 하였다.[519] 피티아는 아폴론 신이 앉았던 삼발이 의자에 앉아 신과 합일 된다. 피티아는 아폴론에 '신들림'(신들린 상태)이 된 것으로 여겨졌다.[520] 삼발이 의자에 피티아가 앉음으로써 피티아는 아폴론 신의 몸으로 대체되고 아폴론 신의 영이 피티아의 몸에 들어왔다.[521] 그리고 아폴론 신은 피티아의 성대를 사용하여 예언을 선포하였다.[522] 이온은 피티아가 자신만이 들을 수 있는 아폴론의 음성을 듣고 사람들에게 외치고 노래하였다고 한다.

피티아는 내담자의 질문을 받고 중간 매개자나 해석자 없이 직접 구두로 답변하였다. [523] 피티아는 길이가 긴 산문 형식으로 답변하거나, 단순히 '예' 혹은 '아니오'라고 답변하였다. [524] 예를 들면 "거주지와 소유에 관한 것입니다. 그와 아내 그리고 자녀들이 거주하기엔 크로톤(Kroton)이 더 적당합니까?"라는 질문에 "크로톤"이라는 대답이 주어졌다. [525] 이 경우 해석이 필요 없었다. 하지만 피티아의 응답이 서술 형식의 장문의 시문일 경우 해석에 어려움이 있었다. 마우리지오(L. Maurizio)는 피티아가 6보행(hexameter)의 시문 형식으로 신탁을 선포할 수 있었다고 주장한다. 하지만, 보우덴(H. Bowden)은 피티아의 응답은 단순형태였으나 델포이에 상주하던 시인들이 시문의 형태로 개작하였다고 주장하였다. [526] 어느 쪽이든 이러한 장문의 시문 형식은 신탁응답의 의미를 불명확하게 하여 당시에도 해석상에 논란이 되었다.

그리스인들은 개인이나 국가의 재난, 질병, 전쟁, 권력의 상실, 미래의 운명 등과 같은 주제를 신탁에 의뢰하였다. 그들은 현실에 처한 운명과 싸우면서 항상 미래를 알고 싶어 하였다. 그리고 신탁을 통해 무질서를 바로 잡을 수 있다고 생각했다. 그래서 정치적으로 논란이 야기될 문제가 발생할 경우, 신의 권위를 빌어 재가를 얻었다. 심지어 이미 결정이 내려진 사안에 대해서도 신탁을 통해 신의 권위를 빌어 승인을 얻고자 하였다. 특별히 주전 8세기에서 7세기 사이 그리스의 도시국가인 폴리스 정착의 과정에서 여러 가지 정치적 문제들을 해결하기 위한 수단으로 신탁이 사용되었다. 예를 들면 키레네인들은 나라에 재앙이 겹치자 델포이에 사절단을 보내 미래에도 평화를 누리기 위해서 어떤 정부를 세워야 하는 지

를 신탁을 통해 알아보고자 했다. [527]

   또한 식민지를 건설하면서 최적의 지역을 고르기 위해서나, 이 과정에서 벌어질 원주민과의 전쟁에서 승리할지를 알고자 신탁을 의뢰하였다. 델포이 신탁은 식민지 확장에 적극적이었다. [528] 테라인의 왕이었던 밧토스는 혀가 짧아 말을 더듬었다. 그래서 말을 더듬는 이유를 알고자 델포이에 신탁을 의뢰했다. 하지만 아폴론 신은 목소리에는 관심을 가지지 않고 '리뷔에'(Libye)에 식민시를 건설하는 명령을 내렸다. [529] 밧토스는 처음에는 신탁에 불응했지만, 온갖 불상사가 일어나자 이를 신의 처벌로 이해하고 뤼비에의 키레네에 식민시를 건설하고 40년간 통치하였다. 이처럼 델포이 신탁은 도시국가 형성기에 불순세력에 대항하기 위한 수단으로 혹은 질서유지를 위한 합법적 수단으로 사용되었다. [530]

   전쟁과 관련한 신탁은 델포이에서 가장 자주 질문하던 문제였다. 페르시아와의 전쟁 초기에 스파르타인들은 페르시아인들과의 전쟁에 관해 델포이에 신탁을 의뢰하였다. 그러자 "너희들의 크고 영광스런 도성이 페르세우스의 자손들(페르시아인들)의 손에 파괴되든지, 아니면 돈 라케다이몬 땅이 헤라클레스의 후손인 자신의 왕의 죽음을 슬퍼하게 되리라."는 응답을 들었다. [531] 비극적인 응답이었다. 왕이 죽든, 아니면 나라가 파괴될 것이라는 답변이었다. 스파르타는 페르시아의 힘에 맞서서 싸워 이길 힘이 없었다. 비극적인 응답이지만 스파르타는 비극을 최소화할 응답으로 해석하였다. 즉 헤라클레스의 혈통을 이어받은 왕이 죽는다면 스파르타는 파멸을 면할 수도 있다고 해석하였다. 전쟁에서 패배가 불가피했지만 피티아의 신탁을 적절하게 해석함으로써 고통을 최소화하였다. 이 신탁에 의거해 스파르타인들은 자신들의 명성을 훼손치 않고 페르시아와의 전쟁을 피할 수 있었다.

아테네도 페르시아 군대의 침공을 받을 때, 신의 뜻을 묻고자 델포이에 신탁사절을 파견하였다.[532] 하지만 페르시아의 침입에 대처하기 위해 의뢰한 신탁의 응답은 부정적이었다. 페르시아에 의해 아테네와 아티카의 다른 나라들이 철저히 파괴될 것이라고 하였다. 피티아는 아테네인들에게 집과 도시를 버리고 땅 끝으로 도망치고 아티카를 포기하라고 응답하였다. 부정적인 응답을 받은 신탁 사절단은 '탄원자의 나뭇가지'를 들고 아폴론 신에게 호소하기로 했다. 그리고 신전으로 들어가 두 번째 신탁을 시행하면서 아폴론에게 부정적인 신탁이 바뀌기를 간청하였다. 그러자 피티아를 통해 새로운 응답이 선포되었다.

팔라스가 아무리 많은 말을 하고 교묘한 재치로 애원한다 해도 올림포스의 주신 제우스의 마음을 누그러뜨리지 못하리라. 그래서 나는 재차 그대에게 강철처럼 단단한 말을 하리라. 케크롭스 언덕과 신성한 키타이론 산 골짜기 사이에 있는 모든 것이 적의 수중에 들어가게 되리라. 하지만 트리토게네이아여, 멀리 보시는 제우스께서는 그대에게 나무 성벽(teichos xylinon)을 주실 것인즉, 이 나무 성벽만이 파괴되지 않고 그대와 그대의 자식들을 도와주게 되리라. 그대는 대륙에서 기병과 보병의 대군이 다가오기를 가만히 기다리지 말고 등을 돌려 도망쳐라. 언젠가는 적국과 맞설 날이 다가오리라. 신성한 살라미스 섬이여, 데메테르가 씨를 뿌리거나 수확할 때, 너는 여인들의 자식들을 죽이게 되리라[533]

두 번째 응답은 첫 번째 응답보다는 덜 부정적이다. 하지만 여전히 비관적이다. 피티아는 페르시아가 침공하면 패배할 것이기 때문에 후퇴하라고 대답하였다. 대신 '나무 성벽'만이 약탈을 피할 수 있고 아테네인들과 자식들에게 도움이 될 것이라고 말하였다. 그럼에도 많은 사람이 살라미스에서 죽을 것이라고 말하였다. 두 번째 응답은 비관적이었지만 해석이 애매모호하였다. 왜냐하면 첫 번째 신탁처럼 도망과 죽음이라는 부정적인 응답이 있지만, 나무 성벽은 파괴되지 않고 아테네인들을 도와줄 것이라는 희망 섞인 응답도 섞여 있었기 때문이다. 그래서 신탁의 응답에 대한 해석을 두고 아테네인들은 둘로 나뉘게 되었다.

시민들 가운데 대부분의 연장자들은 아크로폴리스, 즉 아테네가 살아남을 것이라고 해석했다. 왜냐하면 예전에 아크로폴리스가 가시나무 울타리로 둘러싸인 적이 있었는데, '나무 성벽'이 가시나무 울타리를 가리키는 것으로 생각했기 때문이다. [534] 그러나 다른 사람들은 '나무 성벽'이 함선을 가리키는 은유라며 모든 것을 버리고 함대를 건설하자고 주장하였다. [535] 이처럼 의견이 둘로 나뉘어 결정을 내릴 수 없게 되자 당시 아테네의 지도자였던 테미스토클레스가 새로운 제안을 하였다. 그는 시민들에게 "신성한 살라미스"라는 문구에 주목하라고 하였다. 그는 만일 피티아의 응답이 부정적이라면 "신성한 살라미스" 대신에 "비정한 살라미스"라는 표현을 사용했을 것이라고 주장했다. 때문에 신성한 살라미스는 승리를 나타내는 표적(sign)이라고 해석하였다. 또한 그는 '나무 성벽'을 함선으로 해석하였다. 그래서 함선을 건축해서 해전 준비를 해야 한다고 주장하였다. 그의 해석은 적중하였다. 아테네인들은 함대를 구축하여 페르시아와의 전쟁에서 대승을 거두었다. [536]

테미스토클레스가 이처럼 모호한 신탁에 대해 결정적인 판단을 내린 것은 처음이 아니었다. 그는 이전에도 중요한 순간에 정확하게 판단하여 그 결정력을 인정받은 바가 있다. 그는 광산에서 나오는 수입을 분배하자는 여론에 대해 함선을 건조하도록 아테네인들을 설득한 바 있다. 이 때문에 이전에 건축했던 함선들과 두 번째 신탁의 해석으로 건축한 함선들을 함께 동원해 페르시아와의 전쟁에서 승리를 거둘 수 있었다. 테미스토클레스의 결단력은 신탁의 내용 뿐 아니라 그 해석도 중요하며, 지도자의 해석능력과 결정능력이 공동체의 안정에 필수요건임을 잘 보여 주고 있다.

델포이 신탁은 전쟁, 정치적 개혁, 식민지 건설과 같은 국내외 문제들에 관해 신적인 재가 형식으로 응답을 하였다.[537] 아테네 시민들은 국가의 위기를 맞이할 때 신탁을 통하여 신의 뜻이 어디에 있는지를 확인하였다. 그리고 신의 뜻을 따르는 것을 공동체의 뜻을 따르는 것과 동일시하였다. 신탁은 또한 정책 결정과정에서 시민들 사이에 화해를 쉽게 함으로써 당면한 문제를 해결하는데 아주 효과적이었다. 이는 신탁 자체가 사회 통합의 요인으로 작용하였기 때문이다.[538] 신탁은 시민들 사이의 의견 차이를 해소하고 사회적 합의를 이끌어내는데 효과적이었다. 델포이 신탁은 이미 결정내린 것을 뒤집는 것이 아니라 공동체의 의사결정을 존중하면서, 상담과 자문역할을 하였다.

델포이 신전은 정보의 집합소였다. 델포이에는 그리스 세계의 도처에서 모여든 청원자들이 제공하는 정보가 수집됨으로써 훌륭한 정보 센터가 되었다.[539] 델포이 신전의 사제들은 신탁을 의뢰하러 온 사절단이 순서를 기다리는 동안 이들로부터 정보를 제공받거나 수집하였다. 델포이 사제들은 충분한 정보 제공을 통하여 각지에서 일어나는 중요한 문제들을 알 수 있었다.[540] 이렇게 수집한 정보는 신탁에 활용되기도 하였다. 사전에 질문 내용을 알고 있던 사제들이 미리 작성한 답변들을 피티아가 참조했을 수도 있다.[541] 그러나 신탁의뢰자는 신탁의 응답을 아폴론 신의 계시로 여겼기 때문에 이를 신뢰하였다.[542]

2) 기타 신탁 방법들

그리스의 통치자들은 델포이의 신탁 뿐 아니라 꿈을 통해서 신의 뜻을 알고자 했다. 리디아의 왕이었던 크로이소스(Kroisos)는 자신의 사랑하는 왕자 아뒤스(Atys)가 쇠로 만든 창에 찔려 죽는 꿈을 꾸었다. 그리고 왕궁의 손님이었던 아드레스토스(Adrestos)와 함께 사냥에 나갔다가 실수로 그의 창에 찔려 죽음으로써 꿈이 현실이 되었다.[543] 크로이소스 왕은 이 비극적 사건 때문에 2년간 국정을 멀리 할 정도로 비탄에 빠졌다. 크로이소스 왕이 꾼 왕자가 죽는 꿈과 그 현실은 단순한 개인사가 아니었다. 왜냐하면 이 꿈은 리디아의 멸망과 페르시아의 등극을 알려주는 예시몽(豫示夢)이기 때문이다.[544]

한편 메디아의 왕 아스티아게스(Astyages)도 꿈을 꾸었다. 그는 페르시아 대제국을 이룩한 키루스(Cyrus)의 할아버지였다. 꿈에서 아스티아게스의 딸인 만다네(Mandane)가 오줌을 누자 아시아 전역에 넘쳤다.[545] 이 꿈은 전형적인 태몽이자 예시몽이라 할 수 있다.[546] 아스티아게스는 그의 외손자가 자신의 왕국을 위협할 수 있다고 생각하고, 그를 낮은 신분의 페르시아인 청년 캄비세스에게 시집을 보냈다. 하지만 만다네가 낳은 키루스가 할아버지를 몰아내고 페르시아 대제국을 세웠다.

이들 꿈 이야기가 기록된 헤로도토스의『역사』에는 어떤 방식으로 꿈을 꾸고 해석했는지 그 절차가 자세히 기록되어 있지 않다. 고대 그리스에도 인큐베이션과 같은 꿈 신탁이 존재했기 때문에, 일정한 신탁과 해석의 절차가 있었을 것이라 생각된다. 네프(B. Näf)에 따르면 고대 메소포타미아의 꿈이 지니고 있던 왕권의 합법화 기능은 그리스 로마의 꿈 전통에 영향을 주었다고 한다. 네프는 알렉산더 대왕과 그의 후계자들이 자신들의 통치를 합법화하기 위해 전문적인 꿈 해석가를 찾았음을 다양한 예를 통해 보여주고 있다. 로마에서 전문적 꿈 해석가는 훈련과 교육을 받았으며, 아르테미도루스(Artemidorus)는 그 중에서도 가장 대표적인 꿈 해석가였다. [547]

한편 페르시아를 통해 수입된 메소포타미아의 천문 점술은 그리스에서 정책 결정과 같은 공식 신탁보다는 개인의 운명을 점치는 사적인 점술 수단이 되었다. 페르시아 시대에 12궁도(zodiac)가 개인의 운명을 예측하는 방법으로 발전했으며, 그리스시대에는 '출생점성술'(genethlialogy)로 체계화되었다. 출생점성술은 그리스어 '게네트리아로기아'(genethlialogia)에서 파생되었는데, "출생과 관련된 학문"이라는 뜻으로서, '인사점성학'(natal astrology)이라고도 한다. [548] 출생 점성술은 출생 시 별의 위치가 한 개인의 미래와 관련되어 있다는 믿음에 근거하였으며 행성들의 상대적인 위치들을 계산하여 미래의 운명을 점치고 이를 해석하였다. [549]

메소포타미아인들은 불행한 징조를 회피하거나 운명을 바꿀 수 있다고 생각했으나, 그리스인들은 한 번 결정된 운명은 변경하거나 회피할 수 없다고 생각했다. 그래서 그리스인들은 숙명론적인 출생점성술을 통해 개인의 운명과 미래를 점치고자 하였다. 로치버그 할튼(F. Rochberg-Halton)에 따르면 주전 500년에 이르러 천문 점술과 과학적 천문학이 구분되어 발전하기 시작했다고 한다. 그리고 이 때문에 점술사이든 천문학자이든 개인적 성향이 강화되었다고 한다. [550] 이러한 천문점술의 흐름이 고대 그리스의 숙명론적 천문점술에 영향을 주었을지도 모른다.

고대 그리스의 전설적인 신탁은 헤로도토스와 같은 작가들에 의해 수집되었다. 그리고 문서화된 신탁들이 6세기 후반 바키스(Bakis)와 무사이오스(Musaios) 등 유명한 예언자들에 의해서 수집되거나 판매되었다. 그리스 도시국가들은 이러한 신탁을 수집하고 복사하여 일종의 공문서로 보관하였다. 또한 이러한 신탁의 복사본들이 문헌 형태로 그리스 세계에 유포되었다. '크레스몰로고스'(chresmologos)라는 직업을 가진 사람들은 신탁을 수집하고 모아서 돈을 받고 판매하면서 신탁들을 널리 유통시켰다.[551] 크레스몰로고스는 고객들의 상황에 맞는 신탁을 골라 음송하고, 해석하고, 글로 기록한 신탁을 판매하였다. 크레스몰로고스로 유명했던 오노마크리토스(Onomacritos)는 주전 520년 경 아테네에서 무사이오스의 신탁들을 수집하였는데, 이 과정에 자신이 창작한 신탁들을 끼어 넣기도 했다. 헤로도토스가 인용한 많은 운문 신탁들은 이러한 신탁집 등을 참고하였을 것이다.[552] 이러한 신탁집들은 나중에 정책 결정의 참고자료로 사용되었으며 통치의 수단이 되기도 하였다. 그래서 고대 로마에서도 델포이 신탁은 가치 있는 종교적 권위와 종교적 전문지식으로 존중받았으며, 이들 자료는 정치권력을 유지하는 데 도움이 되었다.[553]

2. 고대 중국과 한국

니드햄(J. Neeham)은 고대 메소포타미아의 문화가 동쪽으로는 중국, 서쪽으로는 그리스로 향했다고 주장한다.[554] 물론 표면적으로 아시아는 고대 메소포타미아나 유럽과는 다른 독자적인 문화로 발전한 듯 보인다. 하지만 메소포타미아에서 그리스 로마를 걸쳐 인도로 건너간 문화가 아시아 문화와 접촉했을 가능성은 충분하다. 고대근동의 종교적 지식이 동아시아에 직접적인 영향을 주었다는 뚜렷한 증거는 없다. 다만 왕정에서의 종교적 지식과 종교 전문가의 기능은 이 두 문화권 사이에 유사점을 찾아볼 수 있다.

1) 고대 중국의 점술

점에는 여러 가지 방법과 종류가 있는 데 주역점술(周易占術)이 가장 발달된 체계를 갖추었다. [555] 주역은 태극(太極), 음양(陰陽), 오행(五行), 사상(事象), 팔괘(八卦), 천지인(天地人), 삼재지도(三才之道)를 근본으로 하는 사상 세계로서 우주, 인간, 자연에 관한 모든 현상을 하나의 기본원리로서 파악한다. [556] 주역은 인간의 모든 운명이 64괘 속에 설명되어 있다고 생각한다. 인간은 반드시 64괘 속의 어느 한 괘의 상태에 해당한다. 64괘는 64개의 서로 다른 상황의 의미를 결정할 수 있는 수단이다. [557]

주역은 원래 복서(卜筮)를 기재한 서적이다. [558] 고대인들은 세상의 모든 것이 신의 안배와 뜻이라고 믿었다. 예를 들면 주역 계사전(繫辭傳)에서는 "움직일 때는 변화를 보고 점을 음미한다."(動則觀其變而玩其占)라고 하였으며, "하늘이 상을 드리워 길흉을 보이니 성인이 이를 본받는다."(天垂象見吉凶聖人象之)라고 하였다. 이처럼 신의 뜻을 탐색하는 것이 바로 점복이며, 예측이다. 이러한 면에서 주역은 동양의 예측학의 시조라 할 수 있으며, 예측학의 전문서적이라 할 수 있다. 주역 점술은 비록 과학적으로 입증하기는 어렵지만 나름대로 체계화된 미래학 학문임을 알려준다. 단지 오늘날의 과학처럼 예측의 수단과 방식에 있어 객관적으로 가능한 변수를 근거로 해 분석하여 예측한 것은 아니지만, 주역점술도 다양한 변수를 사용하여 미래를 예측하려 하였다.[559)]

주역 점을 치고자 하면 점술사는 고객의 관심사를 신(神)에게 묻고, 신은 점술사를 통해 서죽(筮竹)을 조작케 하여 괘를 짓게 하여 응답을 한다. 서죽을 조작하여 괘를 짓는 것을 득괘(得卦)라고 하는데, 이를 해석하여 신이 인간에게 알려주고자 하는 뜻을 알 수 있다.[560)] 점술의 과정에서 도구를 통해 얻어진 조짐은 신탁의 응답과 비슷하다. 신탁의 응답이 해석의 여지가 있듯이 점술에서도 조짐은 그 뜻을 바로 알 수 없다. 조짐을 해석해야만 점괘를 얻을 수 있다. 때문에 해석과정 중에 자신의 목적이나 이득을 위해 조짐을 조작하는 경우가 있기도 했다. 그래서 주역은 "사람을 세워서 복서를 하되 세 사람이 점하거든 곧 두 사람의 말을 따를지니라."라고 하고 있다. 즉, 복서를 할 때는 반드시 세 사람을 세워서 그 중 두 사람의 말을 따라야 한다는 것이다.

또 서경(書痙)도 얻어진 점괘를 서로 비교하여 더 올바르게 해석된 것을 선택하라고 권하고 있다.[561)] 조짐의 해석만으로 점괘의 조작을 방지할 수는 없었다. 하지만 과거로부터 이어진 다양한 조짐의 해석을 기록하여 집대성하였기 때문에, 후세의 사람들은 과거의 기록과 현재의 상황을 조합하여 좀 더 올바른 해석을 할 수 있는 지침으로 활용할 수 있었다. 때문에 점은 판단이라 할 수 있다. 판단의 속도나 정확도에 따라 이익을 볼 수도 해를 입을 수 있다. 모든 일에는 조짐이 있다. 조짐을 보고 앞으로 발생할 일을 아는 것이 점이고 그 일에 대비하고자 하는 것이 점을 치는 목적이다.

원래 점은 정치를 하기 위해 생겼다. 백성을 잘 다스리기 위해 점을 쳤으며, 점을 쳐서 가뭄과 장마를 예측하고 저수지를 증축하거나 제방을 쌓아 대비하였다. 그래서 고대인들은 백성을 위해서 백성과 더불어 근심 걱정하는 것이 점이며, 백성을 잘 살게 해주는 것이 점이라고 생각하였다.[562] 이처럼 복서의 주체가 국가권력이 되면, 점복은 통치행위이자 정치적 행위가 된다. 『서경』(書經)의 홍범(洪範)에 따르면, 왕이 중대한 사건을 결정할 때 다섯 가지를 참고하였다고 하는데, 왕의 판단, 귀족의 견해, 백성의 의견, 거북이 점(龜卜), 그리고 서법(筮法)이었다.[563] 또한 정치적 결정을 백성들에게 설득하기 위해 복서가 이용되기도 하였다. 아직 왕정이 권력을 온전히 장악하지 못했을 때, 전쟁이나 외교 등에 대한 중요한 정치적 결정을 내릴 때, 이를 믿고 따르도록 복서를 사용하였다.[564]

사기(史記) 권 127 열전 67에 따르면 왕조가 탄생할 때 복서점이 중요한 역할을 하였다는 언급이 나온다.

> 예로부터 천명을 받아 왕이 되었다. 왕이 될 자가 흥기하는데 어찌 일찍이 천명을 복서로써 점치지 아니하였겠는가? 주대에 와서 더욱 심하여졌으며, 진대에는 왕을 대신하여 복자(卜者)에게 맡겼다. 태복의 시작은 한나라가 흥기하면서 시작하였다.[565]

위 글은 점복의 정치적 역할을 잘 보여주고 있다. 점복을 전담하는 복자는 관리였으며, 왕이 중요한 결정을 내릴 때 점복을 통해 조언을 하였다. 특별히 전쟁을 할 때 점을 쳐 진퇴를 결정하거나 길흉을 알아보기도 하였다. 이처럼 왕은 점복을 통하여 중요 정책의 결정을 내리는 데 도움을 받거나, 반대로 점복을 통해 자신의 결정을 정당화 혹은 합리화하며 집단 내부의 분열을 방지하기도 하였다.

고대 메소포타미아의 천문점술에서와 마찬가지로 고대 중국에서도 하늘에서 벌어진 일들이 땅과 인간에 영향을 미친다고 생각했다.[566] 이러한 점에서 고대근동과 고대 중국의 우주론은 유사점이 있다고 말할 수 있다. 고대 메소포타미아의 문화가 동쪽으로는 중국으로, 서쪽으로는 그리스로 향했다는 니드햄(J. Needham)의 주장은 근거가 빈약하기는 하지만 아주 터무니없어 보이지는 않는다.[567] 주전 1500년경부터 중국인들은 이미 하늘을 28수(lunar mansions)로 구분하였으며, 주전 4세기경에는 1464개의 별들을 284 성단으로 분류하였다.[568] 전국(戰國)시대(403-221 BC)에는 천문학자인 제(齊)나라 감덕(甘德)과 위(魏)나라 석신(石申)이 각각 '천문'과 '천문점성(天文占星)'이라는 저서를 남겼고, 훗날 이 두 저작이 합쳐져 감석성경(甘石星經)이라는 천문학 저서가 되었다. 또한 춘추(春秋)에는 기원전 613년에 혜성이 북두로 향하였음을 알려주는 기록이 남아 있다.[569]

이처럼 중국인들이 별에 대해 관심을 가진 것은 별이 보여주는 징조가 그 별이 관찰된 지역의 운명과 긴밀히 연관되어 있다고 생각했기 때문이다. 그들은 이 별의 징조가 한 곳에만 영향을 미치는 것이 아니라 이 별이 지나가는 길에 위치한 지역이나 국가에 영향을 미친다고 생각하였다.[570] 사마천은 하늘의 중궁(中宮)을 지상의 궁중과 같은 모습으로 묘사하였다. 중궁에서도 특히 중앙 부분은 자궁(紫宮)이라고 하였는데, 그 곳에는 천제(天帝)와 그의 측근들이 거처한다고 생각했다. 그리고 자궁의 주위에 신하들이 자리 잡고 있으며 각종 병기류도 위치시켰다.

이와 같이 별에 이름 붙인 것은 통치구조에 맞추기 위해서이다.[571] 사마천은 통치구조에 따라 별을 명명하고 이에 따라 점성술적인 해석을 덧붙였다.[572] 예를 들면, 3쌍의 별이 모여 총 6개의 별로 이루어진 별자리인 3능(三能)의 색이 가지런하고, 두 개의 별이 같은 색과 밝기를 띠면 군신관계가 원만함을 의미하고, 그렇지 않으면 군신 간에 불화가 생긴다고 생각했다. 또한 군주를 보필하는 신하에 해당하는 별자리인 보성(輔星)이 밝게 빛나면 왕의 친위세력이 강해지는 것이고, 그렇지 않으면 세력이 약해지는 것으로 해석했다. 또한 병기류에 해당하는 별들이 흔들리고 빛나면 병란이 발생한다고 해석하였다.[573]

고대 중국인들은 하늘의 세계와 땅의 세계를 연관시켜 인식하였다. 중국의 천문점술사들은 천문현상을 관찰하여 이를 국가와 인간사회 전반의 미래에 활용하려 하였다. 때문에 이들은 단순한 점술사가 아니라 천문학자라 할 수 있다. 이들은 우주 행성들의 운행의 주기성이나 별자리를 파악하여 달력을 정하고 계절의 변화를 예측하여 농사 등 인간생활에 적용하였다.[574] 천문학자는 천자와 밀접하게 연결되어 있거나 조정 관료의 일원이었으며 때로는 황궁 안에서 의식을 담당하는 관리였다.[575]

천문에 대한 지식을 전유하는 것은 황제의 고유한 권한이며 의무였다. 천문에 대한 지식을 통해 국가의 변괴의 때를 알 수 있었고 이를 대비할 수 있었다. 일월성신의 운행이 농작물의 생산에 직접적으로 연결되어 있기 때문에, 이를 관찰하여 계절에 따른 농사의 때를 잘 맞추어야 하는 것이 천명을 받은 천자가 해야 할 일이었다. 고대 중국은 중앙집권적인 왕정체제였기 때문에 천문점술은 군주의 정치적 결정 행위에 많은 영향을 미쳤다. 따라서 천문학이 제왕지학(帝王之學)으로서 왕도의 실현과 의례의 준거로 인식되어 있었다. 한서(漢書)에 "천문이라는 것은 28수의 순서를 정하고 5성과 해와 달의 운행을 헤아려 길흉지상을 기록함으로써 성왕(聖王)이 정치에 참여하게 되는 까닭이다"라고 정의하였다.[576] 사마천도 하늘의 일월성신을 살피는 것은 사람들이 생겼을 때부터 군주가 결코 소홀히 할 수 없었던 일이라고 지적하였다.[577]

2) 한국

우리나라에서는 고조선 때부터 점(占)이나 무(巫)가 지도자들의 정책결정에 중요 역할을 하였다. 고조선의 단군은 정치권력과 종교적 권력이 합쳐진 통치자의 형태였으며, 부여, 고구려, 진한 등에서는 무당들이 정치·종교 지도자 역할을 하였다. 하지만 국가체제가 발전하면서 왕이 정치권력을 장악하게 되자 무당들은 종교적인 역할만을 담당하게 되었다. 그리고 때때로 무당들은 왕의 자문역 내지 보좌관 역할을 하기도 하였다.[578] 이들은 국무(國巫), 사무(師巫), 신무(神巫)로 불렸으며, 국가의 중요한 행사에도 동원되었다. 무당은 굿과 같은 제의를 통해 현재나 과거의 문제를 주로 해결하였다.

삼국사기에 따르면 고구려 유리왕은 병이 들자 자문 역할을 하던 무당인 사무에게 점을 치게 하여 그 원인을 알고자 했다. 점괘에 따르면 왕이 억울하게 신하를 죽인 탓이었다. 이에 대한 해결책으로 억울한 원혼을 달래는 제사를 드리고, 그 결과 왕의 병이 치유되었다고 한다.[579] 이처럼 무당이 점을 치기도 하였지만 미래사를 예측하는 일에 전문은 아니었다. 미래의 일을 예측하는 기술은 점쟁이의 몫이었다.[580] 삼국지 위지 제 30권 동이전에 따르면 부여에서는 소의 발톱으로 점을 쳤다고 한다. 발톱이 벌어지면 패전, 붙으면 승전의 길조로 판단하였다. 이처럼 우리나라에서도 점술은 왕의 안전을 지키고 국가의 안정을 유지하는 데 중요한 역할을 하였다.

역사적으로 우리나라에서는 점복 전문가를 일관(日官), 점복관(占卜官), 복술자(卜術者), 신점자(神占者), 상지자(相地者)라 하였다. [581] 이들 중 일관은 천문관리로서 천체의 변화를 관찰하여 길흉(吉凶)을 예측하는 점을 치고, 길흉을 대비하기 위해 하늘에 기도를 올리며, 해시계 등을 통하여 시간을 관리하였다. 왕은 일관들에게 시간을 관리케 하여 백성들의 생활을 통제케 하였으며, 천문관찰의 정보를 왕에게 전달하여 점복으로 국가의 위기를 대비하게 하였다. [582]

신라 시대에는 일관(日官)이 관상감(觀象監)이라는 관청에서 활동했다. 삼국유사에 따르면 경덕왕 때 하늘에 해가 둘이 나타나는 기이한 현상이 벌어졌고, 일관에게 이것이 무엇을 나타내는 징조인지를 알아오라고 하였다. [583] 고려의 태조 왕건은 후손들에게 당부하기를 "백성을 부리되 때를 살펴 행할 것"(使民以時)이라 하였다. 천문에 따라 때를 살펴 농사의 절기를 잘 지키라는 의미이다. 그래서 역서(曆書)를 잘 만들고 절기(節氣)를 잘 지키는 것이 왕들의 주요 임무로 간주하였다. [584]

고려 초에 천문과 복술에 정통한 최지몽은 사천공봉(司天供奉)이라는 천문 관측 관직을 맡고 있었다. 그는 혜종(고려의 제2대 왕) 때 "유성(流星)이 자미원(紫微垣, 천체의 궁궐 담장)을 침범했습니다. 나라에 반드시 역적이 있을 것입니다."라고 하며 반란음모를 예견하였으며, 왕이 이를 적극 수용하여 '왕규의 난'을 사전에 막을 수 있었다. [585] 경종(고려의 제5대 왕) 때도 최지몽은 별을 보고 점을 쳐서 왕승(王承)의 반란음모를 미리 알고 적발하였다. 최지몽은 단순히 점을 치거나 천문을 관찰하는 것에 그치지 않았다. 그는 63년간 태조, 혜종, 정종, 광종, 경종, 성종까지 6명의 국왕을 보좌하며 여러 번의 변란을 예측하여 이를 예방하였다. 그는 왕실의 참모이자 조력자로서 국왕을 보좌하였고, 새로 형성된 왕조의 안정을 도모하였다. 최지몽의 활약은 고려시대에 천문점술이 특별한 지위를 누렸음을 잘 보여주고 있다.

한편, 조선시대에는 주역(周易)이 왕이나 왕자를 교육시키기 위한 중요 교과목 중의 하나로 사용되었다. 조선 왕조는 왕을 나라의 스승인 군사(君師)로 만들기 위해 제왕학을 가르쳤다. 특별히 정조의 제왕학은 군사로서의 왕의 자질을 교육시킬 자료였을 뿐 아니라 현실정치에 실천할 수 있는 학문이었다. 정조는 왕에 오르기까지 약 14년간 왕세손과 동궁의 자격으로 제왕학의 학습 과정인 서연(書筵)에 참여하였다. 정조는 서연에서 학자들과 여러 가지 주제를 토론하였는데, 그중에서 주역 해석에 상당히 관심이 있었다. 그래서 그는 주역의 해석을 국가 통치에 적용하였다. 정조는 제왕학을 통해 역대군주의 정책을 파악할 수 있었으며, 이를 통해 적극적으로 현실 정치에 참여할 수 있었다. [586]

이러한 점에서 우리나라의 제왕학은 폰그라츠 라이스텐이 규정한 고대근동의 제왕학(帝王學)과 비교된다. 고대근동에서와 마찬가지로 우리나라에도 천문 점술, 풍수 점술, 꿈 해몽, 예언, 신탁과 같은 다양한 유형의 종교적 지식이 존재하였다. 민간에서는 종교적 지식이 개인의 길흉화복을 점치는데 유용하게 사용되었다. 하지만 국가적 차원에서 이러한 종교적 지식은 제왕학의 일부가 되었다. 종교적 지식은 왕의 안전과 왕국의 안정을 위해 사용되었다. 하지만 고대근동에서와 마찬가지로 왕과 왕국과 관련된 종교적 지식은 국가의 운명을 좌우할 수 있었기 때문에 조심히 다루어져야 했다. 때로 부정적인 도참(圖讖)이나 예언은 지식인들의 목숨을 앗아갈 수 있었기 때문에 긍정적인 해석이 만연할 수도 있었다. 때문에 종교 전문가들을 양성하기 위해 일정 수준의 교육기관을 두어 훈련시켰으며, 이곳에서 배출된 지식인들의 조언에 따라 국가의 정책을 결정하였다.

왕은 한 나라의 최고 권력자이자 통치자이다. 때문에 나라를 다스리기 위해 세우는 왕의 판단과 생각이 왕조의 운명에 커다란 영향을 미쳤다. 점술과 같은 종교적 지식은 왕이 정책 결정과 판단을 내리는데 중요한 역할을 하였다. 때문에 "중세에서 고대로 시기를 거슬러 올라갈수록 천문점성술은 왕실의 운명을 예언하고 보호하며, 제왕의 통치와 교화 능력을 향상시키는 제왕학(帝王學)의 지위를 갖는다."[587]

고대 중국의 황제들이 천문에 대한 지식을 통해 국가의 변괴를 대비하고 우주의 질서인 시간을 알렸듯이 우리나라의 왕들도 천문을 연구하여 하늘의 뜻을 알리고자 했다. 우주의 질서는 일월성신의 운행과 순환을 의미하며, 이것은 농사와 직접적으로 연결되어 있었다. 때문에 역대 왕들은 역서를 잘 만들고 절기를 잘 밝히는 것을 주요 임무와 덕목으로 생각하였다. 때문에 역서를 간행하고 보급하는 것을 엄격히 제한하였다. 왜냐하면 천문은 제왕지학(帝王之學)이었으며, 천문의 도를 구현한 역서는 제왕지서(帝王之書)였기 때문이다. 따라서 천문과 역서에 대한 독점을 통해 왕권에 대한 권위를 유지하였으며, 백성들에게 관상수시를 내리는 것을 은혜로 천명하였다.[588]

3. 종교적 지식과 과학적 미래학

'미래학'이라는 용어는 1943년 독일의 정치학자이자 미래학자인 오시

프 플레히트하임(Ossip Kurt Flechtheim, 1909-1998)이 처음으로 사용했다. 하지만, 미래연구의 실무적인 방법론은 제2차 세계대전 말에 등장한 과학기술에 바탕을 둔 예측에서 비롯됐다고 보는 것이 일반적이다.[589] 미국의 랜드연구소(The RAND Corporation)는 현대 미래학 연구의 요람이라고 할 수 있다. 랜드연구소는 오늘날 미국의 안보전략 및 지구적 이슈를 연구하는 싱크탱크(think-tank)로 유명하다. 미래예측의 가장 중요한 두 가지 방법론인 '시나리오 기법'과 '델파이 기법'이 모두 이 연구소에서 고안되었다.[590]

델파이 기법은 전문가의 경험적 지식을 통해 문제해결이나 미래예측을 하는 방법으로 '전문가 합의법'이라고도 한다. 보통 세 번 정도의 설문조사를 하면 응답간의 편차가 줄어들고 의견이 서로 비슷해지는 경향을 보이는데, 이 과정을 통해 전문가 의견을 수렴할 수 있다.[591] 이처럼 질문을 3회 되풀이하며 응답 참여자의 의견의 일치점을 찾는 과정은 우림과 둠밈과 같은 도구를 사용하는 고대 이스라엘의 신탁이나 고대근동의 점술 신탁의 방법과 유사하다. 이 경우 최종적인 답변을 얻을 때까지 양자택일(binary)의 신탁이나 검증신탁(피키톰)을 반복하는데, 최후의 답변을 신의 응답으로 간주한다. 점술 신탁을 시행하는데는 대체적으로 특별한 기술이 필요치 않다. 하지만 신탁을 해석하기 위해서는 전문적 지식이 필요하다. 델파이 기법의 경우에는 참가자들이 전문가 집단일수록 좋은 결과를 얻을 확률이 높다. 결과를 해석하는 능력도 중요하지만 응답의 질도 중요하다. 이러한 점에서 신탁과 델파이법 사이에는 유사점과 차이점이 존재한다.

시나리오 기법은 '미래에는 어떤 일들이 일어날 것인가?', '이러이러한 일이 발생하면 어떻게 될 것인가?'에 대해 시나리오를 작성해 미래에 대비하는 방법이다. 시나리오는 예측(forecast)이 아니라 하나의 가능한 미래, 즉 미래가 어떻게 될 것인가에 대한 견해를 말한다. 시나리오 기법의 최대 장점은 가능한 복수(複數)의 미래를 상정해 대비함으로써 미래의 리스크를 줄여 나갈 수 있다는 것인데, 3-4개의 시나리오를 준비하는 것이 일반적이다.[592] 미래학의 시나리오 기법은 고대근동의 위기 해결 방식과 비슷하다. 천문 관찰이나 간 점술 등에 의해 불운한 징조가 발견이 되면 종교 전문가들은 이 문제를 해결하기 위해 다양한 방법들을 동원한다. 특별히 불운한 징조가 왕과 왕국과 관련되어 있다면 더욱 정교한 작업이 필요하다. 이들은 액운이 어떤 방식으로 영향을 미칠 것인지를 예상하고 그것을 막거나 회피하기 위한 시나리오들을 개발하였다. 예를 들면 액운이 왕에게 미칠 것을 방지하기 위해 대리 왕 제의를 실시하는데, 마치 드라마의 시나리오처럼 액운이 예상되는 왕을 숨기고 대리 왕을 내세워 일정기간 왕의 보좌에 앉아 나라를 다스리게 하고, 정해진 기간이 지나면 액운을 대리 왕에게 전가시켜 미래에 있을 지 모를 비극과 불행의 속죄양으로 삼는다. 이처럼 액운의 발견부터 액운의 회피까지 시나리오를 작성할 때 간 점술사, 천문 점술사, 진단 치료사 및 치유 주술사, 예언자 등 다양한 종교 전문가들이 참여하여 이를 구축하고 또 시행한다.

  앞에서 언급한 대로, 미래학은 랜드연구소와 같은 현대의 연구자들에 의해 형성된 새로운 학문이다. 하지만 미래에 대한 관심은 훨씬 이전부터 존재하였다. 랜드연구소가 개발한 미래예측의 방법론인 델파이 기법(Delphi method)의 명칭 자체가 미래학의 역사적 기원을 잘 알려주고 있다. 델파이 기법이라는 명칭은 고대 그리스의 델포이 신탁으로부터 따온 것이다. 고대사회에서 미래예측은 신의 영역이었고 따라서 예언자, 점성술사, 주술사의 몫이었다. 아폴론 신전의 피티아(Pythia)는 방문자에게 인간의 운명을 이야기해 주는 이른 바 '신탁'(神託)을 내리는 임무를 맡았다. 신탁이란 '인간이 판단할 수 없는 어려운 문제의 해결을 위한 인간의 물음에 대한 신(神)의 응답'을 말한다. 로마의 '시빌의 신탁서'(Sibyl's oracle)도 미래예측을 원하는 인간의 욕망을 표상하고 있다. 신비의 대예언자 시빌은 로마의 타르퀴니아 왕에게 로마의 앞날을 세세하게 기록한 예언서를 판다. 로마인들은 시빌의 신탁서를 주피터 신전에 모셔놓고 국가의 중대사가 있을 때만 열어 보면서 위기를 헤쳐 가는 지혜를 얻었다고 한다. 델포이 신탁이나 시빌의 신탁은 신화나 전설 속의 이야기만이 아니다. 이들은 미래예측의 효시라고 할 수 있다. 조지워싱턴대학 경영학 교수인 윌리엄 할랄(William E. Halal)은 현대의 미래학자와 예언자의 관계에 대해 흥미로운 언급을 하였는데 주목할 만하다.

내가 생각하기에, 미래학자는 태어날 때부터 사회가 가고 있는 방향에 왕성한 관심을 갖고 있는 것 같다. 삶은 늘 엄청나게 변화해왔으며 지금은 그 어느 때보다 한층 더 극적이고 빠른 속도로 변화하고 있다는 것을 미래학자는 본능적으로 이해하고 있다. 일부 냉정한 학자나 전문가가 있기도 하지만, 미래학자들은 대부분 다른 세상을 창조해 그 속에서 생활할지 모른다는 가능성에 궁극적으로 넘어가게 된다. 그렇기 때문에 나는 미래학자들은 고대 예언가들의 현대판이라고 오랫동안 확신해 왔다. 고대 예언가들은 주로 성서시대의 변화에 주안점을 주었으며, 종교와 보다 밀접한 관련이 있었다. 하지만 오늘날 미래학자는 새로운 글로벌 질서를 몰고 오는 과학기술 분야의 혁명에 주안점을 두고 있으므로, 미래학자들은 요즘과 같은 첨단기술 시대의 예언가라 할 수 있다.[593]

할랄 교수가 미래학자를 예언자와 비교한 것은 단순히 이 둘이 미래에 대해 관심을 가져서가 아니다. 예언자들이 예언 때문에 비판을 받았듯이 미래학자들도 대안적 미래상을 제시하다 비판과 심지어 경멸을 자초하기 때문이다.

미래학자인 제임스 데이터(James Dator)는 "미래학이란 '미래'에 대한 연구가 아니라 개개인의 마음속에 있는 '미래의 이미지' 혹은 '미래에 대한 생각'을 연구하는 학문이라고 주장한다. 미래 이미지란 아주 안정적인 것이 있는가 하면, 사건이나 환경의 변화에 따라 매우 쉽게 바뀌는 것도 있다."라고 말한 바 있다.[594] 미래연구는 다양한 분야의 전문적인 지식과 데이터를 필요로 하며 이 때문에 분야별 전문가들의 협업이 요구된다.[595] 따라서 미래학자는 작가, 컨설턴트, 조직의 지도자, 조사연구자, 과학기술인 같은 사람들이 학제적으로 시스템적 사고를 통해 다양한 지구적 문제와 관련해 가능한 시나리오를 수립하고 기회를 파악하거나 만약에 닥칠지 모르는 위험에 대비하고자 하는 활동을 하는 사람을 말한다.[596]

토마스 프레이(Thomas Frey)는 미래가 고도로 발전된 기계가 아니라 우리 주변에서 볼 수 있는 평범한 사람들의 정신 속에서 창조된다고 말한 바 있다.[597] 미래학을 개개인의 마음속에 있는 미래의 상(相)을 연구하는 것이라는 제임스 데이터의 주장과 미래가 일반인의 정신 속에서 구현된다는 프레이의 주장은 고대근동의 점술 신탁의 과정과 비슷한 점이 있다. 차이가 있다면 미래학에서는 개인의 능력이나 경험으로 미래상을 형성한다면, 고대근동에서는 신을 통해 미래상이 구현되었다는 점이다. 고대사회에서 미래 예측은 신의 영역이었다. 그래서 예언가와 점술사가 신탁을 통해 미래를 예측하는 일을 하였다. 하지만 14세기에서 16세기의 르네상스를 거치면서 미래의 예측은 신탁에서 과학으로 넘어가기 시작했다. 과학기술 발전으로 객관적이고 과학적인 미래예측이 가능해졌다.

이러한 점에서 고대근동의 '점술학'(바루투)은 지식사회의 기원이라 말할 수 있다. 점술학은 점술사라는 종교 전문가와 점술자료라는 두 가지 요소로 구성되어 있다. 점술사는 고등교육을 받은 오늘날의 지식근로자처럼 고도의 지식을 습득한 학자(움마누)들이었다. 이들은 다양한 방법으로 징조를 모았다. 그들은 오늘날 컴퓨터나 인터넷 자료에 버금가는 양의 정보를 다루는 전문가였다. 그들은 정보를 산출하기도 하고 축적하기도 하고 전달하기도 했으며, 정보를 분류하고 해석하기도 하였다. 이러한 방식은 고대근동의 과학적 체계의 일부분을 보여주고 있다. 그들은 방대한 목록으로 자료를 분류하는 경향이 있었다. 때문에 당시의 점술학을 분류학(Listenwissenschaft)으로 불러도 무방하다.[598)]

고대 바빌로니아시대의 서기관들은 징조들(omens)을 수집하고 체계화하였다. 이러한 작업은 아시리아의 시대에도 계속되었으며 고도의 지식이 담긴 학문적 자료가 축적이 되었다. 이러한 자료들은 고대 메소포타미아 사회의 징조의 내용과 기능을 연구하는 자료가 되었다. 징조 모음집은 법률과 같은 결의론적(casuistic) 문헌의 일부였으며, 해석학적 원리와 연역적 설명을 기초로 하여 조직화한 서기관들의 작품이었다. 종교적 지식의 논리적 구조는 무엇보다 원인론적 형식의 문장으로 징조들을 기술하는 데 있다. 문장의 첫 부분은 조건절(protasis)이라고 하는데, 관찰된 사항을 도입하기 위해 "만약 (어떤 일이 일어나면)"이라는 문구로 시작한다. 두 번째 부분은 결과절(apodosis)이라고 하는 데 "그래서"라는 문장으로 시작하며 징조나 예고가 나타내는 미래의 사건을 나타낸다. 이러한 구절에는 과거의 경험이 반영되어 있었다.

이와 같이 고대근동에는 오늘날처럼 미래를 예측하기 위해 많은 정보들이 사용된 것을 알 수 있다. 이러한 정보들은 널리 유통되어 정책에 반영되거나 왕궁 기록 보관소에 기록되어 미래를 예측하는 자료로 사용되었다. 오늘날 미래학의 근간인 빅 데이터가 '데이터의 양'(Volume), '다양성'(Variety), '속도'(Velocity)를 중요요소로 여기듯이[599] 고대근동의 종교지식인들도 다양하고 방대한 자료를 빠른 속도로 유통시켰다. 이처럼 점술을 비롯한 고대근동의 종교적 지식은 미래 예측의 중요 자료로 인식되어 안정적 통치와 제국의 평화를 유지하는 데 사용되었다. 이러한 미래예측 자료는 오늘날의 빅 데이터와 유사하며 당시 종교 전문가들의 미래예측 방법은 오늘날의 미래학의 기원이라 할 수 있다

이와 같은 고대 근동 점술이 지니고 있는 논리와 체계에도 불구하고 오늘날의 과학적 기준에는 미흡하다고 생각할 수 있다. 하지만 물리적 현상을 이해하고 연구하는 '과학'(science)이라는 단어로 고대근동의 인식능력을 정의하기에는 부적합하거나 또는 시대착오적일 수 있다. 이러한 판단은 비단 고대 근동에만 적용되는 것은 아니다. 고대나 중세 시대의 신학적 단계에서도 미래예측은 신의 영역으로 간주되어 점성술, 예언 등의 형태로 나타났다. 그리고 형이상학적 단계에서는 절대정신이나 신의 섭리 등의 내재적인 힘에 의거해 미래예측이 이루어진다고 생각했다.[600] 19세기 이전의 과학도 오늘의 기준에 따르면 과학이라고 받아들이기 힘든 것들이 있었다. 따라서 고대 근동에서 과학이라는 개념을 배제한다면 과학과 비과학, 과학과 종교, 혹은 과학과 미신이라는 이분법을 사용할 필요가 없다. 과학이 현대에 국한된 개념이라면, 중세와 르네상스의 과학 및

자연철학, 그리고 수학과 물리학도 과학과 비과학이라는 이분법 하에서는 어느 한쪽으로 몰릴 수밖에 없다.

비록 고대 메소포타미아의 점술문서에 "관찰하다"(나짜루), "예견하다"(가부), "액막이 제의"(남부르비), "주문"(쉬프투), 그리고 "신들"(일루)이라는 어휘가 사용되었다 하더라도 점술 신탁은 소수의 단체가 비밀스럽게 간직하거나 섬겼던 비전(祕傳)이나 밀교(密敎)가 아니었다. 징조들을 모아놓은 책에는 격언, 우화, 이야기와 같은 다양한 형태의 지혜 전통들도 수집되어 기록되어 있었다. 때문에 징조 모음집은 종교적 기능 뿐 아니라 교육과 교훈의 목적을 지니고 있었다. 이처럼 종교적 전통과 교육적 전통이 합쳐진 징조 모음집은 정치적 이념을 수립하는 자료가 되었다. 이와 같은 고대 근동의 점술신탁이 지닌 논리적(logical), 체계적(systematical), 추론적(inferential) 성격은 과학의 범주에 넣기에 충분하다.[601]

고대근동의 문헌에서 천문학(astronomy)과 천문 신탁(astrology)은 차이가 없었다. 고대근동의 종교 전문가들은 과학적인 관찰에 의해 얻어진 천문학 일기(astronomical diaries)를 사용해 한 달의 길이와 월식을 예견하였으며, 정치적 성격이 있는 세속적 사건들을 예견하는 데 사용하였다. 천문학과 천문 신탁의 구분은 후대에 이루어졌으며, 이들 두 범주의 지식도 구분이 없었다. 이러한 발전은 멀린 도널드(Merlin Donald)가 말한 문화의 탈신화화와 일맥상통한다.

어떤 새로운 영역의 이론이 발전하는 첫 번째 단계는 항상 반신화적이다. 사물과 사건들이 소위 '객관적'인 이론적 분석 대상이 될 수 있으려면 먼저 기존에 갖고 있던 신화적 의미를 덜어내야 한다. 사실 '객관성'이란 것의 의

미는 바로 이 탈신화화 과정이다.[602]

예를 들어 천문학은 점성학의 탈신화화로 태어나며, 화학은 연금술의 탈신화화를 거친다. 또 해부학은 인간 신체의 탈신화화를 거친다.

미래학을 '예언 과학(predictive science)'이라고 생각해서는 안 된다. 미래를 정확하게 예측할 수 있는 학문은 없다. 단지 미래에 벌어질 다양한 가능성을 탐색하고 이에 대한 대안을 제시하는 노력이 중요할 뿐이다. 미래학적 관점으로 본다면 가능한 미래(the possible), 일어날 가능성이 많은 미래(the probable), 바람직한 미래(the preferable) 등 다양한 미래가 가능하다. 제임스 데이터교수는 "미래는 단수가 아니라 복수이며 따라서 미래학이란 말은 영어로 future study가 아니라 futures studies라고 해야 한다"라고 강조한다.[603] 그에 따르면 미래는 하나의 단선적인 세계가 아니라 여러 가지 가능성을 포함하는 복수의 영역이다. 때문에 그는 미래는 예견(predict)하는 것이 아니라고 주장한다. 그의 이러한 주장은 "미래를 예측하는 가장 좋은 방법은 그 미래를 만들어버리는 것이다"라는 드러커(Peter Drucker)의 주장과 유사하다. 물리학자인 가버(Dennis Gabor)도 "미래는 예측될 수 없으며, 다만 복수의 미래가 만들어질 수 있다"라고 주장한 바 있다.[604] 미래는 존재하는 것이 아니라 존재할 것이며, 앞으로 만들어 갈 것이다. 미래학은 정확한 사실로서의 미래를 추구하는 것이 아니라 유용한 대안들을 찾으려고 노력한다.

따라서 '이러한 미래가 올 것이다'라고 미래를 예언(predict)하거나 정확한 미래를 예측(foresight)할 수는 없지만, 여러 가지 대안적인 미래를 구상해 보는 것은 가능하다.[605] 우리가 기상청의 날씨예보(weather forecast)를 반드시 그렇게 될 것이라고 믿는 것은 아니다. MIT의 기상학자이자 혼돈 이론의 창시자인 에드워드 로렌즈(Edward Lorenz)박사는 가장 사소한 변수가 기상시스템에 중대한 변화를 일으킬 수 있으며, 완벽하게 평온한 상태에서도 가장 사소한 혼란이 중대한 기상현상을 야기할 수 있다는 사실을 발견했다.[606] 그래서 기상청은 날씨를 예보할(forecast) 때 '비 올 확률 몇 퍼센트'라고 표현한다. 기상청은 슈퍼컴퓨터로 기상 예보 모델을 돌려 수많은 자료를 생산한다. 하지만 이 자료가 곧바로 예보는 아니다. 이 자료를 예보관이 해석해야 하며, 예보관의 오랜 경험이 정확도를 높이는 요소가 된다. 미래학자들의 예측도 이런 것이라 봐야 할 것이다.

데이터 과학자인 세바스찬 베르니케(Sebastian Wernicke)는 테드 강연(TED Talk)에서 아마존이 많은 양의 데이터를 연구해 만든 한 드라마가 실패한 이유를 물었다. 그리고 그는 아마존이 지나치게 데이터에만 의존해서 실패했다고 대답했다.[607] 데이터는 매우 유용한 도구이기는 하지만 때로는 잘못된 결정에 이르게 한다. 데이터는 도구일 뿐이다. 데이터에 의존하면 안전할 수 있지만 무언가 특별한 일을 이루고 싶다면 데이터에만 의존해서는 안 된다. 베르니케는 데이터가 중요하기는 하지만 결국 분석한 데이터를 가지고 최종 결정을 내리는 것은 사람이라고 강조했다. 이처럼 아마존의 실패는 데이터의 양 뿐 아니라 데이터를 분석할 수 있는 전문가의 능력도 중요함을 알려주고 있다.[608]

토머스 프레이는 뛰어난 기술력과 훌륭한 전문가들이 많음에도 불구하고 미래를 불확실하게 여기는 것은 "미래와 소통할 도구"가 부족한 때문이라고 말한다.[609] 의사 결정의 순간에 빠르고 올바른 판단을 내리기 위해서는 다양한 분야의 교육이 필요하다. 왜냐하면 미래에는 인간의 판단락이 더욱 중요해지기 때문이다.[610] 현대사회에서 정보는 무한하지만 지식은 유한하다.[611] 우리가 정보에 소비하는 시간은 하루 평균 12시간에 이른다. 하지만 이 정보를 분류하고 탐구하는 능력에는 한계가 있다. 인터넷을 이용해 빠른 속도로 외부 정보에 접근할 수 있다. 하지만 정보에 접근할 수 있다고 해서 그 정보를 처리할 수 있는 것은 아니다. 항목을 분류하고 서열을 매기는 행위 자체가 권력행위이다.[612]

대구대학교 총장을 역임했던 고 이재규 박사는 "지식사회의 두 가지 인프라는 고등교육을 받은 지식근로자와 컴퓨터와 인터넷 등 정보기술이다."라고 하였다.[613] 그의 주장은 "다음 사회는 지식사회가 될 것이다. 지식이 지식사회의 핵심 자원일 것이고, 지식근로자가 노동력 가운데 지배적 집단이 될 것이다."라는 피터 드러커의 주장을 요약한 것이다.[614] 지식사회는 전문성이 매우 높은 사람들로 구성될 것이다. 왜냐하면 지식근로자는 정보를 취합하고 다루고, 분류할 줄 알기 때문이다.

이러한 점에서 고대근동의 종교적 지식인 '점술학'(바루투)은 지식사회의 이념과 유사점이 있다. 고대근동의 종교 전문가들은 오늘날의 지식근로자처럼 많은 정보를 취급하는 전문가였다. 그들은 정보를 분류하고 해석하며, 지식을 산출하고 축적하고 전달하였다. 그리고 그들이 최종적으로 규합한 정보는 정치, 경제, 문화를 지탱하는 주요 자료가 되었다. 이들은 수집하고 분석한 자료를 권력자들에게 제공하였다. 그리고 이 자료들은 왕을 교육시키고 또 바른 통치를 할 수 있는 이념의 기반이 되는 '제왕학'이 되었다.

왕은 종교 전문가들이 제공하는 지식의 특성을 이해하고, 중요도에 따라 서열을 매기는 능력을 갖추고 있어야 했다. 왜냐하면 왕의 결정이 제국의 미래를 결정할 수 있기 때문이다. 아시리아의 에살핫돈과 아슈르바니팔은 아시아에서 아프리카 그리고 유럽의 일부분을 관할하는 광대한 제국을 다스리고 있었다. 이들이 성공적으로 제국을 통치할 수 있었던 이유는 종교 전문가들이 제공한 종교적 지식을 기반으로 빠르고 정확하게 결정을 내릴 수 있었기 때문이다. 이와는 반대로 양질의 지식과 정보임에도 불구하고 잘못된 결정을 내린 왕들도 있었다. 그들은 잘못된 결정으로 자신의 목숨 뿐 아니라 왕국을 위태롭게 하였다.[615]

좋은 조언과 나쁜 조언을 가름하는 기준은 꼭 자료의 양이나 종교 전문가의 능력에만 달려있는 것은 아니다. 조언이 효과를 거두기 위해서는 바른 조언을 선택할 수 있는 능력과 이를 실천할 수 있는 능력이 요구된다. 오늘날의 지식 근로자나 결정권자는 마치 텔레비전 앞에 앉아있는 시청자와 같다. 수많은 채널에서 다양한 프로그램들이 매일같이 쏟아져 나오고 있다. 어떤 채널을 선택하느냐는 시청자의 결단이다. 지식 근로자와 결정권자는 다양한 채널에서 다양한 지식과 정보를 제공받는다. 이들이 현명한 시청자처럼 바른 결정을 내릴 수 있을 때만 바람직한 미래를 맞이할 수 있다.

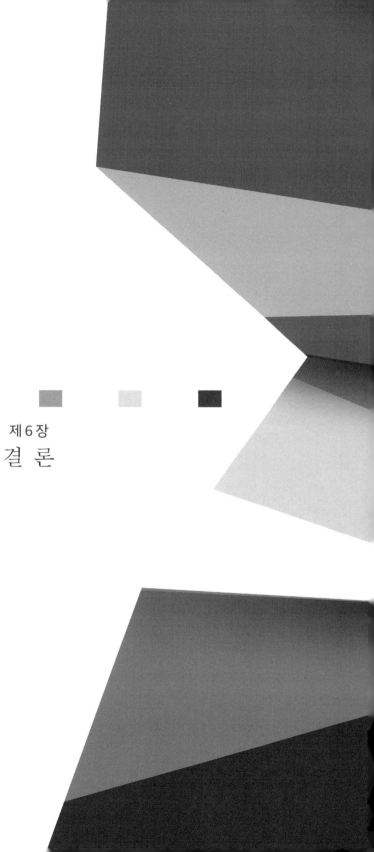

제6장

결 론

제6장

결 론

이 책에서는 비과학적이고 우연적인 결과의 산물로 여겨지는 점술의 과거를 추적하여 그 과학적 원리를 규명하고, 미래예측을 하는데 있어 점술이 고대근동에서 어떻게 유용하게 사용되었는지를 살펴보았다. 또한 점술이 발전하면서 과학과 어떻게 융합하게 되었는지를 살펴봄으로써 미래학의 기원이 고대근동의 종교적 지식임을 밝히고자 하였다.

미래예측은 국가의 정책을 결정하거나 기업이 시장의 수요나 기술발전을 예측하는 데 사용된다. 때문에 미래예측의 성패는 국가와 기업의 운명을 좌우하는 결정적 요인이 될 수 있다. 하지만 많은 사람은 미래를 부정적으로 생각한다. 그래서 아직 오지 않은 미래 때문에 걱정을 하거나 두려워하는 경우가 많다. 하지만 미래를 두려워하거나 의심할 필요가 없다. 허버트 조지 웰스(Herbert George Wells, 1866-1946)는 이에 대해 다음과 같이 말하고 있다.

미래의 일들은 알 수 없다는 고정관념에 사로잡혀 있다. 그러나 과거를 아는 것과 미래를 창조하는 것은 같은 것이다. 인간이 미래에 관심을 가지고 있는 한 미래를 알 수 있는 실마리도 항상 그 속에 있다. ... 각 분야의 전문지식과 사회 동향에 관한 정보가 있으면 과학적으로 미래를 예측함으로써 미래를 창조해 갈 수 있다.[616]

어두운 미래는 상상하기 조차 싫다. 하지만 생각하기 싫더라도 외면해서는 안 된다. 왜냐하면 미래는 아직 오지 않았기 때문에 얼마든지 바꿀 수 있기 때문이다. 만일 미래가 부정적이라면 과거를 되돌아 볼 필요가 있다. 같은 상황에서 과거에는 어떻게 대처했는지, 그리고 그 결과는 어떠했는지 살펴볼 필요가 있다. 그리고 오늘의 현실을 냉정하게 직시할 필요가 있다. 지나치게 부정적으로도, 지나치게 낙관적로도 보아서는 안 된다. 지나치게 부정적이면 당황하여 잘못된 결정을 내리기 쉽고, 낙관적이면 위기를 대처할 능력을 상실하게 된다. 따라서 미래를 내다보고 바른 결정을 내리는 능력이 필요하다.

고대근동의 종교 전문가들은 자신들이 수집하고 분석한 종교적 지식을 왕에게 전달하여 정책을 구상하고 결정하도록 도왔다. 종교적 지식은 고대인들이 미래를 예측하고 정책을 결정하는 빅 데이터(big data)의 기능을 하였다. 빅 데이터 활용의 최종 목표는 '예측'이다. 이러한 예측은 어떤 데이터를 쓰는지, 또 어떤 방법을 선택하느냐에 따라 결과가 달라진다. 그래서 빅 데이터를 분석해 미래를 정확하게 예측하면 경쟁력의 우위를 점할수 있다. 고고학자들은 고대근동의 유적지에서 오늘날의 빅 데이터에 해당하는 방대한 토판들을 발견하였다. 그들은 주전 2000년경의 마리 왕국의 기록 보관소에서 약 2만 여개의 토판을 발견하였으며, 주전 7세기의 신아시리아의 아슈르바니팔의 도서관에서는 약 2만 5천여 개의 토판을 발견하였다. 이들 토판들은 신탁의 결과가 일회용이 아니라 지식의 형태로 축적되어 후대에도 사용되었음을 증명하고 있다.

고대근동의 통치자들은 특별히 종교적 지식을 자신들의 지위와 권위를 유지하고 제국을 통치하는데 사용하였다. 신탁점술은 종교적 비의이지만 정치적 영역에서는 고대근동 통치자들의 지위를 합법화시키는 도구가 되었다. 신탁은 왕이 신으로부터 통치를 위임받은 대리자임을 확인시켜주며, 신이 왕에게만 은밀하게 계시할 수 있는 도구였다. 따라서 왕은 이러한 신적 비밀을 소중히 여기고 통치자의 합법성과 권위를 고수하기 위해 신탁의 자료를 보관하였다. 하지만 이들 자료는 여론을 형성하는 도구로도 사용되어 왕이 독단적으로 결정을 내리지 못하도록 견제하였다. 왜냐하면 신탁의 자료는 왕과 신 사이의 소통을 기록한 비밀 자료이지만 이를 해석하고 전달하는 과정에서 민의를 반영할 수 있었기 때문이다. 물론 왕의 독단적인 결정을 막기 위해서 대응신탁이 사용되었다. 그리고 이를 통해 정치적 혼란을 방지하고, 대안적 미래를 제시할 수 있었다. 신탁종사자들은 지식인으로서 왕과 왕국의 유지와 발전을 위해서 다가올 위험을 제거하고 불행한 미래를 바꾸는 여러 가지 조치를 취하였다.

에밀 뒤르껭(Emile Durkheim)은 사회 공동체의 지식은 시간과 공간적인 면에서 개인의 것보다 훨씬 월등하다고 주장하며, 이를 "집단의식"(collective conscience)이라고 하였다. 집단의식은 사회 안에서 서로를 하나로 묶어주는 공유 믿음과 공유 사상이다. 집단의식이 강할수록 개인들 간의 공유의식이 강화되고 이로 인해 강력한 사회적 연대감이 형성될 수 있다. 이처럼 사회적 연대의식을 갖고 사회 구성원들이 정보, 지식, 경험을 공유하면 공동체의 어려운 문제들을 보다 쉽게 해결할 수 있다. 뒤르껭이 말한 집단의식은 오늘날 집단지성(collective intelligence)이라는 형태로 표출되고 있다. 집단지성이란 다수의 개체들이 서로 협력하거나 경쟁하여 서로 합의하여 결정을 내릴 수 있는 공유 지식 혹은 집단 지식을 말한다.[617]

고대근동의 종교적 지식인 혹은 종교 전문가들은 집단지성을 이루는 구성원이었다. 고대근동의 신탁 자료는 당시 지식인들이 공동으로 축적한 집단지성의 결과물이라 할 수 있다. 종교 전문가들은 자연의 관찰과 점술 등을 통해 미래를 예측하였다. 이들은 징조를 분석하기 위하여 희생용 동물의 내장을 조사하고, 동물의 간을 관찰하고, '숨마 알루'와 '숨마 이즈부'와 같은 참고서를 사용하여 분석 하였다. 종교 전문가들의 집단지성의 특성은 '에누마 아누 엔릴'이라는 천문 기록에도 잘 반영되어 있다. 이 기록은 선대로부터 내려온 천문 관찰이 기록되어 있으며 하늘과 땅의 이상 징조에 대처할 방안들이 제시되어 있다. 대처 방안은 주술적 성격이 강하지만 행성들의 이동과 변화 그리고 자연현상의 변화의 관찰은 정확하여 달력의 작성이나, 상업과 농업 활동을 위한 기초 자료로 사용되었다.[618]

종교 전문가들은 궁정이나 궁정 인근에 상주하면서 왕과 제국을 위해 점술 신탁을 시행하였다. 그리고 왕의 고문(counselor)으로서 왕의 결정과 정책에 기여하였다.[619] 이들은 왕이 징조의 의미를 물을 때 그 내용을 파악하여 미래를 예측하는 자료나 정책을 결정하는 자료로 사용하게 하였다. 이들 종교 전문가들은 이 과정에서 왕의 선택을 받을 수 있도록 상호 경쟁하기도 하였으며, 때로는 보다 좋은 결과를 얻기 위해 자료를 서로 교류하며 협력하기도 하였다. 때문에 종교적 지식을 축적한 종교전문가들의 협업과 융합은 집단지성이라는 현대적 가치로 재해석 될 수 있다.

현대인에게는 과학이 곧 종교이다. 과학을 신뢰하고, 과거의 종교적 지식이나 의례를 미신으로 치부한다. 하지만 현대과학도 고대근동의 종교 전문가들처럼 여전히 자료를 수집하고 이를 분석하는 데 중점을 두고 있다. 고대근동의 종교적 지식은 우리에게 고대와 현대의 자료의 질적 차이는 있지만 이를 분석하고 결정하는 역할은 큰 차이가 없음을 알려주고 있다. 오늘날의 빅 데이터 산업과 마찬가지로 고대근동의 종교지식인들도 다양하고 방대한 자료를 빠른 속도로 유통시켰다. 이러한 정보들은 실시간으로 유통되어 정책에 반영되거나 컴퓨터의 저장장치처럼 왕궁의 기록 보관소에 보관되어 필요시 인용되었다. 빅 데이터로서의 종교적 지식은 권력을 유지하거나 견제하는데 유용하였으며 권력자는 빅 데이터를 사용하여 효율적으로 권력을 행사하였다.

과거나 현재나 여전히 데이터는 수없이 쏟아져 나오지만 이 자료를 근거로 정확하게 판단할 사람은 많지 않다. 고대근동의 종교적 지식은 우리에게 정확한 결정과 판단을 위해서는 종교적 전문가들 사이에서 이루어졌던 협업과 융합이 여전히 유효하며, 이를 통해 앞으로 있을지 모를 위기를 빠르게 대처하고, 이를 해결할 대안미래들을 정확하게 제시해야 한다고 역설하고 있다. 당시의 종교적 지식은 오늘날의 빅 데이터처럼 방대하고 다양하였기 때문에 늘 취사선택에 어려움을 겪었다. 이러한 상황에서 통치자들의 선택과 결정, 그리고 미래 예측의 성패는 국가의 운명을 좌우하는 결정적 요인이었다. 오늘날도 데이터의 왜곡을 줄이고 불확실성을 최소화하여, 가치 있고 유용한 데이터를 구분해 내고 이를 바른 선택과 결정에 적용하는 능력은 더욱 중요해 지고 있다.

참고문헌

강승일. "솔로몬 성전 이스라엘의 거룩한 공간." 「구약논단」 15 (2009), 126-143.

_____. "고대 이스라엘의 달신 숭배와 그 배경." 「구약논단」 17 (2011), 146-166.

_____. 『이스라엘과 고대 근동의 점술』. 서울: CLC, 2015.

_____. "고대 이스라엘의 신상과 신상의 입을 여는 의식." 「구약논단」 21(2014), 156-183.

_____. "망자와의 대화, 강령점과 두개골." 「서양고대사연구」 34(2013), 7-31.

_____. "우림과 둠밈, 에봇, 그리고 언약궤-제사장의 점술도구들." 「구약논단」 18(2012), 112-135.

강신익. 『몸의 역사. 의학은 몸을 어떻게 바라보았나』. 서울: 살림, 2007.

구본권. 『로봇 시대, 인간의 일』. 서울: 어크로스, 2015.

권일찬. "의사결정에서 주역점술의 의미와 유용성." 「한국행정학회발표논문집」 (1999년 12월), 905-922.

_____. "周易占의 원리와 과학성." 「한국정신과학회 학술대회논문집」 (2000년 4월), 75-87.

김구원. "질병과 신의 손." 「개신논집」 16(2016), 33-50.

김만태. "한국 점복의 정의와 유형 고찰." 「한국민속학」 47 (2008), 203-233.

김문식. 『정조의 제왕학』. 서울: 태학사, 2007.

김병수. "'예측'의 과학기술학(STS)적 함의." 「한국과학기술학회학술대회 (2015년 12월), 119-135.

김유기. "성서 히브리어 〈나비〉의 어원." 「장신논단」 29(2007), 41-74.

김진명. "'발람이야기'(민 22-24장)의 단락 범위 재설정을 위한 제언-민수기 22-25장의 정경적 전개에 관한 연구." 「구약논단」 46(2012), 12-37.

김태우. "조선시대 역서(曆書)의 의미와 기능의 변화-왕권의 상징에서 대중적 실용서로." 「민속학연구」 41(2017), 153-177.

나이즐 스피비. 『그리스 미술』. 서울: 한길 아트, 2001.

노세영, 박종수. 『고대근동의 역사와 종교』. 서울: 대한기독교서회, 2009.

마르체아 엘리아데. 『우주와 역사-영원회귀의 신화』. 서울: 현대사상사, 1992.

무라야마지준. 『조선의 점복과 예언』. 서울: 명문당, 1991.

문혜경. "델포이 신탁과 피티아의 기능." 「서양고대사연구」 32(2012), 71-107.

리차드 S. 히스. 『이스라엘의 종교. 고고학과 성서학적 연구』. 서울: CLC, 2007.

박일영. 『한국 무교의 이해』. 왜관: 분도출판사, 1999.

박종수. "고대 이스라엘의 제사장 신탁(2)." 「기독교사상」 38(1994), 122-144.

_____. 『이스라엘 종교와 제사장 신탁-제비뽑기의 신비』. 서울: 한들, 1997.

박정호. "플라시보 효과: 의사-환자 관계에서 증여 행위와 그 도덕적 가치." 「사회와이론」
         30(2017), 7-41.

발터 부르케르트. 『그리스 문명의 오리엔트 전통』. 서울: 사계절, 2008.

배희숙. "고대 이스라엘 종교의 '주술' 유형과 그 기능-엘리야와 엘리사의 '기적사화'를 중
         심으로." 「구약논단」 55 (2015), 60-92.

변정심. "살라미스 해전에서 '나무성벽' 신탁의 역할." 「역사와 경계」 59(2006), 251-88.

_____. "델포이 아폴론 신탁 프네우마(Pneuma)의 실체." 「서양고대사연구」
         36(2013), 67-121.

성백효 역주. 『서경집전 하』. 서울: 전통문화연구회, 2006.

스티븐 베이커. 『빅데이터로 세상을 지배하는 사람들』. 서울: 세종서적, 2014.

신지은 외. 『세계적 미래학자 10인이 말하는 미래혁명』. 서울: 일송북, 2007.

안점식. "점의 실체와 인간의 갈망." 「목회와 신학」 187(2005), 100-102.

알렉스 라이트. 『분류의 역사』. 서울: 디지털미디어리서치, 2010.

엄원식. "예후의 혁명에 대한 해부." 「복음과 실천」 29(2002), 7-30

연덕희. "점술을 구성하는 요소들의 특징과 이를 통한 새로운 점술모형 연구." 「비교민속
         학」 51 (2013), 259-83.

에레즈 에이든, 장바티스트 미셸. 『빅데이터 인문학: 진격의 서막』. 서울: 사계절, 2015.

에릭 갈랜드. 『미래를 읽는 기술』. 서울: 한국경제신문사, 2008.

에밀 뒤르케임. 『종교생활의 원초적 형태』. 서울: 민영사, 1992.

우노 하르바. 『샤머니즘의 세계 (알타이 민족들의 종교적 표상)』. 서울: 보고사, 2014.

유성민. 『성스러움과 폭력』. 서울: 살림, 2003.

유요한. "종교학의 비교방법론-공동작업에 근거한 비교철학 연구를 위한 제언." 「종교와
　　문화」 14(2008), 147-177.

윤동녕. "소셜 미디어로서의 예언의 역할-마리문서의 예언현상을 중심으로.「장신논단」
　　41(2011), 11-34

_____. "신앗시리아의 왕을 향한 예언 연구." 「캐논앤컬처」 5(2011), 187-215.

_____. "고대근동과 이스라엘의 예언에 나타난 왕과 예언자의 관계연구-신앗시리아의
　　예언과 나단의 예언(삼하 7:4-17)을 중심으로." 「장신논단」 44(2012), 37-55.

_____. "다윗궁정의 책사들과 책략의 특징연구." 「서울장신논단」 22(2013), 43-67.

_____. "민수기 22-24장에 표현된 발람의 역할 연구." 「구약논단」 19(2013), 205-229.

_____. "에스겔서에 사용된 '허탄한 묵시'(하존 샤브)의 의미와 기능 연구-에스겔서 13
　　장을 중심으로." 「구약논단」 20(2014), 198-222.

_____. "대리 왕 제의의 관점으로 본 다윗 왕의 위기 극복 과정.「구약논단」 21(2015),
　　126-155.

_____. "고대 메소포타미아와 이스라엘의 의료인들." 「서울장신논단」 25(2016), 77-
　　103.

_____. "빅데이터로서의 종교적 지식이 권력에 미치는 영향 연구." 「구약논단」
　　23(2017), 128-154.

윤진. "헤로도토스의 『역사』 제1권에 나타난 신탁과 꿈." 「역사와 담론」 40(2005), 203-
　　220.

은화수. "한국출토 卜 骨에 대한 고찰." 「호남고고학보」 10(1999), 5-21.

이문규. "고대 동양의 천문사상-하늘과 땅의 대응관계를 통하여." 송두종, 안영숙 편집.
　　「한국천문력 및 고천문학-태양력 시행 백주년 기념 워크샵 논문집-」. 대전: 한국
　　표준과학연구원 부설 천문대, 1996, 105-131.

이재규. 『미래는 어떻게 오는가』. 서울: 21세기 북스, 2012.

이능화. 『조선무속고』. 서울: 동문선, 1991.

이현숙, "백제시대 점복과 정치." 「역사민속학」 25(2007), 7-43.

임미영. "고대 이스라엘 가옥구조 중 'aliyāh는 무엇인가." 「성경원문연구」 25(2009), 53-
　　72.

자크 아탈리. 『미래의 물결』. 서울: 위즈덤하우스, 2007.

전광식. "점술에 대한 성경적 비판." 「통합연구」 19(2006), 157-179.

조루주 루. 메소포타미아의 역사 1. 서울: 한국문화사, 2013.

_____. 메소포타미아의 역사 2. 서울: 한국문화사, 2013.

조셉 니덤. 『중국의 과학과 문명: 수학, 하늘과 땅의 과학, 물리학』. 서울: 까치, 2003.

조셉 니덤, 저클린 로넌 축약. 『중국의 과학과 문명: 수학, 하늘과 땅의 과학, 물리학』. 서울: 까치, 2000.

존 그레이. 『열왕기하』. 천안: 한국신학연구소, 1992.

제임스 데이터 엮음. 『다가오는 미래(29인의 미래학자가 말하는)』. 서울: 예문, 2008.

최연구. 『미래를 예측하는 힘』. 서울: 살림, 2009.

최혜영. 『그리스문명』. 서울: 살림, 2004.

토머스 머레이. 『미래와의 대화』. 서울: 북스토리, 2016.

피터 F. 드러커. 『넥스트 소사이티 Next Society』. 서울: 한국경제신문사, 2007.

하마다 가즈유키. 『미래 비즈니스를 읽는다』. 서울: 비즈니스북스, 2005.

헤로도토스. 『역사. 원전으로 읽는 순수 고전 세계』. 서울: 숲, 2009.

헨리 지거리스트. 『문명과 질병』. 서울: 한길사, 2008.

홍영희. "고대 동양 별자리와 하늘 방위의 기원." 「현장과학교육」 2(2008), 89-94.

Abrahami, P. "A propos des fonctions de l'asû et de l'āšipu: la conception de l'auteur de l'hymne sumérien dédié à Ninisina." *Journal des Médecines Cunéiformes* 2 (2003), 19-20.

Abusch, Tzvi. "The Promise to Praise the God in Šuilla Prayer." Pages 1-10 in *Biblical and Oriental Essays in Memory of William L. Moran*. Edited by Agustinus Gianto. biblica et orientalia 48. Roma: Editrice Pontificio Istituto Biblico, 2005.

Achenbach, R. "Zum Sitz im Leben mesopotamischer und altisraelitischer Klagegebete. Teil I: Zum rituellen Umgang mit Unheildrohungen in Mesopotamien." *ZAW* 115 (2004), 364-378.

Ackroyd, Peter. A. *The Second Book of Samuel*. Cambridge Bible Commentaries on the Old Testament. Cambridge: Cambridge University Press, 1977.

Albright, W. F. *The Proto-Sinaitic Inscriptions and Their Decipherment*. Cambridge: Harvard University Press, 1966.

Annus, Amar, Ed. *Divination and Interpretation of Signs in the Ancient World*. Oriental Institute Seminars 6. Chicago: The Oriental Institute, 2010.

Aro, Jussi. "Remarks on the Practice of Extispicy in the Time of Esarhaddon and Assurbanipal." Pages 109-17 in *La divination en Mésopotamie ancienne et dans les régions voisines. 14e rencontre assyriologique international, Strasbourg, 2-6 juilet 1965*. Edited by Recontre assyriologique internationle 14th. Comptes rendues de la rencontre assyriologique internationle 14. Paris: Presses universitaires de France, 1965.

Auld, A. Graeme. "Bearing the Burden of David's Guilt." Pages 60-81 in *Vergegenwärtigung des Alten Testaments. Beiträge zur biblischen Hermeneutik für Rudolf Smend zum 70. Geburtstag*. Edited by R. Smend, W. Dietrich, and C. Levin. Göttingen: Vandenhoeck & Rupprecht, 2002.

Averbeck, Richard E. "A Preliminary Study of Ritual and Structure in the Cylinders of Gudea." Unpublished Ph.D. Dissertation. Dropsie College, 1997.

Bach, A. "The Pleasure of Her Text." Pages 106-128 in *A Feminist Companion to Samuel and Kings*. Edited by A. Brenner. Feminist Companion to the Bible 5. Sheffield: JSOT Press, 1994.

Barker, Elton. "Paging the Oracle: Interpretation, Identity and Performance in Herodotus' History." *Greece&Rome* 53 (2006), 1-28.

Battles, Matthew. Library: *An Unquiet History*. New York: W. W. Norton, 2003.

Beaulieu, A. "New Light on Secret Knowledge in Late Babylonian Culture." ZA 82 (1982), 98-111.

Beek, M. A. "Der Ersatzkönig als Erzählungsmotiv in der altisraelitischen Literatur." Pages 24-32 in *Volume du Congrès International pour l'étude de l'Ancien Testament, Genève 1965*. Edited by P. A. H. de Boer. Vetus Testamentum, Supplements 15. Leiden: Brill, 1966.

Begrich, Joachim. "Das priesterliche Heilorakel." *ZAW* 52 (1934), 81-92.

Beyerlin, Walter, Ed. *Near Eastern Religious Texts Relating to the Old Testament*. Old Testament Library. Philadelphia: Westminster John Knox, 1978.

Bienkowski, Piotr and Alan R. Millard. *Dictionary of the Ancient Near East*. London: British Museum, 2005.

Blenkinsopp, Joseph. *Sage, Priest, Prophet: Religious and Intellectual Leadership in Ancient Israel*. Library of Ancient Israel. Louisville, Ky.: Westminster John Knox Press, 1995.

Bodner, Keith. "Motives for Defection: Ahithophel's Agenda in 2 Samuel 15-17." *Studies in Religion* 31/1 (2002): 63-78.

Boer, P. A. H. de. "The Counsellor." Pages 42-71 in *Wisdom in Israel and in the Ancient Near East: Presented to Harold Henry Rowley by the Society for Old Testament Study in Association with the Editorial Board of Vetus Testamentum, in Celebration of His Sixty-Fifth Birthday, 24 March 1955*. Edited by M. Noth and D. Winton Thomas. Vetus Testamentum, Supplements 3. Leiden: Brill, 1960.

Böhl, F. M. Th. "Prophetentum und stellvertretendes Leiden in Assyrien und Israel." Pages 63-80 in *Opera Minora: Studies en Bijdragen op Assyriologisch en Oudtestamentisch Terrein door Dr. Franz Marius Theodor de Liagre Böhl*. Edited by M. A. Beck et al. Groningen-Djakarta: J. B. Wolters, 1953.

Bonnet, Corinne and Paolo Merlo. "Royal Prophecy in the Old Testament and in the Ancient Near East: Methodological Problems and Examples." *Studi epigrafici e linguistici sul Vicino Oriente antico* 19 (2002), 57-69.

Borger, R. *Beiträge zum Inschriftenwerk Assubanipals*. Wiesbaden: Harrassowitz, 1996.

_____. "Geheimwissen." *RlA* 3, 188-191.

Bottéro, J. *Mesopotamia: Writing, Reasoning, and the Gods. Translated by M. van de Mieroop*. Chicago and London: The University of Chicago Press, 1992.

_____. Religion in Ancient Mesopotamia. Translated by Teresa Lavender Fagan. Chicago: University of Chicago Press, 2001.

Bouché-Leclercq, Auguste. *Histoire de la divination dans l'antiquité*. 4 Vols. Paris: Ernest Leroux, 1879-1882.

Bowden, H. *Classical Athens and the Delphic Oracle: Divination and Democracy.* Cambridge: Cambridge University Press, 2005.

Bowen, Nancy R. "The Daughters of Your People: Female Prophets in Ezekiel 13:17-23." *JBL* 118 (1999), 417-433.

Bremmer, Jan. "Prophets, Seers, and Politics in Greece, Israel, and Early Modern Europe." *Numen* 40 (1993), 150-183.

Brown, David. *Mesopotamian Planetary Astronomy-Astrology*. Cuneiform Monographs 18. Groningen: Styx, 2000.

Butler, S. A. L. *Mesopotamian Conception of Dreams and Dream Ritual*. AOAT 258. Münster: Ugarit-Verlag, 1998.

Burnyeat, M. F. and M. K. Hopkins. *Athletes and Oracles*. Cambridge University Press, 1990.

Burkert, Walter. *The Orientalizing Revolution: Near Eastern Influence on Greek Culture in the Early Archaic Age*. Cambridge: Harvard University Press, 1992.

_____. *Babylon, Memphis, Persepolis: Eastern Contexts of Greek Culture*. Cambridge: Harvard University Press, 2004.

Cancik-Kirshbaum, Eva. "Prophetismus und Divination-Ein Blick auf die Keilschriftlichen Quellen." Pages 33-53 in *Propheten in Mari, Assyrien und Israel*. Edited by M. Köckert and M. Nissinen. Forschungen zur Religion und Literatur des Alten und Neuen Testaments 201. Göttingen: Vandenhoeck & Ruprecht, 2003.

Caplice, Richard I. "Participants in the Namburbi Rituals." *Catholic Biblical Quarterly* 29 (1967): 40-46.

_____. *The Akkadian Namburbi Texts: An Introduction*. Sources and Monographs, Sources from the Ancient Near East 1/1. Los Angeles, Calif.: Undena Publications, 1974.

Caquot, André and Philippe de Robert. *Les livres de Samuel*. Commentaire de l'Ancien Testament 6. Geneve: Labor et Fides, 1994.

Carroll, R. P. *When Prophecy Failed: Cognitive Dissonance in the Prophetic Traditions of the Old Testament*. New York: The Seabury Press, 1979.

Chamorro-Premuzic, Tomas and Nathlie Nahai, "Why We're So Hypocritical About Online Privacy." *HBR* 2017. 5. 1.

_____. https://hbr.org/2017/05/why-were-so-hypocritical-about-online-privacy

Charpin, Dominique. 'Les archives du devin Asqudum dans la residence du 'Chantier A'." *MARI* 4 (1985), 243-268.

_____. "Le contexte historique et géographique des prophéties dans les textes retrouvés à Mari." *Bulletin of the Canadian Society for Mesopotamian Studies* 23 (1992), 21-31.

_____. "Prophètes et rois dans le Proche-orient amorrite." Pages 21-53 in *Prophètes et rois: Bible et Proche-orient*. Edited by A. Lemaire. Lectio Divina hors série. Paris: Les Éditions du Cerf, 2001.

Cicero, Marcus Tullius, *De senectute, De amicitia, De divinatione*. Translated by William A. Falconer. Cambridge, Mass.: Harvard University Press, 1946.

Ciraolo, L. and J. Seidel. *Magic and Divination in the Ancient World*. Leiden; Boston, Mass.; Köln: Brill, Styx, 2002.

Cohen, M. E. *The Canonical Lamentations of Ancient Mesopotamia*. Potomac: Capital Decision, 1988.

Cole, Steven W. and Peter Machinist. *Letters from Priests to the Kings Esarhaddon and Assurbanipal*. Illustrations edited by Julian Reade. State Archives of Assyria 13. Helsinki: Helsinki University Press, 1998.

Craghan, John F. "The ARM X 'Prophetic' Texts: Their Media, Style, and Structure." *JANES* 6 (1974), 39-57.

_____. "Mari and Its Prophets: The Contributions of Mari to the Understanding of Biblical Prophecy." *BTB* 5 (1975), 32-55.

Crouch. C. L. "Ezekiel's Oracles against the Nations in Light of a Royal Ideology of

Warfare." *JBL* 130 (2011), 473-492.

Cryer, F. H. *Divination in Ancient Israel and Its Near Eastern Environment: A Socio-Historical Investigation*. Journal for the Study of the Old Testament: Supplement Series 142. Sheffield: JSOT, 1994.

Daphna, Arbel. "Divine Secrets and Divination." Pages 355-379 in *Paradise Now: Essays on Early Jewish and Christian Mysticism*. Edited by April D. DeConick. Society of Biblical Literature Symposium Series 11. Leiden: Brill, 2006.

Darr, Katheryn Pfisterer. "The Book of Ezekiel: Introduction, Commentary, and Reflection." Pages 1073-1607 in *The New Interpreter's Bible: General Articles & Introduction, Commentary, & Reflections for Each Book of the Bible, including the Apocryphal/Deuterocanonical Books,* vol. 6. Edited by Leander E. Keck, et al. Nashville: Abingdon, 1994..

Davies, Graham I. "An Archaeological Commentary on Ezekiel 13." Pages 108-125 in *Scripture and Other Artifacts: Essays on the Bible Archaeology in Honor of Philip J. King*. Edited by Michael D. Coogan et al. Louisville: Westminster John Knox Press, 1994,

DeVries, Simon J. *Prophet against Prophet: The Role of the Micaiah Narrative (1 Kings 22) in the Development of Early Prophetic Tradition.* Grand Rapids, Mich.: Eerdmans, 1978.

Dietrich, Manfred and Oswald Loretz. *Mantik in Ugarit: Keilalphabetische Texte der Opferschau, Omensammlungen, Neckromantie*. Abhandlungen zur Literatur Alt-Syrien-Palästinas 3. Münster: Ugarit, 1990.

Dijkstra, M. "Prophets, Men of God, Wise Women: Dreams and Prophecies in Hittite Stories." Pages 9-25 in *Prophecy and Prophets in Stories: Papers Read at the Fifth Meeting of Edinburgh Prophecy Network, Utrecht, October 2013*. Edited by B. Becking and H. M. Barstad. Leiden/Boston: Brill, 2015.

Dillery, J. "Chresmologues and Manteis: Independent Diviners and the Problem of Authority." Pages 167-231 in *Mantike: Studies in Ancient Divination.*

Religions in the Graeco Roman World. Edited by S. I. Johnston and P. T. Struck. Leiden: Brill, 2005.

Dodds, E. R. *The Greeks and the Irrational*. Berkeley: University of California Press, 1951.

Donald, Merlin. *Origins of the Modern Mind: Three Stages in the Evolution of Culture and Cognition*. Cambridge, MA: Harvard University Press, 1991.

Driel, G. van. *The Cult of Aššur*. Assen: van Gorcum, 1969.

Durand, Jean-Marie. *Archives épistolaires de Mari*. Archives Royales de Mari 26. Paris: Editions Recherche sur les Civilisations, 1988.

_____. *Les documents épistolaires du palais de Mari*. Tome III. Paris: Cerf, 2000.

Eichrodt, Walther. Ezekiel: *A Commentary*. OTL. Philadelphia: Westminster, 1970.

Eidinow, E. Oracles, *Curses, and Risk among the Ancient Greeks*. Oxford: Oxford University Press, 2007.

_____. "A Feeling for the Future: Ancient Greek Divination and Embodied Cognition." Pages 447-460 in *Evolution, Cognition, and the History of Religion: New Synthesis. Festschrift in Honour of Armin W. Geertz*. Edited by K. Petersen et al. Leiden: Brill, 2018.

Falkenstein, A. "'Wahrsagung' in der sumerischen Überlieferung." Pages 45-68 in *La divination en Mésopotamie ancienne et dans les régions voisines: XIVe Rencontre Assyriologique internationale (Strasboug, 2-6 juillet 1965)*. Edited by D. F. Wendel. Paris: Presses universitaires de France, 1966.

Finkel, Irving L. "On Late Babylonian Medical Training," Pages 137-223 in *Wisdom, Gods, and Literature: Studies in Assyriology in Honor of W. G. Lambert*. Edited by A. R. Geroge and I. L. Finkel. Winona Lake: Eisenbrauns, 2000.

Flannery-Dailey, F. *Dreamers, Scribes, and Priests: Jewish Dreams in the Hellenistic and Roman Eras*. Supplements to the Journal for the Study of Judaism 90. Leiden: Brill, 2004.

Fleming, D. E. "The Etymological Origins of the Hebrew nābî': The One Who Invokes God." *CBQ* 55 (1993), 217-224.

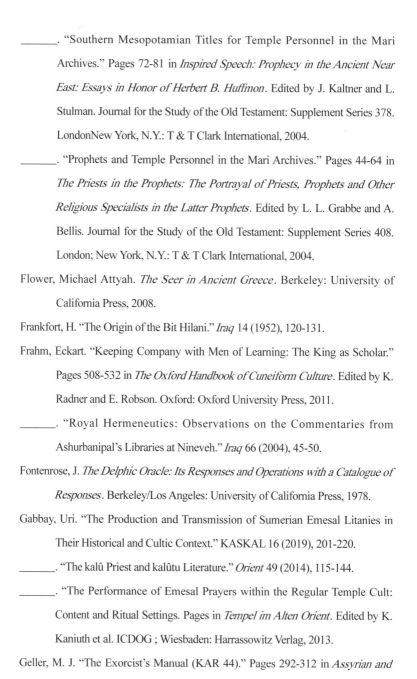

_____. "Southern Mesopotamian Titles for Temple Personnel in the Mari Archives." Pages 72-81 in *Inspired Speech: Prophecy in the Ancient Near East: Essays in Honor of Herbert B. Huffmon*. Edited by J. Kaltner and L. Stulman. Journal for the Study of the Old Testament: Supplement Series 378. LondonNew York, N.Y.: T & T Clark International, 2004.

_____. "Prophets and Temple Personnel in the Mari Archives." Pages 44-64 in *The Priests in the Prophets: The Portrayal of Priests, Prophets and Other Religious Specialists in the Latter Prophets*. Edited by L. L. Grabbe and A. Bellis. Journal for the Study of the Old Testament: Supplement Series 408. London; New York, N.Y.: T & T Clark International, 2004.

Flower, Michael Attyah. *The Seer in Ancient Greece*. Berkeley: University of California Press, 2008.

Frankfort, H. "The Origin of the Bit Hilani." *Iraq* 14 (1952), 120-131.

Frahm, Eckart. "Keeping Company with Men of Learning: The King as Scholar." Pages 508-532 in *The Oxford Handbook of Cuneiform Culture*. Edited by K. Radner and E. Robson. Oxford: Oxford University Press, 2011.

_____. "Royal Hermeneutics: Observations on the Commentaries from Ashurbanipal's Libraries at Nineveh." *Iraq* 66 (2004), 45-50.

Fontenrose, J. *The Delphic Oracle: Its Responses and Operations with a Catalogue of Responses*. Berkeley/Los Angeles: University of California Press, 1978.

Gabbay, Uri. "The Production and Transmission of Sumerian Emesal Litanies in Their Historical and Cultic Context." KASKAL 16 (2019), 201-220.

_____. "The kalû Priest and kalûtu Literature." *Orient* 49 (2014), 115-144.

_____. "The Performance of Emesal Prayers within the Regular Temple Cult: Content and Ritual Settings. Pages in *Tempel im Alten Orient*. Edited by K. Kaniuth et al. ICDOG ; Wiesbaden: Harrassowitz Verlag, 2013.

Geller, M. J. "The Exorcist's Manual (KAR 44)." Pages 292-312 in *Assyrian and Babylonian Scholarly Text Catalogues: Medicine, Magic and Divination*. Edited by Ulrike Steinert. Berlin: De Gruyter, 2018.

_____. *Ancient Babylonian Medicine: Theory and Practice*. Chichester: Wiley-Blackwell, 2010.

_____. "West Meets East: Early Greek and Babylonian Diagnosis." *Studies in Ancient Medicine* 27 (2001), 11-61.

Georgoudi, S. et al., Ed. *La raison des signes: Présages, rites, destin dans les sociétés de la Méditerranée ancinne*. Religion in the Graeco-Roman World 174. Leiden: Brill, 2012.

Gerleman, Gillis. "Schuld und Sühne Erwägungen zu 2 Samuel 12." Pages 132-139 in *Beiträge zur alttestamentlichen Thelogie Festschrift für Walther Zimmerli zum 70 Geburtstag*. Edited by H. Donner, R. Hanhart, and R. Smend. Göttingen: Vandenhoeck & Ruprecht, 1977.

Goetze, A. *Old Babylonian Omen Texts*. New Haven: Yale University Press, 1947.

Gordon, R. P. 1, 2 *Samuel*. Exeter: Paternoster, 1986.

Grabbe, Lester L. Priests, *Prophets, Diviners, Sages: A Socio-Historical Study of Religious Specialists in Ancient Israel*. Valley Forge, Pa.: Trinity Press International, 1995.

Gray, John. "Royal Substitution in the Ancient Near East." PEQ 87(1955), 180-182.

Green, A. R. W. *The Roles of Human Sacrifice in the Ancient Near East*. Missoula, Mont: Scholars Press, 1975.

Greenfield, J. C. "Apkallu." *DDD*, 72-74.

Guinan, Ann K. "Social Constructions and Private Designs: The House Omen of Šumma Ālu." Pages 61-68 in *Houses and Households in Ancient Mesopotamai: Papers Read at the 40e Recontre Assyriologique Internationale, Leiden 5-8*, 1993. Edited by K. R. Veenhof. Istanbul: Nederlands Historisch-Archaelogisch Instituut de Istanbul, 1996.

Gurney, O. R. *Some Aspects of Hittite Religion*. The Schweich Lectures. Oxford; New York, N.Y.: Oxford University Press for the British Academy, 1977.

_____. "The Babylonians and Hittites." Pages 142-73 in *Oracles and Divination*. Edited by M. Lowe and C. Blacker. London: George Allen and Unwin,

1981.

Guyot, Gilmore H. "The Prophecy of Balaam." *CBQ* 2 (1940), 330-340.

Halliday, W. R. Greek Divination: A Study of Its Method and Principles. London: MacMillan, 1913.

Hallo, W. W. Ed. *The Context of Scripture*. 3 Volumes. Leiden: Brill, 2003.

Hallo, W. W. and W. K. Simpson, *The Ancient Near East: A History*. New York, N.Y.: Harcourt Brace Jovanovich, 1971.

Harper, R. F. *Assyrian and Babylonian Letters Belongings to the Kouyunjik Collections of the British Museum.* London/ Chicago: University of Chicago Press, 1892-1914.

Harris, Eleanor L. *Ancient Egyptian Divination and Magic*. Forward by Normandi Ellis. Newburyport, MA: Weiser Book, 2016.

Haupt, Paul. "Babylonian Elements in the Levitic Ritual." *Journal of Biblical Literature* 19 (1900), 55-81.

Heeßel, N. P. "Diagnosis, Divination, and Disease: Toward an Understanding of the Rationale behind the Babylonian Diagnostic Handbook." Pages 97-116 in *Magic and Rationality in Ancient Near Eastern and Graeco-Roman Medicine*. Edited by H. F. J. Horstmanshoff and M. Stol. Studies in Ancient Medicine 27. Leiden: Brill, 2004.

Heimpel, Wolfgang. *Letters to the King of Mari: A New Translation, with Historical Introduction, Notes, and Commentary*. Winona Lake, Ind.: Eisenbrauns, 2003.

Heinz, Jean-Geroges, Ed. *Oracles et prophéties dans l'antiquité: actes du colloque de Strasbourg 15-17 juin 1995*. Travaux du Centre de recherche sur le Proche-Orient et la Grèce antiques 15. Paris: de Boccard, 1997.

Henshaw, R. A. *Female and Male: The Cultic Personnel: The Bible and the Rest of the Ancient Near East*. Princeton Theological Monograph Series 31. Alison Park: Pickwick Publications, 1994.

Herrmann, J. *Ezechiel*. Kommentar zum Alten Testament. Leipzig: A. Deichert,

1924.

Hilber, John, W. *Cultic Prophecy in the Psalms*. Beihefte zur Zeitschrift für die alttestamentliche Wissenschaft 352. Berlin; New York, N.Y.: Walter de Gruyter, 2005.

_____. "Cultic Prophecy in Assyria and in the Psalms." *JAOS* 127 (2007), 29-40.

Hoffner, H. A. Jr. "Ancient Views of Prophecy and Fulfillment: Mesopotamia and Asia Minor." *Journal of the Evangelical Theological Society* 30 (1987), 257-265.

Hooke, S. H. "The Theory and Practice of Substitution." VT 2 (1952), 2-17.

Huber, Irene. *Rituale der Seuchen- und Schadensabwehr im Vorderen Orient und Griechenland: Formen kollektiver Krisenbewältigung in der Antike*. Oriens et Occidens 10. Wiesbaden: Franz Steiner Verlag, 2005.

Huffmon, Herbert B. "Prophecy in the Ancient Near East." Pages 697-700 in *Interpreter's Dictionary of the Bible: Supplementary Volume*. Edited by Keith Crim. Nashville, Tenn.: Abingdon, 1976.

_____. "Priestly Divination in Israel." Pages 355-59 in *The Word of the Lord Shall Go Forth: Essays in Honor of David Noel Freedman in Celebration of His Sixtieth Birthday*. Edited by Carol L. Meyers and M. O'Connor. Philadelphia, Pa.: American Schools of Oriental Research, 1983.

_____. "The Expansion of Prophecy in the Mari Archives: New Texts, New Readings, New Information." Pages 7-22 in *Prophecy and Prophets: The Diversity of Contemporary Issues in Scholarship*. Edited by Yehoshua Gitay. Atlanta: Scholars Press, 1997.

_____. "A Company of Prophets: Mari, Assyria, Israel." Pages 47-70 in *Prophecy in Its Ancient Near Eastern Context: Mesopotamian, Biblical, and Arabian Perspectives*. Edited by M. Nissinen. SBLSS 13. Atlanta: Society of Biblical Literature, 2000.

Hunger, Hermann, *Astrological Reports to Assyrian Kings*. Illustrations edited by Julian Reade. State Archives of Assyria 8. Helsinki: Helsinki University

Press, 1992.

———. *Babylonische und assrische Kolophone*. AOAT 2. Kevelaer: Butzon & Bercker; Neukirchen-Vluyn: Neukirchener, 1968.

Husser, Jean-Marie. *Dreams and Dream Narratives in the Biblical World*. Translated by Jill M. Munro. Biblical Seminar 63. Sheffield: Sheffield Academic Press, 1999.

Hyatt, J. Philip. "The Sources of the Suffering Servant." *JNES* 3 (1944), 79-86.

Johnston, Sarah Iles. *Ancient Greek Divination*. Oxford: Wiley-Blackwell, 2008.

Ishida, Tomoo. *The Royal Dynasties in Ancient Israel: A Study on the Formation and Development of Royal-Dynastic Ideology*. BZAW 142; Berlin: Walter de Gruyter, 1997.

Iwry, Samuel. "New Evidence for Belomancy in Ancient Palestine and Phoenicia." *JAOS* 81 (1961), 27-34.

Jacobsen, Thorkild. "Early Political Development in Mesopotamia." *ZA* 52 (1957), 91-140.

Janowski, B. "Er trug unsere Sünden: Jesaja 53 und die Dramatik der Stellvertretung." Pages 1-24 in *Der leidende Gottesknecht: Jesaja 53 und seine Wirkungsgeschichte mit einer Bibliographie zu Jes 53*. Edited by B. Janowski and P. Stuhlmacher. FAT 14. Tübingen: Mohr-Siebeck, 1996.

Jeyes, Ulla. "The Naditu Women of Sippar." Pages 260-272 in *Images of Women in Antiquity*. Edited by Averil Camron and Amélie Kuhrt. London: Routledge, 1983.

———. *Old Babylonian Extispicy: Omen Texts in the British Museum*. Istanbul: Nederlands Historisch-Archaeologisch Instituut, 1989.

Johson, Aubrey R. *The Cultic Prophet in Ancient Israel*. Cardiff: University of Wales Press, 1962.

Johnston, Philip S. *Shades of Sheol: Death and Afterlife in the Old Testament*. Downers Grove: InterVarsity, 2002.

Kaiser, Walter C. Jr. "Balaam Son of Beor in Light of Deir 'Alla and Scripture: Saint or Soothsayer?," Pages 95-106 in *'Go to the Land I Will Show You': Studies in Honor of Dwight W. Young*. Edited by J. E. Coleson and V. H. Matthews. Winona Lake, Ind.: Eisenbrauns, 1996.

Kim, Koowon. *Incubation as a Type-Scene in the 'Aqhatu, Kirta, and Hannah Stories: A Form-Critical and Narratological Study of KTU 1.14 I-1.15 III, 1.17 I-II, and 1 Samuel 1:1-2:11*. Leiden: Bill, 2011.

Kinner-Wilson, J. V. "Medicine in the Land and Times of the Old Testament." Pages 337-365 in *Studies in the Period of David and Solomon*. Edited by T. Ishida. Winona Lake: Eisenbrauns. 1982.

Kitz, Anne M. "Prophecy as Divination." *Catholic Biblical Quarterly* 65 (2003), 22-42.

Klaus Koch, Klaus. "Die Briefe 'profetischen' Inhalts aus Mari: Bemarkungen zu Gattung und Sitz im Leben." *UF* 4 (1972), 53-77.

Koch-Westenholz, Ulla. *Mesopotamian Astrology: An Introduction to Babylonian and Assyrian Celestial Divination*. Kopenhagen: Museum Tusculanum Press, 1995.

_____. "Old Babylonian Extispicy Reports." Pages 131-45 in *Mining the Archives: Festschrift for Christopher Walker on the Occasion of His 60th Birthday*. Edited by C. Wunsch. Babylonische Archive 1. Dresden: ISLET, 2002.

Köckert, M. and M. Nissinen, Ed. *Propheten in Mari, Assyrien und Israel*. Forschungen zur Religion und Literatur des Alten und Neuen Testaments 201. Göttingen: Vandenhoeck & Ruprecht, 2003.

Koenen, Klaus. "Frau von En-Dor." *WiBiLex*. https://www.bibelwissenschaft.de/stichwort/200061/

Kolinski, Rafal. "The Fate of Yasmaḫ-Addu, the King of Mari." Pages 221-236 in *Fortune and Misfortune in the Ancient Near East: Proceedings of the 60th rencontre Assyriologique internationale at Warsaw 21-25 July 2014*. Edited by O. Drewnowska and m. Sandowicz. Winona Lake: Eisenbrauns, 2017.

Korpel, Marjo C. A. "Avian Spirits in Ugarit and in Ezekiel." Pages 99-104 *in Ugarit,*

Religion and Culture: Proceedings of the International colloquium on Ugarit,
Religion and Culture, Edinburgh, July 1994. Essays Presented in Honour of
Professor John C. L. Gibson. Edited by N. Wyatt et al. Münster: Ugaritic-
Verlag, 1996.

Kramer, S. M. "BM 96927: A Prime Example of Ancient Scribal Redaction." Pages
251-269 in *Lingering over Words: Studies in Ancient Near Eastern Literature*
in Honor William L. Moran. Edited by Tzvi Abusch et al. Harvard Semitic
Studies 37. Atlanta: Scholars Press, 1990.

Küchler, Friedrich. "Das priesterliche Orakel in Israel und Juda." Pages 285-301 in
Abhandlungen zur Semitischen Religionskunde und Sprachwissenschaft.
Edited by W. Frankenberg and F. Küchler. Beihefte zur Zeitschrift für die
alttestamentliche Wissenschaft 33. Giessen: Alfred Töpelmann, 1918.

Kühne, Cord. "From Substitutionary Rituals." Pages 174-179 in *Near Eastern*
Religious Texts Relating to the Old Testament. Edited by Walter Beyerlin.
OTL. Philadelphia: Westminster John Knox, 1978.

Kuhrt, A. "Nabonidus and the Babylonian Priesthood." Pages 119-55 in *Pagan*
Priests: Religion and Power in the Ancient World. Edited by M. Beard and J.
North. Ithaca, N.Y.: Cornell University Press, 1990.

H. Kümmel, *Ersatzrituale für den hethitischen König.* Studien zu den Boğazköy-
Texten. Wiesbaden: Harrassowitz, 1967.

_____. "Ersatzkönig und Sündenbock." *ZAW* 80 (1968), 289-318.

Labat, René. "Le sort des substitus royaux en Assyrie au temps des Sargonides." *RA*
40 (1945-46), 123-42.

Lambert, Wilfred G. "A Part of the Ritual for the Substitute King." *AfO* 18 (1957-58),
109-112

_____. "A Catalogue of Texts and Authors." *JCS* 16 (1962), 59-77.

_____. "A Middle Assyrian Medical Text." *Iraq* 31 (1969), 28-39.

_____. "Questions Addressed to the Babylonian Oracle." Pages 85-98 in *Oracles et*
prophéties dans l'antiquité: actes du colloque de Strasbourg, 15-17 juin 1995.

Edited by J. -G. Heintz. Université des Sciences Humaines de Strasbourg, Travaux du Centre de Recherche sur le Proche-Orient et la Grèce Antiques 15. Strasbourg: de Boccard, 1997.

Landsberger, Benno. "Babylonian Scribal Craft and its Terminology." Pages 124-126 in *Proceedings of the Twenty-Third International Congress of Orientalists*. Edited by Denis Sinor. London: Royal Asiatic Society, 1954.

Leichty, E. "Ritual, 'Sacrifice' and Divination in Mesopotamia." Pages 237-242 in *Ritual and Sacrifice in the Ancient Near East: Proceedings of the International Conference Organized by the Katholieke Universiteit Leuven from the 17th to the 20th of April 1991*. Edited by J. Quaegebeur. Orientalia Lovaniensia Analecta 55. Leuven: Uitgeverij Peeters en Departement Oriëntalistiek, 1993.

_____. "Divination, Magic, and Astrology in the Assyrian Royal Court." Pages 161-64 in *Assyria 1995. Proceedings of the 10th Anniversary Symposium of the Neo-Assyrian Text Corpus Project, Helsinki, September 7-11*, 1995. Edited by S. Parpola and R. M. Whiting. Helsinki: The Neo-Assyrian Text Corpus Project, 1997.

Lenzi, Alan. *Secrecy and the Gods: Secret Knowledge in Ancient Mesopotamia and Biblical Israel*. State Archives of Assyria Studies 19. Helsinki: The Neo-Assyrian Text Corpus Project, 2008.

_____. "Shuila-Prayers in Historical Context." Corpus of Akkadian Shuila Prayers Online. http://www.shuilas.org/

Lenzi, Alan and Jonathan Stökl, Ed. *Divination, Politics, & Ancient Near Eastern Empires*. The Ancient Near East Monographs 7. Atlanta: Society of Biblical Literature, 2014.

Levenson, J. D. "A Technical Meaning for n'm in the Hebrew Bible." *VT* 35 (1985), 61-67.

_____. *The Death and the Resurrection of the Beloved Son: The Transformation of Child Sacrifice in Judaism and Christianity*. New Haven, Conn.: Yale

University Press, 1993.

Levison, John R. "Prophecy in Ancient Israel: The Case of the Ecstatic Elders." *CBQ* 65 (2003), 503-521.

Lewis, T. J. "Teraphim." *DDD*, 843-850.

Lindars, B. *Judges 1-5: A New Translation and Commentary*. Edinburgh: T&T Clark, 1995.

Livingstone, Alasdair, Ed. *Court Poetry and Literary Miscellanea*. State Archives of Assyria 3. Helsinki: Helsinki University Press, 1989.

Löhnert, Anne. "Scribes and Singers of Emesal Lamentations in Ancient Mesopotamia in the Second Millennium BCE." Pages 421-445 in *Papers on Ancient Literatures: Greece, Rome and the Near East: Proceedings of the "Advanced Seminar in the Humanities" Venice International University 2004-2005*. Edited by Ettore Cingano and Lucio Milano. Padova: SARGON Editrice e Libreria, 2008.

_____. "Manipulating the Gods: Lamenting in Context." Pages 402-417 in *The Oxford Handbook of Cuneiform Culture*. Edited by Karen Radner and Eleanor Robson. Oxford: Oxford University Press, 2011.

Longman, Tremper, III. *Fictional Akkadian Autobiography: A Generic and Comparative Study*. Winona Lake, Ind.: Eisenbrauns, 1991.

Loretz, Oswald. "Die Entstehung des Amos-Buches im Licht der Prophetien aus Mari, Assur, Ishchali und der Ugarit-Texte: Paradigmenwechsel in der Prophetenbuchforschung." *UF* 24 (1992), 179-215.

Lowe, M. and C. Blacker. Ed. *Oracles and Divination*. London: George Allen and Unwin, 1981.

Lukko, M. and G. van Buylaere, Ed. *The Political Correspondence of Esarhaddon*. With contributions by Simo Parpola; illustrations edited by Julian Reade. State Archives of Assyria 16. Helsinki: University of Helsinki, 2003.

Lutzky, Harriet. "Ambivalence toward Balaam." *VT* 49 (1999), 421-425.

Malamat, Abraham. "A Mari Prophecy and Nathan's Dynastic Oracle." Pages 69-82 in *Prophecy: Essays Presented to Georg Fohrer on His sixty-fifth Birthday 6 September 1980*. Edited J. A. Emerton. BZAW 150. Berlin: Walter de Gruyter, 1980.

Malinowski, B. *Magic, Science and Religion: And Other Essays*. Garden City: Doubleday, 1954.

Margalit, B. "Ninth-Century Israelite Prophecy in the Light of Contemporary NWSemitic Epigraphs." Pages 418-519 in *"Und Mose Schrieb Lied auf": Studien zum Alten Testament und zum Alten Orient. Festschrift für Oswald Loretz zur Vollendung seines 70. Lebensjahres mit Beiträgen von Freunden, Schülern und Kollegen*. Edited by M. Dietrich and I. Kottsieper. AOAT 250; Münster: Ugarit-Verlag, 1998.

Mattila, Raija, Ed. *The King's Magnates: A Study of the Highest Officials of the Neo-Assyrian Empire*. State Archives of Assyria Studies 11. Helsinki: Helsinki University Press, 2000.

Maul, Stefan. Die Wahrsagekunst im alten Orient: Zeichen des Himmels und der Erde. München: Beck, 2013.

_____. "How the Babylonians Protected Themselves against Calamities Announced by Omens." Pages 123-129 in *Mesopotamian Magic. Textual, Historical and Interpretative Perspectives*. Edited by T. Abusch and K. van der Toorn. Ancient Magic and Divination 1. Groningen: Styx, 1999.

_____. "Namburbi (Löseritual)," Pages 92-94 in Vol. 9 of *Reallexikon der Assyriologie*. Edited by Erich Ebeling and Bruno Meissner. 11 vols. Berlin Leipzig: Walter de Gruyter, 1928-.

_____. "Omina und Orakel. A. Mesopotamien." Pages 45-88 in Vol. 10 of *Reallexikon der Assyriologie*. Edited by Erich Ebeling and Bruno Meissner. 11 vols. Berlin Leipzig: Walter de Gruyter, 1928-.

Marurizio, L. "Anthropology and Spirit Possession: A Reconsideration of the Pythia's Role at Delphi." *The Journal of Hellenic Studies* 115 (1995),

_____. "The Voice at the Center of the World: The Pythia's Ambiguity and

Authority." Pages 41-43 in *Making Silence Speak: Women's Voices in Greek Literature and Society*. Edited by A. Lardinois and L. McClure. Princeton University Press, 2001.

_____. "Delphic Oracles as Oral Performances: Authenticity and Historical Evidence." *Classical Antiquity* 16 (1997), 308-34.

McEwan, G. J. P. *Priest and Temple in Hellenistic Babylonia*. Freiburger altorientalische Studien 4. Wiesbaden: Franz Steiner Verlag, 1981.

McCarter, P. Kyle Jr. *I Samuel: A New Translation with Introduction and Commentary*. AB 8. New York: Doubleday, 1980.

_____. *II Samuel: A New Translation with Introduction and Commentary*. AB 9. New York: Doubleday, 1984.

McKane, William. *Prophets and Wise Men*. Studies in Biblical Theology 44. London: SCM, 1965.

McKenzie, Steven L. *King David: A Biography*. New York: Oxford University Press, 2000.

Metcalf, Christopher. "Horn and Ivory: Dreams as Portents in Ancient Mesopotamia and Beyond." Pages 9-26 in *Perchance to Dream: Dream Divination in the Bible and the Ancient Near East*. Edited by E. J. Hamori and J. Stökl. Atlanta: SBL, 2018.

Mettinger, Tryggve N. D. *King and Messiah: The Civil and Sacral Legitimation of the Israelite Kings*. Coniectanea Biblica. Old Testament Series 8. Lund: Gleerup, 1976.

_____. "Cui Bono? The Prophecy of Nathan (2 Sam 7) as a Piece of Political Rhetoric." *SEA* 70 (2005), 193-214.

Meyer, Jan-Waalke. "Šamaš of Sippar and the First Dynasty of Babylon." Pages 193-199 in *Studies Presented to Robert D. Biggs, June 4, 2004. From the Workship of the Chicago Assyrian Dictionary* 2. Edited by Robert D. Biggs. AS 27. Chicago: Chicago University Press, 2007.

_____. *Untersuchungen zu den Tonlebermodellen aus dem Alten Orient*. AOAT 39.

Neukirchen-Vluyn: Neukirchner Verlag; Kevelaer: Butzon & Bercker, 1987.

_____. "Zur Interpretation der Leber- und Lungenmodelle aus Ugarit." Pages 241-80 in *Mantik in Ugarit: Keilalphabetische Texte der Opferschau, Omensammlungen, Neckromantie*. Edited by Manfred Dietrich and Oswald Loretz. Abhandlungen zur Literatur Alt-Syrien-Palästinas 3. Münster: Ugarit, 1990.

Milgrom, Jacob. *Numbers: The JPS Torah Commentary*. Philadelphia: The Jewish Publication Society, 1990.

Moberly, R. W. L. "On Learning to Be a True Prophet: The Story of Balaam and His Ass." Pages 1-17 in *New Heaven and New Earth and the Millennium: Essays in Honour of Anthony Gelston*. Edited by P. J. Harland and C. T. R. Hayward. Leiden: Brill, 1999.

Moran, William. "New Evidence from Mari on the History of Prophecy." *Biblica* 50 (1969), 15-56.

Morgan, Catherine. Athletes and Oracles: *The Transformation of Olympia and Delphi in the Eighth Century BC*. Cambridge, U.K. New York, N.Y.: Cambridge University Press, 1990.

Morgan, K. "The Voice of Authority: Divination and Plato's PHAEDO." *Classical Quarterly* 60 (2010), 63-80.

Mowinckel, Sigmund. *Psalmenstudien II: Das Thronbesteigungsfest Jahwas und der Ursprung der Eschatologie*. Amsterdam: BRG, 1966.

Näf, Beat. *Traum und Traumdeutung im Altertum*. Darmstadt: Wissenschaftliche Buchgesellschaft, 2004.

Neumann, Johannes. "Priester." Pages 342-44 in Vol. 4 of *Handbuch religionswissenschaftlicher Grundbegriffe*. Edited by H. Cancik et al. 5 vols. Stuttgart: Kohlhammer, 1988-2001.

Nissinen, Martti. "Die Relevanz der neuassyrischen Prophetie für die alttestamentliche Forschung." Pages 217-58 in *Mesopotamica-Ugaritica-Biblica: Festschrift für Kur Bergerhof zur Vollendung seines 70.*

Lebensjahres am 7. Mai 1992. Edited by M. Dietrich and O. Loretz. Alter
Orient und Altes Testament 232. Neukirchen-Vluyn: Neukirchner Verlag,
1993.

_____. "Prophecy against the King in Neo-Assyrian Sources." Pages 157-
170 in *'Laßt uns Brüken bauen . . .': Collected Communications to the
XVth Congress of the International Organization for the Study of the Old
Testament, Cambridge, 1995*. Edited by K.-D. Schunck and M. Augustin.
Beiträge zur Zeitschrift für Erforschung des Alten Testaments und des
antiken Judentum 42. Frankfurt am Main: P. Lang, 1998.

_____. *References to Prophecy in Neo-Assyrian Sources*. State Archives of Assyria
Studies 7. Helsinki: The Neo-Assyrian Text Corpus Project, 1998.

_____. "The Socioreligious Role of the Neo-Assyrian Prophets." Pages 89-114 in
*Prophecy in Its Ancient Near Eastern Context: Mesopotamian, Biblical, and
Arabian Perspectives*. Edited by M. Nissinen. Society of Biblical Literature
Symposium Series 13. Atlanta, Ga.: Society of Biblical Literature, 2000.

_____. "Spoken, Written, Quoted, and Invented: Orality and Writtenness in Ancient
Near Eastern Prophecy. Pages 235-271 in *Writings and Speech in Israelite
and Ancient Near Eastern Prophecy*. Edited E. B. Zvi and M. H. Floyd.
Atlanta: Society of Biblical Literature, 2000.

_____. *Prophets and Prophecy in the Ancient Near East*. With contribution by C. L.
Seow and Robert K. Ritner. Society of Biblical Literature Writings from the
Ancient World 12. Atlanta, Ga.: Society of Biblical Literature, 2003.

_____. "Fear Not: A Study on an Ancient Near Eastern Phrase." Pages 122-61
in *Changing Face of Form Criticism for the Twenty-First Century*. Edited
Marvin A. Sweeney and Ehud Ben Zvi. Grand Rapids, Mich. Cambridge,
U.K.: Eerdmans, 2003.

_____. "Das kritische Potential in der altorientalischen Prophetie." Pages 1-32
in *Propheten in Mari, Assyrien und Israel*. Edited by M. Köckert and M.
Nissinen. Forschungen zur Religion und Literatur des Alten und Neuen

Testaments 201. Göttingen: Vandenhoeck & Ruprecht, 2003.

_____. "Prophecy as Construct: Ancient and Modern." Pages 11-35 in *"Thus Speaks Ishtar of Arbela": Prophecy in Israel, Assyria, and Egypt in the Neo-Assyrian Period*. Edited by Robert P. Gordon and Hans M. Barstad. Winona Lake: Eisenbrauns, 2013.

Noegel, Scott B. "Greek Religion and the Ancient Near East." Pages 21-37 in *The Blackwell Companion to Greek Religion*. Edited by Daniel Ogden London: Blackwell, 2006.

Noegel, Scott, Joel Walker, and Brannon Wheeler. *Prayer, Magic, and the Stars in the Ancient and Late Antique World*. University Park, PA: The Pennsylvania State University Press, 2003.

North, John. *The Norton History of Astronomy and Cosmology.* New York: W. W. Norton, 1994.

Nutkowicz, Hélène. "Propos autour de la mort d'un enfant 2 Samuel xi, 2-xii, 24." *Vetus Testamentum* 54 (2004): 104-18.

Oden, Robert A. Jr. "Myth, Mythology; Myth in the OT." *ABD* 4, 946-960.

Oppenheim, A. Leo. "Divination and Celestial Observation in the Last Assyrian Empire." *Centaurus* 14 (1969): 97-135.

_____. "Analysis of an Assyrian Ritual (KAR 139)." *History of Religion* 5 (1966), 250-65.

_____. "Perspectives on Mesopotamian Divination." Pages 35-43 in *La divination en Mésopotamie ancienne et dans les régions voisines: XIVe Rencontre Assyriologique internationale (Strasbourg, 2-6 juillet 1965)*. Edited by Rencontre assyriologique internationale 14e. Comptes rendues de la rencontre assyriologique internationle 14. Paris: Presses Universitaires de France, 1966.

_____. *Ancient Mesopotamia: Portrait of a Dead Civilization*. Chicago, Ill.: Chicago University Press, 1964.

_____. *The Interpretation of Dreams in the Ancient Near East*. With A Translation of An Assyrian Dream Book. Transactions of the American Philosophical Society 46. Philadelphia: American Philosophical Society, 1956.

Parke, H. W. *Greek Oracles*. London: Hutchinson University Library, 1967.

_____. "A Note on the Delphic Priesthood." *The Classical Quarterly* 34 (2009), 85-95.

Parke, H. W. and D. E. W. Wormell. *The Delphic Oracle, Vol. I: The History*. Oxford: Oxford University Press, 1956.

Parker, Robert. "Greek States and Greek Oracles." *History of Political Thought* 6 (1985), 298-326.

Parker, Simon B. "Official Attitudes toward Prophecy at Mari and in Israel." *Vetus Testamentum* 43 (1993): 50-68.

Parpola, Simo, Ed. *Letters from Assyrian Scholars to the Kings Esarhaddon and Assurbanipal*. Alter Orient und Altes Testament 5/1-5/2. 2 vols. Kevelaer: Butzon & Bercker, 1970-1983.

_____. "Mesopotamian Astrology and Astronomy as Domains of the Mesopotamian 'Wisdom'." Pages 47-59 in *Die Rolle der Astronomie in den Kulturen Mesopotamiens: Beiträge zum 3. Grazer Morgenländischen Symposium* (23.-27. September 1991). Edited by H. D. Galtner. Graz: GrazKult, 1993.

_____, Ed. *Letters from Assyrian and Babylonian Scholars*. Illustrations edited by Julian Reade. State Archives of Assyria 10. Helsinki: Helsinki University Press, 1993.

_____. "Mesopotamian Astrology and Astronomy as Domains of the Mesopotamian 'Wisdom'." Pages 47-59 in *Die Rolle der Astronomie in den Kulturen Mesopotamiens: Beiträge zum 3. Grazer Morgenländischen Symposium (23.-27. Semptember 1991)*. Edited by H. D. Galtner. Grazer Morgenländische Studien 3. Graz: rm-Druck- & Verlaggesellschaft, 1993.

_____, Ed. *Assyrian Prophecies*. Illustrations edited by Julian Reade and Simo Parpola. State Archives of Assyria 9. Helsinki: Helsinki University Press,

1997.

Parpola, Simo and Kazuko Watanabe, Ed. *Neo-Assyrian Treaties and Loyalty Oaths*. Illustrations Edited by Julian Reade. State Archives of Assyria 2. Helsinki: Helsinki University Press, 1988.

Parpola, Simo and Robert M. Whiting. Ed. *Assyria 1995. Proceedings of the 10th Anniversary Symposium of the Neo-Assyrian Text Corpus Project, Helsinki, September 7-11, 1995*. Helsinki: The Neo-Assyrian Text Corpus Project, 1997.

Patton, Corrine L. "Priest, Prophet, and Exile: Ezekiel as a Literary Construct." Pages 73-89 in *Ezekiel's Hierarchical World: Wrestling with a Tired Reality*. Edited by Stephen L. Cook and Corrine L. Patton. Leiden: Brill, 2004.

Pingree, David. From *Astral Omens to Astrology: From Babylon to Bīkāner*. Serie orientale Roma 78. Roma: Instituto italiano per l'Africa et l'Oriente, 1997.

_____. "Astrology." Pages 118-126 in Vol. 1 of *Dictionary of the History of Ideas: Studies of Selected Pivotal Ideas*. Edited by P. P. Wiener. 5 vols. New York: Chales Scriber's Sons: 1968.

Polzin, Robert. *David and the Deuteronomist: A Literary Study of the Deuteronomic History. Part Three. 2 Samuel*. Indianapolis: Indiana University Press, 1993.

Pongratz-Leisten, Beate. *Herrschaftswissen in Mesopotamien: Formen der Kommunikation zwischen Gott und König in 2. und 1. Jahrtausend v. Chr.* State Archives of Assyria Studies 10. Helsinki: The Neo-Assyrian Text Corpus Project, 1999.

Postgate, J. N. Early *Mesopotamia: Society and Economy at the Dawn of History*. London; New York, N.Y.: Routledge, 1992.

Pritchard, J. B. Ed. *Ancient Near Eastern Texts Relating to the Old Testament*. 3rd Edition with Supplement. Princeton, N.J.: Princeton University Press, 1969.

Radcliffe-Brown, A. R. *Structure and Function in Primitive Society*. London: Cohen & West, 1965.

Radner, Karen. "Royal Decision-Making: Kings, Magnates, and Scholars." Pages

358-379 in *The Oxford Handbook of Cuneiform Culture*. Edited by Karen Radner and Elanor Robson. Oxford: Oxford University Press, 2012.

_____. "The Assyrian King and His Scholars: The Syro-Anatolian and the Egyptian Schools." Pages 212-238 in *Of God(s), Trees, Kings, and Scholars: Neo-Assyrian and Related Studies in Honour of Simo Parpola*. Edited by Mikko Luukko et al. StOr 106. Helsinki: Finnish Oriental Society, 2009.

Raphals, Lisa. *Divination and Prediction in Early China and Ancient Greece*. Cambridge: Cambridge University Press, 2013.

Recontre assyriologique internationle 14th. Ed. *La divination en Mésopotamie ancienne et dans les régions voisines*. 14e rencontre assyriologique international, Strasbourg, 2-6 juilet 1965. Comptes rendues de la rencontre assyriologique internationle 14. Paris: Presses universitaires de France, 1965.

Reiner, Erica. "Fortune-telling in Mesopotamia." *Journal of Near Eastern Studies* 19 (1960), 23-35.

_____. *Astral Magic in Babylonia*. Transactions of the American Philosophical Society 85/4. Philadelphia, Pa.: American Philosophical Society, 1995.

_____. *Astral Magic in Babylonia*. Transactions of the American Philosophical Society 85/4. Philadelphia, Pa.: American Philosophical Society, 1995.

_____. "Apodoses and Logia." Pages 651-654 in *"Und Mose schrieb dieses Lied auf." Studien zum Alten Testament und zum Alten Orient: Festschrift für Oswald Loretz zur Vollendung seines 70. Lebensjahres mit Beiträgen von Freunden, Schülern und Kollegen*. Edited by M. Dietrich and I. Kottsieper. Alter Orient und Altes Testament 250. Münster: Ugarit-Verlag, 1998.

Reiner, Erica and David Pingree. *Babylonian Planetary Omens: Part Four*. Cuneiform Monographs 30. Leiden: Brill; Boston: Synx, 2005.

Renger, Johannes. "Untersuchungen zur Priestertumder altbabylonischen Zeit: 2. Teil." *Zeitschrift für Assyriologie* 59 (1969), 104-230.

_____. "Notes on the Goldsmiths, Jewellers and Carpenters of Neobabylonian Eanna." *Journal of the American Oriental Society* 91 (1971), 494-503.

Roberts, Jimmy J. M. "The Hand of Yahweh." *VT* 21 (1971), 244-251.

_____. "Prophets and Kings: A New Look at the Royal Persecution of Prophets against Its Near Eastern Background." Pages 341-354 in *A God So Near: Essays on Old Testament Theology in Honor of Patrick D. Miller*. Edited by B. A. Strawn and N. R. Bowen. Winona Lake, Ind.: Eisenbrauns, 2003.

Robson, Eleanor. *Mathematics in Ancient Iraq: A Social History*. Princeton, N.J.: Princeton University Press, 2008.

Rochberg-Halton, Francesca. *Aspects of Babylonian Celestial Divination: The Lunar Eclipse Tablets of Enūma Anu Enlil*. Archiv für Orientforshung 22. Horn: Verlag Ferdinand Berger & Söhne Gesellschaft M.B.H., 1988.

_____. "The Cultural Locus of Astronomy in Late Babylonia." Pages 35-43 in *Die Rolle der Astronomie in den Kulturen Mesopotamiens: Beiträge zum 3. Grazer Morgenländischen Symposium (23-27. September 1991)*. Edited by H. D. Galter. Grazer Morgenländische Studien 3. Graz: GrazKult, 1993.

_____. "Scribes and Scholars: The tupšar Enūma Anu Enlil." Pages 359-75 in *Assyriologica et Semitica: Festschrift für Joachim Oelsner anläßlich seines 65. Geburtstages am 18. Februar 1997*. Edited by Joachim Marzahn, Hans Neumann, and Andreas Fuchs. Alter Orient und Altes Testament 252. Münster: Ugarit-Verlag, 2000.

_____. *In the Path of the Moon: Babylonian Celestial Divination and Its Legacy*. Ancient Magic and Divination 6. Leiden: Brill, 2010.

_____. "'If P, Then Q': Form and Reasoning in Babylonian Divination." Pages 19-28 in *Divination and Interpretation of Signs in the Ancient World*. Edited by Amar Annus. Chicago: The Oriental Institute of the University of Chicago, 2010.

Rodriguez, Angel, M. *Substitution in the Hebrew Cultus and in Cultic-Related Texts*. Andrew University Seminary Doctoral Series 3. Berrien Spring, MI: Andrew University Press, 1979.

Rüterswörden, Udo. *Die Beamten der israelitischen Königszeit: Eine Studie zu śr und vergleichbaren Begriffen*. Beiträge zur Wissenschaft vom Alten und Neuen Testament 117. Stuttgart: Kohlhammer, 1985.

Sakuma, Yasuhiko. "Terms of Ornithomancy in Hittite." *TULIP* 33 (2013), 219-238.

Sallaberger, W. and F. H. Vulliet. "Priester. A. II." Pages 625-35 in Vol. 10 of *Reallexikon der Assyriologie*. Edited by Erich Ebeling and Bruno Meissner. 11 vols. Berlin; Leipzig: de Gruyter, 1928-.

Šašková, Kateřina. "'Place in My Hands the Inexhaustible Craft of Medicine': Physicians and Healing at the Royal Court of Esarhaddon." *Chatreššar* 2 (2018), 51-73.

Sasson, Jack M. "Mari Dreams." *Journal of the American Oriental Society* 103 (1983), 283-293.

_____. "Water Beneath Straw: Adventures of a Prophetic Phrase in the Mari Archives." Pages 285-98 in *Solving Riddles and Untying Knots: Biblical, Epigraphic, and Semitic Studies in Honor of Jonas C. Greenfield*. Edited by Z. Zevit et al. Winona Lake, Ind.: Eisenbrauns, 1995.

Savelle, Charles H. "Canonical and Extracanonical Portraits of Balaam." *Bibliotheca Sacra* 166 (2009), 387-404.

Schabert, J. "Stellvertretendes Sühneleiden in den Ebed-Jahwe-Liedern und in altorientalischen Ritualtexten." *BZ* n. F. 2 (1958), 190-213.

Schroeder, Christoph O. *History, Justice, and the Agency of God: A Hermeneutical and Exegetical Investigation on Isaiah and Psalms*. Leiden: Brill, 2001.

Schwemer, Daniel. "Magic Rituals: Conceptualization and Performance." Pages 418-442 in *The Oxford Handbook of Cuneiform Culture*. Edited by Karen Radner and Eleanor Robson. Oxford: Oxford University Press, 2011.

Scurloc, J. A. "Baby-snatching Demons, Restless Souls and the Dangers of Childbirth: Medico-Magical Means of Dealing with Some of the Perils of Motherhood in Ancient Mesopotamia." *Incognita* 2 (1991), 135-183.

Segal, R. A. "In Defense of the Comparative Method." Numen 48 (2001), 339-373.

Seidl, U. "Assurbanipal's Griffel." *ZA* 97 (2007), 119-124.

Sigerist, Hanry E. *Medicine and Human Welfare*. New Haven: Yale University Press, 2008.

Sigrist, René. M. *Les "sattukku" dans l'Ešumeša durnat la période d'Isin et Larsa*. Bibliotheca Mesopotamica 11. Malibu, Calif.: Undena Publications, 1984.

Smith, J. Z. *Drudgery Divine: On the Comparison of Early Christianities and the Religions of Late Antiquity*. Chicago: University of Chicago Press, 1990.

_____. *To Take Place: Toward Theory in Ritual*. Chicago University of Chicago Press, 1987.

_____. *Imagining Religion: From Babylon to Jonestown*. Chicago: University of Chicago Press, 1982.

Stamm, Johann J. *Das Leiden des Unschuldigen in Babylon und Israel*. ATANT. Zürich: Zwingli-Verlag, 1946.

Starbuck, S. R. A. *Court Oracles in the Psalms: The So-called Royal Psalms in their Ancient Near Eastern Context*. Society of Biblical Literature Dissertation Series 172. Atlanta, Ga.: Society of Biblical Literature, 1999.

Starr, Ivan, Ed. *Queries to the Sungod: Divination and Politics in Sargonid Assyria*. With contributions by Jussi Aro and Simo Parpola. Illustrations edited by Julian Reade. State Archives of Assyria 4. Helsinki: Helsinki University Press, 1990.

_____. *The Rituals of the Diviner*. Bibliotheca Mesopotamica 12. Malibu: Undena, 1983.

Steinkeller, Piotr. "Of Stars and Men: The Conceptual and Mythological Setup of Babylonian Extispicy." Pages 11-47 in *Biblical and Oriental Essays in Memory of William L. Moran*. Edited by A. Gianto. Rome: Editrice Pontificio Istituto Biblico, 2005.

Stökl, Jonathan. "The mtnb'wt in Ezekiel 13 Reconsidered." *JBL* 132 (2013), 61-76.

Talmon, Shemaryahu. "The 'Comparative Method's in Biblical Interpretation-Principles and Problems." Pages 320-356 in *Essential Papers on Israel and the Ancient Near East*. Edited by F. E. Greenspahn. New York: New York

University Press, 1991.

Thompson, Donald N. *Oracles: How Prediction Markets Turn Employees into Visionaries*. Boston: Harvard Business Review Press, 2012.

Tovas, S. Torallas and A. Maravela-Solbakk. "Between necromancers and Ventriloquists: The enggastrimythois in the Septuaginta." *Sefard* 61 (2001), 519-438.

Tropper, Josef. *Nekromantie. Totenbefragung im Alten Orient und im Alten Testament*. AOAT 223. Neukirchener: Neukirchen-Vluyn, 1989.

Turner, V. W. "Religious Specialist: I. Anthropological Study." Pages 437-44 in Vol. 13 of *International Encyclopedia of the Social Science*. Edited by David L. Sills. 18 Vols. New York: Free Press, 1968-1979.

Van Dam, Cornelis. *The Urim and Thummim: A Means of Revelation in Ancient Israel*. Winona Lake, Ind.: Eisenbrauns, 1997.

Van der Toon, Karel. "The Nature of the Biblical Teraphim in the Light of the Cuneiform Evidence." *CBQ* 52 (1990), 203-222.

_____. "Mesopotamian Prophecy between Immanence and transcendence: A Comparison of Old Babylonian and Neo-Assyrian Prophecy." Pages 71-87 in *Prophecy in Its Ancient Near Eastern Context: Mesopotamian, Biblical, and Arabian Perspectives*. Society of Biblical Literature Symposium Series 13. Atlanta, Ga.: Society of Biblical Literature, 2000.

_____. "Why Wisdom Became a Secret: On Wisdom as a Written Genre." Pages 21-32 in *Wisdom Literature in Mesopotamia and Israel*. Edited by Richard J. Clifford. Atlanta: Society of Biblical Literature, 2007.

Van der Toorn, Karel and T. J. Lewis. "terāpîm." *TDOT* 15, 777-789.

Veldhuis, N. "The Theory of Knowledge and the Practice of Celestrial Divination." Pages 77-91 in *Divination and Interpretation of Signs in the Ancient World*. Edited A. Annus. Chicago: The University of Chicago, 2010.

Vernant et al. *Divination et rationalité*. Paris: Éditions du Seuil, 1974.

Walton, John. *Ancient Israelite Literature in Its Cultural Context: A Survey of*

Parallels between Biblical and Ancient Near Eastern Texts. Grand Rapids: Zondervan, 1985.

_____. "The Imagery of the Substitute King Ritual in Isaiah's Fourth Servant Song," *JBL* 122 (2003), 734-743.

Waterman, L. *Royal Correspondence of the Assyrian Empire*. Ann Arbor: University of Michigan Press, 1930.

Weinfeld, Moshe. "The Counsel of the 'Elders' to Rehoboam and Its Implications." Maarav, *A Journal for the Study of the Northwest Semitic Languages and Literatures* 3 (1982): 27-53.

Weippert, Helga "Die Ätiologie des Nordreiches und seines Königshauses (I Reg 11 29-40)." *ZAW* 95 (1983), 344-375.

Weippert, Manfred. "Assyrische Prophtien der Zeit Asarhaddons und Assurbanipals." Pages 71-115 in *Assyrian Royal Inscriptions: New Horizons in Literary, Ideology, and Historical Analysis*. Edited by F. M. Fales. Orientis antiqui collectio 17. Roma: Instituto Per L'Oriente, 1981.

_____. "The Balaam Text from Deir 'Alla and the Study of the Old Testament." Pages 151-184 in *The Balaam Text from Deir 'Alla Re-Evaluated: Proceedings of the International Symposium Held at Leiden 21-24 August 1989*. Edited by J. Hoftijzer and G. van der Kooij. Leiden: Brill, 1991.

_____. "Königsprophetie und Königsideologie in Juda: Zur 'Nathansweissagung' 2 Sa 7, 4-17." Pages 291-302 in *Spuren eines Weges: Freundesgabe für Bernd Janowski zum fünfzigsten Geburtstag am 30. April 1993*. Edited by T. Podella and P. Riede. Unpublished manuscript on file. Wissenschaftlich-Theologisches Seminar. Universität Heidelberg, 1993.

_____. "'Ich bin Jahwe'—'Ich bin Ištar von Arbela.' Deuterojesaja im Lichte der neuassyrischen Prophetie." Pages 31-59 in *Prophetie und Psalmen: Festschrift für Klaus Seybold zum 65. Geburtstag*. Edited by B. Huwyler, H. –P. Mathys, and B. Weber. Alter Orient und Altes Testament 280. Münster: Ugarit-Verlag, 2001.

_____. "'König, fürchte dich nicht!' Assyrische Prophetie im 7. Jahrhundert v. Chr." *Orientalia* 71 (2002): 1-54.

_____. "Prophetie im Alten Orient." Pages 196-200 in Vol. 3 of *Neues Bibel-Lexikon*. Edited by Manfred Görg and Bernhard Lang. 3 vols. Zürich: Benziger, 1991-2001.

Wénin, André. "David roi, de Goliath à Bethsabée: La figure de David dans les livre de Samuel." Pages 75-112 in *Figures de David à travers la Bible: XVIIe congrès del'Association catholique française pour l'étude de la Bible (Lille, 1er-5 septembre 1997)*. Edited by L. Desrousseaux and J. Vermeylen. Paris: Cerf, 1999.

West, M. L. *The East Face of Helicon: West Asiatic Elements in Greek Poetry and Myth*. Oxford: Clarendon, 1997.

Westbrook, Raymond and Theodore J. Lewis. "Who Led the Scape Scapegoat in Leviticus 16:21?" *JBL* 127 (2008), 417-422.

Wetter, Anne-Mareike. "The Prophet and the King: Is There Such a Thing as Free Prophetic Speech?" Pages 27-44 in *Prophecy and Prophets in Stories: Papers Read at the Fifth Meeting of Edinburgh Prophecy Network, Utrecht, October 2013*. Edited by B. Becking and H. M. Barstad. Leiden/Boston: Brill, 2015.

Whittaker, C. R. "The Delphic Oracle: Belief and Behaviour in Ancient Greece and Africa." *The Harvard Theological Review* 58 (1965), 21-47.

Whybray, R. N. *The Heavenly Counselor in Isaiah xl 13-14: A Study of the Source of the Theology of Deutero-Isaiah*. Cambridge: University Press, 1971.

_____. *The Intellectual Tradition in the Old Testament*. Berlin; New York, N.Y.: Walter de Gruyter, 1974.

Winitzer, Abraham. "The Divien Presence and Its Interpretation in Early Mesopotamian Divination." Pages 177-197 in *Divination and the Interpretation of Signs in the Ancient World*. Edited by A. Annus. OIS 6; Chicago: The Oriental Institute of the University of Chicago, 2010.

Zgoll, Annette. *Traum und Welterleben im antiken Mesopotamien: Traumtheorie und*

Traumpraxis im 3.-1. Jahrtausend v. Chr. als Horizont einer Kulturgeschichte des Träumens. Alter Orient und Altes Testament 333. Münster: Ugarit, 2006.

_____. "Die Welt Schlaf sehen-Inkubation von Träumen im antiken Mesopotamien." *WO* 32 (2002), 74-101.

Zimmerli, Walther. *Ezekiel: A Commentary on the book of the Prophet Ezekiel*. 2 Vols. Hermeneia. Philadelphia: Fortress, 1979.

Zuesse, E. M. "Divination." Pages 375-82 in Vol. 4 of *The Encyclopedia of Religion*. Edited by Mircea Eliade. 16 vols. New York, N.Y.: Macmillan, 1986-1987.

신문기사 및 인터넷 자료

"Bīt rimki," Wikipeida https://en.wikipedia.org/wiki/B%C4%ABt_rimki

"Chaldea," Wikipedia, https://en.wikipedia.org/wiki/Chaldea

"Collective Intelligence," Wikipidia, https://en.wikipedia.org/wiki/Collective_intelligence

"Genethlialogy," The Astrology Dictionary: An Online Dictionary for Definitions of Terms and Concepts Used in Astrology. http://theastrologydictionary.com/g/genethlialogy/

Sebastian Wernicke, "How to Use Date to Make a Hit TV Show," https://www.ted.com/talks/sebastian_wernicke_how_to_use_data_to_make_a_hit_tv_show/up-next

"In South Korea fortune-telling will soon be a $3.7bn business," The Economist (2018. 2. 24) https://www.economist.com/asia/2018/02/24/in-south-korea-fortune-telling-will-soon-be-a-37bn-business

"고려인물열전. 최지몽. 점성술가가 관료의 정상에 오르다," 「네이버 지식백과」, https://terms.naver.com/entry.nhn?docId=5145969&cid=59997&categoryId=59997

"'결정장애' 용어 불편합니다," 소셜포커스 (2020.1.23.) https://www.socialfocus.

co. kr/news/articleView. html?idxno=6438

기상청, "기상선진화를 위한 10대 우선 과제 실행 계획(안)," (2009. 12. 30.)

김병수, "'예측'의 과학기술학(STS)적 함의," 한국기술학회, 「한국과학기술학회학술대회」
(2015)

"넷플리스는 알고 아마존은 몰랐다 … 빅데이터만 믿지 마," 중앙일보 https://news.
joins. com/article/19513378

"당신도 결정장애? 이것이냐, 저것이냐 '21세기의 햄릿'이 늘어나는 이유", 주간조선 2355
호(2015. 05. 04) http://weekly. chosun. com/client/news/viw. asp?ctcd=c0
2&nNewsNumb=002355100008

"데이터 활용, 편리함과 역작용 사이에 서다," 매일경제https://www. mk. co. kr/news/
it/view/2017/06/414217/

"델포이신탁의 비밀(하)," 「제주환경일보」 https://www. newsje. com/news/
articleView. html?idxno=88088

"미래학은 예언이 아니다, 좋은 미래를 만들어 가는 것." 「중앙선데이」, 2010. 11. 28.
https://news. joins. com/article/4718743

"빅 데이터", 위키백과, https://ko. wikipedia. org/wiki/%EB%B9%85_%EB%8D%B0
%EC%9D%B4%ED%84%B0#cite_note-8

"'실낱 희망이라도 잡았으면…' '비대면 점집 2030 홀렸다" 「서울신문」 http://www.
seoul. co. kr/news/newsView. php?id=20210208010001

"IT 인프라, 교육 투자 없인 AI 역풍 … 인문학 공부해야," 「머니투데이」https://news.
mt. co. kr/mtview. php?no=2018021217404676928

"우리가 몰랐던 한국, 점술 시장규모 무려 37억 달러," 「매일경제」 https://www. mk. co.
kr/news/world/view/2018/02/134007/

"[우리말 바루기] 어떨 때 치유하고, 어떨 때 치료할까?" 중앙일보 2015. 11. 06. https://
news. joins. com/article/19016041

"중국 4대 발명 말고, 세계 최초는 33가지나 더 있다" 「중앙일보」 2019년 10월 8일
https://news. joins. com/article/23598069.

"짐데이터의 미래학 이야기. 미래를 위한 좋은 아이디어는 우스꽝스럽게 보이는 법."
「중앙선데이」 195호(2010년 12월 5일-6일) https://news. joins. com/

article/4748998

"챗봇," 위키백과, https://ko.wikipedia.org/wiki/%EC%B1%97%EB%B4%87

"한국 '운세시장'이 '영화시장'보다 크다?" 「Newstof」 http://www.newstof.com/
news/articleView.html?idxno=10161.

미주

1) Donald N. *Thompson, Oracles: How Prediction Markets Turn Employees into Visionaries* (Boston: Harvard Business Review Press, 2012). 우리말 번역은 도날드 N. 톰슨/ 김창한 등 옮김, 『예측시장을 주목하라: 집단지성을 통한 미래예측, 혁신 조직의 DNA가 되다』 (서울: 행복에너지, 2017)

2) 영국 시사주간지 「이코노미스트」(Economist)에 따르면 우리나라의 운세산업은 4조 원에 달한다고 한다. 이 액수는 2017년 우리나라 전체 영화산업의 2배에 달하는 엄청 난 금액이다. 그러나 이 액수는 과장이 섞인 부정확한 계산의 결과라는 주장도 있다. 왜냐하면 「이코노미스트」지는 2007년 12월 7일에 발간된 「한국경제」의 "점술인 성인 80명당 1명꼴... 4조원대 시장으로 '이번엔 金배지 달까요'"라는 기사를 인용한 것이 기 때문이다. 하지만 한국경제가 제기한 4조원도 확실하지 않다. 왜냐하면 2016년 통계청 공식통계에 따르면 한국 운세시장의 규모는 2043억 원에 불과하기 때문이다. "In South Korea fortune-telling will soon be a $3.7bn business," 「The Economist」 (2018. 2. 24).

3) "'온 오프 점술시장 4조' ... 운세시장 전성시대," 「한국일보」https://www.hankookilbo.com/News/Read/201901281363096161

4) "'실낱 희망이라도 잡았으면...' '비대면 점집 2030 홀렸다" 「서울신문」 http://www.seoul.co.kr/news/newsView.php?id=20210208010001

5) "당신도 결정장애? 이것이냐, 저것이냐 '21세기의 햄릿'이 늘어나는 이유", 주간조선 2355호(2015. 05. 04) http://weekly.chosun.com/client/news/viw.asp?ctcd=c02&nNewsNumb=002355100008

6) '결정장애'라는 용어가 결정에 어려움을 겪는 사람들에게 불편하게 들릴 수 있고, 장애 라는 단어를 사용함으로서 부정적으로 들릴 수도 있다. 그래서 대신 우유부단으로 대 치하자는 의견도 있다. 서인환, "'결정장애'용어 불편합니다," 소셜포커스 (2020. 1. 23.) https://www.socialfocus.co.kr/news/articleView.html?idxno=6438

7) 김병수, "'예측'의 과학기술학(STS)적 함의," 한국기술학회, 「한국과학기술학회학술대 회」 (2015), 122.

8) Donald N. Thompson, Oracles: How Prediction Markets Turn Employees into Visionaries (Boston: Harvard Business Review Press, 2012), 25.

9) 김병수, "'예측'의 과학기술학(STS)적 함의," 123.

10) 기상청, "기상선진화를 위한 10대 우선 과제 실행 계획(안)," (2009. 12. 30.)

11) 빅 데이터의 특징은 3v로 요약되는데 volume(양), variety(다양성), velocity(속도)의 영문 머리글자를 딴 것이다. 빅 터이터의 특성에 대해서는 위키백과의 "빅 데이터" 항목을 참조하라. https://ko.wikipedia.org/wiki/%EB%B9%85_%EB%8D%B0%EC%9D%B4%ED%84%B0

12) L. Raphals, Divination and Prediction in Early China and Ancient Greece (Cambridge: Cambridge University Press, 2013), 2. 국립국어원의 용어설명에 따르면 '점(占)'은 "인간의 능력으로 알 수 없는 일들을 주술의 힘이나 신통력으로 판단해 내는 일이다. 여러 가지 방법을 통하여 앞으로 다가올 일을 예언하거나 인간의 지력으로는 알 수 없는 일들을 알아냄으로써 앞으로 일어날 좋지 않은 일을 피하고 자신이 처한 나쁜 상황에서 벗어나는 방안을 마련하고자 하는 것이다." 국립국어원, 『한국문화기초용어』, 연덕희, "점술을 구성하는 요소들의 특징과 이를 통한 새로운 점술모형 연구," 「비교민속학」 51(2013), 261에서 재인용.

13) K. Morgan, "The Voice of Authority: Divination and Plato's PHAEDO," Classical Quarterly 60 (2010), 63-80.

14) Cicero, De divinatione 1.11과 2.26.

15) 연덕희, "점술을 구성하는 요소들의 특징," 262.)

16) 부셰-르끌레르끄(Auguste Bouché-Leclercq, 1842-1923)는 기념비적 저서인 『고대 점술의 역사』(Histoire de la divination dans l'antiqué)에서 헬라시대와 로마시대의 점술을 연구하였다. 그에 따르면 점술은 계시를 인식하고 이를 믿는 종교적 체계의 일부이다. 그래서 점술도 다른 종교가 교리적 기초로 인정하는 두 가지 조건인 지성적인 신의 존재와 인간과 신 사이의 상호 관계를 전제하고 있다고 주장한다. Auguste Bouché-Leclercq, Histoire de la divination dans L'antiqué, 4 vols. (Paris: Ernest Leroux, 1879-1882)

17) J. -P. Vernant et al., Divination et rationalité (Paris: Seuil, 1974), 9-12.

18) A. L Oppenheim, "Perspectives on Mesopotamian Divination," in La divination en Mésopotamie ancienne et dans les régions voisines: XIVe Rencontre assyriologique internationale (Strasbourg, 2-6 juillet 1965) (CRRAI 14; Paris: Presses Universitaires de France, 1966), 40.

19) 예측이라는 측면에서 점술행위는 원시적인 미신이나 의사과학(pseudoscience)으로 평가되어 왔다. 기독교에서는 점술을 악마적이고 미신적인 행위이며 잡신이나 타락한 천사와의 신접이라고 규정하기도 한다. 안점식, "점의 실체와 인간의 갈망," 「목회와 신학」 187(2005), 100-102; 전광식, "점술에 대한 성경적 비판," 「통합연구」 19(2006), 157-170. 성경, 특히 구약에서 점술은 마술과 함께 우상숭배의 일종으로 간주되었다(레 19:26; 신 18:10). 하지만 전통적인 야훼 신앙의 수호자였던 족장들

과 예언자들도 때로 점술의 기법을 사용하거나 그 결과를 신뢰하였다. 예를 들면 야곱의 아내 라헬은 집안의 수호신이자 점치는 도구였던 드라빔을 지니고 있었고(창 31:19, 33-35), 요셉은 점치는 잔을 소유하였으며(창44:5, 15), 엘리사는 화살을 사용하여 미래에 닥칠 일을 예언하였다(왕하 13:14-19). 심지어 사무엘은 망자임에도 불구하고 엔돌의 신접한 여인의 신탁에 나타났다(삼상 28:8-19). 물론 이러한 종교적 현상이 후대의 전통 야훼 신앙에 계승되었다고 생각하지는 않는다. 그러나 이러한 예들은 고대 이스라엘에서도 점술이 얼마나 큰 영향을 미쳤었는지를 잘 보여준다.

20) V. W. Turner, "Religious Specialists: I Anthropological Study," International Encyclopaedia of the Social Sciences 13 (1968), 437. 그래비(L. L. Grabbe)도 '점술가'(diviner), '예언자'(prophet), '제사장'(priest)과 같은 종교인들을 '종교 전문가'(religious specialist)로 칭하고 있다. Lester L. Grabbe, Priests, Prophets, Diviners, Sage: A Socio-Historical Study of Religious Specialists in Ancient Israel (Valley Forge: Trinity Press International, 1995), 1-19.

21) 이미 주전 500년부터 천문점술(astrology)로부터 수학적 천문학(mathematical astronomy)과 별점(horoscopy)이 구분되어 각자의 분야에서 독립되어 발전했다. Francesca Rochberg, "The Cultural Locus of Astronomy in Late Babylonia," in H. D. Galter(ed.), Die Rolle der Astronomie in den Kulturen Mesopotamiens: Beiträge zum 3. Grazer Morgenländischen Symposium (23-27, September 1991) (GMS 3; Graz: GrazKult, 1993), 35-43.

22) J. Z. Smith, To Take Place: Toward Theory in Ritual (Chicago: University of Chicago Press, 1987), 14.

23) T. Longman III, Fictional Akkadian Autobiography: A Generic and Comparative Study (Winona Lake: Eisenbrauns, 1991), 23-36.

24) S. Talmon, "The 'Comparative Method's in Biblical Interpretation-Principles and Problems," in F. E. Greenspahn (ed.), Essential Papers on Israel and the Ancient Near East (New York: New York University Press, 1991), 384-85.

25) W. W. Hallo, "Ancient Near Eastern Texts and Their Relevance for Biblical Exegesis," COS 1, xxv.

26) R. A. Segal, "In Defense of the Comparative Method," Numen 48 (2001), 339-373.

27) 단순히 유대교와 기독교를 비교하는 것도 일반화의 오류에 빠질 수 있다. 왜냐하면 기독교에 다양한 종파가 존재하듯이 유대교도 한 교리에 기반한 한 종파만 존재하는 것이 아니기 때문이다. 때문에 비교 대상과 범위를 엄밀하게 선정하는 것

이 중요하다. 스미스는 Imagining Religion 1장에서 "유대교들"이라는 명칭을 사용하였고, Drudgery Divine에서는 "기독교들"이라는 칭호를 사용하였다. Smith, To Take Place, 40-42; J. Z. Smith, Drudgery Divine: On the Comparison of Early Christianities and the Religons of Late Antiquity (Chicago: University of Chicago Press, 1990), 54-84.

28) 스미스의 비교연구방법론에 대한 논의는 유효한, "새로운 비교종교방법론의 발전 가능성과 그 방향-조나단 스미스의 '같은 지점'의 확인을 통해-," 「종교와 문화」 13(2007), 89-115를 참조하라.

29) 에밀 뒤르케임, 『종교생활의 원초적 형태』(서울: 민영사, 1992)

30) 에밀 뒤르케임, 『종교생활의 원초적 형태』, 294-339.

31) A. R. Radcliffe-Brown, Structure and Function in Primitive Society (London: Cohen & West, 1965), 154.

32) 에밀 뒤르케임, 『종교생활의 원초적 형태』, 50.

33) 에밀 뒤르케임, 『종교생활의 원초적 형태』, 577.

34) 에밀 뒤르케임, 『종교생활의 원초적 형태』, 590.

35) 에밀 뒤르케임, 『종교생활의 원초적 형태』, 591.

36) 뒤르껭은 비록 특별한 경외심을 불러일으키지 않더라도 부적(符籍)도 성스러운 특성을 지니고 있다고 주장한다. 에밀 뒤르케임, 『종교생활의 원초적 형태』,69.

37) 에밀 뒤르케임, 『종교생활의 원초적 형태』,74-75.

38) 최연구, 『미래를 예측하는 힘』(서울: 살림, 2009), 77-78.

39) 최연구, 『미래를 예측하는 힘』, 78-79.

40) 최연구, 『미래를 예측하는 힘』, 79.

41) 에레즈 에이든, 장 바티스트 미셸, 『빅데이터 인문학: 진격의 서막』(김재중 역) (서울: 사계절, 2013), 20-21. 원제는 Erez Aiden and Jean-Baptiste Michel, Uncharted: Big Data as a Lens on Human Culture (New York: Riverhead Books, 2013).

42) 빅데이터의 예측능력과 활용영역에 대해서는 스티븐 베이커, 『빅데이터로 세상을 지배하는 사람들』(서울: 세종서적, 2014)을 참조하라. 원제는 Stephen Baker, The Numerati (New York: Mariner Books, 2008).

43) '점술'은 'divination'의 번역이다. 하지만 '신과의 소통 혹은 교통'이라는 측면에서 점술이라는 번역은 divination을 충분히 설명하고 있지 못한다. 따라서 점술은 때로 전문 점술, 점술 행위 혹은 점술 신탁으로 번역하였고, 'diviner'도 '신탁자(가)' 혹은 '신탁 전문가'로 번역하였다. 왜냐하면 고대 근동의 diviner 가운데는 자연관찰이나 신탁의 결과물을 보관하여 학습 자료나 신탁행위의 참고자료로 사용한 학문적인 전문

가들이 있었기 때문이다.

44) Francesca Rochberg-Halton, Aspects of Babylonian Celestial Divination: The Lunar Eclipse Tablets of Enūma Anu Enlil (AfO 22; Horn: Ferdinand Berger & Söhne, 1988), 8.

45) David Pingree, From Astral Omens to Astrology: From Babylon to Bīkāner (Serie orientale Roma 78; Roma: Istituto italiano per l'Africa et l'Oriente, 1997), 12. 수메르(Sumer)는 설형문자로 '키.엔.기(ki.en.gi)로 표기된다. 수메르는 민족명이 아니라 지역명이다. 수메르라는 인종은 존재하지 않았다. 수메르 지역에는 서로 다른 언어를 사용하는 세 민족이 거주하였다. 하지만 이들은 언어를 제외하고는 종교, 제도, 문화, 생활양식 등을 공유하였기 때문에 수메르 문명이라고 부른다. 기원전 2000년경 수메르는 사라졌지만 수메르 문명은 메소포타미아의 모든 민족과 문명에 영향을 미쳤다. 바빌론과 아시리아의 문명의 원형은 수메르 문명이라 할 수 있다. 조르주 루, 『메소포타미아의 역사 1』(서울: 한국문화사, 2013), 102-106.

46) 마리(Mari)는 오늘날 시리아의 텔 하리리(Tell Hariri)에 위치했던 주전 18세기의 도시국가이다. 마리 왕국 유적에서 25,000개의 토판이 발견되어 당시의 정치, 외교, 종교 문화를 밝혀주는 귀중한 자료가 되고 있다.

47) 야스마-아두(Yasmah-Addu) 왕은 고(古)아시리아의 왕 삼시 아두(Samsi-Addu)의 아들로서 마리에서 12년을 다스렸다. 그의 형 이슈메-다간(Ishme-Dagan)은 아시리아와 에칼라툼(Ekallatum)을 다스렸으며 마리와 유프라테스 계곡을 다스렸던 야스마-아두는 후에 짐브리림(Zimri-Lim)에게 정복당했다. Rafal Kolinski, "The Fate of Yasmah-Addu, the King of Mari," in O. Drewnowska and M. Sandowicz (ed.), Fortune and Misfortune in the Ancient Near East: Proceedings of the 60th rencontre Assyrilogique internationale at Warsaw 21-25 July 2014 (Winona Lake, Eisenbrauns, 2017), 221.

48) Ulla Koch-Westenholz, Mesopotamian Astrology: An Introduction to Babylonian and Assyrian Celestial Divination (Copenhagen: University of Copenhagen, 1995), 36-41.

49) Koch-Westenholz, Mesopotamian Astrology, 78.

50) CAD 19, 151-162.

51) Francesca Rochberg-Halton, "Scribes and Scholars: The tupšar Enūma Anu Enlil," in M. Marzahn and H. Neumann (eds.), Assyriologica et Semitica: Festschrift für Joachim Oelsner anläßlich seines 65. Geburtstages am 18. Februar 1997 (AOAT 252; Münster: Ugarit-Verlag, 2000), 361.

52) 강승일, 『이스라엘과 고대 근동의 점술』 (서울: CLC, 2015), 85-86.

53) Simo Parpola, Letters from Assyrian Scholars to the Kings Esarhaddon and Assurbanipal, vol. 2 (AOAT 5/2; Kevelaer: Butzon & Bercker, 1983), 6-25. 이하 LAS 2로 줄임.

54) Koch-Westenholz, Mesopotamian Astrology, 58.

55) Koch-Westenholz, Mesopotamian Astrology, 54.

56) H. Hunger, Astrological Reports to Assyrian Kings. Illustrations edited by Julian Reade (SAA 8; Helsinki: Helsinki University Press, 1992). xvi-xviii. 이하 SAA 8로 줄임.

57) David Brown, Mesopotamian Planetary Astronomy-Astrology (CM 18; Groningen: Styx, 2000), 44.

58) A. Leo Oppenheim, "Divination and Celestial Observation," Centaurus 14 (1969), 99.

59) LAS 2, Appendix N, Nr. 26 (K. 1276).

60) F. H. Cryer, Divination in Ancient Israel and Its Near Eastern Environment: A Socio-Historical Investigation (JSOTSup 142; Sheffield: JSOT, 1994), 121-122.

61) 노세영, 박종수, 『고대근동의 역사와 종교』(서울: 대한기독교서회, 2009), 156.

62) E. Leichty, "Ritual, 'Sacrifice', and Divination in Mesopotamia," in J. Quaegebeur, ed., Ritual and Sacrifice in the Ancient Near East: Proceedings of the International Conference Organized by the Katholieke Universiteit Leuven from the 17th to the 20th of April 1991 (OLA 55; Leuven: Uitgeverij Peeters en Departement Oriëntalistiek, 1993), 237.

63) A. Leo Oppenheim, Ancient Mesopotamia: Portrait of a Dead Civilization (Chicago: Chicago University Press, 1964), 212.

64) CAD 2, 121-124.

65) Beate Pongratz-Leisten, Herrschaftswissen in Mesopotamien: Formen der Kommunikation zwischen Gott und Koenig in 2. und 1. Jahrtausend v. Chr. (State Archives of Assyria Studies 10; Helsinki: The Neo-Assyrian Text Corpus Project, 1999), 152-153.

66) Jimmy J. M. Roberts, "Prophets and Kings: A New Look at the Royal Persecution of Prophets against Its Near Eastern Bakground," in B. A. Strawn and N. R. Bowen (eds.), A God So Near: Essays on Old Testament Theology in Honor of Patrick D. Miller (Winona Lake: Eisenbrauns, 2003), 349.

67) D. Charpin, "Les archives du devin Asqudum dans la residence du 'Chantier A'," MARI 4 (1985), 457.

68) Pongratz-Leinsten, Herrschaftswissen, 142.

69) Pongratz-Leinsten, Herrschaftswissen, 147.

70) Jussi Aro, "Remarks on the Practice of Extispicy in the Time of Esarhaddon and Assurbanipal," in La divination en Mésopotamie ancienne et dans les régions voisines: XIVe Rencontre assyriologique international (Strasbourg, 2-6 juilet 1965) (CRRAI 14; Paris: Presses universitaires de France, 1965), 109.

71) Aro, "Remarks on the Practice of Extispicy," 109; Ivan Starr, Queries to the Sungod: Divination and Politics in Sargonid Assyria. With Contributions by Jussi Aro and Simo Parpola (SAA 4; Helsinki: Helsinki University Press, 1990), xvi. 이하 SAA 4로 줄임

72) SAA 4, xvi.

73) SAA 4, xvii-xix.

74) Aro, "Remarks on Practice of Extispicy," 110.

75) 강승일, 『이스라엘과 고대 근동의 점술』, 132.

76) Robert Wilson, 『고대 이스라엘의 예언과 사회』(서울: 예찬사, 199), 118.

77) Wilson, 『고대 이스라엘의 예언과 사회』, 119.

78) SAA 4, xxxiv.

79) SAA 4, lvi.

80) LAS 2, xxiv.

81) SAA 4, xx.

82) Ulla Jeyes, Old Babylonian Extispicy: Omen Texts in the British Museum (Istanbul: Nederlands Historisch_Archaeologisch Instituut, 1989), 21-23.

83) Jeyes, Old Babylonian Extispicy, 23.

84) Cryer, Divination in Ancient Israel, 194-205.

85) 마리나 신아시리아에서와는 달리 우가릿에서는 궁중 보다는 개인 가옥에서 주로 행하여진 것 같다. 우가릿에서 점술 신탁은 궁궐이 독점하지 않았다. 점술에 사용되었던 간 모형이 개인 주택에서 발견된 것으로 보아 간 점술이 주로 사적인 용도로 사용된 것 같다. Jan-Waalke Meyer, "Zur Interpretation der Leber- und Lungenmodelle aus Ugarit," in Manfried Dietrich and Oswald Loretz (eds.), Mantik in Ugarit: keilalphabetische Texts der Opferschau, Omensammlungen, Nekromantie (Münster: Ugarit, 1990), 252-253.

86) CAD A/2, 344-347, 351-352.

87) CAD A/2, 432-436. 아쉬푸는 "주술을 행하다"를 뜻하는 wshp에서 파생되었다.

88) 키니어-윌슨(J. V. Kinnier-Wilson)은 아수와 아쉬푸가 이집트의 hry-h3b (heri-ha'ab)와 synw (seynu)와 평행하다고 주장한다. 전자는 질병을 주술적으로 다루고, 후자는 내과나 외과를 담당하던 의사였다고 한다. V. Kinnier-Wilson, "Medicine in the Land and Times of the Old Testament," in T. Ishida (ed.), Studies in the Period of David and Solomon (Winona Lake: Eisenbrauns, 1982), 338. 애굽은 메소포타미아보다 의학이 더 발전된 것으로 알려져 있다. 하지만 고대 애굽에서도 마술, 의학 그리고 종교 사이에 뚜렷한 구분이 없었던 것으로 보인다. 아수와 아쉬루의 기능에 대한 보다 자세한 정보는 윤동녕, "고대 메소포타미아와 이스라엘의 의료인들," 「서울장신논단」 25(2016), 77-103을 참조하라.

89) "종교의학"의 개념에 대해서는 Henry E. Sigerist, Medicine and Human Welfare (New Haven: Yale University Press, 1941), 2를 참조하라. "신앙의술"에 대해서는 헨리 지거리스트, 『문명과 질병』 (서울: 한길사, 2008), 242를 참조하라. 종교의학이라는 관점에서 고대 중동의 의학은 고대 이스라엘의 의학과 유사점이 있다. 유대인들은 질병을 단순한 육체적 결함이 아닌, 제의적 부정으로 생각했다. 질병에 대한 종교적 태도는 '차라아트'를 정결하게 하는 의식(레 13-14장)에 잘 나타나 있다. 이 의식을 진행하기 위해서는 두 마리의 새가 필요했다. 그 중의 한 마리는 맑은 물이 담긴 대접 위에서 죽여 그 피를 환자에게 뿌렸다. 다른 한 마리는 백향목, 자주색 실, 그리고 우슬초와 함께 죽은 새의 피에 찍어 그 피를 차라아트에서 정결함을 받을 자에게 일곱 번 뿌렸다. 이 제의적 절차가 끝나고 나면 남은 새를 날려 보냈는데, 이 때 병원균이 함께 사라진 것으로 보았다(레위기 14:1-9). 고대 중동에도 이와 비슷한 제의들이 존재했었는데, 이에 대해서는 W. G. Lambert, "A Middle Assyrian Medical Text," IRAQ 31 (1969), 28-39를 참조하라.

90) P. Abrahami, "A propos des fonctions de l'asû et de l'āšiipu: la conception de l'auteur de l'hymne sumérien dédi à Ninisina," Journal des Médicines Cunéiformes 2 (2003), 1920.

91) 진단편람은 수메르어로 '사.기그', 아카드어로 '사키쿠'라고 하는데 번역하면 "증상들"이라는 뜻이다. N. P. Heeßel, "Diagnosis, Divination, and Disease: Toward an Understanding of the Rationale behind the Babylonian Diagnostic Handbook," in H. F. J. Horstmanshoff and M. Stol (ed.), Magic and Rationality in Ancient Near Eastern and Graeco-Roman Medicine (Studies in Ancient Medicine 27; Leiden: Brill, 2004), 100.

92) R. Labat, Traité akkadien, 32-33, 1-5. M. J. Geller, Ancient Babylonian Medicine: Theory and Practice (Chichester: Wiley-Blackwell, 2010), 23에서 재인용.

93) Geller, Ancient Babylonian Medicine, 20.

94) CAD Š /3, 437.

95) BAM 378 iii 3'-6'

96) Geller, Ancient Babylonian Medicine, 56-61.

97) Irving L. Finkel, "On Late Babylonian Medical Training," in A. R. Geroge and I. L. Finkel (eds.), Wisdom, Gods, and Literature: Studies in Assyriology in Honor of W. G. Lambert (Winona Lake: Eisenbrauns, 2000), 141. 고대근동의 언어였던 수메르어와 아카드어의 설형문자는 600개 이상의 기호로 이루어져 있었기 때문에 이를 읽고 쓰기 위해서는 오랜 수업이 필요했다.

98) M. J. Geller, "West Meets East: Early Greek and Babylonian Dianosis," Studies in Ancient Medicine 27 (2001), 14.

99) 신상의 입을 닦고 여는 의식에 대해서는 강승일, "고대 이스라엘의 신상과 신상의 입을 여는 의식," 「구약논단」 21(2015), 156-183을 참조하라.

100) Uri Gabbay, "The kalû Priest and kalûtu Literature," Orient 49 (2014), 116.

101) Anne Löhnert, "Manipulating the Gods: Lamenting in Context," in Karen Radner and Eleanor Robson (eds.), The Oxford Handbook of Cuneiform Culture (Oxford: Oxford University Press, 2011), 403.

102) Uri Gabbay, "The Performance of Emesal Prayers within the Regular Temple Cult: Content and Ritual Setting," in K. Kaniuth et al. (eds.), Tempel im Alten Orient (CDOG 7: Wiesbaden: Harrassowitz Verlag, 2013), 103.

103) Löhnert, "Manipulating the Gods," 404.

104) Anne Löhnert, "Scribes and Singers of Emesal Lamentations in Ancient Mesopotamia in the Second Millennium BCE," in Ettore Cingano and Lucio Milano (eds.), Papers on Ancient Literatures: Greece, Rome and the Near East: Proceedings of the "Advanced Seminar in the Humanities" Venice International University 2004-2005 (Padova: SARGON Editrice e Libreria, 2008), 424-425.

105) M. E. Cohen, The Canonical Lamentations of Ancient Mesopotamia (Potomac: Capital Decisions,1988), 622-623, g+345-354.

106) U. Gabbay, "The Production and Transmission of Sumerian Emesal Literanie

in Their Historical and Cultic Context," KASKAL 16 (2019), 216.

107) Löhnert, "Manipulating the Gods," 404.

108) S. M. Kramer, "BM 96927: A Prime Example of Ancient Scribal Redaction," in T. Abusch et al (eds.) Lingering over Words: Studies in Ancient Near Eastern Literature in Honor of William L. Moran (HSS 37; Atlanta: Scholars Press, 1990), 253.

109) Gabbay, "The Production and Transmission," 202-203.

110) Löhnert, "Manipulating the Gods," 408.

111) LAS 2, xiii-xiv.

112) Gabbay, "The kalû Priest and kalûtu Literature," 116.

113) 우라드-에아는 다른 학자들과 함께 자주 언급되고 있으며(SAA 10 19, 238, 240, 287, 377), 다른 학자들과 함께 편지를 작성해 왕에게 보고하였다(SAA 10 1, 25, 212). 하지만 우라드에아가 주도적으로 보낸 경우는 거의 없었다. 심지어 본인이 작성한 편지(SAA 10 212)임에도 자신을 3인칭으로 묘사하고 있다. 가베이(Gabbay)는 이처럼 우라드에아가 소외되었던 것은 그의 가문이 바빌로니아에 기원을 두고 있었기 때문이라고 주장한다. Gabbay, "The kalû Priest and kalûtu Literature," 119-120.

114) K. Radner, "The Assyrian King and His Scholars: The Syro-Anatolian and the Egyptian Schools," in M. Luukko et al. (eds.), Of God(s), Trees, Kings, and Scholars: Neo-Assyrian and Related Studies in Honour of Simo Parpola (StOr 106; Helsinki: The Finnish Oriental Society, 2009), 222-223.

115) R. Achenbach, "Zum Sitz im Leben mesopotamischer und altisraelitischer Klagegebete. Teil I: Zum rituellen Umgang mit Unheildrohungen in Mesopotamien," ZAW 116 (2004), 365. 슈일라 기도는 신의 부름과 찬양 그리고 탄원으로 이어진다. 이 기도의 마지막 부분에는 기도자의 청원에 대한 응답이 찬양의 형태로 주어진다. 슈일라 기도의 기능과 구조에 대해서는 Tzvi Abusch, "The Promise to Praise the God in Šuilla Prayer," Agustinus Gianto (ed.), Biblical and Oriental Essays in Memory of William L. Moran (biblica et orientalia 48; Roma: Editrice Pontificio Istituto Biblico, 2005), 1-10을 참조하라.

116) Hermann Hunger, Babylonische und assyrische Kolophone (AOAT 2; Kevelaer: Butzon & Bercker; Neukirchen-Vluyn: Neukirchener, 1968), 102, 간기 번호 328, 13-16줄. 이하 Kolophone로 줄임.

117) W. G. Lambert, "A Catalogue of Texts and Authors," JCS 16 (1962), 64-65,

1-4줄.

118) 고대근동의 왕권사상과 왕의 기능에 대해서는 노세영, 박종수, 『고대근동의 역사와 종교』, 95-114를 참조하라

119) 마리 예언자에 대한 개론적 소개는 Wilson, 『고대 이스라엘의 예언과 사회』, 126-40; 노세영, 박종수, 『고대근동의 역사와 종교』, 135-50; 윤동녕, "소셜미디어로서의 예언의 역할-마리문서의 예언현상을 중심으로," 「장신논단」 41(2011), 11-34를 참조하라.

120) Dominique Charipin, "Le contexte historique et géographique des prophétique des prophéties dans les textes retrouvés à Mari," BCSMS 23 (1992), 22.

121) D. E. Fleming, "The Etymological Origins of the Hebrew nābî': The One Who Invokes God," CBQ 55 (1993), 217-24; 김유기, "성서 히브리어 〈나비〉의 어원," 「장신논단」 29(2007), 41-74.

122) Jack M. Sasson, "Mari Dreams," JAOS 103 (1983), 283-93.

123) Simon B. Parker, "Official Attitudes toward Prophecy at Mari and in Israel," VT 43 (1993), 53.

124) Klaus Koch, "Die Briefe 'profetischen' Inhalts aus Mari: Bemerkungen zu Gattung und Sitz im Leben," UF 4 (1972), 56.

125) Dominique Charpin, "Prophetes et rois dans le Proche-orient amorrite," in A. Lemaire (ed.), Prophetes et rois: Bible et Proche-orient (Paris: Les Editions du Cerf, 2001), 24-41.

126) Charpin, "Prophetes et rois," 31.

127) Herbert B. Huffmon, "A Company of Prophets: Mari, Assyria, Israel," in M. Nissinen (ed.), Prophecy in Its Ancient Near Eastern Context: Mesopotamian, Biblical, and Arabian Perspectives (SBLSS 13; Atlanta: Society of Biblical Literature, 2000), 53.

128) Charpin, "Prophetes et rois," 35.

129) John F. Craghan, "Mari and Its Prophets: The Contributions of Mari to the Understanding of Biblical Prophecy," BTB 5 (1975), 32-55

130) Jan Bremmer, "Prophets, Seers, and Politics in Greece, Israel, and Early Modern Europe," Numen 40 (1993), 164.

131) 신아시리아의 예언자들에 대해서는 Herbert B. Huffmon, "Prophecy in the Ancient Near East," IDBS, 697-700; M. Weippert, "Prophetie im alten Orient,"

NBL 3, 196-200; 윤동녕, "신앗시리아의 왕을 향한 예언 연구," Canon&Culture 5(2011), 187-215를 참조하라.

132) Ass A ii 12-ii 26.

133) Nin A ii 3-7.

134) Prism B v 93-95, C vi 125-127.

135) Huffmon, "A Company of Prophets," 52.

136) SAA 7 9 r. i 20-24

137) SAA 10 111 r. 19-26.

138) A. M. Wetter, "The Prophet and the King: Is There Such a Thing as Free Prophetic Speech?" in B. Becking and H. M. Barstad (eds.), Prophecy and Prophets in Stories: Papers Read at the Fifth Meeting of Edinburgh Prophecy Network, Utrecht, October 2013 (Leiden/Boston: Brill, 2015), 35.

139) M. Nissinen, "Prophecy as Construct," in P. Gordon and hans M. Barstad (eds.), "Thus Speaks Ishtar of Arbela": Prophecy in Israel, Assyria, and Egypt in the Neo-Assyrian Period (Winona Lake: Eisenbrauns, 2013), 11.

140) Wetter, "The Prophet and the King," 35-36.

141) A. Leo Oppenheim, The Interpretation of Dreams in the Ancient near East, With A Translation of An Assyrian Dream Book (Transactions of the American Philosophical Society 46; Philadelphia: American Philosophical Society, 1956), 184.

142) Oppenheim, The Interpretation of Dreams, 184-185. 오펜하임은 메시지 꿈에는 4가지 특징이 있다고 하였다. 첫째, 신 혹은 그의 전달자는 경고 혹은 조언을 담은 메시지를 분명히 전달한다. 둘째, 수령자는 왕이나 제사장같이 사회적으로 중요한 위치의 인물이다. 셋째, 메시지 꿈은 위기의 상황에서 나타난다. 넷째, 꿈꾸는 자는 메시지를 순종적으로 받아들인다. Oppenheim, The Interpretation of Dreams, 187-189.

143) "Gudea Cylinder A," Richard E. Averbeck, "A Preliminary Study of Ritual and Structure in the Cylinders of Gudea" (Unpublished Ph.D. dissertation, Dropsie College, 1997), 589-678.

144) 구데아 실린더는 두 개로 구성되어 있다. 꿈과 관련된 A 실린더는 구데아 왕이 신전과 관련된 꿈과 신전건축 에 대한 이야기의 기록이고, B 실린더는 신전 봉헌에 대한 이야기이다.

145) Christopher Metcalf, "Horn and Ivory: Dreams as Portents in Ancient

Mesopotamia and Beyond," in E. J. Hamori and J. Stökl (eds.), Perchance to Dream: Dream Divination in the Bible and the Ancient Near East (Atlanta: SBL, 2018), 12. 각주 9.

146) Stefan M. Maul, Die Wahrsagekunst im alten Orient: Zeichen des Himmels und der Erde (München: Beck, 2013), 277-79.

147) A. Zgoll, "Die Welt Schlaf sehen-Inkubation von Träumen im antiken Mesopotamien," WO 32 (2002), 74.

148) J. -M. Husser, Dreams and Dream Narratives in the Biblical World, trans. by J. M. Munro (Sheffield: Sheffield Academic Press, 1999), 16. 원제는 "Songe," in Supplément au dictionnaire de la Bible, Vol. XII (Paris: Letouzey et Ané, 1996), 28.

149) Husser, Dreams and Dream Narrative, 28.

150) S. A. L. Butler, Mesopotamian Conception of Dreams and Dream Ritual (AOAT 258; Münster: Ugarit-Verlag, 1998), 31.

151) Husser, Dreams and Dream Narrative, 29.

152) Husser, Dreams and Dream Narrative, 30.

153) Afo 29/30 (1984/84), 2. BM36703 obv. ii 3'-6'. Piotr Steinkeller, "Of Stars and Men: The Conceptual and Mythological Setup of Babylonian Extispicy," in A. Gianto (ed.), Biblical and Oriental Essays in Memory of William L. Moran (Rome: Editrice Pontificio Istituto Biblico, 2005), 24. n. 30에서 재인용.

154) Steinkeller, "Of Stars and Men," 36-37.

155) ARM 26 229

156) ARM 26 226-240

157) Husser, Dreams and Dream Narrative, 24. 위세르(Husser)는 예언적 꿈과 메시지 꿈을 구분한다. 메시지 꿈은 항상 영웅, 제사장, 혹은 왕과 같은 중요 인물들에게 나타나나, 예언적 꿈은 늘 사회적으로 지위가 낮은 사람들에게 나타난다. 예언적 꿈은 마리의 편지들에 잘 보관되어 있고, 메시지 꿈은 신 아시리아 자료에서 찾아볼 수 있다.

158) 오펜하임은 신이 직접 선포하는 메시지를 담고 있는 꿈을 "메시지 꿈"(message dream)이라고 한다. 이러한 유형의 꿈은 곡해될 수 있기 때문에 특별한 훈련을 받은 전문가가 필요했다.

159) 이 도표는 렝어(J. Renger)의 분류를 기초로 작성하였다. J. Renger, "Untersuchungen zur Priestertum der altbabylonischen Zeit: 2. Teil," ZA 59

(1969), 222.

160) Grabbe, Priests, Prophets, Diviners, Sages, 147.

161) J. Bottéro, Religion in Ancient Mesopotamia (Chicago: University of Chicago Press, 2001), 172.

162) Renger, "Untersuchungen zur Priestertum," 217-218.

163) R. A. Henshaw, Female and Male: The Cultic Personnel: The Bible and the Rest of the Ancient Near East (Princeton Theological Monograph Series 31; Alison Park, PA: Pickwick Publications, 1994), 140.

164) Husser, Dreams and Dream Narrative, 38. 호프너(Hoffner)는 유료 꿈과 무려 꿈을 구분한다. 무료 꿈은 비전문가들에 의해 보고되었다. 이들의 꿈은 산발적이며 비의도적이었다. 하지만 전문 꿈꾸는 자들은 고객의 요구에 따라 돈을 받고 계시적인 꿈을 꾸었다. 무르실리(Mursili)는 "제사장들이 인큐베이션을 시행할 것이다"라고 하였다. H. A. Hoffner, Jr., "Ancient Views of Prophecy and Fulfillment: Mesopotamia and Asia Minor," JETS 30 (1987), 262.

165) AEM 1/1 142 lines 20-23.

166) F. Flannery-Dailey, Dreamers, Scribes, and Priests: Jewish Dreams in the Hellenistic and Roman Eras (Supplements to the Journal for the Study of Judaism 90; Leiden/Boston: Brill, 2004), 35.

167) Husser, Dreams and Dream Narrative, 21.

168) Zgoll, Traum und Welterleben, 405 이하.

169) M. Nissinen, "Prophecy against the King in Neo-Assyrian Sources," in K.-D. Schunck and M. Augustin (eds.), 'Laßt uns Brüken bauen . . .': Collected Communications to the XVth Congress of the International Organization for the Study of the Old Testament, Cambridge, 1995 (Beiträge zur Zeitschrift für Erforschung des Alten Testaments und des antiken Judentum 42; Frankfurt am Main: P. Lang, 1998), 161. n.595. 샤일루가 등장하는 문서는 SAA 2 6 §10:117(마르 샤일리 아마트 일리, "신탁 질문자")와 MSL 12 233:33이다.

170) CAD Š/1, 15.

171) Zgoll, Traum und Welterleben, 198.

172) 마리와 신아시리아의 꿈과 그 해석자들의 비교 연구는 Zgoll, Traum und Welterleben, 198이하를 참조하라.

173) SAA 2 6 §10:116-117

174) Oppenheim, The Interpretation of Dreams, 238; LAS 2, Appendix N Nr. 26.

175) Oppenheim, The Interpretation of Dreams, 238.

176) Zgoll, Traum und Welterleben, 413.

177) 신아시리아의 꿈 자료는 에살핫돈과 아슈르바니팔의 편지와 비문으로 구성되어 있다. 에살핫돈의 자료는 편지로 보고하는 형태이지만 아슈르바니팔의 꿈 자료는 비문의 형태로만 되어 있다.

178) R. D. Biggs, "An Oracular Dream Concerning Ashurbanipal," ANET 606.

179) G. Benedetti, Botschaft der Träume (1998), Zgoll, Traum und Welterleben, 414에서 재인용.

180) Zgoll, Traum und Welterleben, 414.

181) Prism B v 49-76. 이 본문에 대해서는 Oppenheim, The Interpretation of Dreams, 249와 M. Nissinen, References to Prophecy in Neo-Assyrian Sources (SAAS 7; Helsinki: The Neo-Assyrian Text Corpus Project, 1998), 53면 이하를 참조하라.

182) Prism A iii 118-127; Nissinen, References to Prophecy, 56.

183) Nissinen, References to Prophecy, 56.

184) Nissinen, References to Prophecy, 56.

185) 신탁에서 꿈이 차지하는 위치는 히타이트 문서들을 통해서도 잘 알 수 있다. 하투실리 3세(Hattushili III)는 꿈을 통해 신으로부터 여러 가지 신탁을 들었다고 스스로 변증한다. 그는 한 문서(CTH 81)에서 메소포타미아의 이슈타르에 해당하는 여신 샤우슈가(Shawushga)가 그의 아버지 무르실리 2세(Murshili II)의 꿈에 나타나 자기가 여신의 제사장이 되어야한다고 하였다는 것이다. 또한 샤우슈가 여신은 하투실리의 부인인 푸두헤파(Puduhepa)에게 나타나 하투실리가 그의 형인 우르히테슈프(Urhi-Teshup)를 대신해 왕이 될 것이라는 신탁을 전하였다. 이처럼 히타이트 왕이나 왕비들도 꿈의 신탁에 의지하여 결정을 내렸다. 히타이트 제국에서 꿈은 다른 신탁 수단과 달리 어떠한 기술이 요구되지 않았다. 하지만 때로 왕의 지시에 의해 전문 제사장들이 인큐베이션이라는 수단을 통해 신탁을 받곤 했다. 꿈 메시지를 받기 위해 신전을 방문하는 것은 히타이트 고유의 것은 아니다. 바빌로니아를 비롯한 메소포타미아에 기원을 둔 전설이나 신화의 이야기들을 통해 꿈이 신의 뜻을 전하는 수단임을 알게 되었다. M. Dijkstra, "Prophets, Men of God, Wise Women: Dreams and Prophecies in Hittite Stories," in B. Becking and H. M. Barstad (eds.), Prophecy and Prophets in Stories: Papers Read at the Fifth Meeting of Edinburgh Prophecy Network, Utrecht, October 2013 (Leiden/Boston: Brill, 2015), 17-18.

186) Pongratz-Leisten, Herrschaftswissen, 113.

187) Johannes Neumann, "Priester," Handbuch religionswissenschaftlicher Grundbegriffe 4, 342-344.

188) W. W. Hallo and W. K. Simpson, The Ancient Near East: A History (New York, N.Y.: Harcourt Brace Jovanovich, 1971), 172.

189) W. Sallaberger and F. H. Vulliet, "Priester. A. II," RlA 10, 625-35.

190) G. J. P. McEwan, Priest and Temple in Hellenistic Babylonia (FAOS 4; Wiesbaden: Franz Steiner Verlag, 1981), 9.

191) J. Renger, "Notes on the Goldsmiths, Jewelers and Carpenters of Neobabylonian Eanna," JAOS 91 (1971): 407-408; McEwan, Priest and Temple, 7.

192) J. Renger, "Untersuchungen zur Priestertum," 112-114.

193) A. Kuhrt, "Nabonidus and the Babylonian Priesthood," in M. Beard and J. North (eds.), Pagan Priests: Religion and Power in the Ancient World (Ithaca, N.Y.: Cornell University Press, 1990), 119-55.

194) 마리 왕궁의 신전의 직책에 대한 보다 자세한 정보는 Daniel E. Fleming, "Southern Mesopotamian Titles for Temple Personnel in the Mari Archives," in J. Kaltner and L. Stulman (eds.), Inspired Speech: Prophecy in the Ancient Near East: Essays in Honor of Herbert B. Huffmon (JSOTSup 378; London: T & T Clark, 2004), 73-77과 그의 "Prophets and Temple Personnel in the Mari Archives," in L. L. Grabbe and A. Bellis (eds.), The Priests in the Prophets: The Portrayal of Priests, Prophets and Other Religious Specialists in the Latter Prophets (JSOTS 408; London; New York, N.Y.: T & T Clark International, 2004), 44-64를 참조하라.

195) J. N. Postgate, Early Mesopotamia: Society and Economy at the Dawn of History (London; New York, N.Y.: Routledge, 1992), 135-136.

196) A. Leo Oppenheim, "Analysis of an Assyrian Ritual (KAR 139)," History of Religion 5 (1966), 251-52.

197) F. Threau-Dangin, Rituels accadiens (Paris: Ernest Leroux, 1921), 144-45. 번역은 M. Nissinen, "Fear Not: A Study on an Ancient Near Eastern Phrase," in Marvin A. Sweeney and Ehud Ben Zvi (eds.), Changing Face of Form Criticism for the Twenty-First Century (Grand Rapids, Mich.; Cambridge, U.K.: Eerdmans, 2003), 158.

198) 오펜하임은 고대근동의 신탁행위를 정교한 학문적 신탁행위와 점술 기술이 복잡하지 않은 민간신탁으로 구분하였다. Oppenheim, Ancient Mesopotamia, 214, 216.

199) 박종수, 『이스라엘 종교와 제사장 신탁』, 67-70.

200) 박종수, 『이스라엘 종교와 제사장 신탁』, 66-67; 강승일, 『이스라엘과 고대근동의 점술』, 130-131.

201) 강승일, 『이스라엘과 고대근동의 점술』, 131에서 재인용.

202) O. R. Gurney, "The Babylonians and Hittites," in M. Lowe and C. Blacker (eds.), Oracles and Divination (London: George Allen and Unwin, 1981), 152. 박종수, 『이스라엘 종교와 제사장 신탁』, 67에서 재인용.

203) 박종수, 『이스라엘 종교와 제사장 신탁』, 67.

204) Oppenheim, Ancient Mesopotamia, 100. 번역은 박종수, 『이스라엘 종교와 제사장 신탁』, 82.

205) 강승일, 『이스라엘과 고대근동의 점술』, 130.

206) KUB V. I ii, 62 이하. 노세영, 박종수, 『고대근동의 역사와 종교』, 168-169에서 재인용.

207) Oppenheim, Ancient Mesopotamia, 209.

208) LAS 2, 132. 강승일, 『이스라엘과 고대근동의 점술』, 114에서 재인용.

209) 박종수, 『이스라엘 종교와 제사장 신탁』, 75. 강령점에 대한 보다 자세한 내용은 강승일, "망자(亡者)와의 대화, 강령점(降靈占)과 두개골," 「서양고대사연구」 34 (2013), 7-31을 참조하라.

210) Yasuhiko Sakuma, "Terms of Ornithomancy in Hittite," TULIP 33 (2013), 222.

211) 강승일, 『이스라엘과 고대근동의 점술』, 143. 원 자료의 출처는 알 수 없음.

212) Erica Reiner, "Fortune-Telling in Mesopotamia," JNES 19 (1960), 29.

213) 고대근동의 역사에 대해서는 노세영, 박종수, 『고대근동의 역사와 종교』, 15-92를 참조하라.

214) R. Borger, "Geheimwissen," RlA 3, 188-191; Pongratz-Leisten, Herrschaftswissen, 289; P. A. Beaulieu, "New Light on Secret Knowledge in Late Babylonian Culture," ZA 82 (1992), 98-99.

215) Ivan Starr, The Rituals of the Diviner (Bibliotheca Mesopotamica 12; Malibu: Undena, 1983), 30, 16-17줄과 53-57줄.

216) CAD Š/3, 146

217) Karel van der Toorn, "Why Wisdom Became a Secret: On Wisdom as

a Written Genre," in Richard J. Clifford (ed.), Wisdom Literature in Mesopotamia and Israel (Atlanta: Society of Biblical Literature, 2007), 26-27.

218) 아프칼루(apkallu, 수메르어 abgal)는 "현자", "지혜자", "전문가"라는 뜻으로 지혜를 갖춘 반인반어(半人半魚) 형상을 한 일곱 반신(半神)이나, 일곱 현인(Seven Sages), 혹은 지혜와 지식을 갖춘 왕을 가리키는 데 사용된다. 이 용어는 또한 물고기 모양이나 독수리 머리를 지닌 인간 형상의 지혜로운 신인 아다파(Adapa)나 점술 신탁 전문가들을 가리키는 데도 사용된다. CAD 1, 171-173; J. C. Greenfield, "Apkallu," DDD, 72-74.

219) N. Veldhuis, "The Theory of Knowledge and the Practice of Celestrial Divination," in A. Annus (ed.), Divination and Interpretation of Signs in the Ancient World (Chicago: The University of Chicago, 2010), 79.

220) LAS 2, xiii.

221) Paul-Alain Beaulieu, "The Social and Intellectual Setting of Babylonian Wisdom Literature," in Richard J. Clifford, Wisdom Literature in Mesopotamia and Israel (Atlanta: Society of Biblical Literature, 2007), 10-12.

222) Ki 1904-10-9, 94:26-30(=Hunger, Kolophone no. 519). Ulla Koch-Westenholz, Mesopotamian Astrology: An Introduction to Babylonian and Assyrian Celestial Divination (Kopenhagen: Museum Tusculanum Press, 1995), 96에서 재인용.

223) Kolophone, 13-14.

224) Kolophone, 42 no. 98.

225) Borger, "Geheimwissen," 189-90.

226) Beaulieu, "New Light on Secret Knowledge," 101.

227) SAA 10 362 obv. 19-rev. 12.

228) Veldhuis, "The Theory of Knowledge," 81.

229) Shulgi B, ll. 13-17.

230) ARM 26 63.

231) Eckart Frahm, "Keeping Company with Men of Learning: The King as Scholar," in K. Radner and E. Robson (eds.), The Oxford Handbook of Cuneiform Culture (Oxford: Oxford University Press, 2011), 512.

232) 고대인들에게 '운명'(쉼투)은 태고적부터 신들에 의해 고정되고 결정된 우주적 질서로서 과거, 현재, 미래의 모든 물리적, 존재론적 현상의 본성이나 특성 혹은 기능을 설명해 줄 수 있는 어떤 것이다. 그래서 운명은 천상의 현상에 새겨져 있는 것이라

고 생각했다. 운명은 또한 '운명의 토판'(투피 쉬마티)에 새겨져 있다고 생각했기 때문에, 이를 통해 신들의 계획을 알 수 있다고 생각했다. 이 운명의 토판을 통해 신들은 자신들의 뜻과 결정사항들을 왕과 왕국에 전달하였다. Daphna Arbel, "Divine Secrets and Divination," in April D. DeConick (ed.), Paradise Now: Essays on Early Jewish and Christian Mysticism (SBLSS 11; Leiden: Brill, 2006), 361-362.

233) U. Koch-Westenholz, "Old Babylonian Extispicy Reports," C. Wunsch (ed.), Mining the Archives: Festschrift for Christopher Walker on the Occasion of His 60th Birthday (Dresden: ISLET, 2002), 131-145.

234) Frahm, "Keeping Company,"516.

235) Ann K. Guinan, "Social Constructions and Private Designs: The House Omen of Šumma Ālu," in Houses and Households in Ancient Mesopotamia: Papers Read at the 40e Recontre Assyriologique Internationale, Leiden 5-8, 1993 (ed. by K. R. Veenhof; Istanbul: Nederlands Historisch-Archaeologisch Instituut te Istanbul, 1996), 61-68.

236) SAA 16 65.

237) SAA 2 6, ll. 108-122.

238) Benno Landsberger, "Babylonian Scribal Craft and Its Terminology," in Denis Sinor (ed.), Proceedings of the Twenty-Third International Congress of Orientalists (London: Royal Asiatic Society, 1954), 123-127. 수메르인들(ki. en.gi)은 설형문자(cuneiform)의 모태가 되는 그림문자를 사용하였는데, 점토판에 갈대 줄기 끝을 눌러 글을 썼다.

239) 알렉스 라이트 지음, 김익현, 김지연 옮김, 『분류의 역사』 (서울: 디지털미디어리서치, 2010), 81. 원제는 Alex Wright, GLUT: Mastering Information Through the Ages (Ithaca and London: Cornell University Press, 2007)

240) U. Seidl, "Assurbanipal's Griffel," ZA 97 (2007), 119-124.

241) Frahm, "Keeping Company," 514.

242) ARAB II § 986. 조르주 루, 『메소포타미아의 역사 2』 (서울: 한국문화사, 2013), 158에서 재인용.

243) R. Borger, Beiträge zum Inschriftenwerk Assubanipals (Wiesbaden: Harrassowitz, 1996), 182, 218, ll. 9-10.

244) Kolophone 318, Asb. type b

245) ABL 6. 조르주 루, 『메소포타미아의 역사 2』, 177에서 재인용.

246) E. Frahm, "Royal Hermeneutics: Observations on the Commentaries from Ashurbanipal's Libraries at Nineveh," Iraq 66 (2004), 45-50.

247) Kolophone 328, Asb. type o.

248) Gabbay, "The kalû Priest and kalûtu Literature in Assyria," 129.

249) 진흙으로 만든 토판 외에 틀 안에 밀랍을 부어 만든 서판도 있었다. 이 서판의 이름 은 '달투'인데 금속 매듭으로 연결된 책 형태일 경우 '레우'라고 하였다. 이들은 가볍 고 재사용이 가능했지만 가격이 비싸 널리 사용되지는 않았다. 조르주 루, 『메소포 타미아의 역사 2』, 178.

250) Gabbay, "The kalû Priest and kalûtu Literature in Assyria," 127-128.

251) AMT pl. 006 10 (K 14835) r44'-r47'.

252) 조르주 루, 『메소포타미아의 역사 2』, 178.

253) 알렉스 라이트, 『분류의 역사』, 85.

254) 알렉스 라이트, 『분류의 역사』, 80.

255) 키케로(Murcus Tullius Cicro, 106-43 BC)는 자신의 글 "점술에 관하여"(De divinatione)에서 칼데아의 점성술사라는 용어를 자주 사용하였다. 로마의 유명한 시인이었던 호레이스(Quintus Horatius Flaccus, 65-27 BC)도 칼데아인들이 천문 점술을 사용해 미래를 예견하였다고 말하고 있다. "Chaldea," Wikipedia, https:// en.wikipedia.org/wiki/Chaldea

256) 이미 주전 500년부터 천문점술(astrology)로부터 수학적 천문학(mathematical astronomy)과 별점(horoscopy)이 구분되어 각자의 분야에서 독립되어 발 전했다. Francesca Rochberg, "The Cultural Locus of Astronomy in Late Babylonia," in H. D. Galter (ed.), Die Rolle der Astronomie in den Kulturen Mesopotamiens: Beiträge zum 3. Grazer Morgenländischen Symposium (23-27, September 1991) (GMS 3; Graz: GrazKult, 1993), 35-43.

257) 오펜하임은 당시의 종교 문서는 단순히 제의용이 아니라 당대의 정책 결정을 위한 참고서였으며, 미래에 사용할 목적으로 기록되어 도서관에 보관되었다고 주장한다. Oppenheim, Ancient Mesopotamia, 230.

258) Pongratz-Leisten, Herrschaftswissen, 286-288.

259) Pongratz-Leisten, Herrschaftswissen, 288; Martti Nissinen, "Das kritische Potential in der altorientalischen Prophetie," in M. Köckert and M. Nissinen (eds.), Propheten in Mari, Assyrien und Israel (Göttingen: Vandenhoeck & Ruprecht, 2003), 30.

260) Brown, Mesopotamian Planetary Astronomy-Astrology, 47. 신들과 왕 사이

의 의사소통과정에서의 신적 비밀의 기능과 점술사의 전문지식(ummânūtu)에 관한 기록들에 대해서는 Alan Lenzi, Secrecy and the Gods: Secret Knowledge in Ancient Mesopotamian and Biblical Israel (SAAS 19; Helsinki: The Neo-Assyrian Text Corpus Project, 2008), 67-122를 참조하라.

261) Nissinen, "Das kritische Potential," 30.

262) H. A. Hoffner, Jr., "Ancient Views of Prophecy and Fulfillment: Mesopotamia and Asia Minor," JETS 30 (1987), 257.

263) Nissinen, "Das kritische Potential," 30.

264) Pongratz-Leisten, Herrschaftswissen, 73-74.

265) Nissinen, "Das kritische Potential," 30.

266) Catherine Morgan, Athletes and Oracles: The Transformation of Olympia and Delphi in the Eighth Century BC (Cambridge, U.K.: Cambridge University Press, 1990), 153-54.

267) 니시넨은 예언이 왕의 비문을 작성하는 자료로 사용되었을 가능성이 있다고 주장한다. 예언은 직접적이든 간접적이든 다른 종교전문가들의 자료에도 반영되어 있을 가능성이 있다. 그래서 종교 전문가들이 왕에게 전달한 보고서에 직접 인용은 드물다하더라도, 간접 인용은 상당할 것으로 예상된다. 이에 대해서는 Martti Nissinen, "Spoken, Written, Quoted, and Invented: Orality and Writtenness in Ancient Near Eastern Prophecy," in E. B. Zvi and M. H. Floyd (eds.), Writings and Speech in Israelite and Ancient Near Eastern Prophecy (Atlanta: Society of Biblical Literature, 2000), 268-229.

268) Karel van der Toorn, "Mesopotamian Prophecy between Immanence and Transcendence: A Comparison of Old Babylonian and Neo-Assyrian Prophecy," in Prophecy in Its Ancient Near Eastern Context: Mesopotamian, Biblical, and Arabian Perspectives (SBLSS 13; Atalanta, Ga.: Society of Biblical Literature, 2000), 73-75.

269) Lenzi, Secrecy and the Gods, 69.

270) Parpola, Letters from Assyrian and Babylonian Scholars, xxxiv.

271) 아시리아의 제국은 그 영토가 넓어 효율적으로 통치하기 위해 행정조직과 관리체계를 잘 갖추었다. 고관 중 제일 높은 계급은 투르타누(turtanu)로서, 두 명의 투르타누가 제국을 나누어 통솔하였다. 그 다음 순서의 관리들은 차례대로 '라브 샤케'(rab shaqe, "술 맡은 책임자"), '나기르 에칼리'(nagir ekalli, "궁중의 사자"), 아바라쿠 라부(abaarakku rabu, "대장관"), 수칼루(sukkallu, "재상"), '라브 레

세'(rab reshe, "장군"), 샤 판 에칼리(sha pan ekalli, "사무국장"), '라브 에칼리'(rab ekalli, "궁궐 행정 담당관리"), '쿠르부투'(qurbutu, "왕의 대리자")였다. 조르주 루, 『메소포타미아의 역사 2』, 162.

272) LAS 2, 6-25.

273) Jussi Aro, "Remarks on the Practice of Extispicy," 109-110.

274) S. M. Maul, "Omina und Orakel. A Mesopotamien," RlA 10, 69; E. M. Zuesse, "Divination," EncRel 4, 375-382. 간의 오른쪽은 긍정적인 의미를 지닌 신의 뜻으로, 왼쪽은 부정적인 의미를 지닌 적과 원수에 대한 징조로 이해되었다. 강승일, 『이스라엘과 고대근동의 점술』, 38-39.

275) ARM 26 88

276) ARM 26 96

277) ARM 26 117

278) SAA 10 160

279) ARM 26 1에는 점술가들이 지켜야 할 규정이 기록되어 있다. 그들은 왕에게 점술의 결과를 모두 보고해야 하고, 다른 사람들에게는 비밀을 지켜야 할 것을 서약했다.

280) Rochberg-Halton, Aspects of Babylonian Celestial Divination, 8

281) Martti Nissinen, Prophets and Prophecy in the Ancient Near East. With contribution by C. L. Seow and Robert K. Ritner (SBLWAW 12; Atlanta, Ga.: Society of Biblical Literature, 2003), 15. 이하 SBLWAW로 줄임.

282) ARM 26 197:6-24.

283) ARM 26 202:5-20.

284) Oswald Loretz, "Die Entstehung des Amos-Buches im Licht der Prophetien aus Mari, Assur, Ishchali und der Ugarit-Texte: Paradigmenwechsel in der Prophetenbuchforschung," UF 24 (1992), 186. 또한 로레츠는 구약의 예언도 원래는 짧았을 것으로 추정한다. 하지만 후대의 편집자들에 의해 단문 형태의 예언이 장문의 예언서로 편집되었을 것이라고 주장한다.

285) William Moran, "New Evidence from Mari on the History of Prophecy," Biblica 50 (1969), 21.

286) ARM 26 219:4'-10'

287) ARM 26 221:7-18.

288) A. 1121+A. 2731:13-28.

289) Jean-Marie Durand, Archives épistolaires de Mari (ARM 26; Paris: Editions Recherche sur les Civilisations, 1988), 410.

290) Nissinen, References to Prophecy, 164.

291) Manfred Weippert, "Assyrische Prophetien der Zeit Asarhaddons und Assurbanipals," in F. M. Fales (ed.), Assyrian Royal Inscriptions: New Horizons in Literary, Ideology, and Historical Analysis (Roma: Instituto Per L'Oriente, 1981), 91; Manfred Weippert, "'Ich bin Jahwe'—'Ich bin Ištar von Arbela.' Deuterojesaja im Lichte der neuassyrischen Prophetie," in B. Huwyler, H. P. Mathys, and B. Weber (eds.), Prophetie und Psalmen: Festschrift für Klaus Seybold zum 65. Geburtstag (Alter Orient und Altes Testament 280; Münster: Ugarit-Verlag, 2001), 50.

292) LAS 2, xxiv.

293) Herbert B. Huffmon, "Prophecy (ANE)", ABD 5, 477-482; Parker, "Official Attitudes toward Prophecy," 50-68.

294) Durand, Archives épistolaires de Mari , 399.

295) Jeyes, Old Babylonian Extispicy, 23

296) Jeyes, Old Babylonian Extispicy, 27-28.

297) 조르주 루, 『메소포타미아의 역사 1』, 109.

298) LAS 2, xxii.

299) René Labat, "Le sort des substitus royaux en Assyrie au temps des Sargonides," RA 40 (1945-46), 123-42.

300) J. Bottéro, "Le substitut royal et son sort en Mésopotamie ancienne," Akkadica 9 (1978), 2-24 (Eng. trans. "The Substitute King and His Fate," J. Bottéro, Mesopotamia: Writing, Reasoning, and the Gods [Chicago: University of Chicago Press, 1992], 138-55])

301) S. Parpola, Letters from Assyrian and Babylonian Scholars (SAA 10; Helsinki: Helsinki University, 1993). 대리 왕 제의 문서의 번역은 R. F. Harper, Assyrian and Babylonian Letters Belongings to the Kouyunjik Collections of the British Museum, Part I-XIV (London/ Chicago: University of Chicago Press, 1892-1914)와 W. G. Lambert, "A Part of the Ritual for the Substitute King," AfO 18 (1957-58), 109-12를 참조하라.

302) H. Kümmel, Ersatzrituale für den hethitischen König (Studien zu den Boğazk y-Texten; Wiesbaden: Harrassowitz, 1967). 그리고 그의 "Ersatzkönig und Sündenbock," ZAW 80 (1968), 289-318도 참조하라.

303) Cord Kühne, "From Substitutionary Rituals," Walter Beyerlin (ed.), Near

Eastern Religious Texts Relating to the Old Testament (OTL; Philadelphia: Westminster John Knox, 1978), 175. 알렉산더 대왕과 관련된 본문은 T. Jacobsen, "Early Political Development in Mesopotamia," ZA 52 (1957), 139-40을 참조하고 이에 대한 평가는 LAS 2, xxix-xxx을 참고하라.

304) 하지만 일식 때마다 대리 왕 제의가 필요했던 것은 아니다. 예를 들면 수성이나 금성이 관찰되는 일식의 경우 왕은 안전한 것으로 여겨졌다. 그밖에 대리 왕 제의가 제외 되었던 일식에 대해서는 LAS 2, xxii-xxiii을 참조하라.

305) 대리 왕(샤르 푸히)은 '푸흐 샤리' 혹은 '살람 푸히'로 불리기도 한다. 아카드어 '푸후'는 기본적으로 "대리"(substitute), "대체"(replacement)를 의미한다. 대체의 대상은 사람(푸히 아멜리[대리 인간]) 뿐 아니라 동물 그리고 부동산까지도 포함되었다. CAD 12, 496-450.

306) S. H. Hooke, "The Theory and Practice of Substitution," VT 2 (1952), 4.

307) LAS 2, xxiv.

308) LAS 2, xxiv.

309) M. A. Beek, "Der Ersatzkönig als Erzählungsmotiv in der altisraelitischen Literatur," in P. A. H. de Boer (ed.), Volume du Congrès International pour l'étude de l'Ancien Testament, Genève 1965 (VTS 15; Leiden: Brill, 1966)" 26.

310) L. Waterman, Royal Correspondence of the Assyrian Empire (Ann Arbor: University of Michigan Press, 1930), nos. 46, 223, 359, 362, 437, 594, 629, 653, 676, 1006, 1014.

311) John Gray, "Royal Substitution in the Ancient Near East," PEQ 87(1955), 180-82.

312) 샤탐무(shatammu)는 행정 관료이자 제의 인도자(cult official)로 일했기 때문에 많은 영미권 학자들은 비숍(bishop)으로 번역하기도 한다. CAD 17, 185-91.

313) SAA 10 352:22-25 (ANET 626).

314) 궁궐은 죽은 대리 왕의 자취에 의해 더럽혀 졌으리라고 생각되었기 때문에 궁궐청소는 필수적이었다. 궁궐청소 절차에 대해서는 Bottéro, Mesopotamia, 153을 참조하라.

315) LAS 2, xxvi.

316) ANET 355-356.

317) Kühne, "From Substitutionary Rituals," 175.

318) Angel M. Rodriguez, "Substitution in the Hebrew Cultus and in Cultic-Related Texts, Doctoral Dissertation Abstracts," Andrew University Seminary

Studies 19 (1981), 247-48.

319) 조르주 루, 『메소포타미아의 역사 1』, 245.

320) 조르주 루, 『메소포타미아의 역사 1』, 245.

321) Angel, M. Rodriguez, Substitution in the Hebrew Cultus and in Cultic-Related Texts (Andrews University Seminary Doctoral Dissertation Series 3; Berrien Spring, Mich.: Andrew University Press, 1979), 74.

322) Kühne, "From Substitutionary Rituals," 174.

323) LAS 2, xxiv.

324) Richard I. Caplice, The Akkadian Namburbi Texts: An Introduction (Sources and Monographs, Sources from the Ancient Near East 1/1; Los Angeles: Undena Publications, 1974), 8. 수메르어 '남.부르.비'의 아카드어 번역은 '남부르부'이다.

325) Caplice, Namburbi Texts, 9.

326) Bottéro, Mesopotamia, 154.

327) Richard I. Caplice, "Participants in the Namburbi Rituals," CBQ (1967), 40-46.

328) 수메르어로 (루). 마쉬. 마쉬는 아카드어로 '마쉬마쉬' 혹은 '아쉬푸'로 표기된다.

329) "Bīt rimki," Wikipeida https://en.wikipedia.org/wiki/B%C4%ABt_rimki

330) Christoph O. Schroeder, History, Justice, and the Agency of God: A Hermeneutical and Exegetical Investigation on Isaiah and Psalms (Leiden: Brill, 2001), 179. n.13.

331) Caplice, "Participants," 42.

332) SAA 10 277

333) 마리(Mari)에서 발견된 한 문서에 등장하는 관리는 지므리림 왕에게 불길한 징조의 증거로 특이하게 생긴 개미들과 낙태한 양을 보낸다. 이러한 경우 불운을 제거하기 위해 남부르비가 실시되었을 것이다.

334) Caplice, The Akkadian Namburbi Texts, 10.

335) Caplice, The Akkadian Namburbi Texts, 10-11.

336) Caplice, The Akkadian Namburbi Texts, 21.

337) Caplice, The Akkadian Namburbi Texts, 11.

338) SAA 10 278

339) Stefan M. Maul, "Namburbi (Löseritual)," RlA 9, 92-94.

340) Stefan M. Maul, "How the Babylonians Protected Themselves against

Calamities Announced by Omens," in T. Abusch and K. van der Toorn (eds.), Mesopotamian Magic. Textual, Historical and Interpretative Perspectives (Ancient Magic and Divination 1; Groningen: Styx, 1999), 123-129.

341) Caplice, "Participants,"

342) Maul, "How the Babylonians Protected Themselves," 124-26.

343) '치료(治療)'는 병을 고치는 데 강조점이 있고 '치유(治癒)'는 '건강한 원 상태로 돌아오게 하는데 초점이 맞춰져 있다. "[우리말 바루기] 어떨 때 치유하고, 어떨 때 치료할까?" 중앙일보 2015.11.06. https://news.joins.com/article/19016041

344) 인간의 몸과 의학의 관계에 대해서는 강신익, 『몸의 역사. 의학은 몸을 어떻게 바라보았나』(서울: 살림, 2007), 3-92를 참조하라.

345) 플라시보 효과의 의료 사회학적 의미에 대해서는 박정호, "플라시보 효과: 의사-환자 관계에서 증여 행위와 그 도덕적 가치," 「사회와이론」 30 (2017), 7-41을 참조하라.

346) 김구원, "질병과 신의 손," 「개신논집」 16(2016), 33-50; J. J. M. Roberts, "The Hand of Yahweh," VT 21 (1971), 244-251.

347) A. Finet, "Les médecine au royaume de Mari," Annuaire de l'Institut de philologie et d'histoire orientales et slaves 15 (1954-1957), 123-144; ARMT 10 129, 130. 조르주 루, 『메소포타미아의 역사 2』, 193-194에서 재인용.

348) 이 경우 전문 신탁가들은 '비트 메세리'(bit meseri)라는 제의를 통해 왕을 보호하였다. '비트 메세리'는 '격리' 혹은 '격리 시설(집)'이라는 뜻이다. 이 제의는 주술학인 '마슈마슈투'(mashmashtu)에 포함된 제의이며 주술 치유사인 아쉬푸 교육과정 중 하나였다.

349) SAA 10 242.

350) E. Leichty, "Esarhaddon, King of Assyria," 956; Bienkowski and Millard, Dictionary of the Ancient Near East, 108.

351) LAS 2, 231

352) ABL 40. 193. 조르주 루, 『메소포타미아의 역사 2』, 193에서 재인용.

353) SAA 10 236.

354) Kateřina Šašková, "'Place in My Hands the Inexhaustible Craft of Medicine': Physicians and Healing at the Royal Court of Esarhaddon," Chatreššar 2 (2018), 53-54.

355) M. J. Geller, "The Exorcist's Manual (KAR 44)," in Ulrike Steinert, Assyrian and Babylonian Scholarly Text Catalogues: Medicine, Magic and Divination

(Berlin: De Gruyter, 2018), 292-312.

356) Daniel Schwemer, "Magic Rituals: Conceptualization and Performance," in Karen Radner and Eleanor Robson (eds.), The Oxford Handbook of Cuneiform culture (Oxford: Oxford University Press, 2011), 429-430.

357) Schroeder, History, Justice, and the Agency of God, 189.

358) Alan Lenzi, "Shuila-Prayers in Historical Context," Corpus of Akkadian Shuila Prayers Online. http://www.shuilas.org/

359) I. Tzvi Abusch, "The Promise to Praise the God in šuilla Payers," in Agustinus Gianto (ed.), Biblical and Oriental Essays in Memory of William L. Moran (Biblica et Orientalia 48; Rome: Editrice Pontificio Instituto Biblico, 2005), 1-10.

360) AMT pl.006 10 (K 14835) r20'-r30'. Alan Lenzi의 번역문(http://shuilas.org/P394506.html)을 참조

361) AMT pl.006 10 (K14835) r44'-r47'의 간기(colophon)는 이 자료가 아슈르와 세계의 왕 아슈르바니팔의 궁궐 소유임을 밝히고 있다.

362) Oppenheim, Ancient Mesopotamia, 271.

363) 고대 이스라엘의 점술과 주술에 대해서는 Frederick H. Cryer, Divination in Ancient Israel and Its Near Eastern Environment: A Socio-Historical Investigation (JSOT Sup 142; Sheffield: JSOT Press, 1994); Ann Jeffers, Magic and Divination in Ancient Palesine and Syria (Leiden: Brill, 1996); 배희숙, "고대이스라엘종교의 '주술'유형과 그 기능-엘리야와 엘리사의 '기적사화'를 중심으로-", 「구약논단」 55(2015), 60-92; 강승일, "구약성서와 인류학-프레이저의 공감주술에서 더글라스의 거룩함의 개념까지", 「구약논단」 56(2015), 177-204,; 강승일 "고대 이스라엘의 신상과 신상의 입을 여는 의식", 「구약논단」 57(2015), 156-83을 참조하라.

364) 사무엘상 28장 6절은 우림으로 대변되는 제사장 신탁과 선지자로 대변되는 예언 외에 꿈이라는 계시수단을 언급하고 있다. 꿈은 예언을 전달하는 통로가 되기도 하지만 신탁의 수단이기도 하다. 때문에 사무엘이 언급하고 있는 계시의 통로는 크게 제사장 신탁과 예언으로 보아도 무방할 것이다.

365) 리차드 S. 히스, 『이스라엘의 종교. 고고학과 성서학적 연구』 (서울: CLC, 2007), 137-138.

366) 노세영, 박종수, 『고대근동의 역사와 종교』, 123.

367) 구약에서 우림과 둠밈은 대개 짝을 이루어 등장하지만(출 28:30; 레 8:8; 민 27:21;

신 33:8; 삼상 14:41; 28:6; 스 2:63; 느 7:65), 우림만 언급되는 경우도 있다(민 27:21; 삼상 28:6).

368) Herbert B. Huffmon, "Priestly Divination in Israel," in Carol L. Meyers and M. O'Connor (eds.), The Word of the Lord Shall Go Forth: Essays in Honor of David Freedman in Celebration of His Sixtieth Birthday (Winona Lake, Ind.; Eisenbrauns, 1983), 355.

369) Jacob Milgrom, Numbers: The JPS Torah Commentary (Philadelphia: The Jewish Publication Society, 1990), 484-485.

370) 박종수, 『이스라엘 종교와 제사장 신탁-제비뽑기의 신비』(서울: 한들, 1997), 35.

371) 강승일은 에봇의 점술 기능은 드라빔과 관련되어 있다고 주장한다. 비록 유일신 신앙으로 드라빔과의 관계는 소멸되었지만 점술 기능은 유지되었다가, 후기에 제사장의 의복으로 정형화 되면서 그 기능이 사라졌다고 주장한다. 강승일, "우림과 둠밈, 에봇, 그리고 언약궤-제사장의 점술도구들," 「구약논단」 18(2012), 118-123

372) 편집비평 학자들은 사사기 1:1-2에 후대의 편집 흔적이 있다고 주장한다. 하지만 본 논문은 편집사적 연구방법보다는 종교사적 연구방법으로 본문을 분석하고자 한다. 린다스(B. Lindars)도 본문의 통일성을 강조하며 연대가 오래되었다고 주장한다. B. Lindars, Judges 1-5: A New Translation and Commentary (Edinburgh: T&T Clark, 1995), 4-5.

373) 유다지파는 베냐민 지파와의 전쟁을 하기 위해 신탁을 구할 때도 선봉에 서라는 응답을 받는다(삿 20:18). 본문에는 누가 이 신탁을 주재했는지 기록되어 있지 않으나, 전쟁에 제사장이 동행하는 것이 관례였으므로 제사장에 의해 신탁이 시행되었다고 보아도 무방하다.

374) 어떤 학자들은 본문이 여러 자료로 구성되어 있다고 주장한다(예를 들면 O. Eissfeldt, Die Komposition der Samuelbücher [Leipzig: J.C. Hinrichs, 1931], 7). 하지만 맥카터(P. K. McCarter가 주장한대로 사울과 관련한 전승자료의 고대성은 부인할 수 없다. P. Kyle McCarter, Jr., I Samuel: A New Translation with Introduction and Commentary (AB 8; New York: Doubleday, 1980), 195.

375) 박종수, 『이스라엘 종교와 제사장 신탁』, 126.

376) 본문에 나타난 사울전승의 고대성에 대해서는 McCarter, I Samuel, 250-252를 참조하라.

377) Huffmon, "Priestly Divination," 355-359.

378) 박종수, "고대 이스라엘의 제사장 신탁(2)," 「기독교사상」 38(1994), 134.

379) 박종수, "고대 이스라엘의 제사장 신탁(2)," 134-135.

380) 박종수, 『이스라엘 종교와 제사장 신탁』, 172.

381) 바이페르트(Manfred Weippert)에 따르면, 나단의 신탁은 크게 세 부분으로 구성되어 있다: 성전 건축의 모티브(4b-8a, 13), 왕의 예언 모티브(8b-9, 12, 14a, 15-16), 그리고 기타 모티브(10-11, 14b). Manfred Weippert, "Königsprophetie und Königsideologie in Juda: Zur 'Nathansweissagung' 2 Sa 7, 4-17." in T. Podella and P. Riede (eds.), Spuren eines Weges: Freundesgabe für Bernd Janowski zum fünfzigsten Geburtstag am 30. April 1993 (Unpublished manuscript on file, Wissenschaftlich-Theologisches Seminar, Universität Heidelberg, 1993), 293 참조. 말라마트(Abraham Malamat)는 마리예언 문서 A1121+A2731과 나단의 신탁을 비교하며 둘 사이의 유사점과 차이점을 찾아내는데, 그에 따르면 무엇보다도 성전건축과 왕조의 지속에 대한 약속은 양 예언이 공유하고 있는 공통적 주제라고 한다. 이에 대해서는 Abraham Malamat, "A Mari Prophecy and Nathan's Dynastic Oracle," in J. A. Emerton (ed.), Prophecy: Essays Presented to Georg Fohrer on His sixty-fifth Birthday 6 September 1980 (BZAW 150; Berlin: Walter de Gruyter, 1980), 69-82를 참조하라.

382) 이쉬다(Ishida)는 성전 건축의 주제는 왕조 주제의 서론에 해당한다고 주장한다. 그에 따르면 성전 주제는 다윗 왕조의 합법성을 강조하기 위해 이용되었다고 한다. Tomoo Ishida, The Royal Dynasties in Ancient Israel: A Study on the Formation and Development of Royal-Dynastic Ideology (BZAW 142; Berlin: Walter de Gruyter, 1997), 97.

383) Michael Avioz, Nathan's Oracle (2 Samuel 7) and Its Interpreters (Bern: Peter Lang, 2005), 72.

384) 윤동녕, "고대근동과 이스라엘의 예언에 나타난 왕과 예언자의 관계연구-신앗시리아의 예언과 나단의 예언(삼하 7:4-17)을 중심으로," 「장신논단」 44(2012), 50.

385) Tryggve N. D. Mettinger, "Cui Bono? The Prophecy of Nathan (2 Sam 7) as a Piece of Political Rhetoric," SEA 70 (2005): 207-10.

386) Helga Weippert, "Die Ätiologie des Nordreiches und seines Königshauses (I Reg 11 29-40)," ZAW 95 (1983): 344-47 참조.

387) 스타벅(S. Starbuck)은 제왕시편들은 야훼와의 계약을 확증하기 위해 예전부터 전승되어 오던 "왕의 예언"을 인용하고 있다고 주장한다. 때문에 이스라엘에서도 신앗시리아의 경우와 마찬가지로 "왕의 예언"이 보관되어 전수되었을 것이라고 주장한다. S. R. A. Starbuck, Court Oracles in the Psalms: The So-called Royal Psalms in their Ancient Near Eastern Context (Atlanta, Ga.; SBL, 1999), 127-

42. 보넷과 메를로도 예언자들이 야훼 신앙을 고취하기 위해 그동안 전승되어 오던 "왕의 예언"을 이용했으리라 주장한다. Corinne Bonnet and Paolo Merlo, "Royal Prophecy in the Old Testament and in the Ancient Near East: Methodological Problems and Examples," SEL 19 (2002): 86.

388) 나단의 예언에 나타난 제왕신탁 요소에 대해서는 Weippert, "Königsprophetie und Königsideologie," 291-302를 참조하라.

389) Wilson, 『고대 이스라엘의 예언과 사회』, 307-311.

390) M. Nissinen, "Das kritische Potential in der altorientalischen Prophetie," in M. Köckert and M. Nissinen (eds.), Propheten in Mari, Assyrien und Israel (Forschungen zur Religion und Literatur des Alten und Neuen Testaments 201; Göttingen: Vandenhoeck & Ruprecht, 2003) 29-31.

391) 강승일, 『이스라엘과 고대의 점술』, 218-20.

392) 강승일, 『이스라엘과 고대의 점술』, 220.

393) 열왕기상 22장에 나타난 예언자들의 대결에 대해서는 Simon J. DeVries, Prophet against Prophet: The Role of the Micaiah Narrative (1 Kings 22) in the Development of Early Prophetic Tradition (Grand Rapids, Mich.: Eerdmans, 1978)을 참조하라.

394) 캐롤(R. P. Carroll)에 따르면 두 왕이 전쟁에 나가게 된 것은 하나님께서 그들을 속이셨기 때문이라고 한다. 하나님께서는 예언자들을 속여 두 왕을 전쟁에 나가게 하여 패하도록 하였다. R. P. Carroll, When Prophecy Failed: Cognitive Dissonance in the Prophetic Traditions of the Old Testament (New York: The Seabury Press, 1979), 199.

395) 예레미야서에 나타난 예언자들 간의 갈등에 대해서는 T. W. Overholt, The Threat of Falsehood: A Study in the Theology of the Book of Jeremiah (London: SCM, 1970); J. L. Crenshaw, Prophetic Conflict: Its Effect upon Israelite Religion (Berlin: Walterde Gruyter, 1971)을 참조하라.

396) 윌슨(Robert Wilson)이 주장하는 대로 엘리야는 아합과 그의 예언자들과 대항했던 주변 예언자의 모습을 하고 있다. Wilson, 『고대 이스라엘의 예언과 사회』, 233-242. 하지만 아합이 엘리야를 '대적'과 '괴롭히는 자'로 인식했다는 것은 그가 단순한 주변예언자가 아니었음을 반증한다. 엘리야는 아합과 이스라엘 백성에 대해 항상 주도권을 가지고 있었다. 때문에 아합에 대해 부정적인 예언을 할 때 아합은 고통스러울 수밖에 없었다. 왜냐하면, 엘리야를 추정하던 이스라엘 백성이 많았고, 때문에 엘리야의 예언은 여론의 압박으로 여겨졌기 때문이다.

397) 예후 혁명의 정치적 배경에 대해서는 엄원식, "예후의 혁명에 대한 해부," 「복음과 실천」 29(2002), 7-30을 참고하라.

398) 발람에 대해서는 민수기 22-24장, 26:8-16, 신명기 23:4, 여호수아 13:22, 24:9-10에 언급되어 있다. 그밖에 느헤미야 13:2와 미가 6:5에 기록되어 있으며 신약의 베드로후서 2:15, 유다서 11절, 그리고 요한계시록 2:14에 기록되어 있다. 민수기 31장 16절에서 발람은 이스라엘 자손에게 거짓된 길을 가르쳐서 질병이 걸리게 한 원흉으로 지목되고 있다. 신명기 23장 4-5절에는 하나님께서 발람이 계획한 저주를 복으로 바꾸셨다고 말한다. 여호수아 13장 22절은 발람을 불법적인 점술사로 표현하고 있다. 발람에 대한 정경 및 정경 밖의 다양한 평가에 대해서는 Charles H. Savelle, "Canonical and Extracanonical Portraits of Balaam," Bibliotheca Sacra 166 (2009), 387-404; 김진명, "'발람이야기'(민 22-24장)의 단락 범위 재설정을 위한 제언-민수기 22-25장의 정경적 전개에 관한 연구," 「구약논단」18/4(통권 46집)(2012), 12-37을 참고하라. 그리고 윤동녕, "민수기 22-24장에 표현된 발람의 역할 연구," 「구약논단」 19(2013), 205-229도 참조하라.

399) Walter C. Kaiser, Jr., "Balaam Son of Beor in Light of Deir 'Alla and Scripture: Saint or Soothsayer?," in J. E. Coleson and V. H. Matthews (eds.), 'Go to the Land I Will Show You': Studies in Honor of Dwight W. Young (Winona Lake, Ind.: Eisenbrauns, 1996), 101.

400) M. Weippert, "The Balaam Text from Deir 'Alla and the Study of the Old Testament," J. Hoftijzer and G. van der Kooij (eds.), The Balaam Text from Deir 'Alla Re-Evaluated: Proceedings of the International Symposium Held at Leiden 21-24 August 1989 (Leiden: Brill, 1991), 175-176.

401) W. Z. Lauer, La Divinatione nel Vecchio Testamento Pontificium Athenaeum Antonianum, Sectio Biblica. Studium Biblicum Franciscanum n. 204 (Rome: Antonianum, 1970), 121-122. 박종수, 『이스라엘 종교와 제사장 신탁』, 35에서 재인용.

402) 박종수, 『이스라엘 종교와 제사장 신탁』, 115-116.

403) R. W. L. Moberly, "On Learning to Be a True Prophet: The Story of Balaam and His Ass," in P. J. Harland and C. T. R. Hayward (eds.), New Heaven and New Earth and the Millennium: Essays in Honour of Anthony Gelston (Leiden: Brill, 1999), 4.

404) 별에 관한 예언의 의미와 메시아 탄생과의 관계에 대해서는 Gilmore H. Guyot, "The Prophecy of Balaam," CBQ 2 (1940), 330-340을 참조하라.

405) SBLWAW 12 137.

406) SBLWAW 12 138.

407) 이에 대해서는 B. Margalit, "Ninth-Century Israelite Prophecy in the Light of Contemporary NWSemitic Epigraphs," M. Dietrich and I. Kottsieper (ed.), "Und Mose Schrieb Lied auf": Studien zum Alten Testament und zum Alten Orient. Festschrift für Oswald Loretz zur Vollendung seines 70. Lebensjahres mit Beiträgen von Freunden, Schülern und Kollegen (AOAT 250; Münster: Ugarit-Verlag, 1998), 418-519를 참조하라.

408) Everett Fox, The Five Books of Moses: Genesis, Exodus, Leviticus, Numbers, Deuteronomy; A New Translation with Introductions, Commentary, and Notes (New York: Schocken Books, 1995), Numbers 22:2.

409) 침멀리는 에스겔의 이상 행동은 실제 행동이기 보다는 문학적 도구(literary devices)라고 주장한다. W. Zimmerli, Ezekiel (vol. 1; Hermeneia; Philadelphia: Fortress, 1979), 104-114. 하지만 황홀경과 이에 따른 이상행동은 고대근동의 예언 현상에서는 일반적이었다.

410) 구약과 신화에 대해서는 Robert A. Oden, Jr., "Myth, Mythology; Myth in the OT," ABD 4, 946-960을, 에스겔 예언에서 발견되는 신화적 요소에 대해서는 C. L. Crouch, "Ezekiel's Oracles against the Nations in Light of a Royal Ideology of Warfare," JBL 130 (2011), 473-492를 참조하라.

411) 노세영, 박종수, 『고대근동의 역사와 종교』, 162-164.

412) 공동체로부터 예언자의 권위를 인정받는 과정에 대해서는 John R. Levison, "Prophecy in Ancient Israel: The Case of the Ecstatic Elders," CBQ 65 (2003), 503-521을 참조하라.

413) 에스겔은 선지자(나비), 선견자(호제, 로에), 혹은 하나님의 사람(이쉬 엘로힘)이 아닌 "인자" 혹은 "사람의 아들"(벤 아담)로 불린다. 패튼(Corrine L. Patton)은 "사람의 아들"은 예언자 명칭의 하나인 "하나님의 사람"에 영향을 받아 파생되었을 것으로 추정한다. 그는 "사람의 아들"이라는 칭호는 하나님 앞에서 겸손한 에스겔의 태도를 강조하고 있다고 주장한다. Corrine L. Patton, "Priest, Prophet, and Exile: Ezekiel as a Literary Construct," in Stephen L. Cook and Corrine L. Patton (eds.), Ezekiel's Hierarchical World: Wrestling with a Tired Reality (Leiden: Brill, 2004), 76.

414) Eichrodt, Ezekiel, 169; Zimmerli, Ezekiel, 296.

415) Jonathan Stökl, "The mtnb'wt in Ezekiel 13 Reconsidered," JBL 132 (2013),

61-76.

416) Katheryn Pfisterer Darr, "The Book of Ezekiel: Introduction, Commentary, and Reflection," NIB 6, 1073-1607. 그는 여성들이 예언자 역할을 하던 망명 여성들이라고 주장한다. Fritz Dumermuth, "Zu Ez. XIII 18-21," VT 13 (1963), 228-29는 여성의 예언을 저급한 마술로 규정하였다.

417) Marjo C. A. Korpel, "Avian Spirits in Ugarit and in Ezekiel," in N. Wyatt et al. (eds.), Ugarit, Religion and Culture: Proceedings of the International colloquium on Ugarit, Religion and Culture, Edinburgh, July 1994. Essays Presented in Honour of Professor John C. L. Gibson (Münster: Ugaritic-Verlag, 1996), 109.

418) Graham I. Davies, "An Archaeological Commentary on Ezekiel 13," in Michael D. Coogan et al. (eds.), Scripture and Other Artifacts: Essays on the Bible Archaeology in Honor of Philip J. King (Louisville: Westminster John Knox Press, 1994), 121. Zimmerli, Ezekiel, 297도 참조하라.

419) 스커록(J. A. Scurloc)은 "매고 푸는 것"은 메소포타미아의 임신과 출산과 관계있다고 주장한다. 출산할 때 피를 멈추게 하기 위해 끈을 매었으며 다양한 색깔의 실들을 사용하였다. J. A. Scurloc, "Baby-snatching Demons, Restless Souls and the Dangers of Childbirth: Medico-Magical Means of Dealing with Some of the Perils of Motherhood in Ancient Mesopotamia," Incognita 2 (1991), 135-183; Nancy R. Bowen, "The Daughters of Your People: Female Prophets in Ezekiel 13:17-23," JBL 118(1999), 417-433.

420) A. M. Kitz, "Prophecy as Divination," CBQ 65 (2003), 22-42.

421) Zimmerli, Ezekiel, 296.

422) 무명의 비전문 신탁가들은 사회적 지위를 인정받지 못했다. 그래서 이들 비전문적인 신탁 전달자들은 사회의 가장자리에 위치하고 있었다. 비전문적 여성 예언자의 사회적 지위에 대해서는 Wilson, 『고대 이스라엘의 예언과 사회』, 137-39를 참조하라.

423) Paul Haupt, "Babylonian Elements in the Levitic Ritual," JBL 19 (1900): 55-81, 특별히 58과 CAD A/1, 99-100의 시간을 의미하는 단어 "adannu"를 참조하라.

424) P. A. H. de Boer, "The Counsellor," in M. Noth and D. Winton Thomas (eds.), Wisdom in Israel and in the Ancient Near East: Presented to Harold Henry Rowley by the Society for Old Testament Study in Association with the Editorial Board of Vetus Testamentum, in Celebration of His Sixty-Fifth

Birthday, 24 March 1955 (VTS 3; Leiden: Brill, 1960), 48.

425) William McKane, Prophets and Wise Men (London: SCM, 1965), 55-56.

426) McKane, Prophets and Wise Men, 59.

427) Cornelis van Dam, The Urim and Thummim: A Means of Revelation in Ancient Israel (Winona Lake: Eisenbrauns, 1997), 182-90.

428) R. N. Whybray, The Heavenly Counselor in Isaiah xl 13-14: A Study of the Source of the Theology of Deutero-Isaiah (Cambridge: University Press, 1971), 55.

429) W. F. Albright, The Proto-Sinaitic Inscriptions and Their Decipherment (Cambridge: Harvard University Press, 1966), 20. 문서번호 352 컬럼 I: "이타, 주르의 아들이여 신탁을 내려주소서."

430) L. Rupprecht, "ya'as," TDOT 7, 158.

431) Robert Polzin, David and the Deuteronomist: A Literary Study of the Deuteronomic History. Part Three. 2 Samuel (Indianapolis: Indiana University Press), 1993, 174.

432) Jeyes, Old Babylonian Extispicy, 23

433) Jeyes, Old Babylonian Extispicy, 27-28.

434) Grabbe, Prophets, Priests, Diviners, 61.

435) Pongratz-Leisten, Herrschatswissen, 147.

436) J. P. Fokkelman, Narrative Art and Poetry in the Books of Samuel: A Full Interpretation Based on Stylistic and Structural Analyses. Vol 2 (Gorcum: Uitgeverij Van Gorcum, 1981), 211.

437) R. P. Gordon, 1, 2 Samuel (Exeter: Paternoster, 1986), 280.

438) Keith Bodner, "Motives for Defection: Ahithophel's Agenda in 2 Samuel 15-17," Studies in Religion 31/1 (2002): 63-78. 아히도벨과 후새의 조언과 선택의 과정에 대해서는 윤동녕, "다윗궁정의 책사들과 책략의 특징연구," 「서울장신논단」 22(2013), 43-67을 참조하라.

439) Leichty, "Divination, Magic, and Astrology," 162.

440) 르호보암에게 주어진 제언과 조언들의 중요성에 대해서는 M. Weinfeld, "The Counsel of the 'Elders' to Rehoboam and Its Implications," Maarav 3 (1982): 27-53을 참조하라.

441) Wilson, 『고대 이스라엘의 예언과 사회』, 197.

442) LAS 2 9.

443) Philip Davies, "The Social World of Apocalyptic Writings," in R. E. Clements (ed.), The World of Ancient Israel: sociological, Anthropological and Political Perspectives (Cambridge: Cambridge University Press, 1989), 264-265. 리차드 히스, 『이스라엘의 종교』, 423-444에서 재인용.

444) W. 아이히로트, 『에제키엘』 (서울: 한국신학연구소, 1991), 352.

445) 존 그레이, 『열왕기하』 (천안: 한국신학연구소, 1992), 213-214.

446) 요아스가 쏜 화살의 점술적 성격에 대해서는 Samuel Iwry, "New Evidence for Belomancy in Ancient Palestine and Phoenicia," JAOS 81 (1961), 27-34를 참조하라.

447) 구약에서의 드라빔의 기능에 대해서는 T. J. Lewis, "Teraphim," DDD, 843-850을 참조하라.

448) Karel van der Toorn, "The Nature of the Biblical Teraphim in the Light of the Cuneiform Evidence," CBQ 52 (1990), 217-219.

449) 존스톤(P. Johnston)은 '오브'가 죽은 자들과 교통할 때 사용된 '구덩이', 트로퍼 (J. Tropper)는 아버지를 뜻하는 '아브'와 관련된 조상들의 혼, 반 데어 툰(K. van der Toorn)은 우가릿의 신인 '일립'과 관계있다고 보았다. Philip S. Johnston, Shades of Sheol: Death and Afterlife in the Old Testament (Downers Grove: InterVarsity, 2002), 161-166; Josef Tropper, Nekromantie. Totenbefragung im Alten Orient und im Alten Testament (AOAT 223; Neukirchener: Neukirchen-Vluyn, 1989), 312-316; Karel van der Toorn, "Female Prostitution in Payment of Vows in Ancient Israel," JBL 108 (1989), 193-205.

450) Lewis, "Teraphim," 850.

451) F. Blumenthal, "The Ghost of Samuel: Real or Imaginary?", JBQ 41 (2013), 104-106; S. Fischer, " 1 Samuel 28. The Woman of Endor-Who is She and What Does Saul See?, OTE 14 (2001), 26-46.

452) 누지 문서에서 신을 뜻하는 '일라누'와 망자를 뜻하는 '에테무'는 서로 평행하는 경우가 많은 데 에테무는 신처럼 여기는 조상, 혹은 조상을 의미한다. 우가릿 문서에서는 조상들의 신을 의미하는 '일립'의 경우 신이 된 조상을 말하지만, 가족이나 개인의 수호신이라는 주장도 있다. 리차드 히스, 『이스라엘의 종교』, 133.

453) Kalel van der Toorn and T. J. Lewis, "terāpîm," TDOT 15, 777-789.

454) S. Torallas Tovas and A. Maravela-Solbakk, "Between Necromancers and Ventriloquists: The enggastrimythois in the Septuaginta," Sefard 61 (2001), 419-438; Klaus Koenen, "Frau von En-Dor," WiBiLex, https://www.

bibelwissenschaft.de/stichwort/200061/

455) E. Leichty, "Ritual, 'Sacrifice', and Divination in Mesopotamia," in J. Quaegebeur (ed.), Ritual and Sacrifice in the Ancient Near East: Proceedings of the International Conference Organized by the Katholieke Universiteit Leuven from the 17th to the 20th of April 1991 (Orientalia Lovaniensia Analecta 55; Leuven:Uigeverij Peeters en Departement Oriëntalistiek, 1993), 242.

456) Friedrich Küchler, "Das priestliche Orakel in Isral und Juda," in W. Frankenberg and F. Küchler (eds.), Abhandlungen zur Semitischen Religionskunde und Sprachwissenschaft (BZAW 33; Giessen: Alfred Töpelman, 1918), 296.

457) J. D. Levenson, "A Technical Meaning for n'm in the Hebrew Bible," VT 35 (1985), 67.

458) 고대 이스라엘의 달신 숭배의 영향력에 대해서는 강승일, "고대 이스라엘의 달신 숭배와 그 배경," 「구약논단」 17 (2011), 146-166을 참조하라.

459) M. 엘리아데, 『우주와 역사-영원회귀의 신화』 (서울: 현대사상사, 1992), 19-22. 솔로몬 성전과 고대 근동 신전의 구조와 종교적 이념에 대해서는 강승일, "솔로몬 성전 이스라엘의 거룩한 공간," 「구약논단」 15 (2009), 126-143을 참조하라.

460) 당시 고대 근동에서 유행하던 신전은 '비트 힐라니'라고 불리는 궁전과 비슷한 구조를 지니고 있었다. 비트 힐라니는 직사각형의 긴 건물로서 안쪽에 왕의 보좌가 놓여 있었다. H. Frankfort, "The Origin of the Bit Hilani," Iraq 14 (1952), 120-131; D. Ussishkin, "King Solomon Palaces," BA 36 (1973), 78-105. 솔로몬의 예루살렘 성전 뿐 아니라 시돈의 아스다롯, 모압의 그모스, 암몬의 밀곰 산당을 건설하였다(왕상 11:5-7; 왕하 23:13).

461) 다락으로 번역된 히브리어 '알리야'는 옥상 혹은 2층을 의미한다. 예루살렘과 유다 왕들은 알리야에서 하늘을 향한 제사를 드렸다(렘 19:13; 32:29). 임미영, "고대 이스라엘 가옥구조 중 'aliyāh는 무엇인가", 「성경원문연구」 25 (2009), 53-72.

462) 고대근동과 성경의 인큐베이션에 대해서는 Koowon Kim, Incubation as a Type-Scene in the 'Aqhatu, Kirta, and Hannah Stories: A Form-Critical and Narratological Study of KTU 1.14 I-1.15 III, 1.17 I-II, and 1 Samuel 1:1-2:11 (Leiden: Bill, 2011)을 참조하라.

463) 구약에 등장하는 대표적인 꿈 이야기는 다음과 같다. 아비멜렉의 꿈(창 20:3-8), 야곱의 꿈(창 28:10-22; 40:5-23), 라반의 꿈(창 31:24), 요셉의 꿈(창 37:5-11), 미디

안 병사의 꿈(삿 7:13-15), 사무엘의 꿈(삼상 3:1-15), 솔로몬의 꿈(왕상 3:5-15), 느부갓네살의 꿈(단 2:36-45; 4:5-19)

464) Sigmund Mowinckel, Psalmenstudien II: Das Thronbesteigungsfest Jahwes und der Ursprung der Eschatologie (Amsterdam: BRG, 1966); Aubrey R. Johson, The Cultic Prophet in Ancient Israel (Cardiff: University of Wales Press, 1962)

465) 힐버(Hilber)는 시편의 아삽의 시편들(시 50, 75, 81, 82, 95)이 양식과 내용상 신아시리아의 구원신탁 내지 제왕신탁과 유사점이 있다고 주장한다. John W. Hilber, "Cultic Prophecy in Assyria and in the Psalms," JAOS 127 (2007), 33-34.

466) Raymond Westbrook and Theodore J. Lewis, "Who Led the Scape Scapegoat in Leviticus 16:21?" JBL 127 (2008), 417-422.

467) J. H. Walton, "The Imagery of the Substitute King Ritual in Isaiah's Fourth Servant Song," JBL 122 (2003), 738-740.

468) J. Schabert, "Stellvertretendes Sühneleiden in den Ebed-Jahwe-Liedern und in altorientalischen Ritualtexten," BZ n. F. 2 (1958), 190-213.

469) M. A. Beek, "Der Ersatzkönig als Erzählungsmotiv in der altisraelitischen Literatur," Volume de Congrès: Genève 1965 (VTSup 15; Leiden: Brill, 1966), 24-32.

470) B. Janowski, "Er trug unsere Sünden: Jesaja 53 und die Dramatik der Stellvertretung," B. Janowski and P. Stuhlmacher (ed.), Der leidende Gottesknecht: Jesaja 53 und seine Wirkungsgeschichte mit einer Bibliographie zu Jes 53 (FAT 14; Tübingen: Mohr-Siebeck, 1996), 1-24.

471) A. R. W. Green, The Roles of Human Sacrifice in the Ancient Near East (Missoula, Mont: Scholars Press, 1975).

472) Walton, "The Imagery of the Substitute King Ritual," 734-43.

473) 구약에 등장하는 고대 이스라엘 종교의 주술적 특징에 대해서는 배희숙, "고대 이스라엘 종교의 '주술' 유형과 그 기능," 60-92를 참조하라.

474) Peter. A. Ackroyd, The Second Book of Samuel (Cambridge Bible Commentaries on the Old Testament; Cambridge: Cambridge University Press, 1977), 110.

475) Samuel E. Loewenstamm, Comparative Studies in Biblical and Ancient Oriental Literature (AOAT 204; Kevelaer: Verlag Butzon & Bercker; Neukirchen-Vluyn: Neukirchener Verlag, 1980), 146-153, 171-172.

476) Steven L. McKenzie, King David: A Biography (New York: Oxford University Press, 2000), 161.

477) Gillis Gerleman, "Schuld und Sühne Erwägungen zu 2 Samuel 12," H. Donner, R. Hanhart, and R. Smend (eds.), Beiträge zur alttestamentlichen Thelogie Festschrift für Walther Zimmerli zum 70 Geburtstag (Göttingen: Vandenhoeck & Ruprecht, 1977), 133-35. Tryggve N. D. Mettinger, King and Messiah: The Civil and Sacral Legitimation of the Israelite Kings (Coniectanea Biblica. Old Testament Series 8; Lund: Gleerup, 1976), 30과 McCarter, II Samuel, 301도 참조하라.

478) Hélène Nutkowicz, "Propos autour de la mort d'un enfant 2 Samuel xi, 2-xii, 24," Vetus Testamentum 54 (2004), 108.

479) A. Graeme Auld, "Bearing the Burden of David's Guilt," R. Smend, W. Dietrich, and C. Levin, Vergegenwärtigung des Alten Testaments. Beiträge zur biblischen Hermeneutik für Rudolf Smend zum 70. Geburtstag (Göttingen: Vandenhoeck&Rupprecht, 2002), 76-77.

480) André Wénin, "David roi, de Goliath à Bethsabée: La figure de David dans les livre de Samuel," in L. Desrousseaux and J. Vermeylen (eds.), Figures de David à travers la Bible: XVIIe congrès de l'Association catholique française pour l'étude de la Bible (Lille, 1er-5 septembre 1997) (Paris: Cerf, 1999), 75-112.

481) Nutkowicz, "Propos autour de la mort," 108.

482) André Caquot and Philippe de Robert, Les livres de Samuel (Commentaire de l'Ancien Testament 6; Geneve: Labor et Fides, 1994), 485.

483) 메소포타미아의 전문신탁에 대해서는 Wilson, 『고대 이스라엘의 예언과 사회』, 116-125와 노세영, 박종수, 『고대근동의 역사와 종교』, 151-174를 참조하라.

484) 궁궐과 왕의 보좌가 죽은 대리 왕의 자취에 의해 더럽혀 졌으리라고 생각되었기 때문에 궁궐청소는 필수적이었다. 궁궐청소 절차에 대해서는 Bottéro, Mesopotamia, 153을 참조하라.

485) LAS 2, xxvi.

486) J. D. Levenson, The Death and the Resurrection of the Beloved Son: The Transformation of Child Sacrifice in Judaism and Christianity (New Haven: Yale University Press, 1993), 29-30.

487) F. M. Th. Böhl, "Prophetentum und stellvertretendes Leiden in Assyrien

und Israel," M. A. Beck et al. (eds.), Opera Minora: Studies en Bijdragen op Assyriologisch en Oudtestamentisch Terrein door Dr. Franz Marius Theodor de Liagre Böhl (Groningen-Djakarta: J. B. Wolters, 1953), 74. 대리왕 제의는 영어로 substitution ritual, 불어로 rite de substitution, 독일어로 Ersatzritual로 번역될 수 있다. 대리 왕 제의에서는 불행이나 병과 같은 신의 징벌, 그리고 악운을 피하기 위해 이를 대신할 사람을 세워 당하게 한다. 이렇게 함으로써 원래 당해야 할 사람은 구원될 수 있었다. 이 제의에서는 대리 희생자는 오직 인간이어야 했으며 대리로 죽음을 당함으로써 원래 당해야 할 사람이 죽음을 피할 수 있었다. 그래서 이 제의는 "대속제사"(Ersatzopfer)로도 부를 수 있다. 이에 대해서는 Kümmel, Ersatzrituale für den hethitischen König, 1-6을 참조하라.

488) McCarter, II Samuel, 511.

489) Johann J. Stamm, Das Leiden des Unschuldigen in Babylon und Israel (ATANT; Zürich: Zwingli-Verlag, 1946), 70.

490) J. Philip Hyatt, "The Sources of the Suffering Servant," JNES 3 (1944), 79-86. 다윗 왕과 관련한 대리 왕 제의 모티브에 대한 자세한 사항은 윤동녕, "대리 왕 제의의 관점으로 본 다윗 왕의 위기 극복 과정," 「구약논단」 21(2015), 126-155를 참조하라.

491) Gray, "Royal Substitution," 182.

492) Caplice, The Akkadian Namburbi Texts, 8.

493) Caplice, "Participants in the Namburbi Rituals," 40-46.

494) Irene Huber, Rituale der Seuchen- und Schadensabwehr im Vorderen Orient und Griechenland: Formen kollektiver Krisenbewältigung in der Antike (Oriens et Occidens 10; Wiesbaden: Franz Steiner Verlag, 2005), 77-81.

495) Prism B v 56-49; SAAS 7 2.3

496) Caplice, The Akkadian Namburbi Texts, 21.

497) 화목제를 나타내는 히브리어 '셸라밈'은 우가릿의 동물 희생제사인 shlmm에 해당한다. 우가릿의 shlmm은 '불사르다'와 같이 사용되기도 하는데, 이를 통해 구약의 화목제가 기본적으로 번제와 같이 불사라 태워 속죄하는 기능이 있음을 알 수 있다. 레이니는 화목제의 성격을 속죄(expiation), 헌신(consecration), 그리고 친교(friendship)로 규정한다. A. F. Rainey, "The Order of Sacrifice in Old Testament Ritual Texts," Bib 51 (1970), 485-498.

498) Caplice, The Akkadian Namburbi Texts, 11.

499) 유성민은 희생제사의 주요 목적을 다섯 가지로 꼽고 있다. 첫째는 사회 구성원들 간

의 이해관계나 종교적 신념의 차이로 인한 갈등의 해소, 둘째는 자연재해로 인한 사회적 위기 극복과 소요 방지, 셋째는 전쟁을 전후 폭력의 욕구 해소와 억제, 넷째, 신의 심판이나 인간에 대한 시험, 다섯째, 계약체결과 갱신 목적이다. 그는 사무엘하 24장의 경우 전염병의 발생으로 폭력의 발생의 가능성이 높아져 이를 해소하기 위해 번제와 화목제가 거행되었다고 주장한다. 그리고 이 제사로 전염병이 사라지고 사회적 위기가 해소되었다고 보았다. 그는 1) 병적조사-사회적 위기의 발생, 2) 괴질의 발생-폭력이 만연될 상황의 초래, 3) 번제와 친교제-희생제의의 거행, 4) 괴질이 물러감-사회적 위기의 해소의 순서로 내용이 전개되며 같은 순서로 사회적 위기 전개된다고 주장한다. 유성민, 『성스러움과 폭력』(서울: 살림, 2003), 38-46.

500) 주전 10세기 이전에 가나안 지역에서 설형문자의 체계가 무너지고 알파벳 문자가 사용되면서 문자의 사용이 일반화 되었을 것으로 추정된다. 하지만 이에 대한 역사 기록이 거의 남아 있지 않다. 왜냐하면 기록 매체가 토판에서 쉽게 부패하는 파피루스나 동물의 가죽으로 변화했기 때문이다. 리차드 히스, 『이스라엘의 종교』, 284-285.

501) 독일의 고전문헌학자인 발터 부르케르트는 그리스 문명의 오리엔트 전통에서 그리스에 대한 고대 근동의 영향력에 대해서 자세히 논하고 있다. 발터 부르케르트, 『그리스 문명의 오리엔트 전통』(서울: 사계절, 2008).

502) Xenophon, Memorabilia 1. 1. 6.

503) 소크라테스의 제자 플라톤은 점술 혹은 신탁을 자신의 철학적 주제의 일부로 삼았고, 점술을 직관적(inspired) 점술과 기술적(technical) 점술로 구분하였다.

504) W. Eidinow, Oracles, Curses, and Risks among the Ancient Greeks (Oxford: Oxford University Press, 2007), 137.

505) 도도나 신탁의 주제 중 90퍼센트가 개인적인 것이라면, 델포이 신탁의 주제 중 90퍼센트가 국가와 도시와 같은 공동체의 관심사이다. J. Fontenrose, The Delphic Oracle: Its Responses and Operations with a Catalogue of Responses (Berkeley/Los Angeles: University of California Press, 1978), 48.

506) M. F. Burnyeat and M. K. Hopkins, Athletes and Oracles. (Cambridge University Press, 1990), 134, 184-185.

507) 서북 그리스에 있었던 도도나(Dodona)의 제우스(Zeus) 신탁, 동남 그리스의 오라오푸스(Oraopus)에 있던 영웅 암피아라로스(Amphiararos)의 신탁, 그리고 레바데아(Lebadea)에 있던 영웅 트로포니우스(Trophonius)의 신탁, 그리고 델포이(Delphi)의 아폴론과 디디마(Didyma)의 아폴론 신탁이 대표적이었다. Herodotos, Historiae, I. 46.

508) 델포이의 신탁은 헤로도토스, 에우리피데스, 소포클레스, 플라톤, 아리스토텔레스, 핀다로스, 크세노폰, 디오도루스, 스트라보, 플루타크와 같은 작가들이나 역사가들의 중요 관심사였다. 에우리피데스는 희곡 '이온(Ion)'을 통해 델포이 신탁성소에서 벌어지는 여러 가지 사건들을 다루었는데, 특히 델포이에서 벌어진 신탁의식을 자세히 묘사하였다. 헤로도토스는 페르시아전쟁에서 신탁이 어떠한 역할을 하였는지를 기술하였으며, 핀다로스는 신탁을 찬양하는 시를 많이 썼다.

509) 아폴론은 예언과 태양과 음악과 의술과 시와 미덕의 신이었다. 그래서 다른 그리스 신들 보다 현명하고 관대한 신으로 알려졌다. 아폴론은 예언능력이 뛰어 났는데, 핀다로스는 "아폴론은 모든 사물의 최상과 그 곳에 이르는 모든 방법을 알고 있다. 땅에서 자라난 나뭇잎의 수, 파도와 바람에 휩쓸려간 모래알의 수, 그리고 무엇이 어디에서 오는지도 알고 있는 신이다."라고 칭송했다.

510) 이 신전은 주전 700년경에 전 그리스를 아우르는 신탁성소가 되었다. 적어도 주전 580년까지는 전성기가 유지되었을 것이다. 알렉산더 이후 명성이 쇠퇴하기 시작했지만 헬레니즘과 로마시대까지 명맥을 유지했다. 이처럼 델포이 신전이 명성을 잃게 된 것은 그리스의 도시국가의 쇠퇴 때문이다. 로마의 데오도시우스(Theodosius) 황제가 어떤 유형의 점술이나 신탁도 금지하라는 칙령을 발표한 주후 391년까지는 델포이 신탁은 유지되었을 것이다. Fontenrose, The Delphic Oracle, 5.

511) 최혜영,『그리스문명』(서울: 살림, 2004), 28.

512) 피티아라는 이름은 아폴론이 죽였다는 커다란 뱀의 이름인 피톤(python)과 관련된 것으로 보인다. 올림피아와 마찬가지로 델포이를 중심으로 피티아 제전이 정기적으로 개최되었는데, 이 제전은 아폴론 신이 뱀 괴물 피톤를 죽인 것을 기념하여 열렸다고 한다. 원래는 음악축제였는데, 나중에 문학 경연과 체육 경기도 함께 열렸다. 최혜영,『그리스문명』, 89. 각주 10.

513) L. Maurizio, "Anthropology and Spirit Possession: A Reconsideration of the Pythia's Role at Delphi", The Journal of Hellenic Studies 115 (1995), 70. 델포이의 비문에는 프로페테스라는 명칭이 등장하지 않지만 고대의 작가들은 이 명칭을 자주 사용하였다. 아마도 히에레우스는 델포이 신전에서 사용되는 공식 명칭이고, 프로페테스는 비공식 명칭이거나 델포이 이외의 신탁성소에서 불리던 칭호일 것이다. 혹은 신탁에 참관했던 두 사제 중, 신탁을 주관했던 사제를 히에레우스라고 했을 수도 있다. Fontenrose, The Delphic Oracle, 218. 한편 피티아는 만티스가 아닌 프로페테스였다는 주장도 있다. 고대 그리스에서는 통상적으로 신탁성소에 상주하던 신탁전문가를 프로페테스라고 하였으며, 일정한 성소나 신과 관련 없이 신탁을 하는 자를 만티스라고 하였다. J. Dillery, "Chresmologues and Manteis:

Independent Diviners and the Problemf of Authority," in S. I. Johnston and P. T. Struck (eds.), Mantike: Studies in Ancient Divination. Religions in the Graeco Roman World (Leiden: Brill, 2005), 167-231.

514) C. R. Whittaker, "The Delphic Oracle: Belief and Behaviour in Ancient Greece and Africa," The Harvard Theological Review 58 (1965), 38.

515) H. W. Parke, Greek Oracles (London: Hutchinson University Library, 1967), 74.

516) Plutarchos, Moralia 437c; Diodorus Siculus, X Ⅵ.26.

517) Plutarchos, Moralia, 432d-433b

518) Fontenrose, The Delphic Oracle, 204. 폰텐로즈는 피티아가 아디톤 밑의 샘이나 갈라진 틈에서 나오는 증기 때문에 황홀경에 빠진 것은 역사적 사실이 아니라 헬레니즘 시대의 발명품이라고 주장한다. 하지만 그도 피티아가 예언능력을 소유했을 가능성을 부인하지는 않는다.

519) Fontenrose, The Delphic Oracle, 206에서 재인용

520) Parke and Wormell, The Delphic Oracle, 39. 피티아가 황홀경에 빠져 신탁을 하는 행위는 마리의 무후투(muḫḫūtu)와 신아시리아의 마후투(maḫḫūtu)의 예언과 비슷한 점이 있다. 월터 버커트(Walter Burkert)는 주전 8세기에 황홀경 상태에서 신탁을 선포한 것은 "오리엔트 모방"(orientalizing) 시대에 아시리아의 영향을 받은 것 같다고 추정한다. Walter Burkert, "Itinerant Diviners and Magicians: A Neglected Element in Cultural Contacts," in Robert Hägg (ed.), The Greek Renaissance of the Eight Century B.C.: Tradition and Innovation (Stockholm: Paul Åström Förlag, 1983), 115-119. 비록 추정이라고 하더라도, 유랑 종교 전문가가 아시리아의 신탁 전통을 전해서 그리스의 피티아나 소아시아의 시빌(Sibyl)에게 영향을 주었을 수도 있다. Walter Burkert, The Orientalizing Revolution: Near Eastern Influence on Greek Culture in the Early Archaic Age (Cambridge: Harvard University Press, 1992), 79-81. 그리스 문화에 대한 메소포타미아의 영향에 대한 보다 자세한 정보는 M. L. West, The East Face of Helicon: West Asiatic Elements in Greek Poetry and Myth (Oxford: Clarendon, 1997); Walter Burkert, Babylon, Memphis, Persepolis: Eastern Contexts of Greek Culture (Cambridge: Harvard University Press, 2004)를 참조하라.

521) 폰텐로즈는 플루타르코스의 모랄리스에 근거해 피티아의 신들림을 거부한다 (Moralis, 397b, 404, 414e). 그는 아폴론 신이 피티아의 몸을 빌려 예언한 것이

아니라, 단지 영감을 주었을 뿐이라고 주장한다. 그에 따르면 "신은 피티아의 입술과 음성으로 말하지 않는다. 아폴론은 그의 마음에 환상을 불어넣고 그의 영혼에 빛을 비춰 미래를 보게 한다. 그리고 그는 자신의 말로 그 환상을 드러낸다. 마치 태양이 달을 이용해 빛을 비추듯이, 아폴론은 피티아를 통해 신탁을 선언한다." Fontenrose, The Delphic Oracle, 206. 하지만 폰텐로즈는 신이 피티아의 마음에 어떤 방식으로 빛과 환상을 불어넣어주는지 설명하지 못한다. 그는 신들림의 과정을 지나치게 과학적이고 이성적으로 설명하려 한다.

522) E. R. Dodds, The Greeks and the Irrational (Berkeley: University of California Press, 1951), 70, 73.

523) Fontenrose, The Delphic Oracle, 223.

524) Fontenrose, The Delphic Oracle, 185-195.

525) E. Eidinow, "A Feeling for the Future: Ancient Greek Divination and Embodied Cognition," in K. Petersen et al. (eds.), Evolution, Cognition and the History of Religion: New synthesis. Festschrift in Honour of Armin W. Geertz (Leiden: Brill, 2018), 4.

526) H. Bowden, Classical Athens and the Delphic Oracle: Divination and Democracy (Cambridge: Cambridge University Press, 2005), 28.

527) Herodotos, Historiai, IV. 161.

528) Herodotos, Historiai IV. 150-151; V. 42-43

529) 이처럼 말을 하지 못하는 사람에게 엉뚱해 보이는 답변을 한 신탁이 크로이소스에게도 있었다. 그는 말을 하지 못하는 왕자를 위해 신탁을 문의했지만 차라리 벙어리로 남아 있는 편이 더 좋을 것이라며, 불행을 당하는 날 처음 말하게 될 것이라는 답변을 얻었다. 그리고 뤼디아의 수도인 사르디스가 점령당할 때, 왕자는 마침내 입을 열어 크로이소스 왕이 당한 위험을 경고하였다. Herodotos, Historiai, I. 85.

530) L. Maurizio, "The Voice at the Center of the World: The Pythia's Ambiguity and Authority", in Lardinois and L. McClure, ed., Making Silence Speak: Women's Voices in Greek Literature and Society (Princeton University Press, 2001), 41-43.

531) Herodotus, Historiai, VII. 220.

532) Herodotus, Historiai, VII. 139-145.

533) Herodotos, Historiai, VII. 141.

534) Herodotos, Historiai, VII. 142.

535) Herodotos, Historiai, VII. 142.

536) 변정심, "살라미스 해선의 명장, 테미스토클레스의 리더십,"「계명사학」 24(2013), 130-134

537) Eidinow, Oracles, Curses, and Risk, 137.

538) Morgan, Athletes and Oracles, 15.

539) Parke & Wormell, The Delphic Oracle I, 364.

540) Fontenrose, The Delphic Oracle, 6.

541) Parke & Wormell, The Delphic Oracle I, 170.

542) 문혜경, "델포이 신탁과 피티아의 기능," 83.

543) Herodotos, Historiai, I.43.

544) 윤진, "헤로도토스의『역사』제1권에 나타난 신탁과 꿈,"「역사와 담론」 40(2005), 213-214.

545) Herodotos, Historiai, I.107.

546) 윤진, "헤로도토스의『역사』제1권에 나타난 신탁과 꿈," 214-215.

547) Beat Näf, Traum und Traumdeutung im Altertum (Darmstadt: Wissenschaftliche Buchgesellschaft, 2004), 63-79, 124-8. A. Corbeill, "Book Review," Gnomen 78 (2006), 611-615에서 재인용.

548) "Genethlialogy," The Astrology Dictionary: An Online Dictionary for Definitions of Terms and Concepts Used in Astrology. http://theastrologydictionary.com/g/genethlialogy/

549) Francesca Rochberg-Halton, "Astrology in the Ancient Near East," ABD 1, 506.

550) Francesca Rochberg-Halton, "The Cultural Locus of Astronomy in Late Babylonia," 35-43.

551) Michael Attyah Flower, The Seer in Ancient Greece (Berkeley: University of California Press, 2008), 58-65; Sarah Iles Johnston, Ancient Greek Divination (Oxford: Wiley-Blackwell, 2008), 137-41.

552) 김정심, "살라미스 해전", 272. 헤로도토스는 크레스모로고스였던 오노마크리투스가 왕이 좋아할 만한 신탁만을 골라 낭송하고 불운한 징조들을 제외하였다고 하면서 그를 비판한 바 있다. Herodotus, Histories 7.6.4.

553) De Bello Civili, V. 146-156.

554) Joseph Neeham, "The Cosmology of Early China," in C. Blacker and M. Loewe (eds.), Ancient Cosmologies (London: George Allen & Unwin, 1975), 89.

555) 한자어 '占'(점)은 '卜'(복)과 '口'(구)가 합처진 글자로서 거북 껍질이나 짐승 뼈에 나타난 조직(卜)을 보고 앞날의 좋고 나쁨을 알아내어 말한다(口)는 뜻이다. 따라서 '점'은 점복의 조짐(卜・兆)을 통해 나타난 신의를 해석하고 이해하는 과정이라 할 수 있다. 김만태, "한국점복의 정의와 유형 고찰," 207.

556) 권일찬, "의사결정에서 주역점술의 의미와 유용성," 「한국행정학회발표논문집」 (1999년 12월), 909.

557) 권일찬, "의사결정에서 주역점술의 의미와 유용성," 911.

558) 복(卜)은 거북이 등껍질이나 짐승의 뼈를 불에 태울 때 갈라지는 금을 보고 점을 치는 방법이며, 서(筮)는 시초라는 풀을 이용하여 얻어진 수(數)로 길흉을 점치는 것으로, 시초점은 주역의 기초가 되었다. 시초풀로 만든 산가지를 가지고 점을 치는 서법이 발전하여 주역이 되었다. 이현숙, "백제시대 점복과 정치," 「역사민속학」 25(2007), 22.

559) 주역은 양(—)과 음(--)의 2가지 기호체계로 되어 있는데, 이 점에서는 1과 0의 2진법 체계를 갖춘 디지털 체계와 유사하다.

560) 권일찬, "周易占의 원리와 과학성," 「한국정신과학회 학술대회 논문집」 (2000년 4월), 84.

561) 성백효 역주, 『서경집전 하』 (서울: 전통문화연구회, 2006), 70-71.

562) 권일찬, "의사결정에서 주역점술의 의미와 유용성," 908.

563) 유승국, 『동양철학연구』 (서울: 근역서제, 1983), 81. 이현숙, "백제시대 점복과 정치," 23 재인용

564) 이현숙, "백제시대 점복과 정치," 22-23.

565) 이현숙, "백제시대 점복과 정치," 25 재인용.

566) 고대 중국인들이 사용했던 '천문'(天文)이라는 용어는 오늘날의 '천문학'과는 다른 뜻이다. '천문'은 인문(人文) 또는 지리(地理)와 대비되는 뜻으로 천상(天象)을 가리키는 말이었다. 하지만 천문은 단순이 천상만을 의미하지는 않는다. 하늘의 현상을 인간의 길흉과 관련지어 해석하는 점성술적인 의미도 포함한다. 이문규, "고대 동양의 천문사상-하늘과 땅의 대응관계를 통하여," 송두종, 안영숙 편집, 「한국천문력 및 고천문학-태양력 시행 백주년 기념 워크샵 논문집-」 (대전: 한국표준과학연구원 부설 천문대, 1996), 106.

567) Needham, "The Cosmology of Early China," 89.

568) John North, The Norton History of Astronomy and Cosmology (New York: W. W. Norton, 1994), 133.

569) "중국 4대 발명 말고, 세계 최초는 33가지나 더 있다" 중앙일보 2019년 10월 8일

https://news.joins.com/article/23598069. 비록 감석성경이 오래된 천문학 저서이기는 하지만 세계 최초의 천문학 저서라고 볼 수는 없다.

570) North, The Norton History of Astronomy, 139.

571) 이문규, "고대 동양의 천문사상-하늘과 땅의 대응관계를 통하여," 119.

572) 사마천의 집안은 대대로 천문을 주관하는 일을 맡아 왔다. 그는 천관서(天官書)를 통해 그 이전까지 내려오던 천문에 관한 기록을 체계적으로 정리하였다. 그는 하늘의 별자리를 지상의 관료체제와 일치시켰는데, 이 때문에 천관서(天官書)라는 제목을 붙인 것이다.

573) 이문규, "고대 동양의 천문사상-하늘과 땅의 대응관계를 통하여," 120.

574) 김태우, "조선시대 역서(曆書)의 의미와 기능의 변화-왕권의 상징에서 대중적 실용서로,"「민속학연구」41(2017), 158.

575) 조셉 니덤, 저클린 로넌 축약/이면우 역,『중국의 과학과 문명: 수학, 하늘과 땅의 과학, 물리학』(서울: 까치, 2000), 83.

576) 이문규, "고대 동양의 천문사상-하늘과 땅의 대응관계를 통하여," 106. 고대 그리스에서는 태양이 매달 머무른 곳을 궁으로 하여 황도대를 12구역으로 나누어 황도 12궁이라고 하였다. 하지만 동양에서는 달이 움직이는 길을 28수(宿)라고 하였다. 일반적으로 28수는 공전주기가 27.3일인 달의 운행에서 비롯된 것으로 본다. 형 식, 홍영희, "고대 동양 별자리와 하늘 방위의 기원,"「현장과학교육」2(2008), 90.

577) 이문규, "고대 동양의 천문사상-하늘과 땅의 대응관계를 통하여," 106.

578) 박일영,『한국 무교의 이해』(왜관: 분도출판사, 1999), 22-24.

579) 박일영,『한국 무교의 이해』, 71.

580) 역사적으로 우리나라의 점술은 크게 무당들이 행하는 신점(神占)과 음양오행설에 기초한 역술(曆術)의 방식으로 행해졌다. 조선시대이후 무당의 굿은 불법화되어 미신 혹은 음사(淫祀)로 규정되었다. 이처럼 굿은 종교적 제의로 여겨졌지만 무당이 행한 신점은 그렇지 않았다. 아마도 신점은 굿을 하기 전에 행하는 전 단계 혹은 부수적 요소로 여겨졌기 때문일 것이다. 유광석, "Return of Divination to the Public Sphere: A Case Study of Korean Divination Valleys,"「한국사회학회 사회학대회 논문집」(2013), 733.

581) 무라야마지준(村山智順),『조선의 점복과 예언』(서울: 명문당, 1991), 86-115.

582) 무라야마지준,『조선의 점복과 예언』, 87-88.

583) 박일영,『한국 무교의 이해』, 71.

584) 김태우, "조선시대 역서(曆書)의 의미와 기능의 변화," 158.

585) 박종기, "고려인물열전. 최지몽. 점성술가가 관료의 정상에 오르다,"「네이버 지식백

과」 https://terms.naver.com/entry.nhn?docId=5145969&cid=59997&categor
yId=59997

586) 김문식,『정조의 제왕학』(서울: 태학사, 2007); 박영우, "정조와 강희제의 '주역 제왕
학' 비교연구-경사강의역과 일강역경해의를 중심으로"「중국학보」85(2018), 303-
335.

587) 박종기, "고려인물열전. 최지몽. 점성술가가 관료의 정상에 오르다."

588) 김태우, "조선시대 역서(曆書)의 의미와 기능의 변화," 160.

589) 최연구,『미래를 예측하는 힘』, 35. 미래학에 있어 가장 중요한 연구는 헝가리 출신
의 미국 항공역학자 테오도르 폰 카르만(Theodore von Karman)이 쓴 보고서 "새
로운 지평선을 향하여"(Toward New Horizons)(1947)이다.

590) 최연구,『미래를 예측하는 힘』, 39.

591) 최연구,『미래를 예측하는 힘』, 77. 델파이법에 대한 자세한 소개는 하마다 가즈유
키,『미래 비즈니스를 읽는다』(서울: 비즈니스북스, 2005), 151-154를 참조하라.

592) 최연구,『미래를 예측하는 힘』, 78-79. 시나리오 모델에는 열 종류 가량이 자주 사
용되는 데, 그 중의 세 가지를 소개하면 다음과 같다. 첫째는 진화 모델(Evolution
Model)로서 기술의 진보와 보급에 관한 시나리오가 전형적인 예이다. 둘째는 혁명
모델(Revolution Model)로서 순식간에 바뀌는 상황과 그 영향력을 측정한다. 셋
째는, 주기 모델(Cycle Model)로서 경기 순환처럼 순화 주기를 전제로 흐름을 추적
하고 주기의 원칙을 파악하여 적용한다. 가즈유키,『미래 비즈니스를 읽는다』, 176-
80. 시나리오 기법이 미래의 불확실성을 해소하기 위해 다양한 미래를 설정하는 방
법이라면, 미래로부터 현재시점까지 되짚어보는 방법은 백캐스팅(back casting)이
라고 한다. 미래를 내다보는 방법과 반대로 미래에서 현재를 되돌아보는 방법으로
바람직한 미래를 설정하고 거기에 이르기까지 단계별로 해야 할 것과 회피해야 할
것을 결정한다. 김병수, "'예측'의 과학기술학(STS)적 함의"「한국과학기술학회학술
대회」(2015년 12월), 132. 미래학의 시나리오 구축 방법론에 대해서는 샘 콜, "기획
자의 글로벌 이슈 및 미래: 자기발견적 학습 모형," 제임스 데이터,『다가오는 미래』
(서울: 예문, 2008), 406-36을 참조하라.

593) 윌리엄 하랄, "첨단기술시대의 예언가: 미래학자의 눈을 통해 바라 본 미래학," 제임
스 데이터,『다가오는 미래』, 608-609.

594) "짐데이터의 미래학 이야기. 미래를 위한 좋은 아이디어는 우스꽝스럽게 보이는 법."
중앙SUNDAY 195호(2010년 12월 5일~6일). 참조. 제임스 데이터,『다가오는 미
래』(서울: 예문, 2008), 23.

595) 최연구,『미래를 예측하는 힘』, 62.

596) 최연구, 『미래를 예측하는 힘』, 82.

597) 토마스 프레이, 『미래와의 대화』 (서울: 북스토리, 2016), 26.

598) Abraham Winitzer, "The Divine Presence and Its Interpretation in Early Mesopotamian Divination," in A. Annus (ed.), Divination and the Interpretation of Signs in the Ancient World (OIS 6; Chicago: The Oriental Institute of the University of Chicago, 2010), 185.

599) 미래학의 근간을 이루는 '데이터의 양'(Volume), '데이터의 다양성'(Variety), '데이터의 생성 속도'(Velocity)는 빅데이터(Big Data)의 공통적 특질이다. 그래서 이 세 가지 요소의 영어 앞 글자를 모아 3V로 요약한다. 최근에 데이터의 양이 급증하고 복잡해짐에 따라 '데이터의 정확성'(Veracity)을 합쳐 4V라고 하거나 '가치'(Value)를 덧붙여 5V라고 부르기도 한다. "빅 데이터", 위키백과, https://ko.wikipedia.org/wiki/%EB%B9%85_%EB%8D%B0%EC%9D%B4%ED%84%B0#cite_note-8

600) 최연구, 『미래를 예측하는 힘』, 30.

601) Francesca Rochberg, "'If P, Then Q': Form and Resoning in Babylonian Divination," in A. Annus (ed.), Divination and Interpretation of Signs in the Ancient World (Chicago: The Oriental Institute of the University of Chicago, 2010), 23.

602) Merlin Donald, Origins of the Modern Mind: Three Stages in the Evolution of Culture and Cognition (Cambridge, MA: Harvard University Press, 1991), 275.

603) 신지은 외, 『세계적 미래학자 10인이 말하는 미래혁명』 (서울: 일송북, 2007), 11.

604) 김병수, "'예측'의 과학기술학(STS)적 함의," 119에서 재인용.

605) "짐데이터의 미래학 이야기"

606) 토머스 머레이, 『미래와의 대화』, 42-43.

607) Sebastian Wernicke, "How to Use Date to Make a Hit TV Show," https://www.ted.com/talks/sebastian_wernicke_how_to_use_data_to_make_a_hit_tv_show/up-next

608) 박상현, "넷플릭스는 알고 아마존은 몰랐다 … 빅데이터만 믿지 마," 중앙일보 https://news.joins.com/article/19513378

609) 토머스 프레이, 『미래와의 대화』, 19.

610) "IT 인프라, 교육 투자 없인 AI 역풍 … 인문학 공부해야," 「머니투데이」https://news.mt.co.kr/mtview.php?no=2018021217404676928

611) 토머스 프레이, 『미래와의 대화』, 52.

612) 구본권, 『로봇 시대, 인간의 일』 (서울: 어크로스, 2015). 백과사전파가 항목을 알파 벳순으로 나열하였을 때 신의 질서를 어기는 것으로 생각되어 많은 저항을 받았다. 로마 달력의 경우 7월과 8월에 율리우스 카이사르와 아우구스투스 황제의 이름을 붙임으로서 권력을 서열화하였다.

613) 이재규, 『미래는 어떻게 오는가』 (서울: 21세기 북스, 2012)

614) 피터 F. 드러커, 『넥스트 소사이티 Next Society』 (서울: 한국경제신문사, 2007)

615) 종교적 지식과 권력과의 관계에 대해서는 윤동녕, "빅데이터로서의 종교적 지식이 권 력에 미치는 영향 연구," 「구약논단」 23(2017), 128-154를 참조하라.

616) 하마다 가즈유키, 『미래 비즈니스를 읽다』, 43-44에서 재인용.

617) "Collective Intelligence," Wikipidia, https://en.wikipedia.org/wiki/Collective_intelligence

618) Rochberg-Halto, Aspects of Babylonian Celestial Divination, 8

619) 예를 들면 마리 왕국의 점술사 아스쿠둠(Asqudum)은 궁정에서 왕 다음에 가는 권 력을 누렸다. 신앗시리아의 왕궁 점술사에 대해서는 SAA 10 160을 참고하라.

과거의 미래

·**초판 1쇄 발행** 2021년 4월 15일

·**지은이** 윤동녕
·**펴낸이** 민상기
·**편집장** 이숙희
·**펴낸곳** 도서출판 드림북
·**인쇄소** 예림인쇄 **제책** 예림바운딩
·**총판** 하늘유통(031-947-7777)

·**등록번호** 제 65 호 **등록일자** 2002. 11. 25.
·경기도 의정부시 가능1동 639-2(1층)
·Tel (031)829-7722, Fax(031)829-7723